U0140465

"神话学文库"编委会

主　编

叶舒宪

编　委

（以姓氏笔画为序）

马昌仪　王孝廉　王明珂　王宪昭

户晓辉　邓　微　田兆元　冯晓立

吕　微　刘东风　齐　红　纪　盛

苏永前　李永平　李继凯　杨庆存

杨利慧　陈岗龙　陈建宪　顾　锋

徐新建　高有鹏　高莉芬　唐启翠

萧　兵　彭兆荣　朝戈金　谭　佳

"神话学文库" 学术支持

上海交通大学文学人类学研究中心

上海交通大学神话学研究院

中国社会科学院比较文学研究中心

陕西师范大学人文社会科学高等研究院

上海市社会科学创新研究基地——中华创世神话研究

"十二五""十三五"国家重点图书出版规划项目

第五届、第八届中华优秀出版物奖获奖作品

神话学文库

叶舒宪 主编

刘 曼 ◎ 著

魔杖与阴影

《金枝》及其在西方的影响研究

MAGIC WAND OR SHADOWS

THE GOLDEN BOUGH AND IT'S INFLUENCES IN THE WEST

陕西师范大学出版总社

图书代号　　SK23N1161

图书在版编目(CIP)数据

魔杖与阴影 :《金枝》及其在西方的影响研究／
刘曼著. — 西安 : 陕西师范大学出版总社有限公司,
2023.8
(神话学文库／叶舒宪主编)
ISBN 978 - 7 - 5695 - 3668 - 3

Ⅰ. ①魔… Ⅱ. ①刘… Ⅲ. ①原始宗教—影响—
神话—研究—西方国家 ②民俗学—影响—神话—研究—
西方国家 Ⅳ. ①B932. 195. 6

中国国家版本馆 CIP 数据核字(2023)第 110352 号

魔杖与阴影 :《金枝》及其在西方的影响研究
MOZHANG YU YINYING :《JIN ZHI》JI QI ZAI XIFANG DE YINGXIANG YANJIU

刘　曼　著

责任编辑	梁　菲	
责任校对	张旭升	
出版发行	陕西师范大学出版总社	
	(西安市长安南路 199 号　邮编 710062)	
网　　址	http://www.snupg.com	
印　　刷	中煤地西安地图制印有限公司	
开　　本	720 mm×1020 mm　1/16	
印　　张	20.75	
插　　页	4	
字　　数	322 千	
版　　次	2023 年 8 月第 1 版	
印　　次	2023 年 8 月第 1 次印刷	
书　　号	ISBN 978 - 7 - 5695 - 3668 - 3	
定　　价	125.00 元	

"神话学文库"总序

叶舒宪

神话是文学和文化的源头，也是人类群体的梦。

神话学是研究神话的新兴边缘学科，近一个世纪以来，获得了长足发展，并与哲学、文学、美学、民俗学、文化人类学、宗教学、心理学、精神分析、文化创意产业等领域形成了密切的互动关系。当代思想家中精研神话学知识的学者，如詹姆斯·乔治·弗雷泽、爱德华·泰勒、西格蒙德·弗洛伊德、卡尔·古斯塔夫·荣格、恩斯特·卡西尔、克劳德·列维－斯特劳斯、罗兰·巴特、约瑟夫·坎贝尔等，都对 20 世纪以来的世界人文学术产生了巨大影响，其研究著述给现代读者带来了深刻的启迪。

进入 21 世纪，自然资源逐渐枯竭，环境危机日益加剧，人类生活和思想正面临前所未有的大转型。在全球知识精英寻求转变发展方式的探索中，对文化资本的认识和开发正在形成一种国际新潮流。作为文化资本的神话思维和神话题材，成为当今的学术研究和文化产业共同关注的热点。经过《指环王》《哈利·波特》《达·芬奇密码》《纳尼亚传奇》《阿凡达》等一系列新神话作品的"洗礼"，越来越多的当代作家、编剧和导演意识到神话原型的巨大文化号召力和影响力。我们从学术上给这一方兴未艾的创作潮流起名叫"新神话主义"，将其思想背景概括为全球"文化寻根运动"。目前，"新神话主义"和"文化寻根运动"已经成为当代生活中不可缺少的内容，影响到文学艺术、影视、动漫、网络游戏、主题公园、品牌策划、物语营销等各个方面。现代人终于重新发现：在前现代乃至原始时代所产生的神话，原来就是人类生存不可或缺的文化之根和精神本源，是人之所以为人的独特遗产。

可以预期的是，神话在未来社会中还将发挥日益明显的积极作用。大体上讲，在学术价值之外，神话有两大方面的社会作用：

一是让精神紧张、心灵困顿的现代人重新体验灵性的召唤和幻想飞扬的奇妙乐趣；二是为符号经济时代的到来提供深层的文化资本矿藏。

前一方面的作用，可由约瑟夫·坎贝尔一部书的名字精辟概括——"我们赖以生存的神话"（Myths to live by）；后一方面的作用，可以套用布迪厄的一个书名，称为"文化炼金术"。

在 21 世纪迎接神话复兴大潮，首先需要了解世界范围神话学的发展及优秀成果，参悟神话资源在新的知识经济浪潮中所起到的重要符号催化剂作用。在这方面，现行的教育体制和教学内容并没有提供及时的系统知识。本着建设和发展中国神话学的初衷，以及引进神话学著述，拓展中国神话研究视野和领域，传承学术精品，积累丰富的文化成果之目标，上海交通大学文学人类学研究中心、中国社会科学院比较文学研究中心、中国民间文艺家协会神话学专业委员会（简称"中国神话学会"）、中国比较文学学会，与陕西师范大学出版总社达成合作意向，共同编辑出版"神话学文库"。

本文库内容包括：译介国际著名神话学研究成果（包括修订再版者）；推出中国神话学研究的新成果。尤其注重具有跨学科视角的前沿性神话学探索，希望给过去一个世纪中大体局限在民间文学范畴的中国神话研究带来变革和拓展，鼓励将神话作为思想资源和文化的原型编码，促进研究格局的转变，即从寻找和界定"中国神话"，到重新认识和解读"神话中国"的学术范式转变。同时让文献记载之外的材料，如考古文物的图像叙事和民间活态神话传承等，发挥重要作用。

本文库的编辑出版得到编委会同人的鼎力协助，也得到上述机构的大力支持，谨在此鸣谢。

是为序。

序　言

《金枝》与"金枝学"的再研究

徐新建

　　《金枝》被誉为人类学在西方的奠基作,当然更是文学人类学的开创经典。我们这些在改革开放"新时期"较早接触文学人类学的中国学人,几乎都从阅读《金枝》的汉译本起步,尽管至少对我而言,在很长一段时间内都感觉其艰涩难懂,不知所云。直到后来陆续拜读了叶舒宪、彭兆荣等学友关于《金枝》的精彩评述,才日益理解这部重要经典的真正价值,了解到是在《金枝》的启示下,中外学界从神话和仪式角度研究文学才蔚然成风。① 如今回想起来,兆荣兄论述中的一段引文尤其令我印象深刻,他强调:

　　　　现代人类学和现代主义文学之间的关系强烈地互动,而这种强大的撞击力正是来自诸如艾略特的《荒原》和乔伊斯的《尤里西斯》等对弗雷泽《金枝》借用的提示。②

　　在思潮汹涌、激动人心的80年代,几乎每一个参与中国改革开放的成员都称得上是文学青年,而几乎没有哪个文学青年不着迷于艾略特、乔伊斯这样的西方现代文学先驱。因此,当读到连这些大师都为之追随的"超大师",岂能不肃然起

---

① 叶舒宪:《神话－原型批评的理论与实践(上)》,载《陕西师大学报》(哲学社会科学版)1986年第2期。

② 彭兆荣:《再寻〈金枝〉——文学人类学精神考古》,载《文艺研究》1997年第5期。原文引自马克·曼加纳罗主编:《现代主义人类学:从田野到文本》,普林斯顿大学出版社1990年版,第4、16页。

敬？于是在各界学人的推波助澜下，大陆学界掀起了文学和人类学相关联的《金枝》热。然而对于刘曼这样的后继者而言，如何在已经掀起的一阵又一阵《金枝》热之后以其为对象再做研究并能有所推进，却成了明显难题。

难题没使刘曼退却。为能让围绕《金枝》的汉语研究有所创新，同时也为自己的学位论文顺利通过，她利用自己出身于英语专业的优势找到了一个突破口：将重点集中于《金枝》在西学中的影响与评价，也就是聚焦于我称之为"金枝学"的再研究。这样，一旦把关注对象由《金枝》延伸至"金枝学"，便一方面为更全面深入地理解《金枝》开阔了视野，同时也为远在东亚的中国学人提供了进一步了解《金枝》在其源生地产生、传播及其多重反响的延伸背景，从而使《金枝》的文学与人类学意义在中西方跨文化的学术空间上有了更丰富的关联。

经过对大量几乎全部来自外语原文资料的爬梳分析，刘曼借隐喻手法，巧妙地将西方世界的"金枝学"归纳为既关联又对立的两大取向或派别，即她用作自己书名的"魔杖"与"阴影"。"魔杖"的提法出自弗雷泽好友 A. E. 豪斯曼（A. E. Housman）。其把《金枝》比喻为"人类学的魔杖"（the magic wand of anthropology）。如果说"魔杖"说代表对弗雷泽及其《金枝》的赞誉，"阴影"说则体现了挑战者对《金枝》的质疑和反叛。反叛者的早期首领有著名人类学家马林诺夫斯基和布朗，他们挑战弗雷泽在人类学界的奠基地位，攻击《金枝》缺乏扎实的田野实证，不过是安放在"摇椅"上的书斋之作。在后来的评论者看来，马林诺夫斯基与布朗的做法是企图以"弑父"方式对弗雷泽取而代之。在他们之后，又一位名叫奥尔布赖特·丹尼尔（Albright Daniel）的学者在 1973 年把《金枝》的影响喻为一种"阴影"（*Shadows of The Golden Bough*），抨击弗雷泽及其追随者约翰·维克里等人对《金枝》的赞誉。另外一些学者如埃蒙德·利奇、罗伯特·阿克曼等则认为随着岁月流逝，《金枝》在西方学界的作用已日渐衰落，不是变为"镀金的小树枝"便是成了"搁浅的鲸鱼"。

对此，刘曼提出了自己的见解。通过梳理辨析，她认为如果事实真像利奇等人所说一样的话，《金枝》应该早被湮没，然而：

> 事实恰恰相反，一百多年后的今天，它依然能绽放出金色的光芒，或

许已经不再那么耀眼,然而,经过时间的沉淀,却似乎多了一份氤氲之感。也许玛丽·贝尔德所言不虚,"其重要性不再是它说了什么,而在于它是什么"①。

刘曼的结论是:因此,"魔杖"也好,"阴影"也罢,我们需要对西方学界有关《金枝》及其影响批评的主要问题域和限度进行反思,以利相关问题的深入理解与认识。

我认可这样的推论。

刘曼于 2010 年考入四川大学攻读博士学位,录取专业虽是比较文学与世界文学,但学位论文的选题方向却是唯有川大才有的新兴学科文学人类学。三年多后,刘曼获得博士学位并回到湖南工业大学外国语学院继续任教,在担任英语系主任等繁重事务及教学工作之余,认真修改博士论文。如今这部以《金枝》和"金枝学"为聚焦、在我看来对梳理文学人类学学科史十分重要的著作即将出版,作为指导老师,我乐意为之作序,以此见证又一位文学人类学年轻学人的成长、成才。

---

① Mary Beard, "Frazer, Leach, and Virgil: The Popularity (and Unpopularity) of the Golden Bough," *Modes of Comparison: Theory and Practice*, Aram A. Yengoyan(ed.), Ann Arbor: The University of Michigan Press, 2006, pp.178–179.

目　　录

下编　《金枝》在西方的影响、研究与论争

导　　论

本书主要对英国著名人类学家詹姆斯·弗雷泽（James George Frazer）的重要作品《金枝》及其在西方的影响进行研究。

20世纪人文社会科学学术发展的基本趋势主要是，学科之间的界限和壁垒逐渐被打破，呈现出明显的相互借鉴、交叉、跨越、整合之势。如今，"破疆域化""去除界限"①已成国际学术发展的基本趋向。这种趋势的形成当然并非一日之功，如果要对其进行溯源的话，可以追溯到19世纪，甚或更早。如19世纪中期兴盛一时的比较神话学就是借鉴了早前语言学的成就（印欧"语族"说）而兴起，并取得了卓然成就的；比较神话学又不仅为当时的人类学提供了方法论的启示，也使神话问题成为人类学异域文化研究的重要内容，成为了解他者文化的一把重要钥匙；人类学的勃兴又为当时的古典学、考古学、神话学、历史学注入了新的活力；等等。进入20世纪以后，心理学、语言学、社会学、人类学、文学等主要社会科学学科之间的借鉴、对话、交叉甚至是融合现象愈来愈凸显，虽然由于种种原因，学科之间人为划分的壁垒和界限可能仍然存在，但社会科学的"开放"趋向已是大势所趋，任何画地为牢、故步自封的做法都是自设藩篱，局限了自身，并且与知识全球化现实难以接洽。

总的看来，20世纪人文社会科学内部发生了两次重要转向，即语言学转向和人类学转向。如果说前者主要是通过对现代哲学研究的影响从而影响了诸多现代社会科学的话，那么后者则主要是指人类学理论、视野和方法向其他学科的渗透，或者说是反向借鉴和吸纳，并对这些学科知识观念的转型起到了一定的导向作用。与此同时，就人类学自身的历史发展来说，其本身也在20世纪六七十年代发生了一次转向，即从其19世纪中期兴起以后的"人的科学"逐渐转向为随后的"文化阐释学"。② 社会科学的人类学转向和人类学自身转向不但不冲突，而且相得益彰，为人文学科在20世纪后期的跨越整合发展之势产生了重

---

① 叶舒宪：《文学人类学与比较文学》，载《百色学院学报》2008年第6期。
② 叶舒宪：《文学人类学教程》，中国社会科学出版社2010年版，第42页。

要影响，从一定层面上来看，这可以看作人类学之于社会科学发展的贡献。

如前所述，人类学对其他领域的影响实际上在其兴起后不久即已开始，古典学、神话学、宗教学等学科首先受惠于人类学，随后波及文学、心理学、哲学、文化研究等领域。在人类学的历史上，杰出的人类学家当然不在少数，泰勒（Edward Burnett Tylor，1832—1917）、博厄斯（Franz. Boas，1858—1942）、马林诺夫斯基（Bronislaw Malinowski，1884—1942）、列维–斯特劳斯（Claude léui-Strauss，1908—2009）等都是熠熠生辉的人类学大师，不仅在人类学领域内建树颇丰，甚至也在自身之外的学科领域中产生了不可小觑的影响。然而，就人类学成就向其他学科领域渗透的时间、范围、深度、历史等因素而言，最有影响者非詹姆斯·乔治·弗雷泽爵士——一位颇受争议的人类学家——莫属，他用去了大半生时间不断进行扩充、修葺的皇皇巨著《金枝》，尽管毁誉参半，却不仅被奉为"人类学的《圣经》"，而且自问世起，就开始在人类学领域之外产生广泛的影响，古典学、宗教学、神话学、文学、心理学、文化研究等概莫能外。美国著名宗教学家包尔丹如此评价《金枝》："在20世纪初年，它几乎在现代思想的每一个领域中都留下了深刻的印象，从人类学到历史学，再到文学、哲学、社会学，甚至是自然科学"[①]。实际上，与其说《金枝》在其自身领域之外的影响随着时间的流逝而有所减弱，还不如说它仍以一种隐在的方式产生着一定的影响，如就人类学在20世纪六七十年代的自身转向而言，实际上也与《金枝》的诗学传统潜流相关。

在各门学科都在为自己的存在寻找学理依据和合法性的今天，比较文学在追溯自身历史时，通常会将历史追溯到1886年英国人波斯奈特所著的《比较文学》这一标志，但很少有人注意到早前十多年问世的《原始文化》以及四年后出版的人类学著作《金枝》的意义，特别是后者。比较文学与人类学，二者看似风马牛不相及，却有着某种内在的关联，如它们的宏愿都是希望超越我族中心主义观念，通过比较方法，加强对自身之外其他民族文学或文化的了解，即不愿再拘囿于欧洲中心主义的视域限制、将目光投向他者以增强对他者文学文化的理解，便是他们的共同初衷。然而，早期的比较文学虽然提倡跨文化、跨语言、跨民族的文学概念和文学比较研究，希望践行"世界文学"或"总体文学"的信念，实际上却一时很难走出欧洲中心主义的窠臼，并且仍拘囿于学院派的文学概念和研究传统。而此时的人类学，特别是偏重于文化研究的一支

---

① 包尔丹：《宗教的七种理论》，陶飞亚、刘义、钮圣妮译，上海古籍出版社2005年版，第21页。

（文化人类学），却不自觉地将世界范围内的"原始文化"纳入其视野和研究范围之内，包括与文学有着紧密而直接关系的神话、语言、宗教等文化事项，正如泰勒的《原始文化》研究的内容就力图包括"原始文化"的风俗、神话、哲学、宗教、语言、艺术等各个方面。因此，文化人类学也时常享有"比较文化"的别称。而弗雷泽的《金枝》，更是以俯视全球的目光试图对世界范围内的原始文化现象进行比较研究，特别是试图通过对"野蛮"人、古希腊罗马社会、文明欧洲乡村地区之间的文化现象进行比较研究，已经远远超越了当时比较文学的宏愿和诉求。更为重要的是，《金枝》全球视域下的比较神话学研究和建树之于文学研究的启迪意义，不言而喻。

在泰勒关于文化的著名定义中，囊括了文学、艺术和宗教等人类精神现象的诸多方面："文化，或文明，就其广泛的民族学意义来说，是包括全部的知识、信仰、艺术、道德、法律、风俗以及作为社会成员的人所掌握和接受的任何其他的才能和习惯的复合体"[1]。根据这一定义，文学艺术与"文化"的关系显然属于部分与整体的关系，如泰勒重点讨论的神话显然就属于文学艺术的范畴。由于人类学家研究的主要是"原始文化"，不仅使神话成为理解"原始民族"文化的重要途径之一，而且，与神话密切相关的传说、故事、歌谣、宗教、仪式等精神现象自然也被纳入到文化研究的范畴之内，共同构成了人类学文化研究的一个重要方面，因此，相对于传统的以文字为载体的精英文学研究来说，人类学文化研究中的文学艺术概念要丰富宽泛得多。这不仅使人类学家将文学艺术置于"文化"之中进行整体研究成为可能，也为人类学对文学研究的"入侵"和"渗透"[2] 之合法性提供了理论基石。

此外，人类学家通常使用比较方法来进行文化比较研究，这也是文化人类学研究时常被冠以"比较文化"研究之别称的原因。这样，当人类学家从"比较文化"的角度考察和分析不同族群的文学现象时，往往就超越了过去"国别文学""世界文学"的范畴，而上升到"人类学文学"或"文学人类学"层面，从文学认识人类学并从人类学反观文学了。[3]

在社会科学的跨越、整合已成现实的今天，文学与人类学之间相互借鉴、贯通、整合研究所具有的优势和丰硕成果无须赘言。以至有中国学者认为，就比较文学的视域追求和研究旨归而言，可以将其与文化人类学之间的界限打通，

---

① 爱德华·泰勒：《原始文化》，连树声译，广西师范大学出版社 2005 年版，第 1 页。
② 徐新建：《文学人类学：中西交流中的兼容与发展》，载《思想战线》2001 年第 4 期。
③ 徐新建：《文学人类学：中西交流中的兼容与发展》，载《思想战线》2001 年第 4 期。

其交叉和融合的部分，即可名为"文学人类学"，并可以此替代昔日的"世界文学"与"总体文学"等术语。① 此种呼吁在当下也许仅限为一种诉求和夙愿。然而，其根基和背景却在于文学人类学如今已成一门显学的现实，特别是在中国，其成就已经足以令教育部门将其批准为一门新兴的交叉学科。

在回顾文学与人类学如何交集的历史时，即在寻找文学人类学的学理依据时，人们发现，二者的交集始于《金枝》。也就是说，文学受益于人类学，主要是始自《金枝》——《金枝》对 20 世纪的文学观念、实践、批评、研究方法、研究视野等方面都产生了深远的影响。如果说作为人类学鼻祖的泰勒的文化定义，或者说通过对文化人类学研究范畴的界定，为人类学"入侵"文学研究提供了合法性基础的话，那么，弗雷泽则通过其《金枝》前无古人、后无来者的比较神话研究对这种"入侵"进行了极大程度上的推进。② 因此，探寻文学与人类学如何交集的历史，应该将目光投向《金枝》。

然而，由于《金枝》的贡献不仅仅限于文学领域，也对 20 世纪诸多社会科学都产生了复杂影响，而且这些学科之间都存在着一定的相通之处，不可能将其中的某些关联和影响截然分开。与此同时，由于《金枝》在西方的境遇和地位十分复杂，毁誉参半，相关问题并不为中国学界所熟知。因此，本书以《金枝》及其在西方的影响为研究对象，拟以《金枝》对西方人类学和文学的影响为重点，兼及其在其他学科领域的影响，对其在西方的影响进行爬梳和研究，以期加深对这部学术大作之意义、影响、境遇、地位的认识和理解。

詹姆斯·乔治·弗雷泽是英国人类学家、古典学家、历史学家和评论家。1854 年生于苏格兰西部城市格拉斯哥（Glasgow），1941 年卒于剑桥，因其生前曾受封为爵士，因此也时常被尊称为詹姆斯·乔治·弗雷泽爵士。作为一位典型的书斋人类学家，弗雷泽终生笔耕不辍，著述无数。其主要作品包括：人类学著作《金枝》（*The Golden Bough*）、《图腾制与族外婚》（*Totemism and Exogamy*）、《〈旧约〉中的民俗》（*Folk-Lore in the Old Testament*）和《原始宗教中对死者的恐惧》（*The Fear of the Dead in Primitive Religion*）等等，古典编纂评注作品《希腊纪行》（*Description of Greece*）等。其中，《金枝》无疑是弗雷泽一生最重要的作品。③

---

① 叶舒宪：《从"世界文学"到"文学人类学"——文学观念的当代转型略说》，载《当代外语研究》2010 年第 7 期。

② 徐新建：《文学人类学：中西交流中的兼容与发展》，载《思想战线》2001 年第 4 期。

③ 有关弗雷泽生平和写作较为详细的介绍，请见本书附录弗雷泽简传。

《金枝》的写作可以说是用去了弗雷泽大半生的时间和精力，它从最初 1890 年首版时的两卷本，扩充到 1900 年第二版时的三卷本，再到 1911—1914 年三版时的十二卷本，可谓是卷帙浩繁；由于颇受欢迎但皇皇巨著对普通读者而言不便阅读和携带，弗雷泽又亲自将十二卷本的《金枝》精简为一卷本，于 1922 年出版；并且在他晚年八十二岁高龄之时（1936）且双目失明的情况下，通过口授秘书，完成出版了《〈金枝〉补遗》（*Aftermath*：*A Supplement to the Golden Bough*）。[①] 对于弗雷泽的一生来说，《金枝》就宛如一颗时时吸引着他的北斗星，无论他的研究转向哪里，他似乎都会出自本能地回向它。可以说，弗雷泽作为人类学家的地位主要是由《金枝》奠定的，而其"现代人类学奠基之父"[②] "列维－斯特劳斯之前最具声誉的人类学家"[③] 等声誉也主要是由于《金枝》而获得的；而《金枝》本身也获得了"人类学的史诗"[④] "向公众阐明了人类学要义并加深了公众对人类学的理解"[⑤] 等地位和赞誉。

然而，作为一部对 20 世纪诸多社会科学都产生了深远影响的人类学大作，《金枝》由于其作者弗雷泽本人并不为后世所充分了解以及作品本身的缺陷问题，而在学界饱受争议。而且，《金枝》本身的一些主题和观念随着时间的流逝而不免显得有些过时，以致人们时常疏于对其进行梳理和辨析，其对 20 世纪人文社会科学影响的途径、方式、表征等问题，也没有得到很好的厘清，这不仅与其对社会科学的贡献明显不对等，而且也与社会科学如今的"破疆域化""去除界限"发展趋向不相适应，更不用说对人类学之于社会科学之贡献的凸显了。

---

① 需要特别说明的是，本书研究所使用的《金枝》文本主要以十二卷本的第三版英文原著为主，兼及其他版本原著，特别是节本和《〈金枝〉补遗》。而弗雷泽本人依据十二卷本精简而成的节本在国内有中译本，其中由徐育新、汪培基、张泽石翻译，刘魁立审校的译本，是本人在本研究中重点借以参考的《金枝》节本的中文译本。本书所涉及的或者所引用的《金枝》文本原文以第三版为主，而此版的内容存在诸多与节本内容重合的情况，由于徐译本译文之经典很难被超越，因此，在涉及相关相同或相近文本内容的翻译时，在进行自己的理解和翻译的同时，本人参考了徐译本的相应译文。在此特别说明，并表示对徐译本的谢忱。

② 从总体上看，尽管弗雷泽的人类学研究在西方引起的争议较多，但基本上都承认其本人作为"现代人类学奠基者"的地位，如马林诺夫斯基、I. C. 贾维、玛丽·贝尔德（Mary Beard）等人。

③ Mary Douglas, "Judgments on James Frazer," *Daedalus*, Vol. 107, No. 4, Generations (Fall, 1978)：151 – 164.

④ Robert Fraser, *The Making of The Golden Bough*：*The Origins and Growth of an Argument*, Basingstoke and London：The Macmillan Press LTD, 1990, p. 212.

⑤《金枝》曾在 20 世纪二三十年代间得到普通公众的青睐甚至是追捧，不少时人如简·赫丽生（J. E. Harrison, 1850—1928）、马林诺夫斯基等以及后来的论者如罗伯特·艾伦·阿克曼（Robert Allen Ackerman）、乔治·斯托金（George Stocking）等人，都认为《金枝》曾经在公众中的流行，起到了向公众阐明人类学要义、加深公众对人类学的理解的作用，为人类学（于普通公众而言，人类学在当时属于一门新学科）知识的普及做出了贡献。

而且，在文学人类学已成一门显学的中国学界，在对《金枝》及其西方影响的认识中，还存在着一些盲区。因此，以回溯性的眼光，重点聚焦于人类学和文学两个维度，兼及其他社会科学，对《金枝》本身及其在西方的多领域多学科影响进行爬梳和剖析，成为本书的研究主旨所在。

《金枝》在西方的影响可以说自其首版问世后即已开始。与一般常常主要在专业领域内或学术界产生影响的科学研究著作不同的是，作为人类学科学研究著作的《金枝》，不仅对人类学自身，也在其他学科如文学、心理学、历史学等领域，同时也在普通公众中产生了深远的影响。然而，由于弗雷泽的书斋人类学研究和《金枝》本身固有的问题，同时也由于西方人类学自身发展变化的原因，弗雷泽的研究和结论在其生前即为后来者超越。西方学界对《金枝》的批评和质疑在其问世后不久即已开始并时常见刊，但这似乎根本未能改变弗雷泽生前不断收获不计其数的荣誉、《金枝》持续受到追捧并对人类学和其他领域产生影响的事实。虽然《金枝》在弗雷泽离世后一度遭到西方学界的冷落，但即使那些对其进行激烈批评甚至是否定其人类学价值的人，都无法否认《金枝》对人类学自身及其他诸多领域的深刻影响（当然不仅限于正面影响），不得不承认弗雷泽"现代人类学奠基之父"的事实，以及《金枝》作为人类学经典无法被撼动的地位。就《金枝》影响而言，"魔杖""幽灵""阴影""枝繁叶茂的大树枝""镀金的小树枝"等评价①，不仅体现了其影响的复杂性，也反映了学界在对待其态度问题上的分歧和矛盾。

然而，《金枝》的影响不仅局限于西方，其对中国相关学科的影响自 20 世纪 20 年代即已开始，特别是当时的神话古史研究、神话学、民俗学、人类学等，彼时的《汤祷篇》《发须爪》《伏羲考》《畲民图腾文化的研究》等都是应

---

① 本书借用"魔杖"和"阴影"两个词，来表达《金枝》在西方的复杂影响和研究论争问题。前者为英国古典学者 A. E. 豪斯曼（A. E. Housman）在 1921 年"弗雷泽讲坛"（Frazer Lecture）设立时的致辞中所用。在此致辞中，豪斯曼将《金枝》喻为罗马神话中的英雄埃涅阿斯进入冥界前所攀折的具有魔力的"金枝"，称《金枝》为"人类学的魔杖"（the magic wand of anthropology），以称颂弗雷泽的人类学研究为当时的宗教和文化历史研究所带来的启示（其详细出处和解释请参见本书第五章第三节）。后者为美国学者奥尔布赖特·丹尼尔（Albright Daniel）1973 年批评约翰·维克里的《〈金枝〉的文学影响》（The Literary Impac of The Golden Bough）一书对《金枝》文学影响的极高赞誉时所用，丹尼尔以《〈金枝〉的阴影》（"Shadows of 'The Golden Bough'"）为题，质疑和批评维克里对《金枝》所谓影响进行的研究，并对《金枝》进行了一定程度上的嘲讽。在笔者看来，豪斯曼和丹尼尔迥异的评价于西方学界《金枝》批评史来说，具有一定的代表性，既体现了《金枝》影响的复杂性，也反映了相关研究中观点分歧较大、毁誉参半的状况，因此，笔者借用这两个词来概括《金枝》在西方的影响、研究以及境遇问题。需要特别说明的是，这种借用更多的只是用以概括相关问题所呈现出的主要特征，并不表示笔者对这两个词在原文中之观点或意义的附和或者说是认同。

用《金枝》的理论观念解读中国神话、古史、民俗现象的佳作代表。20 世纪 70 年代末期，国内神话古史研究开始复苏，后逐渐与深受《金枝》影响的西方文学批评理论神话－原型批评合流，形成了盛极一时的原型批评和文化研究热潮，而后，《金枝》又持续对文学人类学产生着巨大影响，先后出现了大量主要借用《金枝》之理论观念研究古史神话、解释民俗文化现象、进行文学批评的著作和文章，如《山海经的文化寻踪》《楚辞的文化破译》《诗经的文化阐释》等等，数不胜数，迄今不断。但从总体上来看，国内学界对《金枝》这样一部学术大作存在着重应用轻研究的倾向：国内目前没有研究《金枝》的专著；相关研究论文数量不多，专论较少；缺乏对国外相关研究的引介，对相关前沿问题及研究发展流变的了解不够，少有借鉴和对话。

有鉴于此，本书以"魔杖"与"阴影"为潜在线索，在探查弗雷泽思想与学术旨趣、挖掘和还原《金枝》重要主题观念之渊源流变的基础上，对《金枝》在西方的复杂影响和研究论争进行梳理、呈现和述评，旨在抛砖引玉，希望有助于国内学人对相关问题的了解、参考和借鉴，以期利于国内相关研究的纵深发展。

《金枝》首版问世后即开始受到评论，大多是赞誉，出现的少数质疑也相对较为温和。二版后受到的批评较为激烈，包括弗雷泽的同事和朋友都不断对《金枝》中的一些观念和论证进行质疑。十二卷本的第三版出版后，虽然也有不少批评之音，但由于此时弗雷泽在英国人类学界已属权威，并在公众中拥有极高声誉和大量读者，因此，即使有来自人类学界的批评，也并不十分激烈。1922 年节本出现后更是受到普通读者的热情追捧，同时也少有来自同行的批评。从大体上来看，弗雷泽生前，特别是在最后十多年间，即使人类学新范式已经出现而且有逐渐战胜并取代弗雷泽式的人类学之趋向和现实，但基本没有出现严厉指责《金枝》的论述，《金枝》研究专论也很少见。1941 年弗雷泽死后，在长达近二十年的时间里，其本人和《金枝》在西方人类学界几乎被"遗忘"和"冷冻"①，除文学批评领域外，少有人论及弗雷泽及其作品。20 世纪 50 年代末 60 年代初开始出现试图正面评价弗雷泽思想和《金枝》价值的努力，但这种努力立刻激起了一些人的反对，并引起了一场持久的激烈争论，弗雷泽和

---

① 本书借用中国学者彭兆荣先生在论及"弗雷泽方法"遭受冷遇时所用的"冷冻"一词（见《再寻"金枝"——文学人类学精神考古》），来概括弗雷泽及其《金枝》20 世纪 40 年代至 60 年代在西方学界的境遇问题。在此，本书作者特向彭先生表示感谢，同时后文不再对此进行逐一标注。

《金枝》研究专著即在此间开始出现，研究论文则逐渐增多。20 世纪 70 年代末期，随着西方人类学自身历史发展的变化，出现了一股对现代主义人类学（1922 年以后）特别是其田野民族志的写作进行反思的思潮，此前遭到现代主义人类学冷落和摒弃的 1922 年之前的古典人类学作品被重新审视，《金枝》自然是被重新审视的重要对象，出现了不少研究专论，当然也产生了论争，几部重要的研究专著包括权威的弗雷泽传记相继出现，并随着 1990 年《金枝》首版问世百年纪念的临近而达到了一个高峰，此后不时有重要研究论文刊出，延续至今。因此，如果以年代分期，《金枝》在西方的影响和研究大体上可以分为四个时期：1890—1941 年的毁誉参半期，1941 年至 50 年代末的沉寂"冷冻"期，20 世纪 50 年代末至 70 年代后期的激烈论争期，20 世纪 70 年代末至今的反思期。

由于《金枝》自第二版起，便开始被翻译成法语、德语等其他西方主要语言，而英语原版不仅在英美等英语语种国家流行，而且也直接被引进到其他一些西方国家，因此，其在西方的影响可谓十分广泛。而且，英美之外其他一些西方国家的学者也时常以英语写作，如马林诺夫斯基等，而当代一些历史悠久的权威英语人类学期刊如《人类》《皇家人类学学会会刊》《美国人类学家》等，以及其他一些学术期刊如《古典评论》等，刊发的基本都是分量较重的人类学研究文章，关涉弗雷泽这样在西方产生了普遍影响的人类学家的研究论文，通常更多的是出现在这些学术期刊上，更不用说后来的《社会人类学》《当代人类学》《今日人类学》《宗教科学研究杂志》《社会与历史比较研究》《美国社会学杂志》之类的刊物了。与此同时，一些以其他语言写成但引起一定反响的人类学论文也时常会被翻译成英文，刊登在这些权威刊物上，当然也包括关于弗雷泽及其《金枝》的研究性文章。不仅如此，由于互联网的发展，世界范围内的学术资源共享已经比较普及，获取资料的方式和手段已越来越便利。因此，对于资料要求十分严格的本书——《金枝》及其在西方的影响研究——来说，资料的较全面收集和获取基本不是问题。通过种种途径，本书作者获取的研究专著共四五十部（不包括其他关涉性的专著），研究论文（专论、评论，不包括散论）一百多篇，除主要英语国家（英、美、加、澳、南非等）以外，还包括法国、比利时、挪威、丹麦等国一些人类学家的文章。因此，从资料占有情况看，本研究具备了一定的学术严谨性。

由于《金枝》在西方的影响已逾百年，相关研究的表征也较为复杂，有专著、专论、评论、争论、散论等不同形式，而具体观点也毁誉参半，分歧较大。

为方便和清晰起见，此处拟重点以研究专著为主，并尽可能概括各种评论和散论的主要观点，对国外相关研究现状进行概述。

美国评论家罗伯特·艾伦·阿克曼，是截至目前弗雷泽及其《金枝》研究的最重要的学者。阿克曼 1969 年以论文《剑桥学派和神话批评的兴起》（*Cambridge Group and the Origins of Myth Criticism*）获得哥伦比亚大学语言文学博士学位，此后发表了一些论述弗雷泽神话理论及《金枝》的论文，如《弗雷泽论神话与仪式》（*Frazer on Myth and Ritual*，1975）、《重温弗雷泽》（*J. G. Frazer Revisited*，1978）等。1987 年出版了弗雷泽传记《J. G. 弗雷泽爵士：其人其作》（*J. G. Frazer：His Life and Work*，1987），后来又出版了《神话 - 仪式学派：弗雷泽和剑桥仪式学者》（*The Myth and Ritual School：J. G. Frazer& the Cambridge Ritualists*，1991）及《弗雷泽通信选》（*Selected Letters of Sir J. G. Frazer*，2005）等。

阿克曼是在研究剑桥仪式学派的过程中对弗雷泽产生兴趣的。当他获得博士学位后，希望更进一步对剑桥仪式学派重要成员简·赫丽生进行更深入的研究时，他来到对这一学派产生了重要影响的弗雷泽终生生活的地方——剑桥大学三一学院，在那里发现了大量弗雷泽生前的资料，"虽然研究简·赫丽生肯定会更有趣，但从历史和影响角度来看，弗雷泽的研究毫无疑问更为重要"①。于是他开始研究弗雷泽，发表了一些研究论文，后来又出版了上述几部著作。

虽然阿克曼同情弗雷泽在西方现代人类学界的境遇并对某些问题进行了一定程度上的还原、解释甚至是维护：如由于其本身不无缺陷的人类学研究方法和结论为后来者所超越而受到后世人类学家们的嘲讽；他曾经不可思议的巨大声誉和各种殊荣虽然也获得了一些同行的认可和尊敬，但也招来了微妙的不满；其深居简出、沉默木讷的性情不仅不能为自己的理论作品进行辩护，也使他在后人心目中的形象为某些可能并不准确的描述所误导；等等。但从总体上来说，由于对弗雷泽人类学研究甚至包括神话理论的质疑，阿克曼对弗雷泽是持批判态度的。在弗雷泽传记中，他如此说道："我已对其学术生活及其与此密不可分的学术环境进行了力所能及的研究，也搜集和分析了更多有关其生活与性情的材料。然而，最终，于我而言，弗雷泽依然有些让人难以理解（to the end Frazer

---

① Robert Ackerman, *J. G. Frazer：His Life and Work*, Cambridge：Cambridge University Press, 1987, p. 3.

has remained somewhat elusive）。"①

　　首先，阿克曼批评弗雷泽的神话－仪式理论，并倾向于认为弗雷泽神话－仪式理论的贡献有些许被夸大之嫌——特别是就对剑桥仪式学派的影响而言，他甚至认为弗雷泽不是一位真正的仪式主义者，也不是剑桥仪式主义者的成员。在其早年的博士论文中，阿克曼承认弗雷泽在《金枝》中关于神话与仪式起源和意义的思考，特别是神死而复生说对剑桥学派的启发性影响。在后来的《弗雷泽论神话与仪式》的论文中，阿克曼认为，《金枝》包含了弗雷泽几种相互冲突的神话理论——仪式主义、认知主义和历史主义，认为弗雷泽只是一段时间的仪式主义者，因此不能说他是一位神话－仪式主义者。阿克曼如此批评道："弗雷泽关于神话和仪式的起源与意义在其《金枝》写作的二十多年中很难厘清，本身模棱两可又散落各处，即使有志做此梳理所得出的结果恐怕也是成问题的，因为弗雷泽似乎对其自身的自相矛盾漠不关心。往好里说，弗雷泽一心只想把浩瀚如烟的材料归类整理；说得难听点，弗雷泽似乎完全缺乏必需的探索分析人类隐秘行为机制的能力。"②因此，阿克曼认为，弗雷泽神话理论两个方面的不足——社会学和心理学，使后来的赫丽生等人从涂尔干和弗洛伊德那里受到影响而对神话－仪式理论进行了补充。

　　在弗雷泽与剑桥仪式学派的影响关系上，阿克曼如此说道："总之，弗雷泽的认识论使他走向了死胡同，他似乎没有办法赋予他向读者所成功展示的那些多姿多彩的神话以意义……也许有人会问，为什么弗雷泽在如今被人们（主要是文学研究者）认为是神话仪式方法的鼻祖，尽管他至多只能算是一位仪式主义者，而且那也还是在他事业开始的时候，而且那时他在公众中还不怎么出名？答案就在于，这部分的是由于人们对实际情况的不了解。很少有人有兴趣或耐心探查弗雷泽繁缛无序的观念变化，从一定程度上来看，其既成的剑桥仪式主义者的名声实际上仅仅是一个普遍流行的错误看法罢了。"③但是，阿克曼还是不得不承认，由于弗雷泽对戏剧的论述、对诸多植物神神话的独特分析，"总的来说，尽管弗雷泽的论述自相矛盾且有较多变化，但他倒的确真正算得上是剑

_____

　　① Robert Ackerman, *J. G. Frazer: His Life and Work*, Cambridge: Cambridge University Press, 1987, p. 4.

　　② Robert Ackerman, "Frazer on Myth and Ritual," *Journal of the History of Ideas*, Vol. 36, No. 1（Jan. - Mar., 1975）: 115 - 134.

　　③ Robert Ackerman, *The Myth and Ritual School: J. G. Frazer& the Cambridge Ritualists*, New York &London: Garland Publishing, INC. , 1991, p. 60.

桥仪式学派的泰斗"①。

其次，阿克曼认为，弗雷泽在人类学界的学术地位在《金枝》第三版开始出版时即已结束，其影响并不深远。在阿克曼看来，十二卷本的皇皇巨著《金枝》出版完毕之时，恰逢第一次世界大战爆发，《金枝》对某些主题观念的处置，如巫术与宗教、理性与非理性、进化观念等使它成了处于战争惶恐中的人们的某种精神慰藉，特别是在英语国家那些受过教育的知识阶层中。而节本出现时又恰值战争结束，其影响力又在经历了战争的创伤和虚幻感的普通公众中大为增加。然而，就在《金枝》受到广泛欢迎的同时，弗雷泽却被其大多数人类学同行作为过时的人物而抛弃，因为，就在一战之后，弗雷泽纯文学式的、进化论的人类学很快就被马林诺夫斯基和博厄斯等人的更为实用的功能主义方法替代。阿克曼如此说道："在 1911 年之后，《金枝》越来越像一条搁浅的鲸鱼，而弗雷泽也越来越表现出他与十七八世纪多元历史学家之间的亲缘性，他所探求的是宗教起源问题而不是现代人类学。"② 而在他 2005 年整理出版的《弗雷泽通信选》前言中，阿克曼再一次重申了他多年前将 1911 年后的《金枝》比喻为"搁浅的鲸鱼"的说法。而针对 20 世纪 70 年代后期出现的现代人类学民族志反思思潮中出现的重读弗雷泽现象，他直接说道："如果说还真有弗雷泽的信徒的话——很难想象有人会是，我肯定不是。就他生前人们所提出的问题而言，总的来说，毫无疑问，他的批评者是'正确的'，而弗雷泽是'错误的'。我这样说主要是基于他的主要观念——人类学的目标在于理解'原始心智'的运作，将其视为人类意识早期的不同阶段……"③ 也就是说，在阿克曼看来，弗雷泽在《金枝》三版开始时即逐渐失去影响力的原因主要在于，弗雷泽的人类学方法和观念已逐渐过时，很快为后来者所替代。

最后，阿克曼认为弗雷泽在西方学界地位尴尬，《金枝》在如今已不具可读性。在其所著的弗雷泽传记中，他开篇即如此写道："弗雷泽是一个尴尬（Frazer is an embarrassment）"。④ 当然，其如此感叹也有基于对弗雷泽一生孜孜不倦的人类学研究和写作并没有得到后世一致的承认与肯定的感慨，也有对《金枝》

---

① Robert Ackerman, *The Myth and Ritual School: J. G. Frazer& the Cambridge Ritualists*, New York &London: Garland Publishing, INC., 1991, p. 61.

② Robert Ackerman, "Frazer on Myth and Ritual," *Journal of the History of Ideas*, Vol. 36, No. 1 (Jan. – Mar., 1975): 115 – 134.

③ Robert Ackerman (ed.), *Selected Letters of Sir J. G. Frazer*, Oxford: Oxford University Press, 2005, p. 5.

④ Robert Ackerman, *J. G. Frazer: His Life and Work*, Cambridge: Cambridge University Press, 1987, p. 1.

在西方学界所引起的批评和质疑的感慨。在整部传记中，阿克曼的感慨一直萦绕其中，特别是在他指出弗雷泽的矛盾或错误之时。不止于此，最令人惊讶的还在于阿克曼在传记结束时的处理，与一般传记结束时作者通常都会对传记主体进行盖棺定论的评价不同，阿克曼以弗雷泽死后被葬于何处而结束了其整部传记的写作。而在《弗雷泽通信选》开篇时，阿克曼直接以"如今谁还阅读弗雷泽？（Who now reads Frazer?）"开始了他的序言，几乎是直接否定了弗雷泽作品，当然包括《金枝》在如今的可读性。

作为弗雷泽研究的最重要的学者，阿克曼对弗雷泽的态度和批评对于那些同情或支持弗雷泽的人来说，不免显得有些无情。但从某种程度上来说，弗雷泽在西方人类学历史上的地位的确有些"尴尬"，《金枝》问世一百多年来，各种研究实际上分歧较大、毁誉参半，虽然不乏赞同者，但也有极为严厉的批评者和指责者，如埃蒙德·利奇①、乔纳森·史密斯②、玛丽·道格拉斯③等，再如亚当·库珀在其所著的《人类学家与人类学：英国学派 1922—1972》④ 甚至根本没有将弗雷泽纳入其中。当然，阿克曼的研究特别是弗雷泽传记也引起了一些学者对弗雷泽的同情，如罗伯特·桑顿认为，由于阿克曼不是人类学家，他并未意识到《金枝》对人类学的深远影响，也忽视了其在公众中受欢迎的真正原因。⑤ 玛丽·贝尔德认为，阿克曼在某些问题上实际上被对弗雷泽怀有偏见的人或论者的说法误导等等。⑥

然而，就弗雷泽传记而言，阿克曼的《J. G. 弗雷泽爵士：其人其作》并不是弗雷泽唯一的一部传记。此前，曾有三部弗雷泽传记出现。第一部是弗雷泽的太太为庆祝他八十岁寿辰，请来被阿克曼认为是"年轻富有而又有几分书

---

① Edmund R. Leach and Herbert Weisinger, "Reputations," *Daedalus*, Vol. 90, No. 2, Ethnic Groups in American Life (Spring, 1961): 371 – 399; Edmund Leach, I. C. Jarvie, Edwin Ardener, J. H. M. Beattie, Ernest Gellner, K. S. Mathur, "Frazer and Malinowski: A CA Discussion [and Comments and Reply]," *Current Anthropology*, Vol. 7, No. 5 (Dec. , 1966): 560 – 576; Edmund Leach, "Reflections on a Visit to Nemi: Did Frazer Get It Wrong?" *Anthropology Today*, Vol. 1, No. 2 (Apr. , 1985): 2 – 3.

② Jonathan Z. Smith, "When the Bough Breaks," *History of Religions*, Vol. 12, No. 4 (May, 1973): 342 – 371.

③ 玛丽·道格拉斯：《洁净与危险》，黄剑波、卢忱、柳博赟译，民族出版社 2008 年版。

④ Adam Kuper, *Anthropology and Anthropologists: The Modern British School* 1922 – 1972, New York: Pica Press, 1974.

⑤ Robert J. Thornton, "If Libraries Could Read Themselves: The New Biography of Frazer," *Anthropology Today*, Vol. 4, No. 2, (April 1988): 20 – 22.

⑥ Mary Beard, "Frazer, Leach, and Virgil: The Popularity (and Unpopularity) of the Golden Bough," *Comparative Studies in Society and History*, Vol. 34, No. 2 (Apr. , 1992): 203 – 24.

呆子气的弗雷泽迷"[①] 的德尔多·贝斯特曼（Theodore Besterman，1904—1976）执笔的，内容由弗雷泽太太决定和安排，主要是关于弗雷泽的早年生活、各种著作出版后受到的好评及弗雷泽此前所获得的各种声誉的记述。1940 年，弗雷泽太太又安排已经担任弗雷泽秘书数年的 R. 安格斯·唐尼（R. Angus Downie）写了另一部传记《詹姆斯·弗雷泽：一位学者的肖像》（*James George Frazer: The Portrait of a Scholar*，1940）并出版。在阿克曼看来，唐尼对弗雷泽本来就怀有崇拜和爱戴之情，而且又完全是在弗雷泽太太"耳提面命"的监督和审阅下写成这部传记的，[②] 因此，传记本身几乎完全是以溢美之词描述弗雷泽的思想、著作和受欢迎和爱戴的种种事件，除了对了解弗雷泽一生经历和作品创作年代具有价值以外，学术意义并不大。后来，由于 R. 安格斯·唐尼本人也认为他在弗雷泽太太的干涉之下所写的传记不够客观，他又重新写作了一部弗雷泽传记——《弗雷泽与〈金枝〉》（*Frazer and the Golden Bough*，1970）。[③] 但阿克曼认为，此部传记只是较前一部补充了更多关于弗雷泽及《金枝》成书过程中的种种事件，对《金枝》本身的分析也不够深入，而且唐尼不是站在学术立场上来写作这部传记的。[④] 从这部传记的内容来看，阿克曼此言也有一定道理。

如果说阿克曼认为弗雷泽在西方人类学界地位"尴尬"的话，那么，加拿大人类学家 I. C. 贾维在其《人类学的革命》（*The Revolution in Anthropology*，1964）一书中，对造成弗雷泽及其《金枝》在西方人类学界境遇之原因的分析可以说是语出惊人。贾维指出，弗雷泽在人类学历史上地位的衰落完全是马林诺夫斯基谋划和指导的一场"人类学的革命"，从性质上看，这是一场颇具"弑父"意味的革命："弗雷泽在学术界（社会人类学）的领导地位不久就为其两个优秀的孩子——B. 马林诺夫斯基和 A. R. 拉德克里夫－布朗（Radcliffe-Brown，1881—1955）所享有。虽然弗洛伊德的理论那时（20 年代）还不怎么时兴，但这两个孩子已经开始进行时髦的弑父理论实践了：他们试图颠覆那些整天坐在牛津和剑桥书房里舒适的扶手椅上杜撰理论的、杰出前辈如弗雷泽的影响。孩子们弑父的武器就是指控他们的父亲从未到他那么多著作中所主要描述的野蛮人中间去进行过直接观

① Robert Ackerman, *J. G. Frazer: His Life and Work*, Cambridge: Cambridge University Press, 1987, p. 305.

② Robert Ackerman, *J. G. Frazer: His Life and Work*, Cambridge: Cambridge University Press, 1987, p. 2.

③ R. Angus Downie, *Frazer and the Golden Bough*, London: Victor Gollancz, 1970.

④ Robert Ackerman, *J. G. Frazer: His Life and Work*, Cambridge: Cambridge University Press, 1987, p. 2.

察。"① 贾维对马林诺夫斯基后的人类学田野范式颇有微词，但他并不是完全反对田野方法，而是认为马林诺夫斯基等人对田野的过分强调将人类学完全导向了一种一味追求田野的、精密的所谓科学方法，然而，对于原本就是关于人的研究的人类学来说，这并不是唯一有效的方法。对于贾维来说，弗雷泽式的书斋研究方法实际上自有其优势，他甚至认为，社会人类学研究应该"回向弗雷泽"（back to Frazer）。贾维的这种说法立刻引起了英国当时著名主流人类学家利奇的不满，双方展开了一场就弗雷泽人类学研究方法意义和《金枝》价值的激烈论战，吸引了不少当时人类学家的参与。

1990 年，为纪念《金枝》问世百年，英国学者罗伯特·弗雷斯出版其研究专著《〈金枝〉的炮制》（*The Making of The Golden Bough*）、编辑出版了论文集《詹姆斯·弗雷泽爵士与文学想象》（*Sir James Frazer and the Literary Imagination*）。

在《〈金枝〉的炮制》一书中，弗雷斯将弗雷泽一生的人类学追求主旨与苏格兰 19 世纪的宗教问题进行了联系，认为其人类学研究实际上是其自身及那个时代苏格兰知识分子宗教困境的一种反应。通过对弗雷泽写作《金枝》的缘起、《金枝》诸多主题观念的成型与设置进行几乎是知识考古式的证据支持和分析，弗雷斯认为，由于弗雷泽的推测常常走得太远，他从材料中时常看到的是他想看到的，作为一部人类学作品，《金枝》的成书实际上是一个不无"炮制"的过程。弗雷斯认为，弗雷泽不是一位科学家，当然不仅仅是由于他缺乏人类学训练和对材料的处理能力，而是因为他固执地孜孜不倦地寻求的宗教迷失困境的突破原本就因太过形而上而不可能达到或者说根本不存在。因此，与其说弗雷泽是一位科学家，还不如说他是位哲学家和文学家，而《金枝》的主要成就在于对 20 世纪现代文学创作的影响。也许正因为如此，弗雷斯主编出版了《詹姆斯·弗雷泽爵士与文学想象》一书，收录了包括他本人在内的十三位研究者的共十四篇研究论文，主要讨论弗雷泽的思想、《金枝》对诸多 20 世纪现代作家的影响等问题。

就《金枝》的文学影响问题而言，从严格意义上来说，应该包括文学创作和文学批评两个方面。虽然西方没有专门讨论《金枝》对文学批评影响的著作，但《金枝》对原型批评的深刻影响是毋庸置疑的。原型批评的集大成者诺斯罗普·弗莱（Northrop Frye，1912—1991）不仅高度推崇《金枝》，而且一再反复强调自己受惠于弗雷泽及其《金枝》，在其《文学的原型》《批评的解剖》《伟

---

① I. C. Jarvie, *The Revolution in Anthropology*, London：Routledge, 2002, p. 1.

大的代码》《批评之路》等论述中无时不流露出他对弗雷泽的借鉴和尊崇。此外，与阿克曼对弗雷泽的神话－仪式理论的严厉批评不同的是，美国当代著名神话学家罗伯特·西格尔（Robert Segal）在其所汇编的《神话与仪式理论文集》（*The Myth and Ritual Theory: An Anthology*, 1998）一书中，收录了20世纪二十多位重要神话学家有关神话和仪式理论的重要论述，在对每一位神话学家的仪式理论进行简介时，西格尔几乎都提到了他们对弗雷泽的吸收、继承或者批判和超越。①

而就《金枝》对文学创作的影响研究而言，约翰·维克里的《〈金枝〉的文学影响》一书，专门对《金枝》之于20世纪现代主义文学创作的影响进行了详细的梳理，并通过重点对一些重要作家如叶芝（Yeats）、艾略特（T. S. Eliot）、劳伦斯（D. H. Lawrence）、乔伊斯（James Joyce）等人的主要作品进行深入研究，分析《金枝》为何、何以、如何影响了他们的创作以及他们因此而取得的成就和建树。而且，维克里还认为《金枝》本身就是一部了不起的文学作品。② 就像六七十年代任何试图正面评价弗雷泽及其《金枝》的努力都会招来激烈的批评一样，《〈金枝〉的文学影响》出版后，很快就引起了论者的批评，典型的如奥尔布赖特·丹尼尔的《〈金枝〉的阴影》，认为《金枝》本身无甚价值，维克里对其所谓影响的分析根本没有意义，因此，《〈金枝〉的文学影响》是一部"毫无用处的书（a useless book）"③。这当然不仅是对维克里之研究的质疑，也是对《金枝》的一种嘲讽。

除专门的研究著作外，也有诸多论著以专章的形式讨论《金枝》及其影响问题。如埃德加·海曼（Stanley Hyman，1919—1970）的 *The Tangled Bank*（1962），埃布瑞姆·卡迪那和爱德华·普瑞博的《他们研究了人》（*The Studied Man*, 1963），詹姆斯·尤里的《社会人类学之前》（*Before Social Anthropology*, 1993），乔治·斯托金的《泰勒之后》（*After Tylor*, 1996），等等。

研究论文，除前文简略提及的以外，还包括以下一些十分重要的专论：赫伯特·维森格（Herbert Weisinger，1913— ）的《枝繁叶茂的大树枝》（*The Branch That Grew Full Straight*, 1961）、埃蒙德·利奇的《金枝还是镀金的小树枝》（*Golden Bough or Gilded Twig*, 1961）、特莫西·布瑞恩的《〈金枝〉中的冲

---

① Robert A. Segal（ed.）, *The Myth and Ritual Theory: An Anthology*, Oxford: Blackwell Publishers, 1998.

② John B. Vickery, *The Literary Impact of The Golden Bough*, Princeton: Princeton University Press, 1973.

③ Albright Daniel, "Shadows of 'The Golden Bough'," *Virginia Quarterly Review*, 49: 3（1973: Summer）: 461–464.

突：弗雷泽关于人的两种形象》（*The Conflict in The Golden Bough：Frazer's Two I-magine of Man*，1967）、玛丽·道格拉斯的《评价弗雷泽》（*Judgments on James Frazer*，1978）、玛丽琳恩·斯特拉斯恩的《语境之外》（*Out of Context*，1987）、卢克·德·余施（Luc de Heusch，1927—　）的《神圣国王的象征机制：重估弗雷泽》（*The Symbolic Mechanisms of Sacred Kingship：Reconsidering Frazer*，1997）、瑞恩·威勒斯利的《弗雷泽来自扶手椅上的反击：万灵论灵魂观新论》（*Frazer Strikes Back from the Armchair：A New Search for the Animist Soul*，2011）等等，限于篇幅，此不列举。相关研究观点分歧较大，褒贬不一。如维森格认为弗雷泽完全可以与马克思、达尔文（Charles Darwin，1809—1882）、弗洛伊德、爱因斯坦比肩，因为他通过《金枝》构建了现代思想；利奇则认为弗雷泽只是在《金枝》中堆砌了庞杂繁缛的人类学民俗学材料，根本不具任何价值；余施认为《金枝》中的神圣国王现象的象征机制对于政治学某些问题的研究有着非凡的意义；玛丽琳恩则有感于弗雷泽对西方人类学的复杂影响，以至发出如此感慨，"在西方人类学历史上，弗雷泽既值得尊敬也是个幽灵"；等等。

　　《金枝》自20世纪20年代中期开始被介绍到中国，迅即对国内古史神话研究、民俗学、人类学以及文学批评产生了巨大而持续的影响。从时间上看，弗雷泽及其《金枝》在国内的接受和传播可以分为20世纪20年代中期至40年代下半期以及70年代末至今两个时期。前一时期主要是以《金枝》中的神话观念研究解读本土神话和古史，将其巫术图腾理论用于民俗学和人类学的解读应用；后一时期即70年代末期国内开始复兴的神话古史研究首先是继承和拓展了老一辈学人的研究理路，其后又与原本就深受弗雷泽影响的西方神话–原型批评理论合流，在国内形成了蔚为壮观的原型批评和文化研究热潮。当原型批评逐渐淡出之后，《金枝》又持续对国内新兴交叉学科——文学人类学产生着巨大的潜在影响。两个时期的接受既表现出一种延续性及其"对接"问题，同时也有内化与超越的在地发展问题。此处拟将两个时期打通，以学科分类为向度，对弗雷泽在中国接受与传播的整体状况进行回顾和梳理。

　　首先是《金枝》在国内的译介情况。根据目前所能查阅的资料来看，国内最早介绍弗雷泽的是江绍原。他虽没有直接翻译弗雷泽的作品，但其写于1926年的《发须爪》就是深受《金枝》中的禁忌观念启发写成的民俗学佳作。江绍原在《发须爪》的自序中对弗雷泽（译为"莆来则"）做了简单介绍。《金枝》在国内出现的最早译文是由李安宅翻译的：为写作《语言底魔力》第一章"巫术底分析"，李安宅1931年翻译了《金枝》节本的第三章《交感巫术》，译题为

《交感巫术的心理学》（李译"Frazer"为"弗兰柔"）。在译序中，李安宅对弗雷泽的巫术理论做了介绍，认为交感巫术是《金枝》在理论上最重要的建树，为理解诸多早期文化现象提供了一把钥匙。郑振铎不仅用《金枝》中的神王兼祭司理论来解读中国古史，还在《汤祷篇》第六节中专门介绍了《金枝》特别是"王位的起源与重负"部分，他曾打算翻译整部《金枝》或节本，但因多种原因未果。周作人1934年以"岂明"为署名，简要介绍了弗雷泽（译为"弗来则"）及其《金枝》在西方的影响，并翻译了弗雷泽太太（Lily Frazer）所写的《金枝上的叶子》一书中的"理查伦主教的魔鬼"一节，原文根据《金枝》卷七《替罪羊》中的材料编写而成，该译文后收入周作人的《夜抄读》。1934年，于道元翻译了《金枝》节本第六十六章《民间故事中灵魂寄存于体外的观念》（于译"Frazer"为"弗里则"），译题为《外魂的传说——见于民间故事中的》，分三期分别刊于《行健月刊》的1934年第5卷第6期、1935年第6卷的第1期和第2期，在译文的引言中，于道元对《金枝》在当时人类学著作中的地位给予了很高的评价。这些早期翻译虽大多是零星节译或简单介绍，但很快就对当时国内的神话古史研究、民俗研究及人类学产生了很大影响。

20世纪80年代中期，国内出现了弗雷泽作品翻译的热潮，这股热潮一方面与国内古史神话研究的复兴关系密切，一方面也与西方理论思潮在国门打开之后的纷纷涌入有关，特别是与原本就深受弗雷泽影响的西方神话－原型批评在这一时期的传入密切相关。从这一译介热潮中，不仅可以见出其时国内弗雷泽接受与传播之盛况，也足见其作品和理论于学界需求之迫切。1987年，对于国内弗雷泽作品的译介来说，不仅弗雷泽的其他一些作品被节译到国内学界，《金枝》节本、全译本终于出现。此即中国民间文艺出版社出版的由徐育新、汪培基、张泽石等人翻译，刘魁立编辑的《金枝》节本完整版译本，这可以说是国内学界期盼已久的盛事。无独有偶，叶舒宪编译的《神话－原型批评》也于同年7月出版，此书第一篇选编的即是《金枝》中的《阿都尼斯》（Adonis），关于阿都尼斯的神话和祭仪通常被认为是反映弗雷泽神话理论的重要篇章之一。弗莱的神话－原型批评理论本来就受到了弗雷泽《金枝》的重要影响，因此《金枝》和《神话－原型批评》二者的同时出版形成一种相互弥补之势，迅速在学界掀起一股兴盛的神话－原型批评高潮。

其次是《金枝》在国内的影响。国内古史神话研究和上古文化研究深受《金枝》神话－仪式理论、巫术理论和神王说等理论观念的影响。郑振铎的《汤祷篇》、闻一多的《伏羲考》《高唐神女之传说分析》、陈梦家的《商代的神话与巫术》等都是20世纪上半期弗雷泽神话－仪式理论应用于解读中国古史神话的重要作品。而70年代末期之后，国内受《金枝》影响所进行的上古文化和古史神话研究主要以萧兵、叶舒宪等人的文化破译系列为主，他们的研究既是对前期老一辈学人的继承和发展，同时也表现出一种"过滤"与"杂糅"的在地化发展。

萧兵先生虽没有直接阐明他所受弗雷泽《金枝》的影响，但他在《"启代益作后"：原始社会末期的一场冲突——学习恩格斯名著，试解〈天问〉难句》一文中提到的"模拟巫术"显然应用的就是《金枝》中的巫术理论。其后萧兵的一系列学术论文和几部学术著作显然都或多或少地借用了弗雷泽的巫术理论、杀老说、神婚、替罪羊主题、神死而复活原型等。如从80年代早期直到21世纪初的论文《〈楚辞·九歌·东君〉新解》《禹杀父，启屠母》《禹以身祷水》《神妓、女巫和破戒诱引》《委维或交蛇：圣俗"合法性"的凭证》等，专著如《楚辞的文化破译》《中庸的文化省察》等。叶舒宪先生极为推崇弗雷泽，他多次承认自己受到弗雷泽及其作品《金枝》和《〈旧约〉中的民俗》的启发和影响，其对人类学和神话－原型批评的兴趣与此关系密切。作为神话－原型批评的引入者和践行者，在他编译的《神话－原型批评》导读中，叶舒宪重点论述了弗雷泽作为剑桥神话仪式学派创始人，其《金枝》之于神话－原型批评的重要意义。随后，他开始借用西方相关神话学理论、原型批评及文化理论解读中国典籍，取得了丰硕成果，如《探索非理性的世界——原型批评的理论与方法》《英雄与太阳——中国上古史诗的原型重构》《中国神话哲学》《诗经的文化阐释》《庄子的文化解析》等等。叶舒宪极为注重对弗雷泽的思想及其视野的吸收和借鉴，将西方神话学、原型批评和中国本土文化研究、文学研究实践结合起来，进行理论的在地化改造——践行文学与人类学的跨学科研究，并与几位同道中人开始不仅在概念层面，而且在本体论层面和方法论层面展开全方位的探索和努力。其后诸多著作和文章更为注重文学人类学学理依据的建立和展开，如《两种旅行的足迹》、《文学与人类学》、《山海经的文化寻踪》（与萧兵合著）、《千面女神：性别神话的象征史》、《人类学关键词》、《熊图腾：中华祖先神话探源》等，逐渐超越了西方神话学和原型－批评的影响，为文学人类学研究在国内的在地化发展奠定了坚实的基础。

文学人类学在中国作为一门学科的在地化滥觞和发展已有二十多年的历史了。而学者们在对这一学科的历史进行溯源时，大都把源头推向了弗雷泽及其《金枝》。叶舒宪在对文学人类学做本体论和方法论建构的同时，也时有文章提及弗雷泽之于文学人类学的意义和影响，他在"文学人类学"系列讲座中，谈及文学人类学的源头就在于弗雷泽在《金枝》中所开创的神话仪式研究对文学研究的启发。在《文学人类学的中国化过程与四重证据法》一文中，他也极为肯定闻一多、郑振铎等人在弗雷泽的影响下，开辟出的中国古典学术研究新范式之于国内文学人类学的意义。彭兆荣的《再寻"金枝"——文学人类学的精神考古》，认为《金枝》所探求的神话与仪式叙事反映的正是人类的精神情致。徐新建在《文学人类学：中西交流中的兼容与发展》中，也认为《金枝》是文学与人类学交融互释的经典。而户晓辉则在其《关于文学人类学的批评与自我批评》一文中指出，作为文学人类学研究重要方法的原型批评已在20世纪90年代逐渐淡出文学批评界，但其批评方法的重要源头之一——弗雷泽的《金枝》仍对中国文学人类学持续产生巨大且潜在的影响。户文在对弗雷泽在中国学界产生的持续且"错位"的巨大影响进行质疑的同时，也指出国内弗雷泽及其影响研究的不足。代云红的《〈金枝〉与"人类学转向"》主要讨论了《金枝》与20世纪后半期西方人类学转向的关系问题。骆晓飞的硕士学位论文《〈金枝〉与文学人类学》，主要从弗雷泽对弗莱神话原型批评的影响之角度讨论《金枝》与文学人类学的关系，但国内文学人类学的发展如果忽略了郑振铎、闻一多等人在以弗雷泽为主要成员的人类学派影响下所做的古史神话研究，显然是有缺憾的。从总体上来看，国内学界将文学人类学的肇始源头追溯到了弗雷泽，但二者之间的"What""Why"和"How"等根本性问题并没有得到澄清和解决，相关问题的深层次研究亟待展开。

国内民俗学和人类学也在一定程度上受到弗雷泽及其《金枝》的深远影响。相较而言，弗雷泽对中国民俗学产生的影响要远远大于人类学，且大多集中在对其巫术理论和图腾理论的移植和应用上，这从国内众多民俗学著作中可以窥见一斑，如江绍原的《发须爪》、林惠祥的《文化人类学》、岑家梧的《图腾艺术史》、梁钊韬的《中国古代巫术——宗教的起源和发展》、陈志良的《图腾主义概论》、凌纯声的《畲民图腾文化的研究》等等，这些著作在很大程度上用到了弗雷泽的图腾理论和《金枝》中的巫术理论、禁忌观念等理论观念。20世纪80年代以后，也有一些或多或少受到弗雷泽影响的相关作品出现，如何星亮的《图腾文化与人类诸文化的起源》、王振复的《巫术：〈周易〉的文化智慧》、陈来的《古代宗教与伦理——儒家思想的根源》、詹鄞鑫的《心智的误区——巫术与中国巫术文化》等等，限于篇幅，此不列举。以弗雷泽的图腾理论、巫术理论、禁忌观念来解读民族民俗文化现象的论文更是不胜枚举。林惠祥在《文化人类学》第五篇"原始宗教"一节中，应用和介绍了弗雷泽关于原始宗教的相关概念，也参阅了除《金枝》以外的弗雷泽其他几部作品，如《不朽的信仰》（*The Belief in Immortality and the Worship of the Dead*）、《自然崇拜》（*The Worship of Nature*）、《心智的任务》（*Psyche's Task*）等，这在当时是极为可贵的。

值得深思的是，巫术理论和图腾理论一直被国内学界认为是弗雷泽的理论中较有价值的部分，在相关研究中被广泛应用。但以笔者目前的研究来看，国外学界对弗雷泽的巫术理论和图腾虽有一定继承，但更多的是批判和质疑。这一现象产生的深层原因和机制还有待进一步深入研究和分析。难能可贵的是，《巫术研究的一个误区——弗雷泽"巫术时代论"与中国的巫术研究》（晁天义，2002）、《图腾：古代神话还是现代神话?》（曲风，2004）两篇质疑性文章对国内弗雷泽的接受和传播影响进行了较为深刻的反思，但遗憾的是，这种振聋发聩的反思并没有引起学界的足够重视和反思。

从总体上来看，弗雷泽在中国的接受和传播以理论观念的移植应用为主，少有较为深入的本位研究。国内各种学术刊物发表的涉及弗雷泽研究及其理论应用性的论文有数十篇，但有关弗雷泽思想及作品的专论仅有数篇，大多数论文仍倾向于挪用其理论或观念来解读文学作品或民俗文化现象。难能可贵的是，专论虽然不多，但对弗雷泽思想和作品的认识可以说是高屋建瓴，如阎云翔的《泰勒、兰、弗雷泽神话学理论述评》（1984），上文提到的彭兆荣的《再寻"金枝"——文学人类学的精神考古》，以及鹿忆鹿的《弗雷泽与南岛语族神话研究》（2010）等。阎文可以看作国内首次以弗雷泽作为重点较为系统介绍其作品和思想的文章了，剖析弗雷泽神话学理论的成就与不足，敏锐地指出弗雷泽神话理论"散"却"新"（相对于人类学派其他成员而言）的特点，认为弗雷泽在发展了人类学派神话理论的同时又为后人的研究开拓了新路，承前启后，其著作和声誉代表了英国人类学神话学派的极盛阶段，也是现代人类学的拓荒者。

除上文提到的晁天义探讨弗雷泽巫术理论的影响外，曹海英的《弗雷泽的人类智力发展三阶段论探析》（2005）、郭建勋的《从〈金枝精要〉看巫术、宗教与科学之关系》（2005）对弗雷泽的人类心智进化三阶段理论进行了剖析。而曲风认为"图腾主义"在弗雷泽的《金枝》和《图腾制与族外婚》中被盲目泛化，以致成为民俗学、人类学的重要研究内容并影响了其后大批学者，曲文严厉批评国内学界图腾理论挪用的盲目性。该文对弗雷泽将图腾理论泛化的指责虽有苛刻之嫌但也不乏一定道理，对国内学界削足适履挪用弗雷泽理论的批评有振聋发聩之效。

相对于弗雷泽思想和理论作品研究专论来说，各种学术刊物上出现的论文更多的是应用弗雷泽的神话理论、巫术观念、仪式性母题来解读文学作品或文化事象。如《中国式的〈金枝〉故事——由民俗神话学训释"逢蒙杀羿"》(1995)、《中国古代的树神崇拜》(1995)、《蒙昧时代的心身问题——从〈金枝〉看原始人的灵魂观念》(2002)、《论〈金枝〉中的原始习俗与狂欢节》(2005)、《反屠王：对辽代再生仪的重新解读》(2005)、《古代求雨与顺势巫术的运用》(2009)、《从西南民族材料看从"神王"到祭司的转变》(2011)等等，不一而足，此不赘述。

弗雷泽也许可以算作西方人类学史上最具争议的人物了，其倾注大半生时间写就的《金枝》可以说是现代人类学历史上影响极为深远然而又颇具争议性的一部经典作品。《金枝》影响了当时众多的学者开始从事人类学研究，然而弗雷泽的研究方法和结论却为这些后来的学者所超越而使他本人和《金枝》在人类学界备受争议甚至被冷落。悖论的是，由于弗雷泽在《金枝》中所开拓的许多研究领域和主题至今仍是现代人类学的主要研究对象，因而其似乎对现代人类学的影响又无处不在；与此同时，《金枝》不仅影响了诸多现代主义作家的创作而且也影响了20世纪后期重要的文学批评流派之一——神话－原型批评，更为重要的是，有论者将他与达尔文、马克思、弗洛伊德并置，认为他与他们一起构建了现代思想，但这似乎并不能挽回《金枝》在人类学界所受的冷遇与质疑；《金枝》一向不被认为是严肃的人类学著作也算不上是典型的文学作品，却自出版以来就一直受到欢迎，历久不衰，其原因似乎颇为复杂。

中国学界特别是神话学、民俗学和早期人类学受弗雷泽影响比较大但对弗雷泽的相关研究比较薄弱，也缺乏对国外学界关于弗雷泽研究和论争的介绍和引入。国内学界受弗雷泽及其《金枝》的影响可以分为两个时期：20世纪20年代至40年代和70年代末期至今。20世纪20年代国内出现的《金枝》零星译介立刻对当时的神话研究产生了较大影响，随即是弗雷泽的巫术理论和图腾理论对民俗学和人类学的影响。但其时没有专文研究《金枝》。20世纪80年代后的影响比较复杂，首先是零星介绍性文章出现，《金枝》节本译本出现，原本就与《金枝》关系密切的神话－原型批评这时也被引入中国学界，几种因素合流产生了较大的影响，这时出现了一些利用《金枝》中的理论进行中国神话、民俗、文学批评的应用性研究论文。虽然这时在20世纪上半期神话学研究基础上建立和发展起来的新兴跨学科研究——文学人类学得以建立和发展，学人们时时也将文学人类学的学科肇始源头追溯到了弗雷泽，但遗憾的是，没有人专文对此做出研究和解释，而且学界也缺乏对弗雷泽思想和作品进行深入研究的学术文章出现，即使是文学人类学在国内已有二十多年发展历史的今天也是如此。因此，本书通过对《金枝》进行深入的本体研究，探查弗雷泽思想、研究、写作主旨及其在《金枝》中的表征，还原和厘清蕴含其中的一些对后世产生了重要影响的理论和观念，利于学界对《金枝》复杂影响的认识。

从总体上看，弗雷泽在西方人类学界、文学界和思想界的境遇形成强烈反差：人类学界对其一方面批评激烈一方面又在其影响之下；文学界则由于《金枝》主题对现代主义创作和原型批评的启发和影响而赋予他一定地位，但《金枝》并未被列为文学作品；思想界则由于弗雷泽研究的是人类现代与过去、文明与野蛮、理性与非理性等问题而认为他一定程度上建构了现代思想。相比之下，中国学界对弗雷泽的接受有重应用轻研究的倾向，不仅对弗雷泽本身及作品的研究不够，也缺乏对国外学界相关研究的了解、介绍和引入。基于此，本书通过对《金枝》本身及其在西方的影响、研究路径及发展趋势的梳理、研究和介绍，为国内学人提供借鉴和参考，有助于推动国内相关研究的纵深发展。

上　编

《金枝》本体研究

第一章　弗雷泽的思想渊源与学术旨趣

弗雷泽毕生埋头书斋，笔耕不辍，著述无数，《金枝》的写作更是贯穿其一生。在《金枝》中，弗雷泽以极其自信的比较方法，将广博庞杂、包罗万象看似孤立的神话、传说、寓言、巫术和习俗的资料汇集分类，放置进他精心构筑、气势恢宏的比较图式之中，试图对人类社会行为的原始基础进行解释。对于弗雷泽的一生来说，《金枝》宛如天上的北斗星，不时吸引他，无论其研究转向何处，他似乎都会出自本能似的回向它，不断雕琢、修葺和完善。然而，悖论的是，这部激发了众多时人投身于人类学事业的皇皇巨著，在被誉为现代人类学"圣经"的同时，也被一些现代人类学家嗤之以鼻，认为它根本不具人类学启蒙价值，甚至算不上是人类学著作。由于认为《金枝》中的"内米问题"是一个伪问题，弗雷泽的推论也站不住脚，乔纳森·史密斯认为弗雷泽写作《金枝》只不过是在和他的读者"开玩笑"，愚弄嘲讽他们而已。[1] 如果真如史密斯所言，弗雷泽倾其一生的《金枝》是在"开玩笑"的话，那么，他终生孜孜不倦的研究和写作岂非毫无意义，完全是庸人自扰？要真正理解弗雷泽，理解《金枝》，我们需要将弗雷泽植入其时代语境、社会环境特别是其浸淫其中的知识传统中。作为一位典型的苏格兰学者，苏格兰启蒙运动形成的知识传统在弗雷泽身上留下了深刻的印迹；人类学的滥觞和发展与进化论的兴起和弥漫在 19 世纪后三十年纠结交错，弗雷泽恰逢其时，其人类学思想观念不仅带有那个时期的特征，也混合了维多利亚晚期诸多现实问题；比较神话学的发展在为具有深厚古典学根基的弗雷泽提供了神话学的人类学研究方法和范式的同时，也使他视野恢宏却不免任意武断的比较图式成为可能。

第一节　弗雷泽与苏格兰知识传统

弗雷泽出生并成长于 19 世纪下半期一个典型的苏格兰中产阶级长老会教家

---

[1] Jonathan Z. Smith, "When the Bough Breaks," *History of Religions*, Vol. 12, No. 4 (May, 1973): 342 – 371.

庭，自幼就受到了良好的传统教育，浸淫在苏格兰文化传统之中。要彻底理解其思想渊薮，首先必须将其置于苏格兰启蒙运动形成的独特知识传统之下。

一、苏格兰启蒙运动与苏格兰知识传统

苏格兰的地理、政治、经济、文化、宗教等问题在不列颠的历史上一直比较特殊：地理环境使苏格兰在经济上比较贫穷，文化上多元，内部战事频发，宗教派别纷争不断，政治上又无法成为独立的现代国家。这种极端糟糕的社会现实在 17 世纪末期日益恶化，刺激了苏格兰人敏感的神经，使他们产生了强烈的落后于人的羞耻感，也促使苏格兰的知识分子、精英阶层和部分政治家反思自己的宗教、政治、经济与历史，而更为重要的是，激发了他们对国家前途的种种思考和进行社会变革的探索——18 世纪苏格兰的启蒙运动正是在这一复杂背景下进行的。经过一个多世纪的探索和努力，苏格兰的科学、经济、哲学以及诸多领域都在启蒙运动时期获得了长足的发展：地理条件的贫瘠使苏格兰人意识到科学研究和应用之于社会进步的重要性，也促使他们主动从社会政治经济层面思考和探索促进国家进步的社会变革；政治上由于无法完全脱离英格兰而最终选择与之联合（联盟协议签署于 1707 年，真正的融合则在这一世纪的中期），但同时又保持了一定的独立性；宗教派别历经纷争，教会最终恢复了长老制，内部虽长期意见分歧但也因此而逐渐变得相对宽容与开明，政府通常并不插手宗教事务；改变落后于人之现状的渴望使苏格兰人热衷于前往欧洲各国，特别是英格兰等地学习、游历和探险，醉心于学习和研究自然科学、法学和医学，而且重视人文科学研究以期理解国内外的社会现实，思想文化上因此更加开放和多元。

与此社会变革过程密不可分的是，苏格兰涌现出了为数众多、令人瞩目的杰出人物，形成了一个以"苏格兰道德哲学"而著名的学派，如大卫·休谟、亚当·斯密、亚当·弗格森（Adam Ferguson，1723—1816）、约翰·米勒、托马斯·里德（Thomas Reid，1710—1796）等这些如今仍声名鼎沸的伟大人物。这些苏格兰学者基于苏格兰政治、经济、社会、教育、律法及宗教等方面的考察和思考虽带有独特的苏格兰印痕，但同时又有兼收并蓄、海纳百川的气魄，产生了独特而永恒的思想价值，成为 18 世纪欧洲的一场"知识盛宴"。[①] 可以毫不

---

① Alexander Broadie（ed.），*The Cambridge Companion to The Scottish Enlightenment*，Cambridge：Cambridge University Press，2003，pp. 1–28.

夸张地说，18世纪欧洲最杰出的哲学家、思想家、政治经济学家、科学家、医学家甚至修辞学家和神学家都来自苏格兰。在苏格兰启蒙运动一个多世纪的时间里，这些杰出人物与众多苏格兰人一起，通过他们的智慧和探索，不仅改变了苏格兰屡弱的社会现实，也为苏格兰人留下了宝贵的知识遗产和传统，对欧洲甚至整个西方文化思想史都产生了重大影响。

苏格兰启蒙运动有一个引人注目的特点，就是其以城市为中心而形成的思想重镇所焕发出的勃勃生机："苏格兰道德哲学"学派的主将们通常以苏格兰的几所著名大学如爱丁堡、格拉斯哥、阿伯丁等为活动中心，特别是爱丁堡大学，不仅探讨和辩论他们对苏格兰政治、经济、社会结构、教育、法律和宗教等问题的考察和思考，也更多地讨论人性、人类进步、人类历史、宗教、风俗、习惯与制度等问题，著书立说，因此后人也常将他们称为"爱丁堡学派"——爱丁堡在18世纪中后期被认为是"天才的温床"并非没有道理。不仅如此，这些大学及其所在地的城市还成立了各种形形色色的协会或学会，具有代表性的有爱丁堡皇家学会、格拉斯哥文学协会、阿伯丁智者俱乐部等等，经常举办各种讲座和辩论会，撰写论文，听取科学实验报告，活动的内容从实际的农牧业改良问题探讨到宗教问题，还有对高雅文学、哲学等问题的探究，几乎无所不包，涵盖了苏格兰人生活的各个方面。这种气象万千的振奋精神在一个多世纪里，极大地改变了苏格兰社会现实，也为随后的苏格兰人特别是知识分子留下了宝贵的知识传统和遗产，对于曾作为启蒙运动中心的几所苏格兰著名大学来说，更是如此。

从总体上来说，与当时欧洲一般社会思潮和启蒙思想相比，"苏格兰道德哲学"学派的社会观点有诸多不同：注重理性，强调理性本身与文明的演化互为成长，但并不相信理性会创造出一个完全合乎理性的社会；对社会思想观念有清晰而系统的阐述，致力于把社会科学建立在经验的和观察的基础之上，认为其本质与自然科学并无二致；人作为社会生活参与者的活动必然与他人的活动相配合相联系才能完成；注重历史学研究，大多学者持推测历史观观点。另外，他们还提出社会行动无意说及人类行为互动性说等思想。[1] 苏格兰思想家们的这些主张和观点，不仅对苏格兰，也对19、20世纪的社会科学研究方法和诸多社会思潮产生了深远影响。

---

[1] 于海：《西方社会思想史》，复旦大学出版社2010年版，第155—156页。

二、苏格兰知识传统对弗雷泽的影响

与人类学发展初期相关联的是，苏格兰先哲们如斯密、霍姆、休谟、弗格森等人有关人性、人类进步、人类历史、宗教、风俗习惯与制度等问题的讨论，经过后来一大批苏格兰学者如詹姆斯·密尔、约翰·密尔、罗伯特·钱伯斯、约翰·维奇（弗雷泽在格拉斯哥大学时的逻辑学和修辞学教师）以及麦克伦南（1827—1881）等人的继承、发扬和实践，影响了19世纪中期及随后英国人类学研究的内容和方法。而弗雷泽人类学研究所关注的问题和特点以及《金枝》中的诸多观念，如人类心智问题、文明演化与历史进步问题、宗教问题及由此引发的神话与仪式等问题，都应该在苏格兰启蒙运动形成的知识传统背景下才能得到充分的理解。

（一）对宗教问题的关注

弗雷泽出生于苏格兰启蒙运动思想重镇之一——格拉斯哥。父亲丹尼尔·弗雷泽是一位沉默严肃的药商，是格拉斯哥最大药店的合伙人，空闲时间喜欢读书写作，有不少私人藏书，热心于公共事务，加入了当时格拉斯哥的一些协会如医药协会、格拉斯顿自由协会等，主张政治开明和贸易自由，出版过三个小册子。弗雷泽的母亲凯瑟琳也出生于成功的商人家庭，据称其远祖可以追溯到斯图亚特王室和克伦威尔。凯瑟琳温和慈爱，喜爱音乐，热衷于谱系学研究且颇有造诣。显然，这是一个19世纪中期典型的苏格兰中上层商人阶级兼知识分子家庭。弗雷泽幼时起就受到了良好的培养和教育，但他从小就相当拘谨内向，不喜外出，喜欢藏身于父亲的书册之中。大约在弗雷泽七岁时，为逃避格拉斯哥日益严重的工业化带来的喧嚣，丹尼尔带领全家迁往格拉斯哥风景优美的小镇海伦斯堡（Helensburgh），过着富裕安详的乡间生活。即使在此时，苏格兰的社会经济发展仍不平衡：城市通常作为大学所在地而受启蒙运动精神的鼓舞已经成为文化的中心，而乡间则仍保留较多的封建因素。对年幼的弗雷泽而言，喧闹的格拉斯哥与宁静的海伦斯堡乡间虽然完全是两个不同的世界，然而，生性安静内向的他更痴迷于海伦斯堡乡间的寂静与祥和。

弗雷泽一家虽然是开明的书香门第家庭，但同那时任何一个苏格兰家庭一样，宗教生活是他们日常生活中极为重要的内容之一。就当时苏格兰社会而言，宗教的温和与开明主要体现在宗教小团体众多，派别林立，团体或派别之间为赢得信众而进行的竞争使公开正派的宗教交流成为可能，这不仅间接地促进了公共利益，也使宗教问题研究不再仅仅只是神学家的事情。但无论如何，对于

19 世纪中期的苏格兰人来说，没有宗教生活的日常生活简直是不可想象的。弗雷泽的父母都是虔诚的长老会教教徒，严守安息日，每天两次带孩子们去教堂祷告是一成不变的重要生活内容。由于认为宗教是极其内省而神圣的事情，他们从不在家庭特别是和孩子们谈论任何与宗教相关的问题。而且，"家庭礼拜是我们日常生活中一成不变的习惯；主持者自然是我的父亲，他通常会念上一段《圣经》，然后祷告，不会多说一句话。家人和仆人们都虔诚而静默地跪着……孩子们要背诵教义问答，但绝不能谈论或提问"，弗雷泽晚年在其《回忆我的父亲母亲》中如此写道。① 对于童年的弗雷泽来说，他喜欢海伦斯堡乡间寂静的生活，教堂不时回荡的钟声为宁静的乡间平添了几分庄重肃穆却不失温馨的气氛，他对宗教事务充满了好奇和不解，却又不可能从父母那里得到任何解释，只能通过书籍的阅读来寻找答案，这无疑加强了他沉默内向、喜欢沉溺于阅读和思考的性格和习惯，其成年后的书斋生活以及对宗教问题的探索在一定程度上与此关系密切。多年后，在探寻内米祭司继任制度神秘的传说时，《金枝》中对罗马教堂钟声的描写，弗雷泽耳畔一定还时时萦绕着儿时海伦斯堡乡间不时传来的阵阵教堂钟声。

《金枝》的研究起点，始于对位于意大利罗马东南十五英里处的内米狄安娜神庙传说中的奇特祭司继任制度进行解释。1890 年，完成《金枝》后，弗雷泽在写给出版商的信中表明，它是"一部原始宗教史研究"。② 《金枝》首版的副标题为"比较宗教研究"，而第二、三版以及节本第四版的副标题都是"巫术和宗教研究"，这表明宗教问题是弗雷泽在《金枝》中意欲研究的主要问题。不容忽视的另一个重要问题是，"金枝"之所以能够成为《金枝》，就在于"金枝"是"森林之王"的体外灵魂，亦即其生命之所在的树枝，其茂盛或衰弱就是"森林之王"生命力或强或弱的象征。"金枝"能否被攀折就是老王是否强健的明证，这种巫术性和荒谬性就是内米祭司制度的秘密。

由此可见，"内米问题"首先是一个宗教问题，或者更准确地说，是一个有关原始宗教性质的问题。但弗雷泽意欲探寻的仅仅是内米宗教问题吗？显然不仅如此，以内米问题为起点，以"金枝"为线索，弗雷泽广泛搜罗了世界各地、从古至今有关"野蛮人"的神话、传说、习俗、巫术和禁忌等，归置分类并进

---

① 收录于弗雷泽的 *The Gorgon's Head and other Literary Pieces*（1927），此处转引自 R. Angus Downie, *James George Frazer: The Portrait of a Scholar*, London: Watt & Co., 1940, pp. 3–4。

② Robert Ackerman (ed.), *Selected Letters of Sir J. G. Frazer*, Oxford: Oxford University Press, 2005, p. 62.

行比较，以此来解释和说明"内米问题"，进而从普遍意义上说明原始宗教的性质和基础问题，即人类原始宗教在性质上和内米宗教一样，巫术性和蒙昧性是其主要基础。那么，弗雷泽研究原始宗教性质的意图何在？

众所周知，弗雷泽在《金枝》中设置了一个人类社会进化三阶段论的普遍图式，根据这一图式，人类社会发展依次存在巫术阶段、宗教阶段和科学阶段。在巫术阶段，人类由于无知而试图通过巫术仪式和法术控制自然、实现愿望；而在宗教阶段，人们由于相信超自然的神秘力量而寄望于邀宠、取悦和讨好神灵的崇拜活动达成愿望；而科学阶段人类依靠知识和自然规律来探究世界，这是人类社会进步较为理想的阶段。弗雷泽这一三阶段进化图式的致命弱点、有关巫术特别是宗教问题论述的缺陷和错误是毋庸置疑的，但我们至少可以从中清晰地看出弗雷泽关于宗教的态度和看法：人们谦卑地取悦于神灵的努力常常并不能如他们所愿，也无助于认识自然规律，因而最终会为科学所取代。

《金枝》中有关宗教问题研究的另外一个重要特点是，弗雷泽并没有对他所研究的宗教做出类别或阶段划分，因此我们无法完全断定他研究原始宗教问题的意图就是在影射基督教。但在《金枝》第二版，他曾做出了最勇敢的游离：如果说在《金枝》的首版中，弗雷泽似乎一直在小心翼翼地从地域上和教义上做出限定，避免直接提及基督教的话，那么，在《金枝》第二版的前言中，他所做出的一个比较似乎是放下了这种谨慎。弗雷泽认为，有材料表明，古代罗马农神节（Saturnalia，古罗马人在每年 12 月庆祝的一个节日）中以人牲作为农神萨图恩（Saturn）替身献祭的习俗，虽然可能在古典时期之前被弃除，但在基督之后、至少公元 4 世纪时的某些偏远地区仍旧存在。不仅如此，弗雷泽在文中还对此做出了详细阐述，通过基督教文献①中有关公元 4 世纪一位基督教士兵殉教事件的记载②，将罗马人的农神节、波斯人的撒卡亚节（Sacaea，公元前 6 世纪波斯人在仲夏时普遍庆祝的一个节日）、巴比伦的扎格穆克节（Zakmuk，大

---

① 弗雷泽的主要根据是，弗朗兹·库蒙特（Franz Cumont, 1868—1947，比利时考古学家和历史学家）对巴黎图书馆一批希腊手稿的翻检而写成的《罗马士兵的农神节》（*On the Saturnalia of the Roman Soldiers*）一文，以及米兰、柏林的相关手稿记载。

② 根据记载，公元 4 世纪前后，驻扎在欧洲某些地方的罗马士兵每年如此庆祝农神节：节前三十天以抽签的办法选出一位年轻漂亮的小伙子，给他穿上华丽的服装，扮成农神萨图恩的样子，由其他士兵陪着上街游逛，被供以吃喝好喝，享有一切放纵声色的自由，但农神节一到，他就得在祭坛上刎颈自杀。根据基督教有关文献记载，公元 303 年，一位名叫达修斯（Dasius）的基督教士兵中了签，但他不愿扮演异教神，也不愿让卑鄙可耻的淫乐玷污他生命的最后时光，其长官劝说恐吓无效后，下令将其斩首。弗雷泽是根据库蒙特翻检几种古籍手稿的记载后所发表的记述来论述达修斯殉教事件的。

约公元前 3000 年古巴比伦人在春季时庆祝的一个节日）做了比较，认为这几个节日中都存在着以人牲作为神王替身被处死的风俗仪式，而举行这种仪式的主要目的则是为了保证土地丰产。弗雷泽不分时期、地域、人种地将这几个节日进行比较，不免显得有些牵强，但我们却不难看出其真正用意，即基督之死以及由此引申出的基督教某些仪式如圣餐等可能也存在着巫术因素，不乏荒谬与蒙昧成分。

如果说这是弗雷泽的文本所传递给我们的信息的话，那么，1900 年 9 月，即将完成《金枝》第二版写作之时，在写给其犹太朋友苏罗蒙·谢克特的一封信中，弗雷泽的这一意图则表露无遗："……相信您会理解和接受它（指《金枝》）有所扩充的新面貌。有些内容可能会冒犯犹太人和基督徒，特别是后者。你知道，我二者都不是，所以才能客观地予以瓦解……"① 然而，弗雷泽在《金枝》第二版中的这种略显激进的非基督教立场在第三版中明显有所回退：只是偶尔提到原始宗教的血腥崇拜与基督教的某些相似之处，但并不做详论，似乎只是让读者明白，基督徒认为自己独一无二的特别之处实际上在任何时候任何地方都可能会发生。

罗伯特·阿克曼认为，从根本上来说，弗雷泽的一生可以看作一位反基督教的叛教者，无论他表面上的主题是什么，他总是在对宗教问题特别是基督教发起责难，试图瓦解基督教的基础，但由于他的大多数朋友和剑桥三一学院的同事都是基督徒，因此，弗雷泽的意图和主旨总是显得极其隐蔽，文风也因此而不免具有某种讽喻特色。② 而罗伯特·桑顿则认为，弗雷泽最多只能算作一位理性主义者和世俗的新教徒而非叛教者，他更多关注的是宗教和科学的冲突问题而不仅仅是宗教本身。③

从以上分析可以看出，无论弗雷泽的宗教立场如何，原始宗教研究是他一生人类学研究的主要内容，《金枝》的写作主旨即使不是出于瓦解基督教基础的努力，在一定程度上，至少也是一位理性主义者试图通过对早期原始宗教的研究来理解基督教基础与性质的尝试。而这一切，均与他早年独特的宗教经验及其对宗教问题的好奇和思考密不可分。

---

① Robert Ackerman (ed.), *Selected Letters of Sir J. G. Frazer*, Oxford: Oxford University Press, 2005, p. 162.

② Robert Ackerman, *J. G. Frazer: His Life and Work*, Cambridge: Cambridge University Press, 1987.

③ Robert J. Thornton, "If Libraries Could Read Themselves: The New Biography of Frazer," *Anthropology Today*, Vol. 4, No. 2, (April, 1988): 20 – 22.

（二）人性与人类心理研究的"科学"模式

1885 年 3 月，弗雷泽在伦敦人类学协会发表了题为《论某些埋葬习俗对灵魂原始理论的说明》（*On Certain Burial Customs as Illustrative of the Primitive Theory of the Soul*）的演讲，主要讨论原始灵魂观念与有关死亡和来世、埋葬信仰和仪式观念的密切关系，这是弗雷泽的首篇人类学论文。此前，在为《不列颠百科全书》撰写"图腾"和"禁忌"两个词条时，通过大量人种志材料的收集和阅读，弗雷泽认为，原始人通过杀死动物来献祭的行为是出于抚慰和取悦神灵的努力。那么，这种献祭行为发生的心理基础该如何解释？原始人某些不可思议的观念又是如何形成的？弗雷泽希望能对此做出解释。这就涉及其人类学研究的另外一个重要问题：人类的"原始"心智问题。在弗雷泽看来，理解了人类早期的心智问题，不仅能解释原始宗教的心理基础，也可以由此在进化论的框架下对人类社会行为的原始基础进行解释。实际上，对人类心智问题的研究贯穿于弗雷泽一生，他的诸多理论观念如巫术理论、神话－仪式理论、图腾、禁忌观念等都建立在他对原始心智的研究基础之上。1909 年，弗雷泽在英国皇家学院发表题为《心智的任务》的演讲，这次演讲有一个很有意味的副标题——"迷信之于社会制度形成的影响"（*A Discourse Concerning the Influence of Superstition on the Growth of Institutions*），演讲内容后经修订和扩充，录入一本题名为《魔鬼之信条》（*The Devil's Advocate*, 1927）的作品之中——一个更富意蕴的题名。在演讲中，弗雷泽认为，由于人类的迷信（以非理性为基础的信仰和行为），才产生了人类现代生活中至为重要的四大支柱，即对（专制）政府、私有财产、婚姻和性道德、贪图人类生活等的尊崇，但迷信并非是人类可以轻易抛弃的谬论和蠢行，而心智的任务和作用就是扬善弃恶。①

其实，弗雷泽的这种对人类心智问题的关注由来已久，在其早年（1879）为获得剑桥大学研究员职位而提交的论文——《柏拉图理念论的形成》（*The Growth of Plato's Ideal Theory*）中，弗雷泽就提出应该用科学心理学的方法代替柏拉图的认识论。在弗雷泽看来，研究人类观念应该从构建观念的人类心智研究开始，心智研究因而也是一种"科学"，准确地说，是一种"自然科学"。弗雷泽对人类心智的这种理解和研究方法，显然是继承了"苏格兰道德哲学"中有关人性与人类心理研究的"科学"方法，特别是受到了休谟等人的影响，后来又与赫伯特·斯宾塞（Herbert Spencer, 1820—1903）的影响合流，形成了其

① Sir James George Frazer, *Psyche's Task*, London: The Macmillan and CO., Limited, 1920.

研究人类原始心智的观念和范式。此处主要探讨苏格兰先哲们思想中有关人性与人类心理研究的知识传统对弗雷泽原始心智研究的影响，而其对斯宾塞思想的吸收借鉴则留待本章第二节再做讨论。

苏格兰启蒙运动时期，许多看似互不相关领域内的哲学家们都以不同方式对人的心灵及其能力进行了探讨。首先是先期苏格兰神学家传统的"圣灵学"（pneumatology）① 研究，到启蒙运动时期逐渐转变为以"人的心灵"（human mind）为主要关注对象的哲学研究，如托马斯·里德在阿伯丁国王学院教授圣灵学（1752—1764）时，就将这一学科定义为"研究心灵之本质和运转的（哲学）分支"。② 弗兰西斯·哈奇森（Francis Hutcheson，1694—1746）、亚当·弗格森等人也都教授或从事过圣灵学研究。不少苏格兰哲学家如托马斯·里德、罗伯特·汉密尔顿等人，甚至认为心灵和世界的问题才是哲学研究的关键问题。从这个意义上来看，当代著名苏格兰哲学研究专家——戈登·格雷厄姆"苏格兰哲学本质问题的核心是心理学问题"③ 的论断，也许一点都不夸张。由于脱胎于神学和圣灵学，尽管苏格兰哲学中有关人类心灵的研究到 19 世纪时已经今非昔比，但我们仍能从中发现其脱胎于母体的某种印痕，如观察、经验、内省、联想、归纳推理法等关于人类心理研究的观念和方法。

苏格兰哲学有关人性和人类心理研究的另外一个非常重要的特点，就是其独特的"科学"研究方法。在启蒙运动之初，哲学家们通常把人之心灵看作自然的一部分，因此他们常常倾向于以研究自然的科学方法来研究人性和人类心理，当学者们试图破解人类心灵的奥秘时，他们自认为其与物理学家、生物学家一样，都是名副其实的自然科学家。不仅如此，18 世纪的苏格兰哲学家们都乐于视自己为牛顿主义者，热衷于将牛顿的科学模式当作一个普遍有效的模式，并在此基础上建立有关人的科学。休谟就常被誉为"道德科学界的牛顿"，其《人性论》（*A Treatise of Human Nature*，1739—1740）就有一个颇具自然科学意味的副标题——"在道德科学中引入实验推理方法的一个尝试"。这种人性和人类心理研究自然科学化倾向的特点不仅影响了 19 世纪相关领域的苏格兰本土学

---

① 此处的"圣灵学"（pneumatology）主要指启蒙运动之前、欧洲中世纪的神学家们对神的本质、神性、天使及人的灵魂问题所进行的讨论，其主要关注对象是神和天使，以及人与上帝之间的沟通。

② Alexander Broadie（ed.），*The Cambridge Companion to The Scottish Enlightenment*，Cambridge：Cambridge University Press，2003，pp. 60 – 61.

③ Alexander Broadie（ed.），*The Cambridge Companion to The Scottish Enlightenment*，Cambridge：Cambridge University Press，2003，p. 344.

者，我们甚至也可以在 20 世纪实验心理学领域感受到其深远影响。而就弗雷泽来说，他不仅继承了苏格兰哲学中有关人的心灵和人类心理研究的传统，而且其人类"原始心智"的研究方法和范式在一定程度上也是承其衣钵。格拉斯哥大学的传统教育及诸多苏格兰哲学家特别是休谟的学说对弗雷泽产生了深刻影响。

弗雷泽十五岁进入格拉斯哥大学，在这里学习的五年时间正是他思想形成的关键时期。六十多年后，他在谈到在格拉斯哥大学所受到的教育时说："它为我后来的整个事业打下了基础。"[1] 在格拉斯哥，弗雷泽主要学习古典学、哲学、逻辑学、自然哲学（即现在的物理学）、伦理学和英国文学等，他最喜欢的科目是古典学。除古典学者 G. G. 拉姆齐（George Gilkert Ramsay，1839—1921）加强并深化了弗雷泽的古典学爱好外，哲学教授约翰·维奇（John Veitch，1829—1894）（以及其对休谟等人的传承）、著名的物理学家劳德·凯尔文（Lord Kelvin，1824—1907）对他后来有关人类心智的研究兴趣和范式都产生了重要影响。

约翰·维奇是格拉斯哥大学的逻辑学、哲学、修辞学教授，也是哲学史学者和文学评论家，他传承了里德和汉密尔顿等人的哲学思想，对汉密尔顿视心灵问题研究为哲学要务之一的观点情有独钟，著有《汉密尔顿》一书。维奇是典型的苏格兰哲学的实践者，在他看来，作为人文学的一种，哲学应包括（推测）心理学和文学批评。弗雷泽十分推崇维奇，对他而言，吸引他的不仅是维奇略显旧式的措辞和文风，更是其人类心智本身可以被分析被推测的哲学妙想——这在年少的弗雷泽看来，简直是不可思议的。"（维奇）可以说是继承了自休谟，或者格拉斯哥大学的哈奇森始，沿里德、杜格尔·斯图沃特、布朗和汉密尔顿等哲学家思想以来，最后一位真正苏格兰哲学的代表。"[2]他称赞维奇所授之课"为我打开了一扇前所未闻的知识之窗"[3]。弗雷泽晚年如此评价道。

如果说维奇对苏格兰哲学有关人类心灵研究的传承，影响了弗雷泽后来对人类心智的关注的话，那么劳德·凯尔文则对其基本研究方法产生了最初的深刻影响。劳德·凯尔文原名威廉·汤姆逊，是格拉斯哥大学的自然哲学教授，当时的自然哲学亦即现在的物理学。凯尔文在当时被认为是继牛顿、麦克斯威之后英国最伟大的科学家，科学成就卓越，还是成功铺设第一条（1866）大西

---

① 转引自 Robert Ackerman, J. G. Frazer: *His Life and Work*, Cambridge：Cambridge University Press, 1987, p. 12。

② R. Angus Downie, *James George Frazer: The Portrait of a Scholar*, London：Watt & Co., 1940, p. 6.

③ Robert Ackerman, *J. G. Frazer: His Life and Work*, Cambridge：Cambridge University Press, 1987, p. 14.

洋海底电缆的功臣，在当时的科学界极有名望。弗雷泽并不擅长自然哲学，但师从凯尔文，他汲取了"物质世界是由不变的可以以精准的数学公式或法则来表达"① 的观念，当这一观念后来被弗雷泽用来在进化论的框架下研究人类心智时，他确信，如果找到了人类心智的原始基础，就能根据一定的规律或法则来理解或预见其发展。弗雷泽的一生可以说都在致力于探究这种公式或法则。"从那时起，这一观念就根植于我的思想之中，现在也未曾改变，然而，由于不才，我已经没有成功的可能了。但欣慰的是，现代物理学家们正致力于此。"② 这也许是弗雷泽晚年的自谦之词，但我们不难从中看出弗雷泽人类心智研究乃至其毕生人类学研究的科学方法和范式追求。

除维奇和凯尔文外，休谟的思想特别是其《人性论》对弗雷泽有关人类心智研究的影响也显而易见。弗雷泽吸收了休谟有关人类心灵相似性、人性稳定性和一致性的思想，这些成为他能自信地将广博庞杂、包罗万象的人种志材料进行比较的思想根基。同时，弗雷泽的人类学研究方法在很大程度上，来源于他对休谟人类心灵研究中实验观察、观念联想等"科学"方法的推崇。

休谟相信，"在人类的行动中，正像在太阳和气候的运行中一样，有一个一般的自然规程。有些性格是不同的民族和特殊的个人所特有的，正如有些性格是人类所共有的一样。我们关于这些性格的知识是建立在我们对于由这些性格发出的各种行为的一致性所做的观察上面的；这种一致性就构成了必然性的本质"③。尽管人类行为和制度由于教育和政府的作用而表现出了巨大的差异，但我们仍不难发现包含在人类动机和行为中的一致性，这种一致性乃是出自于人性的稳定性。既然人类心灵存在相似性，那么，人类心灵世界一定也存在某些"普遍原则"，这些法则指导着想象，并使想象保持一定的一致性。④ 休谟甚至因此认为人的心灵也有自己的重力定律。从这个意义上来说，休谟被誉为是"道德科学界的牛顿"似乎一点也不夸张。休谟探讨的是 18 世纪的人如何赋予他们的世界以意义，而弗雷泽关心的则是人类早期的心智如何赋予他们的世界以意义，无论他们来自何处，内米、古埃及、古罗马、现代欧洲农民，找出某种原则或规律，然后以此理解现代人。因此，休谟人性稳定性和一致性为弗雷泽提供了人类心理研究的认识论基础，后来又与泰勒"人类心智同一性"的观念不

① Robert Ackerman, *J. G. Frazer: His Life and Work*, Cambridge: Cambridge University Press, 1987, p. 14.
② Robert Ackerman, *J. G. Frazer: His Life and Work*, Cambridge: Cambridge University Press, 1987, p. 14.
③ 休谟：《人性论》，关文运译，郑之骧校，商务印书馆 1996 年版，第 440—441 页。
④ 休谟：《人性论》，关文运译，郑之骧校，商务印书馆 1996 年版，第 22—25 页。

谋而合，成为弗雷泽人类原始心智研究的理论基石。

同时，休谟还认为，"当任何一些现象恒常而不变地结合在一起时，他们就在想象中获得了那样一种联系，以致使想象毫不犹豫地由一个现象转移到另外一个现象"①。休谟对心灵能力讨论最多的就是想象，观念源于印象，由经验印记在思想中，而观念之间通过想象建立联系，这种联系为新的想象不断加强，由于心灵的状态是动态的，观念也就随之流动起来。因此，人可以通过发挥主观意志的作用，来对变化的方向施加影响。观念无论繁简，都是构成记忆和想象这两种心理活动的主要内容，而观念的产生必须由三种条件一起，即"接触""相似""原因和结果"。弗雷泽吸收借鉴了休谟有关人类心灵能力的相关论述，用来解释人类原始信仰的心理基础，从而发展出他的巫术理论。其巫术相似律和触染律就是建立在休谟的联想观念基础之上的，相似律以"同类相生"或果必同因为原则，是"顺势巫术"或"模拟巫术"的基础；触染律则遵循"物体一经接触，在中断实体后还会继续远距离的相互作用"的原则，是"接触巫术"的基础。可以说，弗雷泽的巫术理论只是休谟"接触""相似""原因和结果"的另一种形式的表达罢了。

如果说对人类社会行为的原始基础进行解释是弗雷泽一生人类学研究的主要目标的话，那么他选择的研究对象是原始宗教，切入点则是原始宗教的心理基础——人类原始心智，研究方法则是类似自然科学研究的"科学"方法。他所继承的不仅仅是苏格兰哲学重视人性和人类心理研究的传统，更传承了先哲们研究范式的衣钵——一种"科学"模式。

（三）人类"原始"形态与"推测历史观"（conjectural history）

1908年，弗雷泽担任利物浦大学社会人类学教职时，发表了题为《社会人类学的疆界》的演讲，对他所理解的社会人类学研究范围做出了阐述。在他看来，社会人类学的研究主要有两个分支：野蛮人的风俗和信仰；以及这些风俗和信仰在较文明人思想和社会组织中的残存。后者常以民俗的形式体现出来，可以在人们根深蒂固的习俗中找到。现代野蛮人中残存的习俗是人类蒙昧时期的遗迹，通过研究这些遗迹就可以理解人类在蒙昧时期的心理状态。由于文明由野蛮进化而来，因此研究野蛮是理解文明必不可少的手段。② 同时，他也不止一次表述过人类学家或者说他自己的人类学研究的意义：鉴于这些习俗和信仰

---

① 休谟：《人性论》，关文运译，郑之骧校，商务印书馆1996年版，第441页。
② Sir James George Frazer, *Psyche's Task*, London：The Macmillan and CO., Limited, 1920, pp. 161 –63.

随着文明进程的加速正在迅速消失，甚至濒临灭绝的危险，因此，当前人类学家的首要任务就是在这些习俗消失之前，抓紧收集并整理这些习俗，以待将来有关从事人之科学研究的研究者使用。[1] 1890 年，在《金枝》首版的前言中，弗雷泽也表明，研究古代雅利安人的原始宗教可以从现代欧洲落后地区的农民仍在践行的习俗信仰开始，或者至少可以从中得到某种启示，因为，原始雅利安人的心智并未完全灭绝，它们就残存在这些很少受现代知识和道德力量影响的农民之中。同样，要研究内米宗教的起源和意义，也可以从现代欧洲农民仍在践行风俗仪式开始。[2] 据此，弗雷泽理解人类进步或文明的途径可以表述为：文明中的野蛮→野蛮→文明。而在人类心智发展的进程中，依次存在巫术→宗教→科学三个阶段，从总体上看，人类心智的历史进程呈螺旋式上升趋势——尽管这种进程可能会毁于人类的无知和蒙昧。

弗雷泽这种对人类早期或曰原始野蛮时期心智状态的兴趣，以及由此引申出的对人类已经消失或现今仍旧"残存"的习俗、信仰的研究，一方面固然与其所处时代人类学固有的研究领域有关，但更为主要的渊薮，则在于苏格兰启蒙运动时形成的对人类"原始"形态的关注，以及建立在此基础上的历史哲学——"推测历史观"——的哲学传统密不可分。这种哲学旨趣和传统不仅为人类学的肇始初期提供了诸多概念，也深远地影响了人类学在 19 世纪中期的滥觞与发展——当时英国很多成绩斐然的人类学家都出自苏格兰——如麦克伦南、罗伯特·史密斯等，而弗雷泽的人类学旨趣和研究内容只能在此框架下，才可能得到更好的理解。

启蒙运动时期，众多苏格兰哲学家们都不约而同地对历史学表现出了浓厚的兴趣，当时不少思想家可以说都是声誉卓绝的史学家。如休谟就著有四卷本《英格兰史》，常被认为可以与伏尔泰的历史著作相媲美；威廉·罗伯森著有《苏格兰史》和《美洲史》；亨利·霍姆著有《人类简史》；詹姆斯·邓巴著有《蒙昧与文明时期人类历史文集》；亚当·弗格森更是著有《文明社会史论》；等等，数不胜数。而且，一个非常令人瞩目的特点是，苏格兰先哲们的这些著作对历史学的最重要贡献，并不在于一般意义上的历史编纂学或编年史方面，而是历史哲学：从总体上来说，他们通常倾向于把社会和文化看作一个自然的演

---

① Sir James George Frazer, *The Golden Bough*: *A Study in Magic and Religion*, Vol. 12, Part I, *The Magic Art* (Vol. 1), New York: The Macmillan Company, 1935, p. xx.

② Sir James George Frazer, *The Golden Bough*: *A Study in Magic and Religion*, Vol. 12, Part I, *The Magic Art* (Vol. 1), New York: The Macmillan Company, 1935, p. xii.

化过程，尽管各个社会的发展速度可能有所不同，但他们所经历的发展阶段却都是一致的，即由低级到高级的渐进式发展；他们研究历史，关注的并不是重建过去的事件，而是注重把握历史发展的一般趋势和规律，关心社会变迁发生的原因；他们研究过去的目的，并不是为了纪念过去或者记住历史，而是为了现在，即"让过去服从现在"——这正是启蒙运动的精髓之一。

由于认为人类社会的演化过程要经历的阶段都大致相同，因此，不少学者都把目光集中在探寻"人类从野蛮到文明进程中必须经历的几个共同发展阶段"上来，试图构建人类发展图景模型。如亚当·斯密就认为，人类社会都会经历四个不同的发展阶段：捕猎时代、畜牧时代、农作时代和贸易时代，在每一个阶段，社会都会变得更加文明。① 弗格森在其《文明社会史论》的开篇就指出："不仅个人要从幼婴阶段进入成人阶段，而且整个人类也要从野蛮阶段进入文明阶段"②。这种人类"文明由野蛮发展而来"的观点一旦形成，就意味着对过去的反思乃至否定，如休谟的《英格兰史》实际上就暗含了"温文尔雅的英格兰是野蛮落后的苏格兰应该趋之若鹜的表率"的观点和目的。这一方面固然显示了休谟作为思想家的远大政治洞见——苏格兰应与英格兰尽快实现真正的融合以利改变其落后于人的现状，一方面也表明了他对文明与进步的呼唤和拥抱。无独有偶，罗伯森的《苏格兰史》对苏格兰虽不乏怀旧之情，但更多的是对苏格兰已经"成熟"的欣慰，因为她已经不再是从前的苏格兰了，而是具有了文明英国的部分特点。③ 在今天看来，苏格兰先哲们这些有关自身历史的观点不免偏激，但鉴于苏格兰特殊的历史环境和发展现状，它们体现的正是这些思想巨匠们的历史哲学精髓——让过去服从现在。

与人类发展阶段历史观相适应的是，苏格兰思想家们不仅关注历史发展的趋势和规律，而且也十分重视对社会变迁即社会从一种类型变化为另一种类型的原因探究。尽管哲学家们对人类社会普遍会经历哪几个具体阶段的认识可能存在不同的细微差别和表述差异，但有一点是确定无疑的：既然人类社会普遍存在由野蛮到文明的演化过程，那么必定存在着一种社会的初始状态。因此，众多思想家们都不约而同地对人类社会的"原始"形态发生了浓厚的研究兴趣，认为通过对人类初民社会生活的了解，有助于正确理解社会的变迁规律和文明

---

① 坎南：《亚当·斯密关于法律、警察、岁入及军备的演讲》，陈福生、陈振骅译，商务印书馆 1962 年版，第 126—128 页。

② 弗格森：《文明社会史论》，林本椿、王绍祥译，辽宁教育出版社 1999 年版，第 1 页。

③ William Robertson, *The History of Scotland*, New York：Derby & Jackson, 1856.

社会。但在考察过去时，哲学家们常常面临着缺乏证据的困境。一些学者认为，可以在有足够证据的当代寻找与过去某发展阶段相对应的社会形态，通过对这一对应社会的考察来推测以往的历史发展阶段。① 这就是苏格兰学者在人类本性探索中常常采纳的"推测历史观"。

至此，我们不难看出，"推测历史观"的前提和基础，实际上与前文讨论的苏格兰哲学中有关人性的稳定性和一致性是一脉相承的。"推测历史观"在启蒙时期应用最广泛的领域，就是对人类社会的"原始"形态进行研究，如休谟、斯密、米勒、斯图沃特等思想家在研究人类早期社会时，采纳（尽管存在细微区别）的通常就是这一研究方法。

由于已经意识到社会变革的渐进性特点，以及习俗之于社会变迁的重要性，苏格兰哲学家们通常将风俗和习惯视为构成人类情感和社会生活具体而基本的内容。因此，了解一种社会生活形态的最基本途径，可以通过观察生活于其中的人们的风俗习惯和道德规范来进行。然而，在当时的思想家们看来，欧洲社会从总体上来说已经是文明社会，人类早期野蛮时代的生活方式或者说风俗习惯已经难觅其踪，要在其中观察人类"原始"状态下的生活内容已经不太可能。于是，他们将目光转向了欧洲以外的欠发达地区，或者说是野蛮地区人们（亦即"野蛮人"）的风俗与习惯。按照"推测历史观"，研究这些野蛮人的生活形态不仅有助于了解人类早期的原始形态，更有助于理解人类社会变迁的规律和文明的发展。

如果我们以现今社会科学的研究标准来看，"推测历史观"的研究方法未免显得过于任意武断、缺陷重重，但就当时的苏格兰哲学家们来说，他们实际上对妄加臆断的"强"推测历史法还是保持了一定的警惕性和批判精神，倡导根据真凭实据进行研究和判断，如弗格森就极力反对卢梭在《论人类不平等的起源和基础》中的那种异想天开。对于启蒙运动时期的苏格兰思想家们来说，当时出现的一些来自于欧洲以外欠发达地区的报告、冒险家和旅行者带回的有关野蛮地区的种种奇风异俗以及古代史学经典中的异域描述等等，都为他们有关人类"原始"状态的研究提供了宝贵线索，也成为他们做出判断的"真凭实据"。但同时，也有一些思想家如米勒等人已经意识到，单凭这些来自远古时代和野蛮地区的蛛丝马迹，仍难以连缀出人类发展的连续性时空脉络，而历史比

---

① Murray G. H. Pittock, "Historiography" in Alexander Broadie (ed.), *The Cambrige Companion to The Scottish Enlightenment*, Cambridge: Cambridge University Press, 2003, p. 263.

詹姆斯·乔治·弗雷泽（Sir James George Frazer, 1854—1941）

较法则可以在一定程度上弥补这一缺憾，有助于人们在种种凌乱描述的基础上总结规律，并根据这些规律概括出某一时代或国家的一般特性。[①]

不仅如此，苏格兰思想家们还对不同地区不同人种之间的巨大差异发生了浓厚的兴趣，并试图探索形成人种差异的种种原因，除基本的人性、情感、风俗外，"野孩子"、猩猩、气候、地理、道德直至颅骨类型、两性差异等等，都成为他们讨论人种差异时通常会考虑到的因素。

由此，我们可以看出，苏格兰启蒙哲学关于人类社会发展和历史阶段规律的探索，讨论的具体问题多种多样，思想也形形色色，但其核心却在于：通过对人类的原始状态进行再现和研究，从而刻画人类历史发展的脉络。思想家们包罗万象不乏创意的思想所做出的贡献不仅在于历史学研究，后来的诸多社会科学研究都在很大程度上受惠于此。在笔者看来，如果要对现代人类学进行学科溯源的话，可以说，人类学即滥觞于此——人类学在 19 世纪中期的肇始之初及随后半个多世纪里的主要研究内容和范式，正是苏格兰哲学家们所开拓的异域社会研究。

就弗雷泽人类学研究范围和范式而言，一方面固然与其身处时代人类学主流范式有关——一种原本就与苏格兰启蒙运动密切相关的范式，另一个更主要的方面，是在于他对苏格兰历史哲学传统的直接借鉴和吸收。"推测历史观"在 19 世纪的苏格兰已经落潮，但对现代宗教问题的关注吸引弗雷泽对原始宗教基础和性质进行探索，现代欧洲落后地区蒙昧的农民和域外野蛮人仍在践行的风俗仪式中，仍残存着人类远古时期的宗教特征，通过研究这些风俗和遗迹习惯，就可以还原人类"原始"形态的宗教信仰和生活，从中发现人类心智变化的路径和规律。至此，苏格兰启蒙运动时期形成的历史哲学传统对弗雷泽的影响彰显无遗。

---

① John Millar, *The Origin of the Distinction of Ranks*, Indianapolis: Liberty Fund, inc., 2006.

第二节　弗雷泽与进化论人类学

19 世纪下半期是进化论的英雄时代，特别是在这一世纪的后三十多年间，整个欧洲都弥漫着进化论的味道，更不用说在这一时期得到迅速发展的人类学了。如今人们通常倾向于认为人类学肇始于 19 世纪中期甚至更晚，或者说与达尔文的进化论学说相伴而生。产生这种看法的原因不难理解：进化论对人类学的影响无论怎么高估都不会过分。然而实际上，在进化论作为一种学说真正出现之前，有关"文明""野蛮""人种"之类的问题和观念已经困扰了欧洲人一个多世纪，如同上节所讨论的，如何理解文明和社会变化等问题已经引起了启蒙运动时期苏格兰哲学家们的讨论，他们尝试以"推测历史观"的研究方法，希望能从来自域外落后地区只言片语的人种志材料中，寻求有关人类社会变化的蛛丝马迹。而达尔文生物进化论学说的出现，则使原本发展缓慢的人种学仿佛在突然间被加注了助推剂，开始迅速发展。

与达尔文生物进化论、斯宾塞社会进化论相对应的是，此时的人类学家们如泰勒等人，则希望能从形形色色的人种志材料中发现人类文化进化的证据和链条。由于这些早期人类学家所使用的人种志材料通常是通过阅读文献典籍获得，或者依靠域外探险者、旅行者、传教士、殖民者等人提供的二手材料，这种以进化论为圭臬、以现有的文字材料而非直接的田野观察为基础、遵照传统上研究古典和历史的方法、以书斋研究为主的人类学因此被后世称为"古典人类学（classical anthropology）"，而相应的人类学家则被后世冠以"扶手椅上的人类学家（armchair anthropologist）"这样不无讥讽意味的封号。无疑，弗雷泽位列其中。弗雷泽的思想形成期及其人类学研究的初始阶段，正是进化论在英国大行其道之时，他接受了达尔文的生物进化理论和斯宾塞的社会进化论学说，在泰勒"人类心智同一性"和"文化遗存"等观念的影响之下，试图以人类原始心智即野蛮心智的研究为起点，来理解文明的进程和发展，以此解释人类社会行为的原始基础。因为，"文明极其复杂；野蛮相对简单，所有的文明毫无疑问都是由野蛮缓慢进化而来。因此，在我看来，要理解复杂的事物，我们必须从其简单的部分开始；也就是说，只有理解了野蛮，我们才有可能真正理解文明"[1]。

---

① Sir James George Frazer, *Psyche's Task*, London：Macmillan and CO., Limited, 1920, p. 162.

一、进化论学说对弗雷泽的影响

弗雷泽于 1874 年进入剑桥大学，如果说此前格拉斯哥大学五年的学习已经装备了他的头脑，为他"打开了一扇前所未闻的知识之窗""打下了后来整个事业的基础"的话，那么，在剑桥大学三一学院，他则直接步入了知识的殿堂，其异常勤奋好学的天性有了更佳的用武之地。更为重要的是，进化论此时正恰逢其时，尽管沉默内敛，但身处剑桥的弗雷泽不可能置身度外，他深切地感受着种种思潮的冲击和对垒，直至成为其中一员。后来，在他的人类学著作特别是《金枝》中，弗雷泽以他特有的方式表达了他的进化论观念和主张。

（一）达尔文的生物进化论

1859 年，达尔文的《物种起源》一书出版，提出自然选择的生物进化论观点。作为生物学家，达尔文通过实地物种考察，以大量确凿的证据推衍出"物竞天择，适者生存"为主要原则的生物进化观，认为生物的发展是一个自然漫长的演化过程，绝对不是什么预先计划或设计的表现，而是一个由简单到复杂、由低级到高级的漫长进化过程。达尔文讨论的所有问题实际上都可以归结为一个十分隐秘而又意味深长的问题，即"人类由何而来"这样一个对基督教来说十分敏感的话题。不仅如此，达尔文还号召人们以生物进化学说来研究更高级的智力活动或者说是人类本身，因为他相信，"人类的起源及其历史也将由此得到大量说明"[1]。这实际上对基督教的"上帝造人说"构成了一种潜在威胁。因此，《物种起源》一经问世，生物进化学说就立刻遭到了西方世界的激烈批评和抵制，但强烈的批评讥讽甚至是震怒之声并不能真正有效地阻止其迅速蔓延之势，特别是进化论在知识阶层当中的传播，不仅直接造成了欧洲思想界的强烈震动，也给予神创说以致命打击。不止于此，赫胥黎于 1863 年出版了《人类在自然界的位置》[2]，系统地将达尔文的生物进化理论应用到了人类的进化发展上来，与《物种起源》形成了一种应和之势，进一步引起了思想界的恐慌和基督教世界的信仰危机。

如果说欧洲特别是英国的各种思想势力在《物种起源》出版后，还在试图采取种种措施进行还击，并竭力希望能挽回生物进化学说所造成的恐慌和信仰

---

① 达尔文：《物种起源》，周建人、叶笃庄、方宗熙译，商务印书馆 2009 年版，第 558 页。
② 赫胥黎：《人类在自然界的位置》，《人类在自然界的位置》翻译组译，科学出版社 1971 年版。

危机的话，那么，随着达尔文的另一部进化论力作《人类的由来》① 在 1871 年的问世，生物进化学说已经形同一场摧枯拉朽般的洪水，席卷欧洲，势不可挡，迅速扩散。达尔文"人猿同祖"的人类起源说彻底动摇了基督教信仰中最重要的"上帝造人"说的根基，无疑构成了对基督教的最严重挑战，也造成了科学与宗教在随后二三十年间的激烈矛盾和冲突。即使是对于当时的大多数知识阶层来说，基督教信仰仍是他们精神生活和信念中不可或缺的重要部分，于他们而言，接受达尔文的生物进化论学说也许并不困难，但要接受其"人猿同祖"之说，无异于抽空了他们基督教信仰中最为核心的基础部分，其宗教信念势必成了无源之水，无本之木，面临着失去赖以存在的基石之危机和焦虑。

因此，在《人类的由来》出版之后的二三十年间，科学与宗教的激烈矛盾和冲突在英国始终难以调和。一方面是持进化论学说的自然科学主义者对宗教的质疑和挑战，一方面是即使并没有严格基督教信念，但无法接受偶像突然坍塌、人类生活完全与上帝无关的观念而成为反自然主义论者对宗教的维护和坚持，更不用说那些恪守基督教信仰的反自然主义论者了。牛津、剑桥这样传统的大学自然成了论争对垒的中心。作为三一学院的学生及后来的年轻研究员，弗雷泽实际上处于这场对垒之中，他的一些同事和好友如詹姆斯·沃德（James Ward，1843—1925）、罗伯特·史密斯、R. R. 马雷特（R. R. Marett，1866—1943）等都是反自然主义论者。② 弗雷泽在这时虽说不上具有明确的反宗教立场，但至少不是严格的信仰者。但是，在这种氛围之下，如达尔文一样生性内向、谨慎羞怯的弗雷泽同样不可能公开表达他的宗教观点，而且在其后的几十年间他都没有公开明确地表达过他的宗教立场。虽然他本人在原始宗教与基督教的性质是否具有同质性问题上态度暧昧，闪烁其词，但他对原始宗教心理基础的探索实际上是对基督教起源、作用机制、发展的另一种思考和研究，即将原始人宗教动机的推测性重构导向了基督教的基础和根本，或者说，基督教问题在《金枝》中没有被公开讨论仅仅是出于谨慎和敏感。也许正因为如此，《金枝》表现出一种文辞上特别的机巧和含蓄，因而产生了一定的反讽效果。

弗雷泽对宗教问题的研究不仅受到了达尔文生物进化论学说的影响，同时也受到了进化论观念所引起的学术风尚的影响。尽管受到不少批评和抵制，但作为一个生物学家，达尔文对物种进化过程所进行的科学观察和研究方法，不

① 达尔文：《人类的由来》，潘光旦、胡寿文译，商务印书馆 1983 年版。
② Robert Ackerman, *J. G. Frazer: His Life and Work*, Cambridge: Cambridge University Press, 1987, p. 36.

仅激发了当时诸多领域的学者乃至普通大众从事"科学"研究的热情，甚至也提供了某种方法论的指导，人们纷纷效仿《物种起源》和《人类的由来》的研究模式，认为只有找到了事物的最初起源，才有可能观察和推衍其进化发展的过程，甚至预见其最终归宿。这种热衷于探索事物起源的风尚一时成为19世纪后半期的学术研究主流。有关此类研究风尚的著作不胜枚举，而与人类学领域相关联的研究著作也同样数不胜数，著名的有如麦克伦南的《原始婚姻》（1865）、约翰·卢伯克（1834—1913）的《文明的起源》（1870）、爱德华·泰勒的《原始文化》（1871）、爱德华·韦斯特马克（1862—1939）的《人类婚姻史》（1891）等等。而弗雷泽的《金枝》，无疑也是其中重要的一部。由此可见，弗雷泽试图通过研究原始宗教的起源来印证基督教的起源、性质和发展，不仅直接与达尔文的生物进化论学说密切相关，而且也与进化论在当时引起的热衷于寻求事物起源的学术风尚有关。

有人认为进化论的出现导致了"第二次文艺复兴"的产生，这一说法也许并不为过，进化论的开创性意义正如波普尔所言，"我们的全部观点，我们关于宇宙的图景发生了前所未有的变化"①。尽管当今的大多社会科学门类都不大愿意将自身的历史与达尔文的进化论学说相联系，但这并不能掩盖进化论曾对现代社会科学产生了深刻影响的事实。对人类学的发展历史来说，达尔文进化论的影响则表现得更为复杂。一方面，诸如"文明""野蛮""人种"之类的问题，随着欧洲人海外探险和殖民事业的发展，在进化论出现之前的很长一段时间内业已引起人们的困惑和讨论，而进化论骤然出现的破竹之势，似乎一时使人们看到了在进化论的框架之下回答这些问题的可能性；另一方面，进化论出现之后可能又出现了更多与先前诸问题不一样的新问题，然而，社会文化的"进化"或者"进步"毕竟不同于生物物种的演化进程，而处于进化论席卷之下的人们似乎别无选择，只能在进化论提供的框架之下尽其所能来解答复杂的社会文化的"进化"问题，其缺陷和破绽在所难免。鉴于达尔文的生物进化论在当时无法抵挡的席卷之势，有论者将进化论在当时对人类学的复杂影响引起的问题称之为"社会文化进化论（sociocultural evolutionism）"问题，并认为时人对"社会文化进化论"问题的回答既可能是"达尔文的"，同时也可能只是

---

① 卡尔·波普尔：《科学知识进化论：波普尔科学哲学选集》，纪树立编译，生活·读书·新知三联书店1987年版，第432页。

"达尔文式的"。① 由此可见，进化论对人类学影响的深刻性及复杂性。

对于达尔文之于人类学的重要性，约翰·布罗不无戏谑地说道："在这种语境下，达尔文毫无疑问极为重要，尽管其重要性根本无法精确估量。他虽然不是进化论人类学之父，却可能是位富有的叔叔。"② 哈登评论《物种起源》的出现"深刻地影响了人类学这门新生科学"，并"成为人类学史上的一个新纪元"。③ 我们甚至因此可以说，那个时候的人类学家都是进化论者，弗雷泽自然也不例外。"从表面上看，（《金枝》）是在探究一个古代神话问题，实际上，我所讨论的是一个受到普遍关注的问题，即人类心智由野蛮到文明逐渐进化的问题。"④ 这几乎可以看作达尔文生物进化论学说在人类文明演化过程中的直接移植和应用。如果说达尔文生物进化论试图回答的问题可以归结为"人类由何而来"这样一个问题的话，那么，弗雷泽则试图回答的是一个社会文化的进化问题，即"文明由何而来"的问题。有所不同的是，达尔文在进化论的理性之光的照耀下，找到了答案；而弗雷泽，在进化论的框架之下，似乎找到了他预设的答案，然而，现代"文明"的现实似乎又使他对这一答案充满了疑虑和不确定性，《金枝》也因此在一定程度上成为一个颇具隐喻性色彩的人类学文本。

（二）斯宾塞的社会进化论

以往的研究者一般认为弗雷泽的进化论思想主要受达尔文生物进化学说的影响，而斯宾塞的社会进化论对弗雷泽的重要影响时常容易被忽略。产生这种看法可能是由于弗雷泽对斯宾塞学说的吸收与抵制并存，因而显得比较隐蔽。另外一个更为主要的原因还在于，赫伯特·斯宾塞虽然在生前名声鼎沸，几乎可以与达尔文媲美，影响也十分巨大，但由于其理论体系过于庞大，某些观点过于极端，他又喜欢在细节上喋喋不休，而科学日新月异的发展使其体系中的大部分内容显得过时而陈腐，因此，在他死后不多久，他似乎很快就被人遗忘了。但这并不能抹杀斯宾塞对维多利亚时代学者的深刻影响，以及他作为进化论经典代表人物的事实。就弗雷泽的思想渊薮而言，斯宾塞的潜在影响是绝对不能忽视的。

社会进化论学说是与斯宾塞的名字紧密联系在一起的。尽管家境一般，没有财产，终生饱受疾病折磨，健康状况十分糟糕，从来没有受过系统的正规教

① G. W. Stocking, *Victorian Anthropology*, New York：Free Press, 1987, p. 146.

② John Burrow, *Evolution and Society*, Cambridge：Cambridge University Press, 1966, p. 114.

③ A. C. 哈登：《人类学史》，廖泗友译，山东人民出版社 1988 年版，第 57、55 页。

④ R. Angus Downie, *James George Frazer：The Portrait of a Scholar*, London：Watt & Co., 1940, pp. 36 – 37.

育，漫无边际的自学时断时续，缺乏综合知识，但这并不妨碍斯宾塞生平就有要将他那个时代的所有理论科学综合为一个百科全书式体系的宏伟计划和野心。因为他坚持这样一个信念：知识的理想应该是一个完全统一的思想体系。在斯宾塞看来，哲学应该是完全统一的知识，是一个有机的体系，它的问题是发现最高真理，从中能够推导出力学、物理学、生物学、社会学和伦理学的原理来。所有这些命题必须彼此谐调。① 斯宾塞终其一生都在为建立这样一个综合体系而努力，这对于他这样一个没有财产缺乏健康又从未受过系统教育的人来说，其艰难程度可想而知。然而，斯宾塞却硬是创造了这样一个奇迹。其平生写作除早先出版的《政府的本分》（1842）、《社会静力学》（1850）、《心理学原理》（1855）和后来的《个人对国家》（1891）、《事实和评论》（1902）以外，其余生都在致力于创建和完善他的综合体系，自 1860 年发表体系大纲始至 1896 年，他共完成了十卷著作：《第一原理》（1860—1862），《生物学原理》（1864—1867），《心理学原理》（1870—1872），《社会学原理》（1876—1896），《伦理学原理》（1879—1893）。其中，《第一原理》是其整个体系的基础，斯宾塞在其中阐述了基本的公理，后来又将这种公理运用于其他各种原理即《生物学原理》《心理学原理》《社会学原理》和《伦理学原理》之中，亦即诸如生命、精神、社会和行为的存在形式中。基本公理是真理，其他原理是特殊真理，也是真理的例证，而真理则是特殊真理的解说。斯宾塞因此认为，哲学家的任务是发现一切现象所共有的特性，或者发现事物的普遍规律。而进化的规律就属于这种规律，因为它适用于一切现象。

就斯宾塞的社会学理论来说，"社会是一个有机体"是他的著名论断，这是他在《社会学原理》第二卷中提出的。具体含义可做如此简要理解：社会并非是人有意创造出来的，而是自然界长期演化的结果；社会有机体一样会成长发育，会经历集中、分化、确定等演化过程；社会有机体在体积增大时，结构也会增大，即结构会变得更为复杂并且产生分化，功能也会因此分化从而各司其职；社会有机体不同的各个部分会随着分化的发展而相互依赖，最终形成与单个有机体一样的集合体；进化的发展使各部分的相互依赖越来越重要，各种功能的相互配合、协调更趋密切；社会的发展会随着各部分相互依赖性的不断增强而日趋复杂。② 由此可见，斯宾塞的"社会有机论"实际上是把社会的发展视

① 梯利，伍德增补：《西方哲学史》，葛力译，商务印书馆 2009 年版，第 583 页。
② 参见于海：《西方社会思想史》，复旦大学出版社 2010 年版，第 258—259 页。

为一个由简单到复杂缓慢而不断演进的过程，其社会进化论思想昭然若揭。

实际上，"社会有机论"和"社会进化论"是斯宾塞社会学思想中两条互为表里、并行不悖的主线。"社会有机体"将社会视为一个功能与结构相互联系且不断自我调节、自我发展的有机系统，通过简单的体积增大和群体结合形成整体，即经过聚合、分化和确定等缓慢的演化过程，逐渐从简单部落社会发展为有结构功能差异的文明国家。社会的凝聚力随着其聚合、分化过程的发展而不断增强："……及至于文明国家，其团结的纽带足以支持千年以上，与此同时确定性也随之增大。……进步是朝着更大的规模、凝聚力、多样性与确定性的方向发展"①。正如他将社会与生物有机体进行类比一样，斯宾塞的进化论思想并不仅仅限于对社会进化的论述，他对生物有机体的分化、集中、确定等演进过程也进行了一定的阐述，提醒人们应注意二者之间的某些差异。但从总体上来说，将社会进化与生物进化视为本质相同的事物是斯宾塞进化理论的一个最大缺陷。

斯宾塞还以进化思想为依据，将社会类型分为尚武社会和工业社会两种。前者是简单、分散、控制程度低的社会组织，而后者是复合、集中、控制程度较高的社会组织。前者直接起源于对个人目标的追逐，只是间接导致社会功利，无意识且不靠强力发展起来的；后者则源于对社会目标的追求，间接地带来个人利益，有意识并且通过强力发展起来的。前者需要不断地改变以适应条件变化，后者则是社会进化之最高阶段。斯宾塞的这种社会类型概念自然是一种社会转型即社会由旧到新、由低到高的转变或曰进步的概念，都是在其社会进化论的框架之下进行阐述的。

而今，达尔文通常被认为是进化论之父，而斯宾塞几乎已经被人遗忘，或者直接被归为达尔文主义者，这一方面固然是由于达尔文在公众眼里的巨大声望与权威，另一方面则是由于二者之间的两种学说的确存在着天然的紧密关系。实际上，斯宾塞的社会进化论思想是独立且早于达尔文生物进化论发展起来的，而且，正如阿尔弗雷德·华莱士（1823—1913）之于达尔文生物进化论问世的襄助一样，斯宾塞的社会进化理论在推进和加强达尔文生物进化学说的流行及影响方面，同样功不可没。当达尔文的《物种起源》于1859年出版时，斯宾塞在其《社会静力学》等著作中早已阐述了的进化论内容已经为达尔文的生物进化学说做了很好的铺垫。而且在此后的十多年间，斯宾塞继续在《第一原理》

---

① 于海：《西方社会思想史》，复旦大学出版社2010年版，第261页。

《生物学原理》《心理学原理》等著作中，不断对其社会进化学说进行深入系统的阐释和说明，这实际上与达尔文的学说构成了一种并驾齐驱之势，在社会和生物两个领域同时对进化论进行着阐释。

但是，在19世纪70年代的英国学术主流中，与达尔文的生物进化论相比，斯宾塞的社会进化论所讨论的问题远没有前者那样敏感和尖锐，甚至是当时知识阶层和普通大众都十分乐意接受的热门话题——有关社会进步的思想和概念在欧洲已经被人们讨论了一个多世纪，斯宾塞的系统论说不仅迎合了时人的需要，也强化了欧洲人自诩自身文明已处于社会发展高端的观念；在引起震动和惊愕中，达尔文的理论一度被愤怒地讥讽为"猩猩理论（the ape theory）"①，此时人们对它的接受不免多少带有一些离经叛道、且信且疑的味道，而斯宾塞此时则是作为一个没有受到任何抵制和质疑且大受欢迎的哲学家被接受的。因此，在19世纪70年代的英国知识界，斯宾塞和达尔文虽然可以说都是文名隆盛的人物，但占据学术主流地位的，是斯宾塞而非达尔文。

就弗雷泽的进化论主张和思想来说，其所受斯宾塞社会进化论的影响更大更直接。当弗雷泽1874年进入剑桥大学时，斯宾塞和达尔文的学说已经在英国产生了巨大影响，但正如上文所分析的，斯宾塞的社会进化论思想此时正处于极为盛行的时期。弗雷泽大量地阅读了斯宾塞的著作。有文献表明，仅在剑桥学习期间（1874—1879），弗雷泽的藏书中，斯宾塞的作品就达十多部②，这几乎涵盖了后者在当时已经出版了的所有作品。斯宾塞的学说对思想及认识论正处于形成和发展期的弗雷泽来说，影响十分深刻。1885年，当弗雷泽在人类学协会发表其首篇人类学论文——《论某些埋葬习俗对灵魂原始理论的说明》的演讲时，斯宾塞是听众之一。在事先提交论文时的一封信中，弗雷泽直接表明了斯宾塞对他的影响："……很荣幸能向那些参加我的演讲的人表示敬意。赫伯特·斯宾塞先生是我应该特别感谢的，其作品对我的影响极为深刻并将持续终生，它们对我热切寻求知识的乐趣的启蒙和激励是难以言表的。"③

然而，弗雷泽对斯宾塞的社会学说实际上是既吸收又抵制的。他在论述人类心智从巫术阶段向宗教阶段过渡时，公共巫师的巫师兼祭司身份及其求雨止旱、丰产等巫术活动所带来的间接公共利益，显然是受斯宾塞社会类型划分理

---

① G. W. Stocking, *Victorian Anthropology*, New York: Free Press, 1987, p. 146.

② Robert Ackerman, *J. G. Frazer: His Life and Work*, Cambridge: Cambridge University Press, 1987, p. 22.

③ Robert Ackerman, *J. G. Frazer: His Life and Work*, Cambridge: Cambridge University Press, 1987, p. 22.

048

论中有关第一类社会组织产生与发展理论的影响。更为重要的是，他吸收了斯宾塞的诸多观念，如社会及其组织是复杂进化的结果，分化之于进化的重要性，心理研究之于社会制度组织研究的必须性，社会现象和心理活动系统组织在一起并发挥作用等。社会有机论和社会进化论是斯宾塞社会学思想的两条主线，但对于狂热不羁而且野心勃勃的哲学家斯宾塞来说，其综合知识体系的建构及其细枝末叶的论述并非完美备至，他的很快被人遗忘也在情理之中。然而，对学术生涯正处于发端阶段的年轻的弗雷泽来说，他需要的不仅是研究主旨的确定，更需要一种哲学根基来对此进行支撑。在将斯宾塞的社会学思想用于人类心智发展进程中的作用时，弗雷泽走得更远。

从总体上来说，斯宾塞是一位持唯物论的自然主义者和社会学家，他甚至在《心理学原理》第一版中将人类心理视为是"不可知的（unknowable）"①，而弗雷泽虽然也可以说是一位自然主义者，但却是典型的唯心论者，认为心理学才是哲学之本，而且可以以自然科学的方法进行研究。斯宾塞通过社会有机论和社会进化论重点阐述的是人类社会制度和组织的演进及成长，而弗雷泽关注的则是促成这种演进成长的人类心智。前者关于自然科学（生物学）、社会科学（社会学）和心理学的联系，被后者借鉴吸收后，直接被用于人的心智、身体和社会的关联之中：既然社会和社会组织是社会复杂进化的结果，社会制度的进化发展就应考虑人类心智的作用，因为社会进化和心智活动是系统组织起来并发挥作用的。弗雷泽这种对人类心智发展之于社会进化作用的强调，首先当然与他从苏格兰知识传统那里继承来的对人性及人类心理研究的传统有关，其次也与他在剑桥的学院传统中的继续强化和浸染有关：弗雷泽非常敬佩的以研究柏拉图思想见长的三一学院古代哲学教授亨利·杰克逊（Henry Jackson，1839—1921），不仅在学业上精心引导弗雷泽（其《柏拉图理念论的形成》就是在他的指导下完成的），而且极为欣赏他的勤奋和才华（弗雷泽 1878 年从三一学院毕业时，他称其为三一学院"十五年来最优秀的学生"②），其哲学见解对弗雷泽的濡染可想而知；与弗雷泽保持了四十多年深厚友谊的三一学院研究员、对认识论极感兴趣的伦理学和哲学教授詹姆斯·沃德，是当时英国颇有建树的心理学家，认为心智的活动远非被动，而是具有建构和解释世界的功能，他对弗雷

---

① 参见 Robert Ackerman，*J. G. Frazer: His Life and Work*，Cambridge：Cambridge University Press，1987，p. 42。

② Robert Ackerman，*J. G. Frazer: His Life and Work*，Cambridge：Cambridge University Press，1987，p. 30.

泽强调心智作用方面的影响也不可小觑。

弗雷泽这种试图将社会进化学说与人类心智活动杂糅在一起的研究，在一定程度上可以理解为他希望调适心理学和斯宾塞、达尔文在剑桥引起的科学自然主义之间关系的努力。但如果我们将有关生物或社会的研究视为一种对外部世界的科学研究的话，那么，对人性或人类心智心理的研究可以被视为一种对人类本身内部世界的形而上的研究，弗雷泽试图将科学与形而上结合在一起的努力，缺陷可想而知。正如他在论述人类心智从巫术阶段向宗教阶段转变时所论述的，"这种对于巫术无效的重大发现，必然会在那些精明的发现者的思想上引起一种可能是缓慢但却是带根本性质的革命……"，"那些具有较深刻思想的人正是在这样或者诸如此类的思想下完成了从巫术到宗教的伟大转变"。[1] 尽管在人类社会的进程中，实在人为的动机和约束往往与非真实的宗教和超自然力量存在着种种冲突，人们始终难以完全按照自己的意愿生活和生存。但在斯宾塞看来，"原始的人必然是不顾他人付出的代价如何来获得其幸福的人，而最终的人则必然是能够获得幸福而不减少他人的幸福的人，这些素质中的前者必须被改造成后者"。"在一切人都自由以前，没有任何人能完全地自由；在一切人都有道德以前，没有任何人能完全地有道德；在一切人都幸福以前，没有任何人能完全地幸福"。[2] 而在弗雷泽看来，人生来是为了追求美德和知识，而知识总是朝着一个明确的目标永远不停地前进的，当科学完全解开自然之谜之时，一种完善的道德在伦理上是可能的，那么生存从理论上讲就在人类意识的控制之下。[3] 社会或文明的进程居然完全可以依靠人类心智的进步来完成，这种对人类心智作用的强调几乎是到了一种荒谬的地步！弗雷泽完全使用形而上学的经验主义心理学方法来论证本来就与物质经济基础活动息息相关的人类社会进程问题，过分强调心智的作用而忽视了物质经济等其他因素，不免沦为拙劣的机械进化论者，其致命的缺陷和错误几乎不值一驳，以至于他在《金枝》等作品中对人类心智进化所表现出的疑虑和不确定性常常被人忽视。

二、泰勒的《原始文化》对弗雷泽的影响

1885 年，弗雷泽在发表《论某些埋葬习俗对灵魂原始理论的说明》一文的

① Sir James George Frazer, *The Golden Bough: A Study in Magic and Religion*, Vol. 12, Part Ⅰ, *The Magic Art* (Vol. 1), New York: The Macmillan Company, 1935, p. 239.

② 赫伯特·斯宾塞：《社会静力学》，张雄武译，商务印书馆1999年版，第227、262—263页。

③ Sir James George Frazer, *The Golden Bough: A Study in Magic and Religion*, Vol. 12, Part Ⅶ, Balder the Beautiful (Vol. 2), New York: The Macmillan Company, 1935, pp. 304 – 308.

演讲时，与斯宾塞一样，泰勒也是听众之一。弗雷泽在演讲中对泰勒对他的深刻影响表达了谢忱：是泰勒的著作首先使他开始对人类学产生了兴趣，对他作品的仔细研读是他生活中的重要事情。[①] 而泰勒则给予了演讲很高的评价："此文对证据材料的处理颇有新意和创造性，必定会大大推进埋葬习俗之于泛灵论研究的重要性。"同时，泰勒也对弗雷泽从古典作品中获取人类学材料的做法表示了欣赏："弗雷泽先生在古典研究方面的出色贡献在于，他不是将它们仅视为古典文本，而是将它们看作是富含人类学真实材料价值的宝库。"[②] 而就泰勒的《原始文化》对弗雷泽的影响而言，无论怎么评价都不会过分。

爱德华·泰勒是英国文化人类学的奠基人，出生于伦敦一个富有的贵格会教工场主家庭。泰勒与斯宾塞有颇多相似之处：都没有接受过系统正规的学院教育；终生健康状况都不佳，体弱多病；晚年更是饱受疾病折磨（斯宾塞晚年神经疾病缠身，写作极为艰难，而泰勒年老后患有老年痴呆症），然而二人却都硬是活到了八十多岁的高龄（斯宾塞八十三岁时去世，泰勒则活到了八十五岁）！泰勒年轻时因疾病原因，前往美洲旅行和疗养，在古巴结识了旅行家亨利·克里斯蒂（后来成为著名的考古学家）。在后者的说服下，二人一同去往墨西哥地区旅行，那里的所见所闻逐渐使他产生了研究人类学的兴趣，并尝试进行写作。《人类早期历史的探讨》于 1865 年问世，两年后出版了《阿纳瓦克人，或古代与现代的墨西哥和墨西哥人》，前者主要表达了人类文化从野蛮时代到文明时代不断进步的思想，后者则是他墨西哥旅行中逸闻趣事的记录。这些早期著作为他后来的《原始文化》的写作打下了坚实的基础。

出版于 1871 年的《原始文化》是泰勒的代表作，此作使他迅速驰名。泰勒在此书中以大量人类学资料为依据清楚系统地阐述了他的文化进化论思想。在《原始文化》中，泰勒一开篇就开宗明义地对文化下了一个著名的定义："文化，或文明，就其广泛的民族学意义来说，是包括全部的知识、信仰、艺术、道德、法律、风俗以及作为社会成员的人所掌握和接受的任何其他的才能和习惯的复合体。"[③] 这一定义对后来的文化研究影响很大，虽然后人褒贬不一，但几乎无人不承认其经典性，即使在如今也常常为文化研究者所沿用。根据这一定义，泰勒在《原始文化》全书涉及了人类精神文化、技术和物质文化等方面的发展

---

① 引自 Robert Ackerman, *J. G. Frazer: His Life and Work*, Cambridge: Cambridge University Press, 1987, p. 29, 67。

② 引自 Abram Kardiner and Edward Preble, *They Studied Man*, Cleveland: World Publishing Co., 1961, p. 73。

③ 爱德华·泰勒：《原始文化》，连树声译，广西师范大学出版社 2005 年版，第 1 页。

问题。但从总体上看，泰勒所关注的重点是前者，确切地说是人类精神文化现象中的重要一维——宗教信仰的发展问题。在围绕这一问题进行周密论述时，不但贯穿了他有关文化发展阶段脉络的见解，而且涉及了文化遗留、巫术、神话、万灵观等问题，并做出了详细深入的独创性阐释。

同那个时候大多数达尔文学说的追随者一样，虽然从事的是人类精神文化现象的研究，但泰勒很自然地将自然科学方法应用到了自己的研究当中。他认为，虽然人类文化现象纷繁复杂、杂乱无章，甚至彼此矛盾，但只要能够采用普遍适合的原理或原则来进行研究，并非无章可循。泰勒因此提出了文化现象研究的两大原则，即"人类心智同一性"和文化发展阶段论："一方面，在文明中有如此广泛的共同性，使得在很大程度上能够拿一些相同的原因来解释相同的现象；另一方面，文化的各个不同阶段，可以认为是发展和进化的不同阶段，而其中的每一阶段都是前一阶段的产物，并对将来的历史进程起着相当大的作用"。[1] 确切地讲，"人类心智同一性"原则是指无论什么种族，人类在心理和精神活动方面都是一样的；由于人们的行动都是心理活动的产物，因此，同样的心理活动必然会产生同样的文化发展规律。而文化发展阶段论实际上可以直接理解为文化进化论，各个民族文化都遵循同一路线向前演化，目前社会发展的程度不同，是由于进化的快慢速度不同引起的，但前进是必然的，每个民族都要一个接一个阶段地进化。文化的发展"是按照那种依据蒙昧状态、野蛮时期和文明时期的阶梯从一个阶段到另一个阶段的运动来衡量的"，"人类社会漫长时期的发展中的主要倾向就是从蒙昧状态向文明状态过渡"，这是"妇孺皆知的真理"。[2] 而"文明人的智力到此为止仍然保留着极为明显的古代痕迹"[3]。因此，泰勒认为，他所研究的蒙昧状态在很大程度上是和人类早期状态相符合的。

虽然不无缺陷，但"人类心智同一性"和文化发展阶段论两大原则通常被认为是泰勒对文化学的贡献，我们也不难看出，这种人类心理具有相同性的观念，实际上早就已经引起学者们的探讨，如苏格兰启蒙运动时期，休谟对人类行为稳定性和一致性的阐述，以及人类心灵世界可能存在着某些"普遍原则"的探索等；而文化发展阶段说自然也不是泰勒的独创，而是在欧洲人发现自身以外的文明或文化不同于自身之时，就已经开始关注的一个问题。当然，这并

① 爱德华·泰勒：《原始文化》，连树声译，广西师范大学出版社 2005 年版，第 1 页。
② 爱德华·泰勒：《原始文化》，连树声译，广西师范大学出版社 2005 年版，第 23 页。
③ 爱德华·泰勒：《原始文化》，连树声译，广西师范大学出版社 2005 年版，第 54 页。

不是要抹杀泰勒的贡献，相反，我们意欲承认的是泰勒在这两个问题上的推进性贡献。虽然有关人类心灵的科学引起人们的关注已有相当长的时间，也有不少哲学家在此领域进行了一定的探讨，但诸如此类思想通常至多只是作为哲学观念或假说存在或者被接受，不可能成为一种普通大众都能轻易接受的主流和常识。文化阶段论乃是与困惑了人们一个多世纪的文明差异问题直接相关，而进化论框架下的人们更是急于寻求一种更为合理有效的有关文化或文明差异的解释。而泰勒的大量人类学材料、亲身异域经验、清楚系统的阐述和分析，在文化发展进化思想的映衬下，与当时极为盛行的进化论学说实行了天衣无缝的对接和弥合，在其明确提出的"人类心智同一性"、文化发展阶段论这两大原则的观照下，给出了明确的解释，人们困惑和讨论了一个多世纪的问题在此似乎一时被迎刃而解。

为把握文化现象的历史联系，泰勒提出了"文化遗留"观念，并且将其视为解开文化现象演进之谜的一把钥匙。"在那些帮助我们按迹探求世界文明的实际进程的数据中，有一广泛的事实阶梯。我认为可用'遗留'（survival）这个术语来表述这些实事。仪式、习俗、观点等从一个初级文化阶段转移到另一个较晚的阶段，他们是初级文化阶段的生动的见证或活的文献。"① 在人类文化发展中，常常会有一些风俗习惯或观念等"遗留物"保存或流传下来，它们可以以新的形式适应新的环境而继续发挥作用，构成文化自身的稳定性。遗留物看似微不足道，但却有利于发现文化发展的进程，因此其研究应是文化学研究的重要内容。泰勒将许多原始文化现象都归结为遗留物的范畴，如古罗马人用来占卜的动物趾骨后来变成了骰子，19世纪不列颠习俗中姑娘们也用动物趾骨来占卜出嫁；中国人通过掷骰子来进行赌钱游戏，也可以心怀虔诚地用其在庙里抽签占卜；英国人现代还流行的在5月份结婚的夫妇会遭不幸的观念；德国民俗中认为左脚起床一天都会不吉利的观念；等等。泰勒同时还将巫术或魔法现象归为遗留物范畴。虽然泰勒有过分夸大"文化遗留"物的研究意义和作用之嫌，但这一概念仍可以视为是泰勒的重要理论贡献之一。

在探索宗教的早期起源时，泰勒提出了"万物有灵"（Animism）的概念（学界习惯称为"万灵论"），用以解释原始人的灵魂和精灵信仰观念，并据此提出了万物有灵观的宗教起源论。泰勒认为，处于文化低级阶段的人们，在试图解释人的生死、清醒与睡眠及其梦境状态、失神与幻觉、健康与疾病等问题的

---

① 爱德华·泰勒：《原始文化》，连树声译，广西师范大学出版社2005年版，第11页。

过程中，推导出人的第二个"我"，即灵魂存在的观念，进而又推导出灵魂可以离开肉体，进入其他物体内，从而支配和影响它们的观念。万物有灵论包含了两大信条，构成一个完整的学说：第一条包括各个生物的灵魂，这灵魂在肉体死亡或消灭之后能够继续存在；第二条包括各个精灵本身，上升到威力强大的诸神行列。神灵被认为影响或控制着物质世界和人的生老病死和今生来世。神灵与人是相通的，人可能引起神的高兴或不悦。这种信仰自然就会逐渐发展为对神灵的崇拜。[①] 泰勒据此给宗教下了一个定义："简单地把神灵信仰判定为宗教的基本定义。"[②] 鉴于"万物有灵"论之于泰勒宗教研究的重要性，泰勒在《原始文化》用去大半篇幅对其进行了系统而精微的考察，虽然有时由于过分热衷而不免显得勉强，但从根本上来看，这是本书中最为重要的部分，也是泰勒之于宗教理论研究的重要贡献。

此外，泰勒还以万物有灵信仰为基础，对神话的发生和发展进行了探索，但泰勒感兴趣的不是神话本身，而是主要将神话视为认识人类思想的历史和发展规律的一种手段来研究的。

弗雷泽是在其好友詹姆斯·沃德的建议下阅读泰勒的《原始文化》一书的。自此，对其作品的仔细研读成为他生活中的重要事情。[③] 如果说苏格兰知识传统为弗雷泽提供了一种知识储备，达尔文和斯宾塞的进化理论为弗雷泽提供了宏观的理论框架和观念的话，那么，泰勒对弗雷泽的影响则是具体而细微的。从大体上看，弗雷泽主要吸收了泰勒"人类心智同一性"观念和文化发展阶段论思想、"文化遗留"说及"万物有灵"论等学说，并融入了自己的理解、发展和阐释。

正如上文所述，"人类心智同一性"观念和文化阶段论并不是泰勒的首创，而是一个以不同名义和不同方式在不同程度上被长期讨论的话题。到 19 世纪中期，随着欧洲殖民贸易事业的发展，令人眼花缭乱纷繁复杂的人种志材料纷至沓来，人们的人类学知识不断增长，在进化论思想的催生下，文明的差异及其解释成为一个亟待解决的问题。泰勒清晰明确地提出了"人类心智同一性"这一原则，并身体力行，应用这一"科学"原则对文化或文明的差异进行了详细周密的阐释。因此，泰勒的成功和风靡并非没有道理。由于高级文化是从人类

①　爱德华·泰勒：《原始文化》，连树声译，广西师范大学出版社 2005 年版，第 350 页。

②　爱德华·泰勒：《原始文化》，连树声译，广西师范大学出版社 2005 年版，第 347 页。

③　引自 Robert Ackerman，*J. G. Frazer: His Life and Work*，Cambridge：Cambridge University Press，1987，p. 29，67。

初级文化逐渐发展或传播起来的，泰勒因而认为他所研究的蒙昧状态在很大程度上是和人类早期状态相符合的，他和他的追随者认为在当代土著的行为中可以发现进化链的联系，这些"野蛮人"（泰勒及弗雷泽时代对无文字族群的称呼）被假定为活化石，可以说明文明人几千年前的形态。理解蒙昧成为理解文明的前提和基础。因此，弗雷泽认为，他那个时代未受现代世界影响的不识字的欧洲农民、欧洲之外欠发达文化中的"野蛮人"还保持着早期人类的心理，通过对他们所践行的风俗仪式进行研究，在一定程度上就可以发现人类早期蒙昧的心理状态，找到人类心智的进化图式，即以现代"野蛮人"的原始行为模式来推测早期人类心理。因为，人类的心智和精神活动本质上都是一样的，相同的心理和思维必然产生同样的活动结果，人类心智进化速度有差异，如果说现实中还存在着"野蛮"与"文明"的对立和差异，那只是进化程度有所差异罢了。泰勒认为，人类社会漫长发展的主要倾向，即从蒙昧状态向文明状态的过渡，因此泰勒将人类文化的发展分为蒙昧状态、野蛮时期和文明时期，每阶段在前一阶段基础上依次前进；而就弗雷泽所关注的人类心智来说，他认为人类的思想运动，大体上是从巫术发展到宗教，进而到科学阶段的，因此他将人类心智的发展划分为巫术阶段、宗教阶段、科学阶段。但就其对人类思想的发展进步和前景的阐述而言，弗雷泽似乎并不乐观，因为，人类追求知识"美好前景的最前端却横着一道阴影"①。——弗雷泽对人类心智进化的前景并非没有疑虑。

弗雷泽还深受泰勒"文化遗存"观念的影响。尽管泰勒"文化遗留"的范畴极为广泛，但他认为大多数"文化遗留"都不能被视为是"迷信"而被轻视或抛弃，他不仅十分重视"文化遗存"研究之于文化进程规律认识的意义，而且极为强调其在构成文化自身稳定性方面的作用。如果按照泰勒关于"文化遗留"的定义，弗雷泽在《金枝》中广泛涉猎的巫术、禁忌、仪式、习俗在一定程度都可以被认为是在泰勒的范畴之内，然而，弗雷泽却是将人类文化中的诸多遗留物看作是"野蛮人"蒙昧心理的产物或遗迹来处理的，这是他与泰勒的分歧所在。二者的这种分歧可做如下理解：泰勒是在中美洲疗养时接触到了原始文化现象后，才开始其人种志材料收集和原始文化研究的。他对"野蛮人"的文化有一定程度上的认同和理解，认为一些文化习俗和观念的延续和存在具

---

① Sir James George Frazer, *The Golden Bough: A Study in Magic and Religion*, Vol. 12, PartⅦ, *Balder the Beautiful* (Vol. 2), New York: The Macmillan Company, 1935, p. 307.

有一定的合理基础。而弗雷泽则是在传统的学院书斋里对人类学产生兴趣的。他虽不像现代人们误解的那样从不走出书斋，也曾到德国、西班牙、希腊、罗马等地旅行，但相对而言，他受到的古典学教育背景和他接触到的相对较高级的文明使其始终对人类发展较为缓慢文化中的习俗，甚至包括苏格兰乡村习俗抱有一种偏见，对宗教问题的思考无疑也加强了这种偏见。他认为那是人类蒙昧时期野蛮心智的产物，"野蛮人"甚至某些"现代人"所践行的习俗仪式是人类蒙昧心智遗迹的体现，应该随着人类文明的进程而消亡或者被丢弃。在这一点上，弗雷泽纯粹书斋里的人类学研究的缺陷和偏见是毋庸置疑的。

虽然弗雷泽在《金枝》中设置了人类心智会经历巫术→宗教→科学的进化图式，但他实际上进行充分论述的主要是巫术部分，并建构出了自己的巫术理论。总体上来看，弗雷泽是受到了泰勒"万灵论"和巫术观念的某些启发，在发展出自己的理论的同时，也表现出了与泰勒的某些分歧和背离。泰勒在《原始文化》中记录了许多原始部落乃至基督教教派的魔法观念，认为理解魔法的关键在于巫术是建立在联想基础之上的人类智力中一种既智慧又蒙昧的能力，人类在低智蒙昧的智力状态下发现了事物的实际联系但却曲解了这种联系，因而错误地以这种纯粹幻想性的联系为指导来发现、预言和引出事物变化的规律。巫术是一种类似于科学的活动，以真正的观察为基础，但却把想象的联系和实际的联系错误地混同起来，而且这种巫术观念从其产生的低级文化中保留到了它们的高级文化中。尽管泰勒把巫术信仰归为"文化遗留"的一种，但他是把巫术观念和巫术行为归为人类的蒙昧和无知的。弗雷泽巫术理论中的"接触巫术"包含了泰勒巫术观念的影子，而且在巫术与科学的关系上，弗雷泽显然是发挥了泰勒关于巫术的"科学"基础的观点。在对模拟巫术和接触巫术的作用原理做了详细分析以后，弗雷泽认为，就认识世界的概念而言，巫术和科学都认为事物的演替是有规律可循的，但由于巫术对控制事物变化的特殊规律的性质的认识是错误的，因而巫术虽是科学的"近亲"，但却是它的"坏姐妹"（bastard sister）。[1] 对此，哲学家维特根斯坦从纯理性的角度对弗雷泽进行了批评："弗雷泽比他所谈论的未开化的人更不开化……他对原始行为的解释比那些行为本身的意义还原始。"[2]

---

[1] Sir James George Frazer, *The Golden Bough*: *A Study in Magic and Religion*, Vol. 12, Part I, *The Magic Art* (Vol. 1), New York: The Macmillan Company, 1935, pp. 220–222.

[2] Thomas de Zengotita, "On Wittgenstein's Remarks on Frazer's Golden Bough," *Cultural Anthropology*, Vol. 4, No. 4 (Nov., 1989): 390–398.

应该说，弗雷泽受泰勒有关巫术的"科学"基础的启发，对巫术原理的论述和阐释还是有一定的合理性的，但他对巫术和科学本质的理解和解释显然是难以令人信服的，而且他将人类文化中很多习俗仪式实践视为人类心智中残存的巫术观念或由此观念而产生的种种"迷信"行为，这相对于泰勒的"文化遗存"观念来说，似有倒退之嫌。原因主要在于，弗雷泽的着眼点是对人类心智的进步、理性的至善、知识的目标、科学的作用的倚重和期待。他认为随着人类由蒙昧走向文明，非理性行为逐渐为理性行为所代替："今天伪巧的女巫制造的种种幻象，明天她自己就会予以废除。它们在常人眼里似乎像是真实的，但必将化为一阵云烟……"① 他想要真正发现的是文明最终取代野蛮，或者是说在人类心智的进程中，理性文明的科学阶段终将战胜蒙昧的巫术和宗教阶段，成为人类心智进化的最完善阶段。然而，人类思想的背景虽然已经被科学的微光照亮，但其另一端却还"深锁在浓云密雾之中"② 。从这一点上来看，弗雷泽并不能算作一位乐观的进化论者和完全的理性主义者。

第三节　弗雷泽的古典学旨趣与人类学写作

弗雷泽通常被认为是一位人类学家，其古典学成就以及其人类学写作和古典研究的关联很少受到关注。实际上，弗雷泽早年的古典学教育和阅读将其引向了人类学，而其人类学研究又为他的古典阐释提供了独特的人类学视野。他是较早以人类学视角介入古典研究的学者，在为当时的古典学带来清新气息的同时，也体现出人类学视角初步介入古典阐释所带来的独特魅力与启示。同时，弗雷泽深厚的古典学素养和爱好又在其人类学写作，特别是《金枝》中留下了深刻的印迹。

一、《金枝》与《希腊纪行》

弗雷泽写作《金枝》的目的，主要是对位于罗马东南十五英里处的内米狄安娜神庙传说中奇特的祭司继任习俗进行解释，而这种解释动机则缘起于其对公元 2 世纪希腊地理学家、考古学家波萨尼阿斯（Pausanias）的《希腊纪行》

---

① Sir James George Frazer, *The Golden Bough*: *A Study in Magic and Religion*, Vol. 12, Part Ⅶ, *Balder the Beautiful*（Vol. 2）, New York: The Macmillan Company, 1935, p. 305.

② Sir James George Frazer, *The Golden Bough*: *A Study in Magic and Religion*, Vol. 12, Part Ⅶ, *Balder the Beautiful*（Vol. 2）, New York: The Macmillan Company, 1935, p. 308.

的编纂之中。

　　弗雷泽幼年时就喜好阅读，终日沉溺于父亲的书册之中。还在海伦斯堡乡间之时，即跟随当地的拉什菲尔德学院（Larchfield Academy）的校长亚历山大·麦肯齐（Alexander Mackenzie）先生学习拉丁语和希腊语，后者的古典启蒙教育使弗雷泽"自此喜欢上了古典学"[1]。后来在格拉斯哥大学和剑桥三一学院，弗雷泽接受的都是古典学教育和训练，精通希腊语、拉丁文、希伯来语、荷兰语、德语、法语、西班牙语，阅读兴趣极为广泛，喜好翻译且文辞优美。三一学院至今保存的仅弗雷泽入学第二年时的阅读书单，范围之广就足以让当时任何一位博学者瞠目：不仅包括传统的主流古典文本如荷马、柏拉图、品达、希罗多德、奥古斯丁等，也对那些传统上被认为是非主流的文本感兴趣，甚至包括了波萨尼阿斯、塔西佗等。[2] 由于极其勤奋和博学，富有才华，到1880年代初期，被当时英国知名古典学者、三一学院古代哲学教授亨利·杰克逊誉为三一学院"十五年来最优秀学生"的弗雷泽在英国古典学界已小有名气。1884年中期，受出版商邀请，弗雷泽开始翻译和编纂他本来就极感兴趣的《希腊纪行》。此后不久，他又在罗伯逊·史密斯（William Robert Smith，1846—1894）的鼓励下，为《大英百科全书》（Encyclopaedia Britannica）编写"禁忌"和"图腾"两个词条。在这两个词条的撰写过程中，他看到了以人种志材料对《希腊纪行》中的一些神话和习俗进行"比较神话学"解释的可能性。而1885年内米的考古发现，加强了弗雷泽的"比较神话学"解释意图并使其得以聚焦，即将解释重点聚焦于波萨尼阿斯提到的内米祭司继任习俗上来。

　　很多古希腊罗马作家都或多或少地在他们的著述中提到了内米和内米狄安娜崇拜习俗，包括祭司遗俗，如西塞罗（公元前1世纪罗马历史学家）、斯特拉博（Stoabo，公元1世纪罗马地理学家）、奥维德（公元1世纪罗马诗人）、施塔迪乌斯（公元1世纪罗马诗人）、塞尔维乌斯（公元4世纪古诗批注家）、波萨尼阿斯（公元2世纪希腊地理学家和考古学家）等等。根据他们的记载或描述，内米一带土地肥沃，阿里奇亚丛林景色优美，但阿里奇亚神庙里曾流行过血腥的祭司继任习俗。但这些古代作家们都没有或无法对狄安娜祭司继任古俗进行有效解释，常常语焉不详。根据他们的零星描述，大体可以综合出一种较为普遍的解释，即这里的狄安娜祭司继任古俗是野蛮的托里克半岛狄安娜人祭习俗

---

① Robert Ackerman, *J. G. Frazer：His Life and Work*, Cambridge：Cambridge University Press, 1987, p. 12.

② Robert Ackerman, *J. G. Frazer：His Life and Work*, Cambridge：Cambridge University Press, 1987, p. 20.

的温和变体。① 而且，根据这些古典文本，内米狄安娜宗教崇拜习俗不仅历史久远而且极为繁盛，甚或可能曾是拉丁联盟存在的基础。到恺撒时代，狄安娜崇拜已经将内米变成了一个繁荣的宗教圣地，人们到这里乞神治病、求子祈福。但这里的宗教崇拜后来逐渐衰落消散，甚至连狄安娜神庙的遗迹也难觅其踪。

这样一个曾经被虔诚崇拜的圣所被废弃，神庙的下落引起了人们强烈的好奇。17 世纪中期，有人在内米一带进行了试探性的挖掘，虽然只发现了一尊虔诚的女神小雕像和一些铭文，但还是吸引了几位艺术家的造访，包括特纳。② 1885 年，受谢里曼和伊文思考古发现热潮的感染，萨利维③在内米进行了稍大规模的发掘，所获仍不多。在出土的物品中，包括一尊女神像、陶制的马头及一件刻有"DIANA"字样、类似祭祀用品的器物。④ 相对于当时的考古热潮和丰硕收获来说，内米考古虽然也引起了国际上的一定关注，但在那个考古之风盛行的时代，其考古发现并不突出，甚至显得有些微不足道。然而，意大利知名杂志和英国的《雅典娜周报》还是对这次考古进行了报道。此前的学者们常常倾向于认为内米湖边曾经存在的神庙是拉丁联盟为维护国家的神圣需要而建立起来的宗教圣所，即使现在有了考古发现，学者们对传说中的内米习俗既无法解释也不甚关心，毕竟，它只是一个可能存在过、令人迷惑不解的古俗，而且，考古出土物品也无甚吸引人之处。

但对于熟悉各类古典文本的弗雷泽来说，问题并非如此简单：不仅诸多古代学者和作家都提到了内米遗俗，而更为重要的是，他手头正在翻译和编纂的《希腊纪行》中所提到的某些见闻和记述直接与内米狄安娜崇拜及其祭司习俗相关。

波萨尼阿斯本来是小亚细亚的一位医师，痴迷于希腊罗马文化，足迹遍及

---

① 这种解释实际上与罗马神话传说大体一致，即狄安娜的血腥崇拜原本盛行于野蛮的托里克半岛（克里米亚），据说每一位登岸的外乡人都要被作为祭物宰杀在狄安娜的祭坛之上献祭。奥利斯特和厄勒克拉兄妹从托里克半岛盗走了狄安娜神像，逃回意大利，安放在罗马附近内米湖边的阿里奇亚丛林中。并实行一种较为温和的献祭形式，即只有攀折到圣殿旁一棵树上树枝的逃奴才能获得与前任祭司决斗的机会，获胜即可担任狄安娜的祭司，但此后又须时刻提防后来者的偷袭。

② Robert Fraser, *The Making of The Golden Bough*: *The Origins and Growth of an Argument*, Basingstoke and London: Macmillan, 1990, pp. 2 – 3.

③ 当时英国驻罗马的外交大使，喜欢艺术品收藏和考古发掘。于 1886 年对内米一带进行了挖掘，所获不多，同时由于种种原因而不得不放弃进一步的发掘。其出土的部分物品被运回英国，存放在萨利维家乡的诺丁汉城堡博物馆。

④ Robert Fraser, *The Making of The Golden Bough*: *The Origins and Growth of an Argument*, Basingstoke and London: Macmillan, 1990, pp. 1 – 6.

希腊，但在到达希腊之前，他已经游览过埃及、意大利、马其顿、耶路撒冷等地。《希腊纪行》共由十部分组成，主要记录波萨尼阿斯在希腊十个地区（如阿提卡、迈锡尼、科林斯等地）旅行时的所见所闻，包括宗教实践、神话传说和民俗，也有不少对当时雅典已经绝迹了的一些风俗和仪式的记载，有时还夹杂了他自己的理解和解释。由于波萨尼阿斯所记载的建筑很多如今都有遗址存在，因此，从地理学和考古学意义上来说，《希腊纪行》通常被认为是比较可靠的材料来源。但其历史和神话价值直到 19 世纪 70 年代后才被真正发现和证实，这便是谢里曼的发现：深信《荷马史诗》的谢里曼以《希腊纪行》中的记录为主要线索，分别于 1873 年和 1876 年发掘出了《荷马史诗》中提到的"普里阿摩斯"宝藏和迈锡尼皇室墓葬。虽然几十年后更为科学的考古研究表明谢里曼并非完全正确，但其发现对当时神话与历史关系的研究来说，无疑是提高了神话的可信度，同时使《希腊纪行》在地理学、考古学上的意义也由此得到进一步的加强，弗雷泽受邀对这一古典文本进行英语翻译和编纂，也正是在此背景下进行的。

当弗雷泽 1886 年读到《雅典娜周报》1885 年 10 月[①]关于内米考古发现的报道之时[②]，可以说，此时他的人类学眼光已经初步成形：他已经阅读过泰勒的《原始文化》一书并已深受其影响；发表了首篇人类学论文《论某些埋葬习俗对灵魂原始理论的说明》并获得包括泰勒在内的学者的广泛认同和赞誉；为《大英百科全书》撰写"禁忌"和"图腾"两个词条所获得的成功已经使他成为这一领域的权威。因此，对于古典学学养深厚、谙熟希腊罗马神话又颇具人类学视野的弗雷泽来说，内米宗教之谜并非是一个无足轻重或者完全无法解释的问题。

相对于大多数古典作家都只是提到内米狄安娜祭司继任习俗或间或给出神话性质的解释而言，波萨尼阿斯则明确表示这种祭司和其继任者之间的血腥决斗发生在"我的时代"，并暗示自己曾目睹过这种决斗仪式——波萨尼阿斯在《希腊志》中记述了他在科林斯药神圣地附近发现了一段当地神话传说石刻：希波吕托斯被惊马拖死，为药神阿斯科拉庇厄斯救活，然后被运到意大利。波萨尼阿斯还对此做了进一步引申和说明："此外，这段石刻还记述了希波吕托斯将

① Robert Fraser, *The Making of The Golden Bough*：*The Origins and Growth of an Argument*, Basingstoke and London：Macmillan, 1990, p. 219.

② Robert Ackerman, *J. G. Frazer*：*His Life and Work*, Cambridge：Cambridge University Press, 1987, p. 57.

二十匹马献祭给了药神。而阿里奇亚地区人们的说法也印证了这段石刻的叙述，他们说希波吕托斯受到忒修斯的诅咒，被惊马拖死，后为药神救活，但他不肯原谅父亲并不顾他的恳求来到了意大利的阿里奇亚。在那里执政为王，并为阿尔忒弥斯①建立了圣所，在我生活的时代，女神的祭司职位仍然是作为奖品授予决斗中的胜利者的。这种决斗只有逃亡的奴隶才能参加。"②

十七世纪画家鲁本斯根据希腊神话所绘的画作：希波吕托斯所驾
马车的马为波塞冬的公牛所惊，拖死了希波吕托斯

——也就是说，在晚至已经较为文明的公元2世纪、罗马帝国已经开始走向衰落之时，内米的阿里奇亚丛林中还上演着这种野蛮而不可思议的宗教仪式，狄安娜的祭司还在维持着他早已不合时宜的"内米之王"的头衔。这显然是有悖常情的：首先，罗马帝国已经是较为文明的时代了，不可能还存在如此血腥的宗教仪式；其次，一个繁盛的宗教圣地不可能会发生这样不合情理的野蛮悲剧。因此，对于19世纪的学者来说，内米习俗无疑是无须认真的天方夜谭。并且，当时的古典学大多沿袭的都是语言文字阐释传统，多拘囿于以文本解释文本，很少有语言之外的其他因素介入。这在部分程度上可以解释，为何《希腊纪行》在19世纪已经有几个主要从语文学角度进行阐释的德文版本，但却仍需

---

② 此段引文出自弗雷泽对《希腊纪行》原希腊文版所做的英语译文。参见 Robert Fraser, *The Making of The Golden Bough：The Origins and Growth of an Argument*, Basingstoke and London：Macmillan, 1990, p. 9.

要新的阐释文本的原因。的确，对于古典文本中常见的习俗、仪式等问题的解释来说，如果仅仅依靠语文学，不免时常会陷入困境。

对于几乎博览过所有古典文本的弗雷泽而言，古希腊罗马人的生活中不乏此类意义可能已经被遗忘但却仍在虔诚践行的奇特仪式和习俗，一旦他以当时研究异域和人类社会早期各种文化现象的人类学眼光来打量和解释它们时，它们的意义就并非仅限于神话和传说。

就内米习俗来说，神话传说和诸多古典作家都提到了这里的狄安娜宗教崇拜及其奇特的祭司继任遗俗，波萨尼阿斯的记述无疑加强了这一点，考古出土的女神像及铭文器物和陶制马头等，其他古典文本中诸如此类不可思议的仪式和习俗的记述等等，都表明内米宗教问题既有其特别之处但也并非此地仅有。在弗雷泽看来，内米血腥的祭司继任习俗可以看作人类野蛮时期某些原始宗教崇拜的"遗留"，内米"遗留"看似荒诞不经，但却可能承载了某种崇拜仪式的历史回忆。内米习俗的神话和传说的不一致之处是显而易见的，但这并不重要，其真正价值在于提供了一个可以比较的标准，以便说明这类崇拜的性质。[1] 因此，通过其研究，不仅可以了解早期原始宗教的性质与基础，也有利于理解人类宗教历史发展的进程。"如果我们能够指出像内米承袭祭司职位那样野蛮的习俗在别处也已存在；如果我们能够发现导致这种习俗的动机；如果我们能够证实这些动机在人类社会中已经广泛地甚至普遍地起作用，且在各种不同环境中形成了种种具体各异总体相同的习俗；最后，如果我们还能够说明这些动机连同它们所派生的习俗在古希腊罗马时代确实还在活动着，那么，我们就完全可以断定在更远古时代，正是这些同样的动机诞生了内米的祭司职位承袭习俗。"[2]

由此，弗雷泽带领读者从内米起航，开始了一次风光迤逦（见证不同时空中奇特的人们和他们奇特的风俗），却又危险重重（弗雷泽的逻辑推理论证并非毫无瑕疵、甚至破绽百出），然而最终得以安然返回内米（读者的困惑、震惊最终得到了有效安抚）的探险之旅，途中对巫术、禁忌、神王、植物神、神婚、杀神、替罪羊、灵魂、图腾、神话与仪式等诸多主题进行了探索和讨论，并将与这些主题相关的来自不同时空中的广博庞杂、包罗万象的各色资料进行汇集分类，镶嵌进了一个精心构筑的框架之中，试图对内米问题——一个源自古典

---

① Sir James George Frazer, *The Golden Bough: A Study in Magic and Religion*, Vol. 12, Part I, *The Magic Art* (Vol. 1), New York: The Macmillan Company, 1935, p. 22.

② Sir James George Frazer, *The Golden Bough: A Study in Magic and Religion*, Vol. 12, Part I, *The Magic Art* (Vol. 1), New York: The Macmillan Company, 1935, p. 10.

历史和学术的问题，然而也可能是人类早期某种宗教中曾经真正发生过的类似事件的"遗留"问题，提供一种有效解释——这便是《金枝》。

《金枝》首版即将完成时，在给出版商的信中，弗雷泽写道："我即将完成的是一部原始宗教史研究著作，是关于'金枝'传说的解释，也就是塞尔维乌斯评注维吉尔时提到的传说。塞尔维乌斯认为'金枝'生长于阿里奇亚狄安娜圣所旁的某棵树上，这里的祭司继任时必须要攀折'金枝'才能获得与前任决斗并可能获胜的机会。通过比较法，我相信我能证明祭司就是此处的林神本人——维尔比厄斯①，他的死被认为是神之死。这就出现了普遍存在的杀死具有神性的人和动物这种习俗之意义的问题。我已经收集了众多有关这种习俗的例子并提出了一种新的解释。我相信我可以证明，'金枝'就是槲寄生，督伊德教②对槲寄生的尊崇及其他们的宗教信仰中的人牲因素，以及挪威神话中巴尔德尔之死都可以用来解释这种关联。为阐明'金枝'与阿里奇亚祭司的关联，我对'图腾'做出了新的理解和解释。……本书对诸多不可思议的习俗的解释，我相信，即使对于专业的人类学家来说，很多都是之前从未有过的。诸多野蛮人的习俗和观念与基督教基本教义的相似之处令人震惊。但我无意去做这样或那样的并置，读者们自有辨别和定论。"③

冬天万物萧条时的槲寄生

1890 年 3 月，《金枝》首版出版，副标题为"比较宗教研究"。弗雷泽在前言中阐明了《金枝》的目的和主旨：

"一段时间以来，我一直在写一部有关原始迷信和宗教的作品。吸引我的是一个至今没有得到解释的阿里奇亚祭司继任习俗；

---

① 即希波吕托斯在罗马神话中的称呼。

② 古代高卢、不列颠和爱尔兰等地克尔特人的一种宗教信仰。弗雷泽在《金枝》中记述了这些地区每年 5 月都要举行"贝尔坦节"（五朔节），节日中最为重要的仪式是"贝尔坦篝火"驱邪净化仪式，在这种篝火净化仪式中，通常会使用到槲寄生，即"金枝"。根据各种资料文献，弗雷泽认为类似仪式在古代欧洲曾普遍存在，18 世纪下半期甚至 19 世纪的欧洲某些地方都会举行这种仪式，且大多都会使用到槲寄生类植物，如四旬斋篝火、复活节篝火、仲夏节篝火、万圣节前夕篝火、仲冬节篝火等等。

③ Robert Ackerman（ed.），*Selected Letters of Sir J. G. Frazer*，Oxford：Oxford University Press，2005，pp. 62 - 63.

……如果我的解释正确的话，将对理解原始宗教中某些令人困惑不解的特点有所裨益，因此，我决定放下手头的主要工作，对其进行了专门的研究。本书因此而成。"①

弗雷泽此处所说的"手头的主要工作"指的就是《希腊纪行》的评注，其文本翻译已于写作《金枝》之前完成出版，出版商并没有要求对《希腊纪行》进行评注，然而，当弗雷泽以人类学目光来审视这一古典文本时，其可以阐释和需要阐释的地方实在是太多了。由于谙熟各种古典文本，其惯常的古典阅读中已经积累了诸多唾手可得的材料，以及先前撰写"禁忌"和"图腾"词条的过程中大量人种志材料和世界各地宗教信仰行为材料的收集和阅读，两卷本《金枝》首版的写作只用了一年多时间。《金枝》付梓之后，弗雷泽立刻回到了《希腊纪行》的评注上来，并先后两次（1890、1895）前往希腊，对波萨尼阿斯提到的一些地方进行了探访，此后用去了八年时间，加上此前的六年，弗雷泽共花去了十四年时间，为这一古典文本做出了极其详尽和完善的评注。尽管出版商最初的愿望是便于旅行者携带和考古学者参阅，但待弗雷泽翻译、编纂和评注之后，《希腊纪行》变成六大卷，三千多页，包括一卷英译本，四卷评注本，一卷地图、游览建议和索引。

由于弗雷泽是在准备《希腊纪行》的过程中写作了《金枝》，完成《金枝》之后再来编纂和评注《希腊纪行》，他所关注就不仅仅是这一古典文本本身或者其考古学和历史学意义，而更是其前所未有的人类学意义了。一旦波萨尼阿斯被置于这种新的语境中时，他就是希腊罗马人日常生活和宗教实践的独一无二的见证者了，《希腊纪行》也因此成为古希腊社会的民族志宝库。由于人类学视角的介入，《希腊纪行》中所记载的一些长期无法得到解释的神话、奇特的宗教实践和仪式行为就变得容易理解了。对当时还主要拘囿于语言和哲学根基的英国古典学来说，能兼蓄其他学科的因素特别是兴起不久的人类学之视野及其民族志式的讨论和指涉，弗雷泽的贡献无疑是巨大的。不仅如此，波萨尼阿斯可能是一位忠实的旅行者，但却似乎是一位漫不经心的作家，其"写作粗糙、松散、生硬、连贯性差、晦涩难懂，毫无文风和美感可言"②。但通过弗雷泽的翻译和评注，这一古典文本不仅变得文辞优美、风格清新，而且生动新颖、通俗易懂，不但为专业的学者所欣赏，也为普通读者所喜爱，为其在英语世界的接受和传播起到了极大的推动作用。

---

① Sir James George Frazer, *The Golden Bough*: *A Study in Magic and Religion*, Vol. 12, Part I, *The Magic Art* (Vol. 1), New York: The Macmillan Company, 1935, p. xi.

② R. Angus Downie, *James George Frazer*: *The Portrait of a Scholar*, London: Watt & Co., 1940, p. 42.

J. M. W. 特纳（J. M. W. Turner）的画作《金枝》（*The Golden Bough*）。据说弗雷泽对几个版本《金枝》的封面设计都做了特别要求：绿色底色，配上金色的叶子。但节本之后，出版商更喜欢以特纳的画作为《金枝》的封面。下图即典型一例

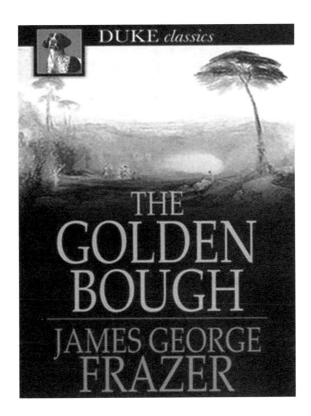

从一定角度上来看，我们不妨将弗雷泽和波萨尼阿斯看作是天作之合。波萨尼阿斯为弗雷泽提供了丰富的可供阐释的素材，特别是成就了其在人类学领域的旷世之作——《金枝》；而弗雷泽则复活了波萨尼阿斯笔下的古代世界并使他为后世普通读者所熟知。难怪有论者认为，《希腊纪行》才是弗雷泽毕生最优秀的作品。①

二、《文库》② 和《年表》

尽管我们研究的主要对象是弗雷泽的人类学著作《金枝》，而且前文已经大致厘清《金枝》的缘起，但此处，我们还是有必要对弗雷泽的另外两部古典学著作——《文库》和《年表》进行简要回顾，以利于对弗雷泽人类学写作及其特点的深入理解。

弗雷泽翻译和编纂的第二个古典文本是他完成《〈旧约〉中的民俗》后，于1918—1921 年间为洛布古典丛书编纂的阿波罗多洛斯的《文库》（ *Bibliotheca* 或 *The Library* ）。阿波罗多洛斯的生平不详，弗雷泽认为他生活在公元 1 世纪或 2 世纪的雅典。《文库》主要辑录的是公元前 5 世纪希腊神话收集者斐瑞库德斯（Pherekydês）所收集的希腊神话和传说，以及早期文献作品中出现的希腊神话和英雄传奇的简洁概要等。由于一些早期文献作品后来亡佚较多，特别是斐瑞库德斯原卷，几乎全部亡佚，只有零星逸文传世，因此，《文库》对于了解希腊神话原貌而言，意义非同寻常。《文库》收录的主要是自人类起源直到《奥德赛》时期希腊民族的神话和传说故事，又由于阿波罗多洛斯多少有些排斥罗马神话对希腊神话的模仿和渗入，对其几乎是不甚注意，同时也不怎么吸收口头传统，因此，《文库》可以说是没有掺杂太多外来因素的希腊神话。同时，由于它出现的年代较晚，阿波罗多洛斯又有意充当了一个仅仅是遵从原典、照样记述而不做自己的任何解释和说明的汇编者、辑录者的角色，其内容丰富，材料

---

① Robert Fraser, *The Making of The Golden Bough* : *The Origins and Growth of an Argument* , Basingstoke and London: Macmillan, 1990, pp. 40 – 41.

② 此作在国内有中译本，题为《希腊神话》，是周作人 1938 年根据希腊文原文翻译的，1950 年重译。周作人主要是读到了弗雷泽关于本书的"上好译文"才萌生翻译此书的念头，但苦于出版社不可能接受弗雷泽式的"有用"但不免"繁重"的注解，同时也由于阿波罗多洛斯此书之于研究希腊神话之弥足珍贵，因此他选择从希腊文原文直接译出。有关周作人相关翻译之详情及其对弗雷泽译本的评价，参见阿波罗多洛斯：《希腊神话》，周作人译，中国对外翻译出版公司 1999 年版，引言和附录部分。

来源也十分广泛，涵盖了许多较早时期亡佚作品中的相关内容。《文库》几乎可以被看作希腊神话、传说、民间故事、文学作品百科全书式的汇总，对于希腊神话、重构亡佚史诗和悲剧等早期作品或瓶画研究来说，具有极其珍贵的史料参考价值。

选择为洛布丛书翻译编纂这样一部古典文本，很显然，弗雷泽一方面是受其神话内容的吸引，一方面是其文本特点可以让他以人类学材料进行文本阐释。但由于洛布丛书的宗旨是提供给读者简洁平实、方便阅读的古典译本，无法容纳较大规模的注释和评论，其简练的风格要求根本不允许弗雷泽的阐释走得太远。尽管如此，弗雷泽还是做了尽可能简洁的注释和评论，将《文库》翻译编纂成了两卷。注释量较多但意义非同寻常，其中很多都是将阿波罗多洛斯辑录的神话与其他希腊作者的神话进行了非常有益的比较；长达一百五十页的附录则是一个无法再简短的各种神话学的母题研究；译文体现了他一贯的古风英语风格，极为流畅优美，无可挑剔。1921 年以《阿波罗多洛斯》（Apollodorus）为题出版，受到古典学者和普通读者很高的赞誉。

垂青于适合以人类学视角介入的古希腊罗马文本的阐释，是弗雷泽古典研究的一个重要特点，这在他随后近十年间为洛布丛书翻译编纂的另外一部作品——奥维德的《年表》（Fasti）中体现得更为明显。

奥维德（Ovid，43B．C—18A．D）是维吉尔、贺拉斯之后罗马的重要诗人，作品主要有《变形记》《爱的艺术》和《年表》等。相较于前两部，《年表》并没有受到应有的重视。"Fasti"是古罗马日历中的"特别的日子"或者节日。奥维德在《年表》中以罗马日历为主线，以诗体形式讲述罗马民族自其神话中的祖先罗慕路斯和雷穆斯一直到屋大维的历史，对其民族历史中的一些重要事件进行拼贴式的回顾和评论。

《年表》虽是一部近五千行的诗作，但它并不是严格意义上的史诗或编年史，而主要是对罗马日历中"特别的日子"或节日的历史起源、意义及其习俗仪式进行追问和解释。因此，《年表》涉及的内容十分庞杂丰富，包括古罗马的历史、宗教、神话、传说、宗教仪式、民俗以及它们在当时的解释，即使无法解释，也进行了收集。按照奥维德本来的意图，他计划写完罗马日历中的十二个月，但正值作品写作之时，他因之前在《爱的艺术》中对当时罗马人艳俗腐败的性风俗的描写而遭到屋大维的流放，远至黑海之滨的托弥。《年表》只完成了从2月到6月的六卷，诗人死于《年表》修改之际，此作可以说是奥维德的成熟之作。从这个意义上来看，如果说奥维德的代表作是《年表》而非《爱的艺术》或《变形记》，其实并不为过。

而在弗雷泽，当他还是三一学院学生之时，《年表》就已出现在他的阅读书目之中。[①] 当时，如果有人阅读奥维德的话，常常会选择《爱的艺术》，甚或《变形记》，而不会是《年表》。[②] 能在那时将这种非主流古典文本纳入书目，即使没有阅读，也足见弗雷泽的视野和好奇心之宽广。五十多年后，当他再度转向这部作品之时，可以说，它一直就在他心中，了然于心。实际上，《年表》也需要弗雷泽式的编纂。

首先是《年表》的文本性质。《年表》出现在罗马共和国灭亡后不久，奥维德是从一个没有被文字书写的罗马氏族开始对罗马民族的历史进行回顾的，也就是说，他回顾的是一个较为质朴也更为乡村化的罗马。但当奥维德为其诗作意图而研究罗马日历时，他发现很多罗马历史上值得纪念的事件和"特别的日子"的起源及其意义已经丢失，而且人们甚至连神职人员也不知道或并不在意这些旧的传统，因此，他借助编年史和神职人员的佐证而进行的民俗研究和收集不仅有着明确的目的和意图，而且也为后世留下了有关古罗马宗教仪式、民俗、传统习俗以及它们在当时的解释的珍贵资料——尽管在使用时需要谨慎对待。其次是《年表》的文本风格。奥维德是一位喜欢引经据典甚至有意晦涩矫饰却又并不拒斥口头韵感的诗人，其阐释需要的不仅是重视"小传统"的人类学家的青睐，更需要娴熟的古典学者和博学的文学评论家的驾驭。而弗雷泽，则三者兼备。毫不夸张地说，他是这一古典作品当时最为合适的阐释者。事实也证明，弗雷泽的阐释是配得上这样一部伟大的著作的：人类学视角的介入使这部枯燥难解的古典文本立刻鲜活起来；恢宏的古今视野使一些难解的文化事

① Robert Ackerman, *J. G. Frazer: His Life and Work*, Cambridge: Cambridge University Press, 1987, p. 20.
② Robert Ackerman, *J. G. Frazer: His Life and Work*, Cambridge: Cambridge University Press, 1987, p. 292.

象迎刃而解；更不可思议的是，文风一向古朴优雅的弗雷泽不仅使这一晦涩难懂的文本变得平实易解，同时也将诗人不时流露出的俏皮欢快的风格表现得淋漓尽致。

在弗雷泽的编纂之下，《年表》这一奥维德重要的著作变成了五大卷，两千多页，包括一卷译文，三卷评论，一卷为插图、地图、人物和文献索引。其规模显然不适合作为洛布丛书系列出版，而改由和麦克米兰出版社共同出版，以《奥维德之年表》（*Ovid's Fasti*）为题，于1930年问世。此书立刻被誉为英语世界一战之后所出版的拉丁古典研究作品中最为重要的一部。① 在随后半个多世纪中，弗雷泽编纂评注的《年表》都堪称范本，无人能出其右。即使在如今，也是《年表》研究者重要的参考资料。阿克曼甚至认为，《年表》代表了弗雷泽学术生涯的最高峰，也是他最为优秀的作品。②

三、弗雷泽的古典研究与人类学写作特征

从其早期所接受的教育和训练背景以及其重要的学术成就来看，古典学旨趣和研究几乎贯穿于弗雷泽一生之中，在视其为人类学家的同时，必须兼顾其作为古典学者和历史学家的学术旨趣和特征。唯有如此，其人类学写作才可能得到更为深入的理解。

按照古典学大师维拉莫威兹（1848—1931）的说法，西方古典学的本质主要是对希腊-罗马文明的研究，目的在于提高今人对古代世界的整体理解，其任务"就是利用科学的方法来复活那已逝的世界——把诗人的歌词、哲学家的思想、立法者的观念、庙宇的神圣、信仰者和非信仰者的情感、市场与港口热闹生活、海洋与陆地的面貌，以及工作与休闲中的人们注入新的活力"③。按照这一理想，古典学术研究应该要混合各个不同领域的视角来进行，历史学、铭文学、考古学、语言、文学、律法、社会生活以及古代世界所可能呈现的任何方面。然而，通过复活已逝的希腊-罗马文明，提高今人对希腊-罗马人生活的世界的整体理解，确切地说，这实际上应该只是弗雷泽同代人维拉莫维兹关

---

① Cyril Bailey, "Ovid's Fasti," *The Classical Review*, Vol. 44, No. 6 (Dec., 1930): 235 – 240.

② Robert Ackerman, *J. G. Frazer: His Life and Work*, Cambridge: Cambridge University Press, 1987, p. 300.

③ 维拉莫威兹：《古典学的历史》，陈恒译，生活·读书·新知三联书店2008年版，第1页。

于古典学的"崇高理想"①：维拉莫维兹或者说弗雷泽时代的古典学即使已经意识到其通常仅拘囿于语言因素研究的局限，然而长期形成的阐释传统使这门古老的学科从本能上比较拒斥其他因素的介入，除了钱币学、铭文学和考古学的偶有指涉，更遑论年轻的人类学了。特别是在世纪之交的英国，其古典学一时仍难以摆脱传统的樊篱——剑桥、牛津这样传统的大学虽然已经开始加强对古典学的倚重②，但此时英国特别是剑桥的古典学仍无异于文本编辑的同义词③。而且，古典研究仍是知识贵族们高雅而文质彬彬的深奥学问，传统的主流文本更容易受到学者们的垂青。

类似弗雷泽这样对古典文本驾轻就熟的学者在世纪之交的古典学界可能并不少见，但弗雷泽之于英国乃至整个西方古典学的独特贡献主要在于，他更倾心于对传统上常被认为是非主流古典文本的倚重，并且是较早将一种新的因素——人类学因素——注入古典学术研究的学者。就他所阐释的几个古典文本而言，人类学因素介入其中，并辅之以宽阔的视野，在他娴熟的各类古代文本之间自如地类比、转换和驾驭，为文本做出了尽可能全面详尽的说明和解释，用以还原和复活希腊－罗马人的生活世界。他试图"复活"的并不仅仅是一般古典学意义上的希腊－罗马文明"文质彬彬"的"已逝世界"，而是更为原始"蒙昧"、更为质朴的日常生活世界。尽管其还原可能不一定完全准确，甚至不乏误解之处，但他的确使今人对这几个古代作家的文本及其所描述的古代世界的了解与理解，变得相对容易，并唤醒了它们新的生命和活力。

如同上文所述，弗雷泽的三个古典文本阐释特别是《希腊纪行》和《年表》，均为皇皇巨著，我们在此既无力也不可能对其中任何一部进行哪怕是浅尝辄止的分析，此处仅以弗雷泽对《年表》中提到的一个问题所做的注释为例，窥斑见豹，以见其人类学视角之于古典研究的启示。奥维德在《年表》中提到了古罗马一种神秘的狂欢节——罗马日历中二月十五日的 Lupercalia 节，在描述了这一节日中通常会举行的奇怪仪式后，应该说，奥维德，甚至包括当时的历史学家，对这一仪式的起源、性质和意义，无法做出清楚一致的解释。弗雷泽

① 参见维拉莫威兹：《古典学的历史》译后记，陈恒译，生活·读书·新知三联书店 2008 年版，第 323 页。

② 参见维拉莫威兹：《古典学的历史》导言，陈恒译，生活·读书·新知三联书店 2008 年版，第 6 页。

③ Robert Ackerman, *J. G. Frazer: His Life and Work*, Cambridge: Cambridge University Press, 1987, p. 37.

为此进行了一个长达二十七页的注解，综合各种古典论据，以来自词源学、神话学、历史学、人类学等领域的材料进行类比、论证和分析后认为，仪式中迷狂赤裸的男性们（the Luperci）围着年轻女孩们奔跑，并用山羊皮抽打她们，Lupercalia 节应该与罗马农林神（类似于潘）福纳斯（Faunus）有某种关系。弗雷泽认为这种仪式既是一种净化仪式，也是对远古促使女性丰产仪式的回忆。其仪式性质表明，它最初是一种促进人畜土地丰产的驱邪净化的巫术性活动而非宗教仪式。① 应该说，弗雷泽的解释也许不一定完全准确，但其对古代文献中有关古希腊－罗马人记忆中或生活中诸如此类令人迷惑不解的事象的理解来说，视野一下子被其打开并且得以拓宽了。而就当时的古典学界而言，弗雷泽以人类学视角自如介入古典阐释之中，不仅展示了古典学兼蓄其他领域因素的能力和魅力，也为这一传统古老学科的推进和革新带来了重要启示。

而作为一个人类学家，弗雷泽深厚的古典学教育和训练背景在其人类学作品中留下了深刻的痕迹，这一点，在《金枝》中体现得尤为明显。古代文本文献的驾轻就熟不仅是弗雷泽人类学资料取之不竭的主要源泉之一，也是他视野恢宏却不免任意武断的比较图式成为可能的重要原因。

弗雷泽一生重要的人类学作品通常都是从较小的问题或观念入手，辅之以人类学材料对其进行解释或说明，随着他所收集的材料和证据的不断累积和增多，其写作得以不断扩充，最终变成皇皇巨著。这一方面与其人类学研究的比较方法有关，即相信证据材料愈多愈有利于问题的说明；② 另一方面与弗雷泽对自己人类学研究的定位有一定关系——他多次提到"任何理论都只是暂时的，唯有事实的汇集才具有永久的价值"之类的观点，即如果自己的理论也免不了失去效用的命运的话，希望其著作能作为"古代习俗和信仰的汇集"而保留其效用。③ 而弗雷泽人类学材料证据的来源和累积主要以古代文本文献阅读和其人类学调查手册收集的方式为主。前者的意义不仅在于为他提供材料和证据，而且其大多人类学研究意欲说明回答的问题和观念也时常来源于此。如同前文所见，《金枝》就始于其对《希腊纪行》的注释。而《〈旧约〉中的民俗》则源于他最初（1907）对《旧约》中"该隐的记号""锥形石堆上的契约"等几个问

---

① Robert Ackerman, *J. G. Frazer*: *His Life and Work*, Cambridge: Cambridge University Press, 1987, pp. 298–300.

② 有关弗雷泽人类学研究比较方法的特点，留待后面章节进行讨论。

③ 如《金枝》第二版前言、《金枝》第三版前言部分、《巴尔德尔》第十一章，以及多封致朋友的信件等。

题的解释，最后（1918）扩充成了三大卷；《图腾制与族外婚》虽并非缘起于古典文献中的问题，却扩展于其最初为《不列颠百科全书》撰写的"图腾"词条（最终于1910年扩充为四大卷，1937年又出版了《补遗》）。

可以毫不夸张地说，弗雷泽浓厚的古典学素养和旨趣在《金枝》中发挥到了极致。《金枝》所致力于回答或解释的内米问题，原本就是一个源自古典历史和学术的问题，而弗雷泽带领读者进行的风光迤逦、危险重重、最终得以安然返回的探险之旅所意欲寻找的"金枝"[1]，也是一个在西方学术史上被讨论了两千多年的源自古典史诗中的"树枝"，其意义阐释在弗雷泽这里达到了顶点[2]。以至于有论者认为，《金枝》成功的主要原因就在于它是"金枝"。[3]

不仅如此，无论是作为一部"比较宗教研究"还是"巫术和宗教研究"，原始宗教和原始心智问题始终是《金枝》探讨的主要问题，以及由此引发的诸多相关主题的讨论如神王、替罪羊等等，虽有不少来自现代"野蛮"社会的材料和证据加以佐证，但弗雷泽以其令人不可思议的对各类古代文本文献的娴熟掌控和自如驾驭的能力和热情，对湮没其间与《金枝》所讨论主题相关的种种神话、传说、习俗、观念、仪式等材料进行归类和整理——无论这些材料的可靠性如何，但如同其他古典人类学学者一样，弗雷泽是将它们作为真实的人种志材料来看待的——并且用于其佐证和解释的材料和证据之中。就其古典研究与《金枝》所关注的原始宗教问题的关联而言，在他漫长的一生中，弗雷泽以希腊、罗马、以色列的古典作品为线索，对西方三种文明的原始宗教进行了广泛考察，从《金枝》不分时空、俯视全球原始宗教的目光和视野来看，弗雷泽的古典研究似乎可以被看作是其人类学研究的补充，或者说是其追求人类学的一种方式。《金枝》中浩瀚繁芜的古典材料几乎让人瞠目——从《金枝》第三版的文献卷来看，弗雷泽对古代文本文献的涉猎范围之宽广足以让任何一位古典博学者叹服。

与此同时，弗雷泽的古典学教育和训练背景养成和加强了他对任何主题都耐心地辅以材料加以佐证的习惯和偏好，于《金枝》而言，它由最初的两卷扩充到三卷直到二十年后的十二卷，一方面固然是由于比较和研究范围的扩大，

---

① 有关弗雷泽的《金枝》与"金枝"的关系问题，留待后面章节讨论。

② Anthony Ossa-Richardson, "From Servius to Frazer: The Golden Bough and Its Transformations," *International Journal of the Classical Tradition*, Vol. 15, No. 3, (Sept. 2008): 339 – 368.

③ Mary Beard, "Frazer, Leach, and Virgil: The Popularity (and Unpopularity) of The Golden Bough," *Comparative Studies in Society and History*, Vol. 34, No. 2 (Apr., 1992): 203 – 204.

另一方面则主要是因为弗雷泽所收集的用于解释相关主题的材料证据的不断累积和增多，使他感到以更多材料加强解释力度的必要性（也不排除有出于汇集材料以供后来者使用的考虑），几乎所有主题都因此得以不断扩充，最终形成卷帙浩繁的皇皇巨著。

如果说西方古典学的任务是利用科学的方法来复活已逝的希腊-罗马文明，提高今人对这一曾经的世界的整体理解的话，那么，在一定程度上，我们似乎也可以把弗雷泽致力于原始宗教和原始心智研究的人类学作品《金枝》，看作他试图复活人类早期原始信仰世界，以提高我们对自身曾经的心智阶段及其发展进程的理解的努力。就他那个时代醉心于建构人类文化文明早期阶段各方面生活图景、依据进化论图式对人类生活的这些方面进行推导和解释的古典进化论人类学学者来说，如泰勒、麦克伦南、史密斯、卢伯克等等，弗雷泽的研究主题并无任何新颖别致之处。然而，弗雷泽以其极其自信和娴熟的方式复活了一个人类曾普遍经历过的原始宗教信仰世界，使人们窥见了自身蒙昧的过去及其残留，然而他又通过进化论图式有效地安抚了人们的焦灼与不安，这也许就是《金枝》的别致之处。古典博学及其对古典文本文献纵横自如的驾驭能力不仅增强了其复活和再现的有效性，材料和证据的不断叠加似乎也在一定程度上增强了其可信性。更为重要的是，于弗雷泽宏大的视野和目标而言，材料的区别与差异似乎根本不算什么，因此，他通常会毫不犹豫地将不同地域时空的材料纳入一个体系之中，用于其佐证或解释相关主题的需要，其材料证据的使用和比较是毫无顾忌且极其自信的。相较之下，泰勒、史密斯等人缺乏古典背景，也没有弗雷泽那样俯视全球不同时空原始世界的视野和自信，可以说，在此之前，没有人以这种极其自信的比较方法对原始宗教进行研究。尽管其俯视和自信并非没有瑕疵和危险，然而，对于他不免过于宏大和任意武断的比较图式而言，浩瀚如烟、包罗万象的材料通过其繁芜的比较，被有效地分类汇集，最后为一个简单的问题提供了一个简单的答案——带领读者找到了传说中的"金枝"，最终得以安然返回内米——一个源自古典历史和学术的问题。然而，一切似乎又不止于此。因为，在被他所"复活"的那个世界里，我们不仅看到了我们的过去，也看到了现在与过去、文明与蒙昧的联系——这可能就是作为古典学者的人类学家弗雷泽之《金枝》成功的机巧和秘密。

第四节　弗雷泽的人类学观念与方法

如果从西方人类学历史发展的历时性框架来看，弗雷泽的人类学研究和写作似乎处于一种过渡阶段：古典进化论人类学活跃于19世纪60至90年代是一种得到普遍认可的看法，而马林诺夫斯基发表于1922年的《西太平洋上的航海者》（*Argonauts of the Western Pacific*）成为人类学告别书斋、走向田野的标志性事件，此间的三十多年，正是弗雷泽人类学写作的高峰期，除《图腾制与族外婚》《〈旧约〉中的民俗》外，其代表作《金枝》不断被扩充或精简的四个版本更是于此间不时面世。虽然在这三十多年期间，英国人类学由于经历了托雷斯海峡探险而逐渐开始了一系列缓慢变化（即从书斋到田野的学术模式变化；从一般文化到具体地方文化的人类学研究对象变化；从比较法到"系谱法"的方法论变化；从进化论到短暂的传播论再到功能论的理论依据模式变化①），但于弗雷泽而言，尽管在某些问题上有些摇摆不定，就其人类学观念和研究方法而言，他似乎很少受到这一过渡时期所发生系列变化的影响，所维持的基本上仍旧是书斋里的人类学研究。虽然后世不无轻蔑地讥讽这些书斋里的人类学研究者为"扶手椅上的人类学家"，弗雷泽通常更被认为是其中的典型代表，但他本人似乎对人类学有着自己的理解与坚持。

一、弗雷泽的人类学观念

要了解弗雷泽的人类学思想和观念，首先应该理解其世界观和认识论基础。

如前所述，弗雷泽毫无疑问是一位进化论者，深信人类历史的进步性，即使不是直线式，也是在迂回性地前行；相信人类心智同一性和文化发展阶段论，不同人种文化的差异或者说文明与野蛮的反差是由进化速度不同造成的；相信人类心理与社会进程之间存在一定关系，希望通过找到人类心智的原始基础并依据一定的法则预见其发展，推测社会进程，因此十分注重人类心智早期阶段的研究；由于信奉文明由野蛮进化而来的绝对正确性，相信现存的"野蛮人"是可以用以说明文明人早期形态的活化石，其研究不仅可以发现进化链的联系，也可以用来解释文明的差异性问题，以印证人类历史的整体性；等等。这些早年形成的观念成为弗雷泽后来人类学研究的基础，也是他大部分人类学作品的基本观念。

（一）对人类学的理解与自身研究定位

弗雷泽一生更多的是埋头于书斋，写作其人类学皇皇巨著，似乎很少关注

---

① Fredrik Barth, Ander Gingrich, Robert Parkin, Sydel Silverrman; *One Discipline*, *Four Ways*; *British*, *German*, *French*, *and American Anthropology*, Chicago; The University of Chicago Press, 2005, pp. 12 – 21.

外界的各种纷扰，哪怕是有关人类学的讨论，即使偶为所动，也会很快回归到自己的写作当中。① 除其作品传达出的人类学信念外，弗雷泽也曾撰文表达过他对人类学的理解，先后写作过《社会人类学的疆界》（*The Scope of Social Anthropology*，1908）和《心理人类学的疆界与方法》（1922）。其中前者是他在担任利物浦大学社会人类学教授②一职时所完成的讲稿，对理解弗雷泽人类学思想和观念来说十分重要。此时，距其1885年发表首篇人类学论文《论某些埋葬习俗对灵魂原始理论的说明》已有二十多年时间，《图腾制与族外婚》已基本完成，《金枝》三版也已酝酿成熟，可以说，从这一讲稿中，基本可以探查出弗雷泽对人类学的理解与定位。

首先，弗雷泽将人类学定位为"一门年轻的关于人的科学"，主要研究"人类社会的早期阶段"，通过"尽可能广泛的事实材料收集，从总体上对人进行全面研究，不仅要研究个体的体质与心理结构，也要对不同人种进行比较，分析他们的相似性，探查人类思想和制度的早期历史"，目的在于发现"主宰人类过去的历史、也可能掌控着未来的普遍规则"。因此，在弗雷泽看来，人类学有两个主要的分支："野蛮人的风俗及信仰"以及"这些风俗和信仰在较文明人思想和社会组织中的残存（survivals）"研究，亦即"野蛮人研究（the study of savagery）"和"民俗研究（the study of folklore）"。其中后者"在某些方面来说更为重要，因为它较为直接存在于受过教育或教化的人的生活之中"，这些残存通常以民俗的形式表现出来，可以"在人们自然的、普遍的、根深蒂固的习性差异中发现"。弗雷泽不仅将这些残存称之为"迷信（superstition）"，而且认为它们普遍存在于人们的政治、道德、宗教生活中，阻滞了人类思想的前行。在他看来，种种根深蒂固的迷信的存在如此广泛普遍，觉醒的只是极少数，民众，

---

① 诸多论者对此有着不同的解释：埃德加·海曼认为弗雷泽之所以坚守自己的研究，是因为其试图通过自己的人类学写作特别是《金枝》构建一种颇具反讽特征的现代意识的努力从未停止过。罗伯特·阿克曼认为，即使弗雷泽意识到了自己的研究与当时人类学的差距，其早年形成的观念已经根深蒂固，无法改变。同时，其在公众中的成功和盛名使他有理由和信心坚持自己的观念。埃蒙德·利奇则认为弗雷泽有的只是对材料的分类整理能力和热情，缺乏分析能力。

② 剑桥大学虽然在1893年将人类学确立为一个学科，却几乎没有设立课程，也没有专门的人类学教职，因此，当时剑桥的人类学家更多只是从事研究，少有学生，也几乎无课可上。1908年，利物浦大学组建社会人类学系，邀请当时已十分著名的弗雷泽担任教职，但生性内向沉默的弗雷泽很快就发现自己并不喜欢授课，而且授课大量占用了他的研究时间。此间，他只完成了《社会人类学的疆界》这一讲稿，于是不久后便返回了剑桥。尽管如此，弗雷泽不仅是利物浦大学首位，也是世界首位社会人类学教授。参见 Robert Ackerman, *J. G. Frazer*: *His Life and Work*, Cambridge: Cambridge University Press, 1987, pp. 207 –211。

包括那些文明国家的大多数民众，依旧生活在思想的蒙昧状态中，"实际上，文明社会平静的表面下早已被迷信腐蚀得千疮百孔"，"越是最古老最原始的迷信越是最顽固，决心停滞不前的愚昧无知的民众，紧抱僵化的信念不放手，足以挫败人类进步的所有努力，社会的表层看似在不断改变，而其最深处却几乎是纹丝不动"。因此，通过对蒙昧及其在文明中的残存的检视，社会人类学的主要任务是探查人类思想和社会制度的早期历史。"这种通过蒙昧和民俗的共同明证所构建的人类早期历史必然存在断裂，但这些断裂可以通过比较方法进行弥补和完善"，而比较方法的"合法性在于人类心智的相似性"。[1]

正是由于对心智在人类思想和制度进步过程中作用的强调，弗雷泽不仅在《金枝》中为人类心智发展的过程进行阶段划分，而且也反映在其对人类学的定位和理解的不断加强上。他后来又认为人类学存在"人的身体及其心灵研究"的广义和狭义研究之分，"前者被称为是体质人类学；后者，至少在英国，通常叫作社会人类学，但我更愿意以其更为普遍的名称——心理人类学（mental anthropology）——来称呼它"。[2]

值得特别注意的是，当时的人类学作为一门学科的历史来说，还十分短暂，人们对人类学的理解也相对松散，后来者特别是马林诺夫斯基式的明确系统规范和身体力行还没有出现。可以说，在1898年托雷斯海峡探险到1922年马林诺夫斯基的"宣言"出现期间，英国的人类学正在经历着一个新旧交替的迅速变化时期，不仅是人类学家们的研究各有侧重，种种有关人类学学科定位的讨论也较为活跃。人类学传统的对不同人种体质和文化的关注在此期间得到延续和加强（如塞利格曼［1873—1940］、里弗斯、哈登，包括随后的拉德克里夫 - 布朗和马林诺夫斯基等人的研究就各有侧重），书斋研究和实地调查研究并行不悖甚至是各取所长，进化论和传播论都各有空间。相对于此前进化论人类学的盛极一时和随后结构 - 功能主义人类学的一统天下来说，此时的英国人类学，更像是处于一种"思想的温床"阶段。不同人类学家对人类学有着自己的定位与要求。如哈登将人类学分为"体质人类学"和"文化人类学"，并进一步对各自的研究范围进行了细分，并强调"比较心理学"之于人类学研究的意义[3]；而马雷特则强调人类学学生应该是"万能手""最好百事通"，但他承认自己对体质

① Sir James George Frazer, *Psyche's Task*, London: Macmillan and CO., Limited, 1920, pp. 159 - 176.

② J. G. Frazer, "The Scope and Method of Mental Anthropology," *Science Progress* 16, (1922): 580 - 594.

③ A. C. 哈登：《人类学史》，廖泗友译，山东人民出版社1988年版。

人类学了解不多，更愿意视自己为社会或文化人类学家①；里弗斯并未从事体质人类学研究，但其人类学的心理－生理学研究越来越集中于心理学、社会学和历史研究②；等等。

应该说，相对于后来人类学的逐渐精细化和碎片化的趋向而言，那时人类学的界限较为松散，甚至可以说是比较模糊，而人类学家们对自己研究的定位也十分宽泛。但有一点是确定无疑的，即如果说人类学是一门关于人的科学的话，那么，那个时候的人类学家试图通过尽可能丰富广泛的人种志材料的收集，来研究整体的人或者整个人类，即一般人、一般文化而非后来的具体的人和具体的文化。也就是说，他们（特别是古典进化论人类学家们）似乎怀有一种研究人类普遍性的抱负和野心，寻求的是一种有关人或人类的整体性解释，而非具体的人或具体的地方性文化。用詹姆斯·尤里的话来说就是，那时的人类学家特别是英国人类学家，曾试图从更广泛的意义上来"研究整个人类"的各个方面——文化、体质、历史和语言等，寻求的是一种对人类整体性（the search for unity）的观照。③

而就弗雷泽个人的人类学研究和定位来说，无论是从其人类学实践（研究和写作）还是阐释（前文提及的专文论述和主要作品如《金枝》的主旨）来看，他从事的无疑是当时意义上的社会（文化）人类学研究，更为侧重的是对人类心理（mental）或心智（mind）的理解，即试图通过对人类"早期"心智状态下的种种"迷信"行为（如巫术信念、灵魂观念、死亡恐惧、图腾崇拜、宗教献祭甚至是神话传说等等）的心理基础进行探查，以此了解人类心智的演化过程和发展规律，解释人类社会行为的原始基础，推究人类思想的过去、现在与未来。毫无疑问，他是一位进化论人类学家，相信人类心智与思想的进步性，但他是通过对人类心智的蒙昧性和荒谬性的呈现来探究其如何成长与进步的。作为一个生活在科学自然主义逐渐战胜宗教并显露出其强大威力时代的、以科学家身份自居的人类学家，他自信地将人类生活诸多方面的内容和实践（在他看来，它们属于人类早期心智的"遗留"）都视为"迷信"，希望通过对

---

① James Urry, *Before Social Anthropology*: *Essays on the History of British Anthropology*, Switzerland: Harwood Academic Publisher, 1993, p. 11.

② James Urry, *Before Social Anthropology*: *Essays on the History of British Anthropology*, Switzerland: Harwood Academic Publisher, 1993, p. 12.

③ James Urry, *Before Social Anthropology*: *Essays on the History of British Anthropology*, Switzerland: Harwood Academic Publisher, 1993, pp. 1 – 16.

它们得以产生和存在的心理基础的研究，探查人类心智进程，揭示人类如何逐渐摆脱早期心智的蒙昧荒谬状态、逐步走向理性文明之坦途，就此解释文明与野蛮的差异也就是文化发展步伐的差异性问题，以印证人类历史的整体性。

然而，通过对人类心智错误历史的揭示及其"残存"的研究，弗雷泽发现了人类现在与过去、文明与野蛮、理性与非理性之间根本无法厘清和割舍的联系。他太像一位科学家，以至于他不能忽视其在对人类社会行为原始基础研究中发现的大量人类非理性行为的证据，因而不时流露出的对于人类心智、思想、文明进程的隐忧和不安。从这一角度上来看，作为人类学家的弗雷泽，似乎更像是一位18世纪的理性主义启蒙思想家，其人类学写作颇具启蒙色彩，其信念在于通过分析人类思想的非理性，发现理性，揭示过去，证明现在。然而，他想要看到的和他真正看到的，成为一种悖论。或许，这正是不少论者认为弗雷泽的人类学写作特别是《金枝》具有一定程度上的反讽特征的基础所在。

（二）书斋与田野

毫无疑问，弗雷泽是一位终生都在书斋里进行写作的人类学家，属于后来被英国人类学家不屑地讥讽为"扶手椅上的人类学家"的那一类。但如果就此认为他意识不到实地田野调查之于人类学研究的价值，或者说是反对人类学家前往田野的话，那么，这完全是后世对他了解甚少或者说是误解甚深[①]。在有关人类学的书斋研究和田野实地研究问题上，虽然弗雷泽坚持认为材料的实地收集和理论研究应该严格分开，但他实际上也是当时一些从事实地研究的人类学家的积极鼓励者和支持者，包括塞利格曼和马林诺夫斯基等人。

当有人问他是否见过他所研究的"野蛮人"时，弗雷泽的反应为"天哪"这一广为流传的说法[②]，几乎是时人特别是后来的人类学家对书斋里的弗雷泽在有关田野研究问题上的典型印象。但在罗伯特·阿克曼所写的弗雷泽批判性传记中，根本找不到任何与此传闻相关的证据，足见人们对弗雷泽的误解有多深。

[①] 造成时人和后世对弗雷泽的不甚了解甚至误解颇深的原因极为复杂，有论者（如阿克曼、斯托金）甚至认为难以解释其内向羞怯不善表达的个性、"令人生畏的"太太、公众中巨大声誉的光环、缺乏后继者的传承和维护、与马林诺夫斯基微妙的关系（有论者认为后者的"革命"的确带有"弑父"性质）等等。

[②] 这一讥讽性的故事最早出自威廉·詹姆斯（William James，1842—1910，美国哲学家和心理学家）。据说他曾与弗雷泽有过交谈，他询问弗雷泽是否见过他所研究的野蛮人，弗雷泽的反应是"but heaven forbid！"（天哪！），此事的真实性很难查证，却是一个广为流传的故事，时常出现在一些与弗雷泽相关的研究中。然而，在罗伯特·阿克曼所写的弗雷泽传记中，并未发现任何与此有关的信息。

的确，弗雷泽的一生大部分都在书斋度过，但他并不是一位不具田野意识的人类学家。他甚至曾经计划和哈登一起前往新几内亚地区旅行和调查，但由于史密斯刚刚去世而未能成行，后来又错过了托雷斯海峡探险活动（从某种程度上来说，托雷斯海峡探险活动的意义在十多年后甚至更久之后才得以彰显，或者说为人们所意识到，对于当时的参加者来说，更多的只是一种无意和偶然），但他委托探险队成员带去了他的人类学调查问卷；他的太太丽莉·弗雷泽则由于先前有着接触过原始部落的经验，不仅帮助托雷斯海峡探险队装备语言记录设备，而且也训练那时的一些人类学田野调查者记录土著语言的方法。① 但也许是由于机遇和年龄的原因，也许是古典研究和书斋写作花去了他大部分的时间和精力而他又感受到了书斋研究的乐趣和必要性，也可能是由于《金枝》的成功使当时不少从事人种志材料实地收集工作的调查者乐于为其提供材料而他因此从未感受到材料的缺乏和困惑……，总之，在《弗雷泽通信选》、几部传记作品及其他研究资料中，自《金枝》二版之后，他几乎没有明确表达过亲往田野的想法或念头。因此，就其人类学研究而言，弗雷泽的确是从未将他的双脚伸向过田野的书斋人类学家。但是，他十分重视人种志材料的采集工作，并表现出对当时田野调查者的极大尊重，在他看来，他们的材料收集，不仅是人类学研究分工的基础，也使书斋里的人类学家们的研究成为可能。

弗雷泽一直认为人类学材料的收集和研究应该分开，即使是晚至 1922 年，他还坚持他一贯的主张：实地收集者可能由于受到他们所调查对象及其文化生活的感染而影响他们的看法，因此，他们收集的材料应该交由在本土图书馆或大学里工作的研究者来分类、比较，做出判断。② 然而，弗雷泽并不赞成研究者进行理论构建。虽然在后世看来，弗雷泽的作品特别是《金枝》中蕴含了一些价值缺陷并存的理论，如人类心智进化三阶段论、神王说、神话－仪式理论等，但弗雷泽本人从不认为自己提出了什么理论，并且对当时论者认为的他构建了何种理论之类的问题颇为不安，甚至有些反感。例如，面对一些论者认为他是希望通过《金枝》提出一套完整的神话体系的看法，弗雷泽一再进行澄清和解释，说明他只是想解释内米宗教习俗，毫无建立什么体系的想法。如在《金枝》节本前言中，他如此澄清道："我希望通过这样的说明，今后不再受到非难，说

---

① J. G. Frazer, "The Scope and Method of Mental Anthropology," *Science Progress* 16, (1922): 580 – 594.

② Robert Ackerman (ed.), *Selected Letters of Sir J. G. Frazer*, Oxford: Oxford University Press, 2005, p. 375.

我想建立一种什么神话体系之类的。其实我不仅认为那样的神话体系是虚幻的，也认为那是愚蠢的、荒谬的。"① 在他看来，任何试图提出一种知识理论的想法都只能是一种"幻想"②，因为理论的命运迟早会为后来者所代替，而人类学材料的价值主要是作为纯粹的事实留待将来的研究者使用。对于他本人的研究，弗雷泽也一再表明，"……理论的命运迟早都会像儿童用沙子堆起的城堡那样为新兴的知识浪潮所淹没，我的也不例外。我把它们看得很轻，它们只是我用来汇集事实的框架罢了。我相信，一切理论都只是暂时的，唯有事实的汇集才具有永久的价值，因此，在我的各种理论由于失去了效用而和那些习俗及信仰一样承受废止的命运的时候，我的书，作为一部古代习俗和信仰的汇集，仍保留其效用"③。

应该说，这种对人类学材料收集工作的重视，是当时人类学家的普遍共识，也可以说是英国人类学自 19 世纪中期逐渐形成的一种传统，在托雷斯海峡之后的一二十年间得到了前所未有的加强，即担心异域"野蛮人"文化样态的迅速消失，当时的人类学家们几乎是抱着一种紧迫感加紧收集尽可能多的材料。哈登、里弗斯、塞林格曼等托雷斯海峡探险队成员在 1898 年之后，又多次前往那里，其所见加强了他们的紧迫感，他们正是带着这样的紧迫意识进行他们的实地调查研究的；而一些在域外殖民地传教、旅行、任职的有着直接异域文化经验的人员也逐渐加入这一行列，成为业余人类学家；年轻的拉德克里夫 - 布朗、马林诺夫斯基等人则出于对人类学的强烈好奇和兴趣而于 1910 年代中期走向了田野。

然而，这只是一百多年后的我们以回溯性的眼光对这一段历史进行反观时所总结出的趋势，似乎 1910 年代英国人类学的田野已然是主流，至少是一种欣欣向荣的气象。实际上恰恰相反，当时英国的人类学界，书斋研究仍然十分活跃，甚至属于主流，除弗雷泽外，安德鲁·兰（Andrew Lang，1844—1912）、R. R. 马雷特、爱德华·韦斯特马克、亚瑟·库克（A. B. Cook，1868—1952）、E. 哈特兰德等均有杰作传世的著名人物都是当时主要在书斋里进行研

---

① Sir James George Frazer, *The Golden Bough*: *A Study in Magic and Religion*, abridged edn, London: Wordsworth Reference, 1993, p. vii.

② Sir James George Frazer, *The Worship of Nature*, London: Macmillan, 1926, pp. 4 - 5. 转引自 James Urry, *Before Social Anthropology*: *Essays on the History of British Anthropology*, Switzerland: Harwood Academic Publisher, 1993, p. 44。

③ Sir James George Frazer, *The Golden Bough*: *A Study in Magic and Religion*, Vol. 12, Part Ⅶ, *Balder the Beautiful* (Vol. 1), New York: The Macmillan Company, 1935, p. xi.

究和写作的人类学家。而在他们当中，弗雷泽无疑是最重要的一位，这主要是由于其不断问世的皇皇巨著（如《图腾制与族外婚》《〈旧约〉中的民俗》），特别是《金枝》所产生的巨大影响：人类学内部虽不乏批评者（如兰、马雷特等），却不得不承认弗雷泽开拓的某些研究领域对人类学具有指向标的作用（如塞利格曼后来转向了弗雷泽提出的"神圣国王"现象研究）；普通公众痴迷于其作品特别是《金枝》不易觉察的讽喻性（如《金枝》对宗教与巫术关系的处理，《〈旧约〉中的民俗》视宗教戒规为古老民俗的记载）而形成的"无论其什么作品问世，都会争相追捧"[1] 惯性强化了其公众影响力，其中有些人由于受到弗雷泽的影响而走上了人类学道路（如马林诺夫斯基本人承认自己由于阅读《金枝》而决心投身于弗雷泽式的人类学）；而弗雷泽则由于自身的谦逊、对田野调查者由衷的尊重与重视、自身研究需要等原因与当时许多实地人类学材料收集者建立了积极频繁的通信往来，不仅使用他们提供的材料，也往往由于其被视为人类学权威而需要指导他们如何收集和分析材料，甚至是指导他们写作并推荐出版商。[2]

因此，综合种种因素来看，弗雷泽都是那时英国人类学的核心人物。正如斯托金所言，"1900 年之后的二十多年间，即使是不同意弗雷泽理论的英国人类学家，都不得不认真对待它们；如果说他没有为人类学的研究进行安排的话，其作品却是经常被当作参照来看待的"。"这不仅是扶手椅上的人们争论的问题；弗雷泽也受到那些新生代的田野人类学家们的极大拥戴"。[3]

的确，弗雷泽是此间英国人类学的中心，其影响和威望令其他书斋里的同行望尘莫及（当然也不乏抱怨），塞林格曼、罗斯科、布朗、马林诺夫斯基等人的实地研究即使不是出于他的"安排"（如罗斯科后来几次往返乌干达地区及其

---

① Robert Ackerman, *J. G. Frazer: His Life and Work*, Cambridge: Cambridge University Press, 1987, pp. 292 – 293.

② 弗雷泽与斯宾塞、罗斯科（John Roscoe, 1861—1932）、马林诺夫斯基等人的通信表明，他们（至少是一段时期内）时常根据弗雷泽的建议进行材料的收集和分析，甚至进行写作。虽然不喜社交，弗雷泽也利用自己在国内的威望为在殖民地进行实地调查遇到困难的研究者（如罗斯科、马林诺夫斯基）提供方便和帮助，并时常鼓励他们。在弗雷泽的建议和努力下，长期出版其作品的出版商——麦克米兰公司在 1890 年后的十多年间出版了许多人类学作品，包括斯宾塞、罗斯科的作品，为人类学的发展做出了一定贡献。弗雷泽也曾向麦克米兰推荐马林诺夫斯基的《西太平洋上的航海者》（并写了充满溢美之词的前言），虽被拒绝，但足以见到弗雷泽对后辈的提携和帮助。参见 Robert Ackerman, *J. G. Frazer: His Life and Work*, Cambridge: Cambridge University Press, 1987; Robert Ackerman (ed.), *Selected Letters of Sir J. G. Frazer*, Oxford: Oxford University Press, 2005; G. W. Stocking, *After Tylor*, London: The Athlone Press, 1996。

③ G. W. Stocking, *After Tylor*, London: The Athlone Press, 1996, p. 150.

081

写作主要是因为弗雷泽的直接安排），也是受其影响或者是建议（如布朗曾接受弗雷泽的建议前往澳大利亚西部地区进行调查）等等。这些早期的或"新生代"的田野人类学家首先是受到弗雷泽作品的影响而走向田野，随后他又几乎成为他们在田野的"导师"。然而，于弗雷泽本人来说，书斋虽然不是唯一的方法，但无论怎样，却是唯一他能从事的方法，对此，他似乎从来没有觉得有任何不妥或者遗憾。

而即使在晚至 1928 年之时，韦斯特马克在"弗雷泽讲坛"上发表演讲时还如此说道，"作为社会人类学的最高权威，弗雷泽不应该将其自己暴露于田野可能出现的危险之中"①。这当然可以被视为纪念性演讲中的过溢之词，但综合种种因素来看，也在部分程度上道出了实情：著作等身、公众追捧、荣誉无数、众人瞩目的弗雷泽此时的声誉，已经与其理论学说或者研究范式无关，他似乎早就已经被偶像化了。然而，如果说英国人类学历史上的确发生过一场"革命"② 的话，那么此时，"革命"实际上已经成功，但由于其隐蔽性和"粉饰性"③，其后果还远未完全显现，但危险的端倪此时实际上已经逐渐开始显露，偶像的地位多少已经开始动摇，其日后的坍塌已不可避免。

二、弗雷泽的人类学方法

弗雷泽认为田野调查者的资料最好交由在国内图书馆或大学工作、拥有一定条件的研究者来进行分析和研究的一个重要原因在于，在他看来，实地材料收集者不仅容易受到他们所处的具体文化情境干扰而影响他们的判断，而且他们也不太可能方便地拥有资料，将其所见与其他文化中的类似现象进行比较。此番见解虽然更多地出现在弗雷泽与友人的私人通信中，但实际上也真实反映了其人类学研究方法的基本观念和自身实践，即对比较方法（comparative method）的高度推崇和倚重。如果说弗雷泽在有些问题上（如神话与仪式关系、图

---

① E. A. Westermark, "The Study of Popular Sayings," *The Frazer Lectures*, 1922—1932, W. R. Dawson (ed.). 转引自 G. W. Stocking, *After Tylor*, London: The Athlone Press, 1996, pp. 150 – 151.

② 20 世纪 60 年代，加拿大人类学家 I. C. 贾维出版了《人类学的革命》（1964）一书，指责马林诺夫斯基谋划和指导了一场颇具"弑父"意味的"社会人类学革命"，矛头直指弗雷泽，将其沦为革命的牺牲品，从而使弗雷泽式的人类学成为一种陈腐的过往。贾维的指责不免极端，但马林诺夫斯基的《西太平洋上的航海者》（1922）出版之后，的确迅速引起了英国人类学的一系列变化，并很快对西方人类学产生了不小的影响。目前，西方人类学界也时有论者使用"革命"一词，但并不一定都意表贾维意义上的"革命"，而通常用来指称人类学在 20 世纪 20 年代所发生的迅速转变。

③ G. W. Stocking, *After Tylor*, London: The Athlone Press, 1996, p. 234.

腾理论等）可能会时常改变其观点或看法的话，但他对理性主义、进化论（尽管在一定程度上可能并不乐观）和比较方法始终是深信不疑的。可以毫不夸张地说，弗雷泽既是比较方法的绝对拥趸者，也是一位将比较方法发挥到几乎无所不用其极的不二实践家。这一方面与19世纪中期前后形成的社会学比较方法在此后多半个世纪的大行其道直接相关，另一方面也与弗雷泽的古典学训练背景和深厚素养有着密切关系：对各种古典文献及作品的了然于心使其能够在古希腊罗马社会、希伯来人世界、当代"原始"社会和现代欧洲文明社会之间任意游走，游刃有余，其气势恢宏却不免任意武断的比较也才因此成为可能。

（一）人类学比较方法的盛行

作为19世纪实证主义社会学的主要研究方法之一，比较方法实际上在18世纪已经开始出现，孔德在其社会学体系中的系统性阐释和应用使其在19世纪中期前后成为一种被广泛采纳且普遍有效的研究方法。孟德斯鸠在其《论法的精神》中就以泛文化的视角对诸多民族的文化进行了比较研究。18世纪晚期，德国语文学家威廉·琼斯通过将其收集的欧洲不同地区的语言与梵语进行比较，得出它们都起源于同一种元语言——原始印欧语——的结论。而19世纪中期，随着孔德实证主义社会学体系的日臻完善，比较方法作为一种方法论的地位已基本得到确立，并随着进化论的迅速弥漫而广为运用。应该说，至19世纪中期之时，比较方法已经成为当时科学研究的主要方法，是自然科学和社会科学都普遍认可并采纳的一种研究方法。解剖学、动物学、胚胎学都在一定程度上推崇比较法并取得了丰硕成果，这对早期人类学的人种体质研究带来了不少启示。

而更为重要的是，经过两三代德国语文学家和民俗学家的努力，琼斯的印欧语系属于同一"语族（speech family）"的说法此时已经被普遍接受，而且，他们还认为，印欧语主要是雅利安人后裔以民间传说的形式传播开来的，这自然就引起了比较神话学研究的迅速勃兴。对于偏重于人类早期生活中神话、宗教、语言等方面内容的早期人类学之原始文化研究来说，对比较神话学的借鉴和比较方法的采纳自然就不足而怪了。实际上，早期人类学家麦克伦纳、梅茵等人对古代社会的研究都在不同程度上采用了与当今"原始"社会进行比较、以重构人类文明进化史的方法，及至泰勒，他提出的"文化遗存（survivals）"观念更是让人类学的比较方法有所依附，有了具体的附着点。因此，可以毫不夸张地说，人类学对比较方法的倚重在其作为一门学科出现之时即已水到渠成，甚至不可避免。

应该说，比较方法作为一种方法论，自其出现以来就一直是社会科学的重要研究方法，其效用在不同时期不同学科的应用中可能有所差异，却从来没有完全退潮过。对人类学而言，比较方法始终都是一种重要的研究方法，尽管由于其在一定时期（主要是进化论人类学）的泛滥而招致后世激烈批评甚至是唯恐避之不及，但终其所归，无论面对的是本文化还是异文化，人类学家有意无意地比较实际上不可能完全避免。只是不同时期的研究者所持守的比较方法、意图、立场、本质等有所不同而导致迥异的效用与结果而已。此处，我们需要将重点聚焦于19世纪后半期进化论人类学比较方法的本质与特征上来，以透过其了解弗雷泽比较方法的相关问题。

进化论人类学比较方法的理论基石是进化论（主要是单线进化论），由于一定程度上已经摆脱了宗教的樊篱，相信人性及其发展在本质上具有同质性，文明的差异并非出于神意的安排而是自然演化的结果，因此，进化论人类学家们热衷于构建一种具有普遍性的人类历史关系，但这种普遍性关系是以人类文化历史发展步伐差异的合理解释为条件的，即必须解释差异性才可能印证普遍性。在一定程度上可以说，历史发展步伐的差异研究是19世纪后半期人类学的核心研究课题。① 由于确信人类社会的发展遵循由简单到复杂、由野蛮到文明的线性时间演化序列，所以尽管缺乏证据表明当今"野蛮"社会的历史比文明社会的短，但相较而言，这些"野蛮"社会无疑处在进化链的早期阶段。在这种线性的时间观念之下，生活在"野蛮"社会的人们自然就被假定为活化石：在他们的行为中，不仅可以说明文明人的早期形态，也可以发现进化链的联系，成为解释差异性的证据。也就是说，某些当代社会群体与人类早期的不同发展阶段大致相当，在缺乏足够历史数据证据的情况下，这些阶段可以通过对当代不同族群进行比较来重新构建。

不仅如此，文明社会中也残存着"野蛮"社会某些特征的痕迹，正如一个成年人可能还保留着童年时的经历所形成的心理特征一样，通过将这些痕迹与当今"野蛮"人的类似特征进行比较，就可以还原人类早期历史时期的令人信服的画面。也就是说，他们确信，通过比较共时性（synchronic）的材料，可以得出历时性（diachronic）的结论。这就是进化论人类学比较方法的前提和基础。具体而言，当时的人类学家热衷于通过比较方法，试图在当代"野蛮"社会、欧洲古典时代、现代文明欧洲之间建立一种普遍性的关系，解释存在于其间的显而易见的差异性问题，来印证人类历史的普遍性问题。用华勒斯坦的话

---

① 王铭铭：《漂泊的洞察》，上海三联书店2003年版，第57页。

来说，此时"人类学家的首要任务却是去为他们所从事的差异性研究提供正当理由，捍卫'未能成为欧洲人'的道德合法性"①。

（二）弗雷泽人类学比较方法的意图与特征

如果说进化论人类学家在不同程度上都采纳了比较方法的话，那么，弗雷泽无疑是他们当中将这一方法发挥到了无所不用其极地步的人类学家。他不仅深信比较方法的强大效用，而且常常自信地在其不分时空地域地将材料进行并置比较的基础上进行推测（speculative），在同一探究主题或对象上，往往都会得出它们在性质上具有相似性、时空地域上具有普遍性的结论，并不在意或者无视其中可能的差异性和特殊性。其人类学作品特别是《金枝》和《〈旧约〉中的民俗》等作品采用的主要就是这种比较推测的方法。以十二卷本的《金枝》为例，通过对数不胜数的种种原始、古代及当代仪式、信仰和宗教信条起源的比较和大胆推测，他最终认为它们都与内米宗教祭司遗俗相关问题具有相似之处，性质类似或者说是不同变体罢了。如同他在《金枝》开篇即开宗明义对内米祭司职位承袭习俗动机的探查意图一样。

于弗雷泽而言，如果找到了导致内米祭司习俗产生的动机，不仅能对这一血腥残忍的古老宗教习俗进行解释，也可以就此解释人类某些社会行为（即"迷信"）的原始心智基础，进而发现人类思想演化的进程和规律，推究其过去、现在和未来。他就像是一位心无旁骛的赶路者，在"人类心智同一性"观念的引领下，一路奔向人类心智的早期阶段，期望能对人类社会行为的原始动机探明究竟，以期达到对人（人类）及其社会行为的真正理解：于人的社会行为研究来说，没有什么比导致其产生的最初心理基础研究更为直接、更为彻底的了。而他对人类社会行为原始动机的人类学发现，正是建立在气势恢宏却不免任意武断的比较图式和框架基础之上的：过去与现在、文明与野蛮、自我与他者、城市与乡村、巫术与宗教……他的比较是毫不遮掩，极为自信的。可以说，在他之前，还没有人能以如此自信的方式毫不犹豫地将不同地域时空的习俗纳入一个体系之内进行比较和推测，为建立一种具有普遍性的人性历史而无暇他顾，或者说完全忽视了差异性。

弗雷泽不仅毫不遮掩其比较方法和意图，还一再强调比较方法的强大效用与优势。《金枝》首版即将完成之时，他在写给出版商麦克米兰的信中，表明自

① 华勒斯坦，儒玛，凯勒等：《开放社会科学：重建社会科学报告书》，刘锋译，生活·读书·新知三联书店 1997 年版，第 24 页。

己即将完成的是一部有关"原始宗教历史研究"的作品，相信"通过运用比较方法"，可以解释内米阿里奇亚丛林的祭司制度。① 《金枝》首版的副标题就直接是"比较宗教研究（A Study in Comparative Religion）"，此时弗雷泽的比较范围主要是在雅利安人原始宗教行为与现代欧洲农民的迷信观念及其习俗实践之间进行其宗教比较研究的。

虽然《金枝》的副标题自第二版后改为"巫术与宗教研究（A Study in Magic and Religion）"，但弗雷泽的比较方法和意图不仅没有改变，反而得到了加强。在第二版前言中，弗雷泽特别强调了比较方法的重要性：

"如果运用得当，（比较方法）在用于现代社会赖以建立的某些虚弱基础本质——我们实际上常常习惯于将迷信的沙基而不是自然的岩石视为其牢靠的基础——的研究上来说，可谓是一种事半功倍、效力强大的利器。要对人类长久以来从中寻求希望和慰藉，以逃避生命的苦难和重压的信仰基础进行敲打的确是一件令人不快的事，从某些方面来看，也是一项费力不讨好的苦差事。然而，比较方法的威力迟早都会揭开覆盖在古老墙壁上的各种枝蔓、青苔和野花，现出它的本来面目。但目前，我们只是准备好了武器，它们远还没有开始发挥作用。在顽固的旧有结构上建立起合理持久基础的任务，也许要留待给生活在另一个更为乐观时代的后来者了……"②

不仅如此，弗雷泽的比较框架自二版开始便在地域时空上都得到了极大扩展。如果说首版时他的对象主要是"雅利安人的原始宗教"的话，那么在二三版时首先是扩大到了希腊罗马宗教，继而则是整个人类宗教的演化发展上来。由于在理解"原始"人心智上的极其自信，各种各样的巫术或宗教行为以及他所看见的这些行为背后简单的动机，世界各地无疑都是一样的，因此，他在材料的使用上是毫无顾忌极其自信的，几乎从不考虑它们的地域、历史、文化等区别，在他看来，即使有些材料的确存在着很大区别，但与它们所共同分享的古代和"原始"人的心智相比，也许根本就不算什么。

即使是在晚年，弗雷泽仍表现出其对比较方法的推崇和坚持："如果要对《金枝》的诸多问题做一个概括的话，那就是希望通过对所有欠发达人种的心智进行研究，找到与比较解剖学所发现的体质结构上的相似性对应的心智相似之

---

① Robert Ackerman (ed.), *Selected Letters of Sir J. G. Frazer*, Oxford: Oxford University Press, 2005, p. 62.

② Sir James George Frazer, *The Golden Bough: A Study in Magic and Religion*, Vol. 12, Part I, *The Magic Art* (Vol. 1), New York: The Macmillan Company, 1935, pp. xxv – xxvi.

处。"① ——这几乎是一种对比较方法不可思议的迷信和狂热了，他似乎完全无视社会科学研究几十年间的变化和推进，其不可思议的持守和故步自封令人费解。无怪乎拉德克里夫－布朗后来在跟友人的谈话中，将弗雷泽的这种比较推测方式讥讽为"假如我是马（if-I-were-a-horse）"的模式了。②

（三）弗雷泽人类学比较方法的途径与实现

如果说弗雷泽对比较方法的高度倚重主要是由于进化论人类学适逢社会学的比较方法在 19 世纪后半期的大行其道的话，那么其比较方法的极度自信则首先源于其自身深厚的古典学素养，其次则由于其拥有能最大限度地广泛收集当代人种志材料的优越条件。在这一点上，如果将其与进化论人类学的泰斗、同时也对其产生了重要影响的泰勒（也在一定程度上使用了比较方法）稍作比较，便可现出弗雷泽的不同之处。虽然同为古典进化论人类学家，或者说是同被后世讥讽为"扶手椅上的人类学家"的那一类，但泰勒没有接受过专门的古典学训练与教育，而弗雷泽深厚的古典学训练背景和博学使他熟知整个希腊罗马古典世界及其各种社会生活事象，能够毫不费力地穿行于其间，游刃有余。其次，在泰勒的学术盛年时期，像托雷斯海峡探险考察那样初具现代田野特征的材料收集方式还远未出现，更多依赖的只是传教士、探险者及殖民官员等，而弗雷泽则在此基础上又拥有了世纪之交后一二十年间诸多专业的或者业余人类学家的材料襄助，而他的盛名和影响无疑又助长了这一优势。其气势恢宏的比较图式和框架建构自信是显而易见的，比较方法得心应手的运用是毋庸置疑的，然而也时常令人无所适从，当然也引起了后世的激烈抨击。

1. 深厚的古典学素养

如前所述，弗雷泽自幼接受的主要是古典学教育，其古典学旨趣贯穿于他的一生之中，《金枝》的写作本身就源自于一个古典学术问题。但终其一生来看，尽管弗雷泽对古典学也有着一种出自本能的热爱，在这一领域内也成就斐然，但他的兴趣主要是在人类学，而且他始终都是以人类学家的身份自居的。于其本人而言，似乎古典学只是他追求人类学的一种方式。③ 前节已经论述过弗雷泽的古典学旨趣与人类学写作特征之间的关系，而就其人类学研究的比较方

① R. Angus Downie, *James George Frazer：The Portrait of a Scholar*, London：Watt & Co. , 1940, p. 32.

② R. Angus Downie, *James George Frazer：The Portrait of a Scholar*, London：Watt & Co. , 1940, p. 42.

③ Robert Ackerman, *J. G. Frazer：His Life and Work*, Cambridge：Cambridge University Press, 1987, p. 300.

法而言，他深厚的古典学素养也是其宏大比较图式得以自信建立的重要根基：由于对各类古典文献和作品的驾轻就熟，它们自然而然地成了弗雷泽取之不竭的人种学材料的资源信息库，虽然依靠现成的文字材料、遵循研究经典和历史的方法研究人类的过去是"扶手椅上的人类学家"们的惯常做法，但弗雷泽无疑是他们当中对古典文献作品最为熟悉的一个，也可以说是这方面最为博学的一位，同时也是将这种模式发挥到了极端地步的书斋人类学家。

弗雷泽终生都生活在剑桥三一学院，除了偶尔短暂的旅行或不得已的社交活动外，他一生的时间几乎都是在剑桥大学自己的书斋里度过，精通希腊语、拉丁语、希伯来语、法语、德语、西班牙语、意大利语和荷兰语等多种语言。虽然谈不上十分富有，但弗雷泽自己却拥有三万多册的书籍，而且是一位完全不知疲倦的人，每天的阅读写作时间几乎都在十二小时以上，六十年如一日，几乎从不间断，即使是在晚年失明之后，他仍每天通过秘书进行阅读和写作。[①]其勤奋和博览是他那个时代任何一位人类学家都望尘莫及的，也足以让任何一位博学的古典学者叹服。可以说，青年时期就以博学著称的弗雷泽终其一生都生活在一个书写的世界之中，特别是典籍世界之中。因此，在审视其人类学研究方法时，必须考虑他深厚的古典学素养和背景，包括前节论及的当时古典学的"任务"——"复活那已逝的世界"，特别是弗雷泽对古典世界浓厚的"复活"旨趣和熟练的驾驭能力，这种内在的热忱和旨趣不可避免地渗透于其人类学的比较方法之中。如果说进化论人类学家痴迷于通过比较方法，试图在当代"野蛮"社会、欧洲古典时代和现代文明欧洲之间建立一种普遍性关系的话，那么由于弗雷泽对欧洲古典时期各类社会生活事象的驾轻就熟，他在这种普遍性关系的建立上几乎是得心应手，毫不费力的，对各类材料的选择也完全是信手拈来，其俯视全球的比较图式的建立、气势恢宏的比较方法的运用自然也是极为任意自信，甚至不免有些随意武断。

2. 来自当代"野蛮"社会的信息

如果说弗雷泽深厚的古典学素养和博学，使他拥有能从古典文献作品中任意自如地挑选自己所需的人种学材料信息的便利的话，那么，他对人类早期社会在当代的"活化石"——现代"野蛮"社会的人种学材料的广泛收集，也是其宏大比较图式和方法得以建立和运用的重要基础。弗雷泽这类材料的收集早

---

① R. Angus Downie, *James George Frazer: The Portrait of a Scholar*, London: Watt & Co., 1940, pp. 18, 121.

期主要是通过自己的人类学调查问卷，依靠传教士、旅行者和殖民官员等人获得的，而《金枝》的成功也为他带来了材料收集的某种优势——那些受《金枝》影响而走向田野的人类学家或人类学爱好者，为他提供了大量与《金枝》某些主题观念相关的材料和信息。

通过调查问卷向传教士、旅行者、殖民官员甚至是商人进行人种学材料收集，是19世纪"扶手椅上的人类学家"获取研究材料的重要渠道和手段。实际上，这种形式的人类学调查最早在16世纪出现，随后两个世纪法国研究者时有使用。就英国人类学而言，这种调查问卷的正式出现是在1845年前后，随"伦敦人种学学会"的建立而被系统编写出版，全称为《供旅行者及其他人士用于收集人种材料的调查问题》（Queries Respecting the Human Race to Be Address to Travellers and Others），后经几次修订，一直是随后几十年间英国人类学家包括早期马林诺夫斯基等人材料收集的指导性手册。[1] 同那时的其他主要人类学家一样，除这一指导性手册外，弗雷泽还根据自己的研究兴趣编写了自己的调查问卷，首发于1887年，几经修订，一直使用到1920年代。最初题为《关于未开化人和半开化人的举止、习俗、宗教和迷信等问题》（Questions on the Manners, Customs, Religions, Superstitions, & c., of Uncivilized or Semi-Civilized Peoples），后（1907）修订为《关于野蛮人习俗、信仰和语言的问题》（Questions on the Customs, Beliefs, and Languages of Savages）（以下简称《问题》），起初主要是分发给殖民官员、探险者、传教士和旅行者，用于收集自己研究所需的材料，后来随着《金枝》的成功和他本人影响的不断扩大，也为不少年轻的人类学家所使用。

虽然经过几次修订，《问题》也从最初的一百八十七个扩充到后来的五百多个，并且每个问题有较为详细的所属分类标目，但弗雷泽《问题》的实质从本质上来讲，几十年间实际上并没有太大的改进，即使是在1907年的较大规模修订之后亦是如此，也就是说，他并没有随着英国人类学的变化而做出相应调适。用詹姆斯·尤里的话来说就是，"此时的人类学已经发生了变化，而弗雷泽的问题，仍同他本人一样，属于另一个时代"[2]。尽管弗雷泽希望了解"原始"人生活的各个方面，但其调查《问题》的设计实际上受到了他个人的研究兴趣和对

---

① 有关其较为详细的论述请参见本章第二节。

② James Urry, *Before Social Anthropology: Essays on the History of British Anthropology*, Switzerland: Harwood Academic Publisher, 1993, p. 24.

"原始"社会先入之见的影响，他似乎特别想要获取的是"部落、出生、遗传、婚姻、食物、巫术及占卜术、替罪、迷信、传说"等方面的信息。而每个方面又包含了若干细类的问题，如在"部落"这一大类中就包含着"部落的数目及如何区分""图腾崇拜"等问题，而"灵魂信念"中包含着是否有"灵魂寄居于动植物"信仰、相信"动物具有自己的语言"等这样的问题。[1] 不难看出，弗雷泽这些信息的收集具有明显的倾向性，主要是供其研究和写作使用的，特别是与《金枝》的某些主题和观念直接相关。

当我们如今以回顾性的眼光进行反观时，弗雷泽的《问题》和他本人在世纪之交之后，似乎的确"属于另一个时代"，然而于当时的人类学而言，尽管存在质疑甚至也发生了争论，[2] 但不仅是弗雷泽本人的人类学写作特别是《金枝》的写作，甚至包括不少人类学家都受到了《问题》的影响——三十多年间，弗雷泽热忱地撰写其《问题》的不同版本，积极地近乎是以一种固执的态度到处发送他的小册子，并对任何回复都报之以谦逊尊重的感激态度。不少人受到其《问题》的影响而走上了人类学研究之路，好几位后来甚至成了知名的人类学家（如罗斯科、阿彻尔、邓达斯、塔尔伯特等），其中不乏对《问题》之价值和效用的高度赞誉者。而随着《金枝》的不断扩充、《图腾制与族外婚》甚至包括后来《〈旧约〉中的民俗》的写作与出版，特别是弗雷泽人类学主流地位的文名隆盛都在不同程度上对《问题》的效度问题起到了推波助澜的作用，不仅弗雷泽本人对《问题》高度倚重，《问题》也是不少同行特别是受弗雷泽影响而走向田野的年轻人类学家的指导性手册。而更为重要的是，弗雷泽与这些仰慕者所保持的积极互动关系使他们非常乐意，甚至是以能为其提供来自田野的材料为荣——无论他们看到的是什么，至少在一段时间内，他们看到的，更多的主要是弗雷泽实际上也是他们自己想要看到的，或者说是《问题》以及弗雷泽的作品特别是《金枝》的印证而已。待羽翼渐丰者的能力和意识足以发起一场"革命"之时，弗雷泽的偶像地位已经十分稳固，况且，由于革命的"粉饰性"，即使它已发生，离偶像地位的垮塌之时还为时尚早。

---

[1] 戴维·理查兹：《差异的面纱——文学、人类学及艺术中的文化表现》，如一、王烺烺、黄若容等译，辽宁教育出版社 2003 年版，第 181—184 页。

[2] 如 W. H. R. 里弗斯就反对使用调查表，曾于 1907 年与弗雷泽就其调查表的效用问题发生过争论。（参见戴维·理查兹：《差异的面纱——文学、人类学及艺术中的文化表现》，如一、王烺烺、黄若容等译，辽宁教育出版社 2003 年版，第 188 页。）

因此，尽管弗雷泽用于收集当代"野蛮"社会信息材料的《问题》"属于另一个时代"，但无论论于其本人还是当时的一些人类学家来说，它都在一定程度上发挥了不小的效用，而且间接地拓宽和加强了弗雷泽当代"野蛮"社会人类学材料信息的来源和渠道，是他俯视全球、旁征博引的宏大比较图式和方法得以自如建立和运用的重要基础之一。

3. 弗雷泽比较方法的运用

由于一贯坚持材料收集与研究应该分开进行的书斋人类学观念，坚信比较方法在关于人（整体的人或人类）的研究（即人类学）上的强大效用，深厚的古典学素养与勤奋博学使其对古代社会的各类生活事象极为熟悉，又拥有收集当代"野蛮"社会人类学信息材料的途径和优势，因此，弗雷泽在通过比较方法建立人类历史的普遍性（具体到他本人而言，实际上主要是人类心智历史的普遍性）关系时是极为自信的，也体现出一种固有的热忱与执着。他不知疲倦地对浩瀚繁芜、包罗万象的或是来自古代典籍文献作品，或是来自当代"野蛮"社会，或是来自现代文明欧洲的各类材料进行归类整理，依据它们之间的类似性，分门别类地放置到一定的主题框架之中，进行比较和推测，通常得出它们具有相似性和普遍性的结论。这就是弗雷泽人类学比较方法运用中的一般做法。

以《金枝》为例，内米血腥的祭司继任习俗看似荒诞不经，但在弗雷泽看来，它可以被看作人类野蛮时期某种原始宗教崇拜的"遗留"，可能承载了某种崇拜习俗的历史记忆。其价值在于提供了一个可以比较的标准，通过将其与"各种不同环境中形成的具体各异总体相同的习俗"进行比较研究，"就能发现导致这种习俗产生的动机"和"说明这类崇拜的性质"[1]，解释人类社会行为的原始心智基础并推衍其演化进程。弗雷泽不仅为他的探索主题设置了一个精巧的旅行结构，引导读者在旅途中见证了不同地域时空文化中的巫术、禁忌、神王、植物神、神婚、杀神、替罪羊、灵魂、图腾、神话与仪式等各种令人目不暇接的文化事象，并且以一种俯视全球的宏大的跨文化比较视野，自信地将这些不同地域时空的习俗分门别类地纳入到它们各自的体系之内，并毫不犹豫地将"野蛮"人的风俗、古希腊罗马人的生活和欧洲乡村民俗并置在一起，如澳洲土著定期的巫术求雨仪式与欧洲不同地区不同时节的篝火节不谋而合，尽管

---

① Sir James George Frazer, *The Golden Bough*: *A Study in Magic and Religion*, Vol. 12, Part I, *The Magic Art* (Vol. 1), New York: The Macmillan Company, 1935, p. 10.

其中可能存在差异，但可以用马来人的情况来说明……如在《金枝》第三版"巫术"卷一中讨论"交感巫术"时，在第 148—149 页的十二个注释中，就包括了爪哇人、印度人、秘鲁印第安人、墨西哥人、英国北部乡村农民、德国人、斯拉夫人的巫术信仰行为，以及两位当代人（旅行者 Mrs. Gamp 和希腊科学家 Aelian）的见闻录。① 如此令人目不暇接的并置和比较不仅在《金枝》中随处可见，在其他作品如《〈旧约〉中的民俗》《图腾制与族外婚》中也十分常见，几乎可以被看成弗雷泽人类学比较方法的特有标签。

当然，这种在尽可能广泛地收集不同地域时空文化事象的基础上，对类似习俗现象进行归类整理和并置比较，以证明其所论主题的可靠性和普遍性的做法，并不是弗雷泽的首创，而是"扶手椅上的人类学家"通常采用的一种做法。但弗雷泽深厚的古典学素养和博学勤奋及其广泛的材料收集优势，能够使其毫不费力地将这种比较方法论范式发挥到一种近乎极端的地步，对材料熟练自如的操控能力，对宏大比较图式游刃有余的驾驭能力，使跨文化比较方法在他那里成为一种效用颇高、深信不疑并且持续终生的关于人（人类）的研究的主要方法论范式。其缺陷是显而易见的：这种归类和整理剥离了材料的时空地域性语境特征；材料之间的相似性可能是确实的但也可能是想象的；在缺乏直接证据的情况下，通常根据其他地区存在的类似习俗事象进行类推；由于几乎完全无法也不可能提供事实或数据来对研究的问题进行证实或证伪，往往只能通过材料的不断叠加来增强其可信度，阐释力度实际上非常有限；等等。

然而，诸多此类缺陷背后，隐藏的实际上却是"扶手椅上的人类学家"追求人类整体性情怀的一种不懈努力：基于单线进化论的线性时间观念和人类心智基本同一的认识论基础，他们大多怀有建立一种具有普遍性的人类历史的抱负，来自不同文化和部落的材料信息自然地被当成人类文化发展朝向同一个方向的不同阶段的证据来使用，比较的意图不仅在于借此印证人类社会发展的普遍规律，实际上也在于试图通过建立"一套普世性的元话语"，"以共时的普世结构来表述人、揭示人、阐释人类整体性的文化逻辑"②的深层次信念和诉求。弗雷泽就是其中最为执着也可以说是最为执拗自信的一位。

---

① Sir James George Frazer, *The Golden Bough: A Study in Magic and Religion*, Vol. 12, Part I, *The Magic Art*（Vol. 1）, New York: The Macmillan Company, 1935, pp. 148 – 149.
② 徐新建：《以开放的眼光看世界——人类学需要的大视野》，载《思想战线》2011 年第 2 期。

第二章 《金枝》重要主题观念的来源与表征（一）

如前文所述，《金枝》的写作缘起主要是弗雷泽意欲对古代典籍中所记载的内米奇特的狄安娜祭司继任习俗进行解释，这种解释的内在驱动力实际上源自于其对原始宗教的心理机制及性质问题的关注。弗雷泽的解释是以一些重要的主题观念为基础的，这些主题观念大多在当时的人类学、神话学、宗教学、考古学等领域本来已有不同程度的指涉，但在被弗雷泽精心地镶嵌进其解释框架之中并得到充分论证之后，随着《金枝》的广泛影响而发展成为诸多学科领域内的重要问题，这在一定程度上可以看作是弗雷泽对现代学科的贡献。如巫术与宗教问题，本身就是当时人类学的一个重要论题，弗雷泽归置的人类心智发展阶段论图式虽然不无缺陷，但却激发了时人对文明、理性的怀疑，从而构建了一种现代意识。再如，弗雷泽通过《金枝》泛化了当时的图腾问题，但弗雷泽所讨论的图腾问题不仅吸引了不少年轻人走上人类学研究道路，对弗洛伊德的心理学也产生了一定影响。

第一节 人类心智发展三阶段论

《金枝》致力于解释的内米祭司继任习俗，在弗雷泽看来，属于典型的人类早期原始宗教崇拜的"遗留"，通过将其与"各种不同环境中形成的具体各异总体相同的习俗"[①] 进行比较研究，不仅能发现导致这种习俗产生的动机和说明这类崇拜的性质，也能发现此类崇拜赖以产生和存在的心理基础。由于人类心智具有同一性，因此可以以此推知人类早期的心智状况，并在进化论的框架之下探究人类心智的发展过程。

一、《金枝》中的人类心智三阶段图式

弗雷泽对内米习俗的解释是从狄安娜祭司的"森林之王"身份开始的。为

---

① Sir James George Frazer, *The Golden Bough*: *A Study in Magic and Religion*, Vol. 12, Part I, *The Magic Art* (Vol. 1), New York: The Macmillan Company, 1935, p. 10.

论证狄安娜祭司即是"森林之王"的身份，弗雷泽从巫术原理开始讨论人类社会早期的国王（Kings）①常常身兼祭司（Priestly Kings）和巫师（Magicians as Kings）的多重身份和职能问题：帝王世系最初起源于巫师角色扮演，经由逐渐掌握祭祀祈祷和贡献牺牲权利即祭司的职权和身份演化而来，与人类社会早期阶段的造神活动直接相关。也就是说，狄安娜祭司"森林之王"的称号体现了他集巫师、祭司、执政王的职能和身份于一身的特征，反映的正是早期人类社会由巫术信仰向宗教信仰过渡的漫长历史时期中造神活动的种种特征。在弗雷泽看来，这种漫长的历史进程与早期人类心智活动及其缓慢发展密不可分，即人类社会的进程与人类心智的发展进化相适应。

《金枝》一开始，在论述了巫术原理、巫师身份演变之后，弗雷泽认为，"很可能，在人类发展进步过程中，巫术的出现早于宗教的产生……"，并提出了这样的问题："同宗教信仰的无穷多样性、多变性相比，巫术信仰的单一性、普遍性和永恒性是否能引出这样的假说：巫术体现了人类更早历史时期更为原始的思想状态，全人类各种族都经历了或正在经历着这一状态而走向宗教与科学？"②而在《金枝》最后一章，这种推测更为明确："我们或许可以得出这样的结论：人类较高级的思想运动，就我们所能了解到的，大体上是从巫术到宗教再到科学这几个阶段的。"在对人类获取知识、探索宇宙奥秘的能力表示审慎的乐观之后，弗雷泽断然地说："总之，作为解释自然现象的宗教，已经被科学取代了。"然而，他接着又不无矛盾地写道："思想史告诫我们不要得出这样的结论……，归根到底，巫术、宗教和科学都不过是思想的论说而已。"③尽管弗雷泽的论述不无犹豫踌躇乃至有自相矛盾之处，但从总体上来说，人类社会普遍会经历巫术、宗教、科学三个发展阶段是弗雷泽试图通过《金枝》进行论证和说明的重要观念——《金枝》中一个缺陷重重但却无法回避的重要问题。

在弗雷泽看来，人类社会普遍会经历三个阶段，即巫术阶段、宗教阶段和科学阶段，这与人类心智演化过程中的认知能力密切相关。在巫术阶段，人们确信自然现象严整有序并前后一致，相信自己只要懂得一定的巫术仪式和适当

---

① 严格地说，弗雷泽在《金枝》中使用的"kings"一词，泛指早期人类社会的一切行政首领，包括氏族首领、部落长老、帝王等等。

② Sir James George Frazer, *The Golden Bough*: *A Study in Magic and Religion*, Vol. 12, Part I, *The Magic Art*（Vol. 1），New York：The Macmillan Company, 1935, pp. 234, 237.

③ Sir James George Frazer, *The Golden Bough*: *A Study in Magic and Religion*, Vol. 12, Part VII, *Balder the Beautiful*（Vol. 1），New York：The Macmillan Company, 1935, pp. 304, 305, 306.

的法术就能控制自然、达成愿望，这种对巫术的信仰和依赖反映了人类早期历史时期的一种更为原始的思想状态。但随着人类心智的发展，对巫术的谬误和无效的认识促使那些较为聪明的人寻求一种更为有效的控制自然的方法，即从凭借符咒魔法的巫术阶段到采取祈祷、献祭等温和献媚手段哄诱神灵的宗教阶段的过渡。

"人在努力通过祈祷、献祭等温和谄媚手段以求哄诱安抚顽固暴躁、变幻莫测的神灵之前，曾试图凭借符咒魔法的力量来使自然界符合人的愿望。""这种对于巫术无效的重大发现，必然会在那些精明的发现者的思想上引起一种可能是缓慢但却是带根本性质的革命……"，"那些具有较深刻思想的人正是在这样或者诸如此类的思想下完成了从巫术到宗教的伟大转变"。①

但是，在人类社会进程中，实在人为的动机和约束往往与非真实的宗教和超自然力量存在着种种冲突，人们始终难以完全按照自己的意愿生活和生存。然而，人生来是为了追求美德和知识，而知识总是朝着一个明确的目标永远不停地前进的，当科学完全解开自然之谜之时，一种完善的道德在伦理上是可能的，那么生存从理论上讲就在人类意识的控制之下。人们最终会认识到主宰这个世界的既非他们自身也非神灵而是自然规律，人类就进入了科学阶段。"人类获得的更多的知识，将会使各方面看来似乎真实的混乱，都化为和谐，虽然在某些领域内命运和紊乱似乎还继续占统治地位。""这样说也许并不过分：人类未来进步——精神、才智与物质的进步——的希望，同科学的命运密切相关，凡在科学发现的道路上设置的每一个障碍都是对人类的犯罪。"② 由此可见，只有当人类进入依靠自身获取的知识来把握自然规律和探究世界的科学阶段时，才是人类心智发展和社会进步的较为理想阶段。

以现今的眼光来看，弗雷泽这种以巫术和宗教为切入点，对人类心智发展和社会进程所做的进化阶段图式划分，多少有些不可思议。但对上一个世纪之交的人类学来说，巫术与宗教问题研究，特别是后者，却是十分常见且极为重要的问题。实际上，弗雷泽是在《金枝》（1900）第二版时才提出这一图式的，其提出几乎可以说是应潮流之需。在《金枝》（1890）第一版中，弗雷泽认为巫术信念是宗教信仰的低级阶段，将其划归于宗教范畴之内。但在第二版时，弗

---

① Sir James George Frazer, *The Golden Bough*: *A Study in Magic and Religion*, Vol. 12, Part I, *The Magic Art*（vol. 1），New York: The Macmillan Company, 1935, pp. 234, 237, 239.

② Sir James George Frazer, *The Golden Bough*: *A Study in Magic and Religion*, Vol. 12, Part VII, *Balder the Beautiful*（Vol. 2），New York: The Macmillan Company, 1935, pp. 305, 306.

雷泽认为有必要对巫术和宗教进行明确区分，甚至需要对《金枝》的副标题做出调整。在给出版商的信中，他如此解释道："我打算以'巫术和宗教研究'的副标题替代原来的'比较宗教研究'。实际上，书中巫术研究的内容多于宗教部分，而且，我在新版中对巫术与宗教做了明确的区分，因此，标题最好能涵盖二者。"①

不仅如此，弗雷泽还在《金枝》第二版前言中做了如下说明，"就巫术与宗教的关系来说，先前我没有对宗教进行明确的定义——哪怕是我自己所理解的意义上的，甚至不甚严谨地认为巫术属于宗教的低级形式。为此，我在本书中对这一缺憾进行了补救，对我所理解的宗教的复杂本质进行了清楚的界定……不仅如此，我相信，在心智进化过程中，作为智力较低阶段产物的巫术，是普遍早于宗教的。这并不是什么新鲜的见解……"②

二、巫术与宗教问题在当时的现实性

的确，有关巫术与宗教问题的研究并不是弗雷泽首开之先河，巫术信仰先于宗教信仰的观念也不是弗雷泽的"新鲜见解"，而是 19 世纪后十年间英国人类学界的一个重要论题，甚至是一个亟待定论的问题。而这首先与当时英国人类学的潮流有关，其次也与弗雷泽在《金枝》首版中对巫术问题的讨论有一定关系。

首先是与达尔文主义骤然兴起所激起的自然科学主义与宗教信念的激烈矛盾有关。19 世纪后三十年间，欧洲人的宗教信念或者说基督教信仰在以达尔文的《物种起源》和《人类的由来》为代表的进化理论激流的冲击下岌岌可危，无论是持进化论的自然科学主义者还是反自然科学主义者都力求寻找各种证据为他们的信念辩护，或是动摇宗教基础，或是加固宗教信念，其或颇多无谓目的、只求"真相"的追问和探究，宗教特别是宗教的起源问题成为热门话题，对于在进化论的羽翼下得以迅速发展的人类学来说，更是如此。宗教作用机制探究必然涉及有关神秘力量的信仰和行为问题。而无论是现成的文字材料还是来自欠发达地区的人种志材料，从欧洲到域外，不同文化中或灭绝或残存的习俗和仪式中，充斥着种种五花八门不可思议的神秘信念及实践，如通神术、咒

① Robert Fraser, *The Making of The Golden Bough*: *The Origins and Growth of an Argument*, Basingstoke and London: The Macmillan Press LTD, 1990, p. 119.

② Sir James George Frazer, *The Golden Bough*: *A Study in Magic and Religion*, Vol. 12, Part I, *The Magic Art* (vol. 1), New York: The Macmillan Company, 1935, p. xx.

语治病、控制天气等等，此类行为习俗或仪式似乎与宗教信念中的某些观念有一定相似之处，时人称之为"魔法"或"巫术"。但巫术与宗教的区别和界限并没有得到清楚界定。泰勒的《原始文化》一书对巫术问题有所涉猎，但他仅限于将巫术信仰归为"文化遗留"一种，认为巫术观念和行为反映了人类的蒙昧与无知，其研究有助于文化发展规律的发现和认识，至于巫术的性质及其与宗教的关系，泰勒并没有深入探讨。其他一些人类学家如史密斯、曼哈德特（1831—1880）等在他们的作品中对巫术也有所涉及，但大多是浅尝辄止，并无专论。

1890 年《金枝》出版，获得巨大成功。作为一部"比较宗教研究"著作，有关巫术问题的讨论自然必不可少，但弗雷泽只是提出了"交感巫术"的概念，并未做详论。虽然弗雷泽认为巫术信仰是宗教信仰的低级阶段，将其划归宗教范畴，但他在讨论植物神、丰产、王位、金枝等问题时，原始人的巫术信仰不时贯穿其中。《金枝》的成功激起了时人在随后十多年间对巫术和宗教问题的盎然兴趣，出现了一些重要作品，如杰姆斯·麦克丹劳德的《宗教与神话》（1893）、哈特兰的《珀尔修斯的神话》（1894）、弗兰克·杰文斯的《宗教史》（1896）、安德鲁·兰的《宗教的产生》（1898）等等，甚至还出现了一些根据《金枝》的巫术概念而创作的文学作品，如格兰特·艾伦的《伟大的禁忌》（1890）、玛丽·金斯利的《西非之旅》（1897）、阿尔弗莱德·莱奥的《亚洲之研究》（1899）等等。学术界甚至还出现了有关巫术信仰心理机制问题的分歧和论争。[①] 这些著作和论争使巫术和宗教问题，以及弗雷泽由此引申出的其他观念如神王、杀神等问题的讨论在一时之间被盲目扩大化，甚至有陷入混乱的危险。其中，巫术的性质及其与宗教关系问题引起的讨论最为广泛，如杰文斯吸纳了弗雷泽的国王兼祭司观念，但对神王之死因提出了不同见解，同时他将早期人类生活世界划分为自然和超自然两部分，认为在原始人的观念里，人们通过法术可以控制前者，后者则只能通过宗教力量来控制；而哈特兰则试图将弗雷泽的"交感巫术"概念描述成一种以部分代整体的逻辑概念；莱奥甚至通过实验来验证巫师的伎俩和巫术的作用机制，他认为某些巫术行为的实施是通过掌握和运用简单的科学原理进行的；等等。凡此种种，虽然也给予弗雷泽一定启发，但同时并不全是他所希望看到的，或者，从某种程度上来说，他的意图并没有

---

① Robert Fraser, *The Making of The Golden Bough*：*The Origins and Growth of an Argument*, Basingstoke and London：The Macmillan Press LTD, 1990, p. 119.

被充分理解——于弗雷泽而言，研究和理解巫术的目的在于征服它、超越它，走向理性与科学，而不是为了回退到蒙昧阴暗的过去。

因此，弗雷泽认为有必要对其在《金枝》首版中将巫术划归为宗教低级形式的"缺憾"进行"补救"，并对巫术和宗教进行"明确区分"和"清楚界定"。在《金枝》第二版中，弗雷泽提出了人类心智进化三阶段理论，希望借此"补救"首版时的不足和"缺憾"，"明确区分"和"清楚界定"巫术与宗教的性质及其信仰特征。在其设置的这一图式和框架下，巫术、宗教、科学都是人类心智活动的产物，反映了不同历史阶段中人类的思维状态和认知能力，尽管人类心智发展进程极其缓慢，但普遍都会依次经历巫术→宗教→科学三个阶段。社会变革是由那些较其同类更为智慧和精明的伟大人物完成的。巫术信仰具有普遍性和永恒性，根植于人类心智深处，人类社会普遍经历了或正在经历着这一阶段。宗教信仰具有多样性和多变性，但就人谦卑地乞怜寄望于神灵这一点来说，是其共有的特性。而科学阶段的魅力在于人类心智获取知识、化混乱为有序、把握严密自然规律能力的日臻完善和提高，找到"通向宇宙万象迷宫的线索、打开自然知识宝库的钥匙"①，走出对巫术的依赖及对神灵的膜拜。

实际上，就弗雷泽这种对巫术、宗教、科学特别是前二者性质所做的区分和界定来说，他是吸收借鉴了《金枝》首版后近十年间诸多讨论和观念的，甚至受到了很大程度上的启发。同时也有来自其好友——巴尔德温·斯宾塞（W. Baldwin Spencer，1860—1929）和F. J. 吉伦（F. J. Gillen，1856—1912）在澳大利亚中部土著部落中收集的有关巫术信仰习俗仪式②的人种志材料的"有力"佐证和支撑。因此，弗雷泽自言其有关巫术与宗教的"清楚界定"并非自己的"新鲜见解"之说绝非自谦之词，从某种程度上来说，这不仅是泰勒甚至是更早时期异域文化习俗研究中即受关注的问题，而且近期的众说纷纭使其成为一个亟待解决和定论的问题。因此，弗雷泽的"贡献"不在于提出了巫术、宗教的问题，甚至也不在于对它们进行的"明确区分"，而是在于他自信地按照历时性的序列，依次将巫术、宗教、科学三者放入了一个精心构筑的进化论框架。

---

① Sir James George Frazer, *The Golden Bough*: *A Study in Magic and Religion*, Vol. 12, Part VII, *Balder the Beautiful* (Vol. 2), New York: The Macmillan Company, 1935, p. 306.

② 巴尔德温·斯宾塞和F. J. 吉伦在与弗雷泽的通信以及他们的著作《澳大利亚中部的土著部落》中，都提到了澳大利亚中部地区的土著部落中，普遍存在丰产仪式、杀死并食用图腾动物的例证，并认为这是交感巫术信仰的习俗和仪式。弗雷泽多次与他们通信讨论相关问题。

如今，我们认为弗雷泽对人类思想发展的这种解释是纯粹心理学和个人主义的，没有考虑引起社会变化的其他语境与因素，过分强调心智的作用而完全忽视了物质经济等其他重要因素，其缺陷不言而喻，其主张的人类心智发展从巫术到宗教再到科学阶段的模式显然不合事实。但是，在当时的社会语境中，弗雷泽提出的人类心智进化三阶段理论随着《金枝》第二版的问世受到普遍欢迎——虽然也有来自于安德鲁·兰等人严厉的质疑与批评之声，后者甚至立刻写作了《巫术与宗教》（1901）一书对弗雷泽进行讽刺和挖苦——然而，从总体上来说，弗雷泽对其时众说纷纭的有关巫术与宗教问题的讨论进行了一种看似颇为有效的归置和安排。在随后二十多年间《金枝》的第三版和节版中，弗雷泽没有对其人类心智进化三阶段图式进行修正，或许，在他看来，根本没有进行修正或调适的必要。即使晚年时，他仍表现出对《金枝》这一主旨的坚持，"整部《金枝》，以其或明或暗的方式，描述的是人类思想在巫术、宗教、科学漫长的进化过程中的经历和努力。从某些方面来看，它是一部人性始于巫术，终至其成熟的科学阶段——一个巫术可能灭亡的阶段——的史诗。如今，这一孕育了人类思想的怪兽却有威胁和摧毁人类思想进步以及其所带来的福祉的危险。《金枝》研究的主要是，或者说，几乎完全是过去。详论了神王为其臣民的福祉作为牺牲而死——此类事件在基督教中至为重要——恰如人性阴暗历史的缩影罢了。"①

三、弗雷泽关于人类心智进步的不确定性

尽管弗雷泽对其人类心智进化阶段图式表现出一种不遗余力的维护与坚持，但这一图式的缺陷和不足姑且不论甚至无须详论。但实际上，阿克曼认为，就弗雷泽本人来说，无论从哪一个方面来看，都不难看出他在这一图式中实际上的羸弱与无力：他实际上对其设置的这一图式几乎未加认真阐释和论证；由于未能也不可能对宗教和巫术做出他意图中的"明确区分"和"清楚界定"，巫术、宗教、科学三者之间的关系乃至阶段划分几乎也是一团乱麻；更为重要的是，他在这一图式中表现出了一种明显的矛盾性和不确定性。②

《金枝》虽然共有四个版本，但其基本主线逻辑和框架自第二版后几乎未有大的变化，就人类心智进化三阶段理论来说，无论是三卷本的第二版，还是十

---

① R. Angus Downie, *James George Frazer: The Portrait of a Scholar*, London: Watt & Co., 1940, p. 20.
② Robert Ackerman, *J. G. Frazer: His Life and Work*, Cambridge: Cambridge University Press, 1987.

二卷本的第三版，或者一卷本的节本，都不免给人一种强烈的印象：相较于弗雷泽对其他理论不着痕迹、详细缜密的材料铺陈而言，人类心智进化三阶段理论的提出与论述似乎和《金枝》整体内容之间并非浑然天成，甚至显得有些牵强与突兀，结论部分更是匆匆而就，一笔带过。以十二卷本为例，在第一卷论述"交感巫术"原理、巫术与宗教关系时，即第三章和第四章中，弗雷泽提出了三阶段理论之说，随即开始对人类不同时空文化中的种种巫术或宗教现象进行不厌其烦的材料罗列和堆积，更多的是世界各地各色文化中的巫术、习俗、禁忌、神话、传说材料的分类汇集，来说明人类心智的荒谬性和蒙昧性，至于这些材料和人类心智进化图式之间的关系，弗雷泽似乎完全无暇顾及，直至第十二卷最后一章，他才回到这一主题，然而却没有充分论证，仅是匆匆收笔了事。

至于弗雷泽提出的要对巫术和宗教进行"明确区分"和"清楚界定"，似乎也只是止于一种美好的愿望和承诺而已——虽然他对巫术原理进行了较为系统的阐述，但其对二者的区分和界定并不清楚——实际上这也是他不可能做到的。在弗雷泽看来，巫术的基本信念在于相信自然现象严整有序和前后一致，本质在于相信人或物之间存在着超距离的交感作用，机制在于精明者洞悉或掌握了事件演替的规律和法则，借助错误的联想即类似联想或接触联想来建立事物之间的联系，通过符咒魔法使自然界符合人的愿望。而宗教的基本信条在于假定自然现象之后有一种超自然神秘力量即具有人格的神的存在，其本质在于对被认为能够指导和控制自然或人生进程的这种超人力量的迎合或抚慰，作用机制在于人类承认自身的渺小和谦卑，以讨好献媚或哄诱奉承的手段如献祭、祈祷等行为，来安抚这种顽固暴躁、变幻莫测的超人力量即神灵，讨其欢心或使其息怒，从而使神灵满足自己的愿望。[①] 而弗雷泽所理解的科学，在于人类获取知识的能力不断提高以达到对自然界永恒不变的客观规律的完全认识和掌握。弗雷泽对巫术与宗教的这种理论上的界定或许不错，但是，根据弗雷泽的解释，巫术的出现早于宗教，宗教起源于巫术，相对于巫术信仰中完全依赖于自然力的法则或进程而言，人类能将目光投向自然之外的神秘力量，这是人类对自身无知和无力的反思，也是人类心智进步的体现。

但弗雷泽又如此写道："宗教一开始仅是对神秘力量微小的、部分的承认，

① Sir James George Frazer, *The Golden Bough: A Study in Magic and Religion*, Vol. 12, Part I, *The Magic Art* (Vol. 1), New York: The Macmillan Company, 1935, pp. 238–243.

随着知识的增长而加深为承认人完全地、绝对地依赖于神灵。他旧有的那种自由自在的风度变为一种对那看不见的不可思议的神的极其卑下的臣服态度，而他的最高道德准则就是对神灵意志的屈从"①。根据弗雷泽对宗教行为和心理的这种理解，人类反倒在宗教信仰的实践中迷失并丧失了自我，失去了尊严与自信，何谈心智的进步与发展？难怪弗雷泽要对巫术发出由衷的赞颂了：就认识世界的概念而言，巫术与科学是近亲，尽管前者是后者的"坏姐妹"；巫术的梦想总有一天会为科学所实现；如果说巫术是谬误之子，那么它也是自由与真理之母；等等。

由此可见，虽然弗雷泽按照一定的顺序，强行将巫术、宗教和科学放进了历时性的线性进化图式之中，并试图进行泾渭分明的界限划分，但由于现实中并不存在这种本质上的鸿沟和界限，弗雷泽主观意图上的这种尝试和努力的困难与结果可想而知：不仅是三者之间的关系没有也不可能完全理清，而且三者的实践行为特别是前二者（如巫术仪式与宗教仪式的区别，或者说何为巫术行为、何为宗教行为的问题）实际上也不可能得到泾渭分明的区分。而他依此对人类心智进行的阶段划分，不仅本身难以令人信服，其论证也表现出一种显而易见的仓促与勉强。

另外一个不容忽视的事实是，弗雷泽有关人类心智进化阶段理论的论证不仅不充分，而且也表现出一种明显的矛盾性和不确定性。他在巫术与宗教、巫术与科学关系的论述上不乏犹豫迟疑自相矛盾甚至是漏洞百出之处，但他似乎对此毫不在意。更为甚者，在宗教阶段与科学阶段的关系上，他几乎是未着笔墨，仅以一句"作为解释自然现象的宗教，已经被科学取代了"而一笔带过，随即他又不无矛盾地表明巫术、宗教、科学不过是思想的论说而已。在《金枝》最后，弗雷泽用三种不同颜色纺线交织织成的网织物颜色的变化来比喻人类思想的发展：黑线代表巫术，红线代表宗教，白线代表科学，这张织物的颜色首先是黑白交织，随着红色的嵌入逐渐成为殷红，虽然白线正在织入，但是，对于这片织物的未来颜色，弗雷泽并不确定，"……一片淡淡的微光已经照亮这张思想织物的背景，它的另一端则还深锁在浓云密雾之中"。而人类追求知识的"美好前景的最前端却横着一道阴影"。②因为，蒙昧与迷信在人类心智的进程中

① Sir James George Frazer, *The Golden Bough*: *A Study in Magic and Religion*, Vol. 12, Part I, *The Magic Art* (Vol. 1), New York: The Macmillan Company, 1935, p. 240.

② Sir James George Frazer, *The Golden Bough*: *A Study in Magic and Religion*, Vol. 12, Part VII, *Balder the Beautiful* (Vol. 2), New York: The Macmillan Company, 1935, pp. 307, 308.

一直如影随形，阻碍着甚至会毁灭文明的进程。

这种疑虑和不确定性在《金枝》之外表现得更为直接：1909 年 2 月，在英国皇家学院发表《心智的任务》一文的演讲时，弗雷泽指出，心智的任务和原则虽然是将善从恶的迷信中区别出来，即扬善弃恶，但他对人类心智的这种作用并不乐观，因为迷信已经深深地根植于当代的体制和人们的思想之中，尽管迷信应该被宣判死刑，但人类已经无法轻而易举地抛弃它。① 正如他在《金枝》开篇时所言："社会平静的表面下掩藏的是不受宗教和文化变化影响的无法根除的蒙昧……我们似乎行走在一层薄壳之上，随时可能被隐藏于其下的沉睡力量所击毁。"②

如果我们再次回到《金枝》第二版前言，一切都可迎刃而解："对人类在漫长历史时期中，一直借此寻求慰藉以逃避生命的重压与磨难的坚不可摧的信仰之基础进行瓦解，确非愉悦之事，从某些方面来看，也是费力不讨好的苦差事。……在因循守旧的原有基础上建立起合理而经得起考验的信仰的任务，要靠下一代了，或许要等到一个更为幸福的时代了。我们不能预测，甚至无法猜测，那些未来思想和社会在其基础上得以运转的信仰形式到底会是什么样子。然而，这种不确定性绝对不能成为我们停止对迷人却不合时宜的信念进行探查的借口。无论探究结果如何，无论它会将我们引向何处，我们须依真相而行。"③

如今，这种慷慨之词听起来不免稍显天真，但却是那个时代的一种真诚情操。同他那个时代任何一位人类学家一样，弗雷泽是视自己为科学家的。不同的是，相对于那时其他研究人类文化生活诸方面内容意在理解起源、推测进程的人类学家来说，弗雷泽研究宗教的目的不止于此。在他看来，科学家就应该利用自己手中的利器清除人类前进道路上的障碍，就他所关注的人类心智与社会进程而言，巫术和宗教无疑都是人类思想走向坦途的羁绊，应该予以清除。在他以内米血腥的祭司继任习俗为起点对人类思想所做的探查中，弗雷泽发现，人类心智无论是在信奉符咒的巫术阶段还是迎合神灵的宗教阶段，都为其固有的蒙昧性和荒谬性所蒙蔽，人类心智的进程就是一部与自身的愚蠢与阴暗不断较量的阴郁历史，尽管"知识总是朝着一个明确的目标永远地不停地前进的"，

① Sir James George Frazer, *Psyche's Task*, London: The Macmillan and CO., Limited, 1920, pp. 154 – 155.

② Sir James George Frazer, *The Golden Bough: A Study in Magic and Religion*, Vol. 12, Part I, *The Magic Art* (Vol. 1), New York: The Macmillan Company, 1935, p. 236.

③ Sir James George Frazer, *The Golden Bough: A Study in Magic and Religion*, Vol. 12, Part I, *The Magic Art* (Vol. 1), New York: The Macmillan Company, 1935, p. xxvi.

但人类心智要完全挣脱樊篱，走上坦途，似乎还有待时日。对于人类心智的未来，弗雷泽并不乐观。

至此，我们不难看出，弗雷泽自《金枝》第二版开始就设置的人类心智进化三阶段图式，尽管本身缺陷重重，弗雷泽本人在这一图式上的论证也表现出一种显而易见的羸弱与无力，但他一直没有做出任何修改和调适，甚至晚年时期都表现出对这一图式的坚持与执着。这不仅与世纪之交人类学有关巫术与宗教话题的风尚有关，更与弗雷泽研究巫术与宗教的主要意图有关，即试图通过《金枝》，对世界不同时空文化中习俗、巫术、禁忌、仪式实践、神话传说的归类汇集，呈现人类心智早期的蒙昧性和荒谬性，揭示人类心智发展的进化规律和美好前景。为着这一目标，他就像是一位心无旁骛的苦修者，对于其设置的人类心智进化图式，几乎无暇顾及甚至有些心不在焉，或许，他根本无须论述，因为它不过是一个他用来归置其早已预设了的话语的线性框架而已。然而，通过归类和整理，弗雷泽看到的却是人类社会行为原始基础中的蒙昧性和荒谬性的"遗迹"在现代"文明人"心智中的"残存"。他最终发现的也是人类社会进程中文明与野蛮、理性与非理性、现在与过去无法割舍的联系，人类心智不仅可能裹足不前，也可能倒退甚至是阻碍进步，给文明带来毁灭。尽管弗雷泽最终并没有完全抛弃其对进化的信仰，对这一图式的坚守，但悖论的是，在巫术、宗教与科学的关系中，他呈现了关于人类心智的两种看法——他想要发现的和他真正发现的。

第二节 禁忌

在对内米祭司继任习俗进行解释时，弗雷泽以"禁忌"概念回答了这一习俗中极为关键的一个问题，即"为什么祭司在就任前必须杀死他的前任"这一问题。在弗雷泽看来，这与早期人类社会中普遍存在的"禁忌"观念及其习俗直接相关：在王的健康现出衰弱迹象之时杀死他以保证神性能及时进入更为健康的躯体之中而不受损害，因为其健康繁盛的神性得到有效保持才是世界万物兴旺繁盛的保证——王的神性不能受到损害是早期人类社会普遍信奉的一种基本"禁忌"——狄安娜的祭司既然也是内米的"森林之王"，当然就要受到这种"禁忌"的保护和约束了。

尽管弗雷泽在《金枝》中对禁忌观念的考察是围绕早期人类为保持"王的神性"而形成的种种禁忌习俗为中心进行的，但他的考察也表明了有关禁忌的观念和习俗在人类社会不同时期的各种文化中的存在是普遍而广泛的，并且认为在现代生活中占据重要位置的宗教、社会、政治、道德、经济等方面内容中的某些元素与人类早期社会生活中形成的禁忌观念密不可分，因此，他将禁忌归为"野蛮人的遗泽"。实际上，"禁忌"概念不仅是弗雷泽解释内米宗教崇拜的基础支点，也是整部《金枝》之所以能汇集广博庞杂、包罗万象的种种习俗和信仰的逻辑和原则，同时也是构成弗雷泽一生人类学研究的重要概念之一。而就整部《金枝》而言，没有"禁忌"，就不可能有内米习俗的解释，也不可能有《金枝》的写就。而更为重要的是，自弗雷泽之后，"禁忌"便成为人类学在研究人类社会文化生活诸方面内容时常常会考虑到的一个重要方面，从而对人类学的发展产生了重要影响。

一、《金枝》与"禁忌"

如同前文所述，《金枝》的写作缘起于弗雷泽对《希腊纪行》中的一些神话和习俗特别是内米宗教习俗进行"比较神话学"解释的意图，而这种意图则产生于其为《大英百科全书》撰写"禁忌"词条的过程中：大量相关人种志材料的阅读使弗雷泽看到了对他正在翻译编纂的《希腊纪行》中波萨尼阿斯所记载的内米祭司继任习俗进行"比较神话学"解释的可能性。鉴于"禁忌"词条之撰写与《金枝》的密切关系，此处有必要稍作梳理。

"Taboo"一词在英语中的首次出现是在库克船长发表于 1784 年的航海日志中。库克提到他在通加岛（Tonga）的一次经历：土著以"taboo"为由拒绝了他邀请他们一起享用晚餐食物的好意。库克认为"taboo"一词含义复杂，但基本意义应为"被禁止的事物"。① 实际上，按照通加人之发音，此词应拼写为"tapu"。对于海外探险和殖民事业正处于上升时期的英国来说，与库克所经历类似的此类异域习俗并不少见，而且人们也发现了阿拉伯人和古代希伯来人也存在不少此类现象，因此，"taboo"很快就被用来描述东方文化中的某些习俗。到 19 世纪后期，"taboo"一词在英语中的使用已经比较普遍，凡是不太好的或意义不明的事物，常被归为或称为"taboo"。

弗雷泽是在罗伯逊·史密斯邀请和鼓励下于 1886 年为《大英百科全书》撰写"taboo"词条的，后者是著名的《圣经》学者，在闪米特人宗教研究方面颇

---

① Robert Fraser, *The Making of The Golden Bough*：*The Origins and Growth of an Argument*, Basingstoke and London：Macmillan, 1990, p. 62.

有建树。史密斯在其研究中发现，闪米特人的宗教仪式中常有以他们崇拜的动物来献祭的行为，这就引起了"神圣却又遭轻视诅咒或处罚"的问题，史密斯通过其本人 1886 年为《大英百科全书》撰写的"Sacrifice"词条涉及了这一问题，此时的他虽然还没有对其进行深入系统的解释①，但他相信此类行为应该和闪米特人的"禁忌"观念有一定关联。当弗雷泽着手进行"禁忌"这一词条的撰写时，他发现无论是现今的汤加、爪哇，还是古代的雅典、罗马，或者现代的欧洲人、阿拉伯人，人类社会生活中的禁忌行为几乎司空见惯、无处不在，特别是不乏具有神性或半神性的人或动物却同时又被诋毁诅咒甚至处死的情形——弗雷泽深厚的古典学素养和优势在此得到充分有效的运用和发挥。他在对各种人种志材料中的禁忌习俗进行了归类和整理后，将禁忌分为了两类："特权禁忌"，如帝王、祭司等人需遵守的禁忌；"被动（disability）禁忌"，如避免和碰触过死人的人有近距离的接触等，并将禁忌解释为一种建立在"消极'玛娜'"基础上的宗教戒规（prohibitions）系统。弗雷泽还对希腊语和拉丁语的"神圣"一词进行了词源学上的分析，认为"神圣"一词同时也有"被诅咒"的意思，也意味着是"禁忌"。② ——照此看来，狄安娜祭司身为"森林之王"却要被其继任者手刃的内米之谜似乎可以得到解释。

虽然《大英百科全书》采用了弗雷泽撰写的长达三页的"禁忌"词条，但对弗雷泽来说，这远远不够，他还需要用它来解释诸多古典作家都提到过的内米之谜，特别是他手头正在翻译编纂的《希腊纪行》——波萨尼阿斯对此有着清楚的记载和描述。弗雷泽开始了范围上更为广泛的人种志材料收集，甚至还设计了自己的人类学调查手册以利于相关材料的重点收集③，为以解释内米祭司继任习俗为主要目的的《金枝》的写作做准备。1890 年，《金枝》首版问世，其中，有关"禁忌"部分的内容占据了重要篇幅。可以说，没有"禁忌"观念，

① 史密斯对闪米特人宗教仪式中以崇拜动物献祭行为的关注虽然已有时日，但他对此进行的系统解释是在其著作《闪米特人的宗教》一书中，而此书是他 1888 年至 1891 年在阿伯丁大学讲座文稿的汇集。因此，当弗雷泽撰写"禁忌"词条时，他受到了他崇拜的史密斯某些观点的启发，但还不太可能完全受其观点的影响。弗雷泽一生的研究大多都建立在他早期形成的观念之上，而这些观念一旦形成，他很少做出修正。"禁忌"和"图腾"两个观念即是如此，它们是弗雷泽人类学研究的核心观念和生发基础，而他关于它们的理解在撰写这两个词条的过程中基本形成。这在一定程度上可以解释，为何弗雷泽在一些问题的理解和解释上对他所尊敬爱戴的史密斯有所借鉴，但却有所不同，甚至存在较大差异。

② Robert Fraser, *The Making of The Golden Bough*: *The Origins and Growth of an Argument*, Basingstoke and London: Macmillan, 1990, pp. 62–64.

③ 参见 James Urry, *Before Social Anthropology*: *Essays on the History of British Anthropology*, Switzerland: Harwood Academic Publisher, 1993, pp. 23–24。

弗雷泽的"杀神"理论不可能得到展开,内米之谜也不可能得到解决。在此后《金枝》的各个版本中,弗雷泽有关"禁忌"的阐释,都是以此为基础展开的,即使是在十二卷本的第三版中,弗雷泽以整整一卷的内容罗列和阐释有关王的禁忌,亦不例外。

在《金枝》第三版中,有关"禁忌"卷的题名为"禁忌与灵魂的危险(Taboo and Perils of the Soul)",弗雷泽从"王位的重负"即国王和祭司为保证神性不受破坏从而有利于保持自然的微妙平衡而须谨慎遵循的种种繁缛禁忌开始,论述原始人的灵魂观念,认为灵魂以及灵魂容易遭受危害的观念是一种根深蒂固、广为流传的信念,凡人都要煞费苦心保护自己的灵魂不受威胁和伤害,更何况是关乎臣民幸福和生存的王的灵魂了,他们受到种种禁忌约束就是为了确保他们远离危险源,以保证灵魂安全且不受侵害。因此,"禁忌"观念是与原始人的灵魂及灵魂易受危害信念密不可分的。弗雷泽认为,正是在此观念之下,人类社会生活中才形成了种种禁忌习俗,如禁忌的行为、人、物、词汇等等,在此基础上,弗雷泽又进行了更为详细的分类,如有关禁忌的行为又可细分为禁忌和陌生人交往、饮食禁忌、禁忌露出面孔、禁忌离开王宫、吃剩食物的禁忌等等。[①] 通过其不厌其烦的材料铺陈,弗雷泽试图向读者表明,禁忌观念在人类社会生活中具有普遍性,不仅存在于非西方文化中,也存在于古代欧洲人的信念中,即使是现代欧洲人的生活中也不乏禁忌行为的痕迹,甚至可以毫不夸张地说,禁忌是理解人类社会生活的一把钥匙。

但是,弗雷泽认为禁忌属于消极巫术(negative magic),即通过遵守某些消极性规则以"避免不希望得到的结果"的巫术行为。[②] 同时,弗雷泽对禁忌的阐释主要是为其神王理论服务的,为保护王的神性,几乎所有的王都要为繁缛的禁忌戒律所约束,如埃及国王生活中的每一行动都有明确规定,甚至只能食用小牛犊肉和鹅肉;朱庇特祭司的禁忌更是数不胜数,如不得骑马,不能接触山羊,不能说出某些动植物的名称,不得在露天脱帽,衣服不能有扣结……;日本天皇每天的饮食都要用新器皿烹饪和盛装[③];等等。

---

① Sir James George Frazer, *The Golden Bough*: *A Study in Magic and Religion*, Vol. 12, Part II, *Taboo and the Perils of the Soul*, New York: The Macmillan Company, 1935.

② Sir James George Frazer, *The Golden Bough*: *A Study in Magic and Religion*, Vol. 12, Part I, *The Magic Art* (Vol. 1), New York: The Macmillan Company, 1935, p. 112.

③ Sir James George Frazer, *The Golden Bough*: *A Study in Magic and Religion*, Vol. 12, Part II, *Taboo and the Perils of the Soul*, New York: The Macmillan Company, 1935, pp. 13, 13 – 14, 131.

对王或祭司进行种种此类匪夷所思之禁忌约束的原因何在？弗雷泽认为，这与早期人类对王的神性的本质之理解有关："他（王）是世界平衡的支点，他身上任何极微小的不合常规的地方，都会打破这种（自然）微妙的平衡。所以，对于他，以及他的人身都要极其注意爱护，他的整个生命，哪怕极小的细节，都必须很好地被安排，以免他的任何行动，自觉或不自觉地，扰乱或破坏了自然既定的秩序。"[1] 人们相信国王或祭司有与生俱来的超自然力量，或者根本就是神的化身，与此信念相适应的是，人们认为自然的过程也或多或少地在他的控制之下，或者说是与其神性力量融为一体的。因此，种种禁忌戒行的目的都在于保护王或祭司充满神性的力量不受玷污或破坏，以维持自然的秩序和平衡。

虽然弗雷泽对禁忌的阐释主要是服务于其神王理论的，但通过研究，他发现，禁忌观念和习俗在人类社会生活中极为普遍，也十分常见，不仅是王，普通人也要受到很多禁忌的约束，以避免不希望的事情发生或得到不希望的结果。人类在漫长的历史长河中，形成的种种禁律和戒规简直是五花八门，无所不包，而且大多匪夷所思。如在某些习俗文化中，需小心翼翼地处理剪下的头发和指甲，避免接触到亡人，女性在月经期或分娩后要被隔离，猎人和渔夫需谨慎遵循的戒规，等等。在弗雷泽看来，原始社会里，具有神性的国王、酋长和祭司所应遵守的圣洁性规定和普通凡人所应遵守的禁忌规定在许多方面并无本质上的太大分别，原始人并没有今人所谓神圣和不洁（或被玷污、被诅咒、被处罚）的概念区分。在他们看来，凡是禁忌的，就是危险的，就应远离和避免，禁忌行为就像是"电绝缘体"[2]，就是王的神性不与外界接触而受到损害的保证，也是凡人保护自己免遭不测或受害于人的屏障。不仅如此，由于神圣与不洁都意味着危险，因此都为禁忌，就这样，神圣与不洁形成了一种奇特的结合，两个二元对立的概念因此得以融为一体。弗雷泽不仅用禁忌来解释内米祭司的悲剧，也用它来解释许多奇特的巫术和宗教仪式，"禁忌"因此得以成为《金枝》的核心观念之一。

二、禁忌的作用

然而，弗雷泽不仅视禁忌为巫术行为，也将其看作人类主要的迷信观念。

① Sir James George Frazer, *The Golden Bough*: *A Study in Magic and Religion*, Vol. 12, Part Ⅱ, *Taboo and the Perils of the Soul*, New York: The Macmillan Company, 1935, pp. 1 - 2.

② Sir James George Frazer, *The Golden Bough*: *A Study in Magic and Religion*, Vol. 12, Part Ⅱ, *Taboo and the Perils of the Soul*, New York: The Macmillan Company, 1935, p. 224.

在他看来，人类现代生活中宗教、社会、政治、道德、经济等方面的重要内容，如果离开禁忌观念，几乎无法得到理解，因此，禁忌在宗教、道德、政府和财产观念及其体系的演化过程中起到了十分重要的作用。在"禁忌与灵魂的危险"卷之前言中，他有如下阐述：

"本书研究的主题是关于具有神性的人如王和祭司的禁忌习俗。我并没有对这一主题从总体上进行处理，研究其各个方面，或者考察其对人类社会诸多方面的复杂影响，限于主旨，《金枝》不可能对其这些方面进行深入研究。例如，对于那些在人类道德观念的形成及其实践上影响深远的迷信现象，我只能浅尝辄止。这实际上是一个蕴含了许多重要问题的主题，也许只有人们清楚了其起源后，才可能真正地重新审视他们的伦理规章。对于那些持守道德情操的人来说，没有一成不变的律法准则。那些相信真理与谬误之间存在着绝对准则且不可僭越的成见是站不住脚的。与物质世界一样，道德世界也遵循着一定的法则，也是不断演变更迭的。"①

弗雷泽关于禁忌性质及其在人类社会生活中诸方面之作用的这种阐释，可以从下面的典型例子中得到清楚的理解：在"猎人和渔夫之禁忌"一节中，弗雷泽用长达将近四页的篇幅，原文引用了与他同时代的德裔美国人类学家弗朗兹·博厄斯关于巴芬兰和赫德森湾地区爱斯基摩人生活中有关捕鲸人和猎海豹者的种种禁忌习俗。例如，由于相信他们崇拜的女神塞德娜和他们赖以为生的猎物的灵魂不喜欢深色，于是这些爱斯基摩猎人都要小心地处理自己捕获的动物的死后躯体，同时也需谨慎遵循有关亡者的禁忌：死者的衣服、死者死时居住的小屋、死者猎获的兽皮等都必须被扔掉。因为，他们相信如果猎海豹者穿了用死者生前所猎获的兽皮做的衣服，这衣服就会变色，海豹就会躲得远远的，海豹当然也不愿意进到一个由于存放了死尸而变色的小屋，也不愿意接近任何进过小屋的人，他自然就会一无所获。不仅如此，凡是违反了这些禁忌的人，必须当众悔罪，公开他的犯忌行为，否则，他不仅自己会遭殃，也会为他的同伴带来霉运。

博厄斯的原文也频繁地提到了爱斯基摩人的塞德娜女神信仰、动物灵魂观念、巫术行为等等，也论及了这种悔罪行为可能是为了降低由于犯忌而致女神不悦或使动物厌恶从而为自己及其社团招来的不幸，这也是他们宗教信仰中的

---

① Sir James George Frazer, *The Golden Bough*: *A Study in Magic and Religion*, Vol. 12, Part II, *Taboo and the Perils of the Soul*, New York: The Macmillan Company, 1935, p. vi.

重要信念之一，他们的神话和传说中也有诸多由于违背此类禁忌而导致挨饿、死亡等不幸后果的故事。但博厄斯避免以此对这些地区爱斯基摩人的宗教起源进行推测性解释。他认为，由于腐烂的动物躯体可能会使接触者染病，违犯禁忌者必须当众悔罪的习俗，是出于警告他人远离自己及其所接触过的物品的目的，以避免他人在不知情的情况下被传染。按照博厄斯的解释，这些禁忌习俗反映了爱斯基摩人的清洁观念和抵御传染性疾病的措施——谨慎处理和远离包括人类、动物的死后躯体，以免为自己和社团带来疾病的侵袭。①

但在弗雷泽看来，问题并非如此简单。他认为从爱斯基摩人的禁忌习俗中可以看出万灵论观念通向宗教信仰的演化过程，以及道德信念是如何以女神塞德娜信仰的形式取得其超自然地位的。他对博厄斯的解释表示了明确的反对——这对于不常轻易反驳他人异见的弗雷泽来说，是非同寻常的：

"我很难赞同博厄斯博士将这些爱斯基摩人当众认罪的行为，仅仅看作是警告他人远离自己以免染病的简单解释。……更可能的是，违犯禁忌，即所犯之罪，最初被认为是某种潜藏在违忌者体内的近乎实物之类的东西，可以通过悔罪这种精神上的净化或去污方式予以驱除。这与英属东非的阿基库尤人以耳语忏悔的方式进行的认罪习俗是一样的……"② "在人类文化的早期阶段，悔罪最初是一种身体上的而非道德上的净化，可以以类似于原始人驱邪净化仪式中的沐浴、熏蒸等行为予以驱除。即罪恶感最初被认为是以物质形式存在的，可以通过种种巫术仪式去除。但当罪恶感不再被认为是物质形式的，而是来自于一位智慧而仁慈的神的意志时，那种外在的净化仪式就显得流于表面且荒谬可笑了，显然不足以安抚神的不悦。为平抚神的暴怒和避免罪恶导致的恶果，罪者只能谦卑地认罪并虔诚地忏悔了。在这一阶段，悔罪的伦理进化逐渐去掉了它最初净化身体的巫术性质，代之以新的宗教仪式行为，即相信一种超自然道德之存在，仅以其口谕即可去除罪者所犯之罪，恢复他的新生。这种温和的信念教导我们：为避免我们的不当行为之后果，我们仅需以一颗谦卑真诚的悔罪之心认错忏悔，仁慈的上帝就会原谅宽恕并免除我们的罪恶，且无须承担恶果。如果我们真的能如此轻易恢复新生，召回我们的错言，阻止复仇女神的脚步，不必为错误的行为付出代价，倒也不错。但这实际上是办不到的。我们的言行，

---

① Sir James George Frazer, *The Golden Bough: A Study in Magic and Religion*, Vol. 12, Part II, *Taboo and the Perils of the Soul*, New York: The Macmillan Company, 1935, pp. 210 – 213.

② Sir James George Frazer, *The Golden Bough: A Study in Magic and Religion*, Vol. 12, Part II, *Taboo and the Perils of the Soul*, New York: The Macmillan Company, 1935, p. 214.

或好或坏，必有其果。上帝可以原谅罪责，自然却不会"①。

由此，我们不难看出，弗雷泽的解释远非博厄斯那样简单实际，而是镶嵌进了其关于巫术与宗教演化进程的看法。在弗雷泽看来，这些违犯禁忌的爱斯基摩人当众悔罪的习俗实际上反映了他们的道德观念进化中的一个阶段：最初罪（错行）被认为是一种潜藏在人体内的有害实体物质，可以以催吐、熏蒸等种种巫术驱邪净化仪式予以驱除，当它不再被认为是一种物质实体而逐渐被理解为一种不具其形的形而上层面的存在时，相较于巫术驱邪仪式，当众悔罪这种行为习俗实际上体现了一种相对较为复杂的道德观念，它表明了人类意识到依靠自身无法取得与自然的调适，而不得不求助于一位能够赦免其罪的全能的神。——爱斯基摩人的禁忌习俗和对违背者的惩戒习俗反映的不仅是他们道德观念的演化过程，也是他们由巫术信念逐渐转向宗教信仰的体现和表征。然而，对于仅以口谕就能解除和宽恕罪者之罪并使其免于承担恶果的全能的神，弗雷泽是多少带了些讥讽意味的——且不论他是否真的能轻易使罪者恢复新生，单就忏悔者必须谦卑温顺地哄诱安抚于他这一点来看，即足以现出其虚饰和伪巧。何况，即使"神能原谅罪责，自然却不会"。

弗雷泽此种对禁忌习俗与宗教发展或者说与人类生活其他方面关系的阐述，在《金枝》中并不多见，确如他在"禁忌与灵魂的危险"卷前言所说，限于主旨，只能"浅尝辄止"。但是，在《心智的任务》一书中，在阐述迷信之于人类现代生活四大支柱——（君主）政府、私有财产、婚姻和性道德、人类生活的尊崇——形成过程中的作用时，弗雷泽对禁忌作为一种迷信在人类生活中的作用有着较为深入的阐释：有些迷信（如对部落首领或祭司神力的信奉而形成种种戒律和规则等等）加强了对政府特别是君主政府的尊崇，因此在文明秩序的建立和维持方面有所助益；有些迷信（如形成利于财产保护的禁忌、相信诅咒等巫术能惩处窃贼等等）加强了对私有财产的尊崇且使人们能安享其乐；有些迷信（如禁止与岳母谋面或交谈、相信通奸会造成庄稼枯萎、乱伦会导致自然灾害等等）加强了对婚姻的尊崇并形成了人们应该严格遵守的性道德约束规则；有些迷信（如对灵魂和死者的恐惧迫使人们遵守某些规则禁忌等等）加强了对人类生活的尊崇并能安享其乐。②

---

① Sir James George Frazer, *The Golden Bough: A Study in Magic and Religion*, Vol. 12, Part II, *Taboo and the Perils of the Soul*, New York: The Macmillan Company, 1935, pp. 217–218.

② Sir James George Frazer, *Psyche's Task*, London: Macmillan and CO., Limited, 1920.

由于《心智的任务》原是弗雷泽 1909 年在皇家学会发表的演讲，也许是出于不愿使观众难堪和不悦的考虑，他在演讲的前言部分做了如下陈述："我希望通过事例证明，或者至少提出一种可能，在某些文化、某些时期的进化过程中，我们所有人，或者大多数人都从中受益的社会组织部分程度上是以迷信为基础的。我所指的纯粹是世俗意义上的，至于宗教或教会组织，我不会谈及。很可能，即使是宗教也不可能完全逃脱迷信的染指和影响。"[1]

即使如此，在"婚姻"一节中，论述诸多文化中相信如果不严厉惩处不正当的两性关系的话，就会激怒神，破坏自然的平衡，导致庄稼歉收甚至招致灾难发生等此类信念时，弗雷泽还是有所指涉，"我们应该明白，神是人错误信念的产物，人类按照自己的样子造了神，并将自己的喜好和信念投射于他"[2]。

与此同时，尽管弗雷泽一再强调这些迷信发生在"某些文化和某些时期"，但他所使用的例子仍旧是百科全书式的，将世界各地"原始社会"的相关材料尽收其中，用来说明"迷信"之于人类社会生活作用的普遍性。按照弗雷泽的理解，这些"迷信"实际上大多属于"禁忌"。而出版于 1911 年的"禁忌与灵魂的危险"卷，由于弗雷泽主要关注的是王和祭司的禁忌习俗而无法从总体上就禁忌之于人类社会生活诸方面的复杂影响进行深入研究，因此，在一定程度上，似乎可以不妨将《心智的任务》看作是弗雷泽有关禁忌问题看法的参照和补充。实际上，早在撰写"禁忌"词条时，弗雷泽就列举了一系列事例，试图说明《旧约》就是古犹太人（原始）禁忌的遗迹。[3] ——而其在后来的《〈旧约〉中的民俗》中，"禁忌"也是弗雷泽用来研究古代希伯来民俗的重要观念之一。

虽然视禁忌为迷信和消极巫术，但也许是已经逐渐意识到原始文化中种种看似荒谬的禁忌习俗实际上也蕴含了深邃的智慧与哲理，弗雷泽在行将结束其有关禁忌问题的考察时，将禁忌归为"野蛮人的遗泽"——表达了对"野蛮人"的谢忱：

"我们是站立在前人所建立的基础之上的，我们只能模糊地意识到人类是在付出了长期的痛苦的不懈努力之后，才达到我们现今所具有的水平。我们应该感谢那些被遗忘的无名的劳动者，主要是他们耐心的思考和积极的努力，我们

① Sir James George Frazer, *Psyche's Task*, London: Macmillan and CO., Limited, 1920 pp. 1 - 2.
② Sir James George Frazer, *Psyche's Task*, London: Macmillan and CO., Limited, 1920, p. 99.
③ Robert Ackerman, *J. G. Frazer: His Life and Work*, Cambridge: Cambridge University Press, 1987, p. 71.

才可能成为如今的样子。……我们应该感谢和纪念的人，许多都是野蛮人，或许大部分都是野蛮人。"①

或许弗雷泽此处的谢忱不够真诚，甚或仅仅是出于谨慎的考虑，但结合其在《心智的任务》等著作中的论述来看，弗雷泽对于禁忌习俗的考察，意图不仅在于对内米习俗的解释，更在于其对禁忌之于人类文化的意义及人类生活重要性的考察和阐释。

在"禁忌与灵魂的危险"卷前言的最后，弗雷泽又一次表达了自己关于人类学研究和写作意图的一贯立场——汇集材料以供后来的研究者使用："此卷收集的材料以及本人其他作品中的相关材料或许可以供将来的比较伦理科学研究使用。它们犹如粗糙的砺石，有待建筑大师的雕琢；仅是模糊的草图，等待后来者更为灵巧的双手将其绘制。"②

这听起来更像是弗雷泽的自谦之词。然而，对于人类学的"禁忌"习俗研究传统而言，弗雷泽的研究的确是开拓性的——主要是由于《金枝》，"禁忌"开始成为人类学重要的研究内容，成为人类学家在研究任何一种人类文化时，常常会重点考察的内容和事项。可以说，正是弗雷泽的开拓性研究，禁忌这一主题至今仍是人类学研究的重要内容。

第三节　图腾

在内米祭司继任习俗中，另外一个令人迷惑不解的问题是，"为何逃奴必须攀折到祭司日夜守护着的某棵树上的树枝，才能获得与他决斗并可能取胜的机会?"弗雷泽以原始人的体外灵魂观念回答了这一问题：原始人相信人的灵魂可以脱离自己的身体，但又容易受到伤害，除需谨遵种种禁忌保护其不受侵害外，他们还认为可以将灵魂寄存于体外某个更为安全的地方，如动物或植物身上，以规避不测。内米祭司日夜守护的那棵树上的树枝，就是其灵魂的寄存之处，一旦被攀折，不仅意味着其神力的衰弱，也意味着他神圣的灵魂即将迁居新的躯体之中，他的生命即将不保，他自然就会惊恐不已，沮丧万分了。而对攀折者来说，树枝的攀折，意味着获得了前任的神力，掌握了他的命运，自然精神

---

① Sir James George Frazer, *The Golden Bough: A Study in Magic and Religion*, Vol. 12, Part II, *Taboo and the Perils of the Soul*, New York: The Macmillan Company, 1935, pp. 419－422.

② Sir James George Frazer, *The Golden Bough: A Study in Magic and Religion*, Vol. 12, Part II, *Taboo and the Perils of the Soul*, New York: The Macmillan Company, 1935, p. viii.

抖擞，胜券在握了。

弗雷泽是以北欧神话中光明之神巴尔德尔死于槲寄生的传说来考察原始人的体外灵魂观念的。在他看来，巴尔德尔死于槲寄生的神话可以在欧洲特别是北欧地区的树神和槲寄生崇拜习俗中得到理解：在万木萧疏，一切植物都呈现出死亡迹象的严冬，唯有翠绿的槲寄生（常生长于橡树之上）还安然生长在树丫之间，原始人自然会联想到那是树木灵魂的寄放之处。而且，如果将其折下存放数月，就会连枝带叶变成金黄色，还可以用来入药、解毒、辟邪、驱魔等等，"金枝"之称，可谓实至名归。而巴尔德尔也时常被看作是（橡）树神，槲寄生自然就是他灵魂的寄放之处，一旦被折，其生命就处于危险之中，若为之一击，结果可想而知。尽管弗雷泽在解释巴尔德尔这位神的性质和槲寄生的象征意义时有些犹豫不决，但他果断地将内米祭司继任习俗中逃奴必须攀折的树枝解释为槲寄生，即寄放了前任祭司灵魂和神性的"金枝"——和他的健康与生命紧密联系在一起的槲寄生。弗雷泽的解释虽然不免牵强和生硬，但他是以另外一个极为重要的概念支撑他的解释的，即"图腾（totem）"。虽然没有直接阐明，但实际上，根据弗雷泽的理解，逃奴所攀折的树枝，即"金枝"，或曰槲寄生，实际上是可以被理解为一种"图腾"的——原始人体外灵魂观念中的灵魂存储器。

同"禁忌"一样，"图腾"也是《金枝》的重要观念之一，同时也是构成弗雷泽一生人类学研究的重要概念之一。虽然弗雷泽于1910年出版了四卷本《图腾制与族外婚》，晚年又出版了其补遗，但实际上，弗雷泽有关图腾问题的看法，在《金枝》中即有着完整的阐述，也是理解《金枝》不可或缺的核心观念。而更为重要的是，图腾这一原本在当时的人类学界含义就不甚明确、使用不甚恰当的概念，经过弗雷泽的阐释之后，随着《金枝》的流行，一度被盲目使用，甚至泛化，造成了一定程度上的曲解和混乱。鉴于此，此处有必要首先对弗雷泽之前关于图腾问题的相关研究进行厘清和梳理。

一、图腾问题之源起

"Totem"一词原是北美五大湖地区操阿尔冈昆语（Algonkian）的奥杰布威（Ojebway）印第安人的土语音译，在语音记录上为"ototeman"，意为"他是我的亲属"。词根"ote"用来表示自我与"男性"或者"女性"亲属之间的关系，这样，此词只是在主语的代际关系上面定义外婚群体，以表现出氏族成员的资格。

首次将其引入英语的是一位在北美生活多年的英国旅行家——詹姆斯·朗

（James Long），他在其 1791 年出版的《一位印第安译员的旅行记》（*Voyages of an Indian Interpreter*）中使用了这一词，拼写为"Totam"，用来描述印第安人的"守护精灵"现象：

"野蛮人的宗教性的迷信之一就是：他们每个人都有自己的 totam，即自己所钟爱的精灵，他们相信这精灵守护着自己。他们设想图腾采取了这种或那种兽类的形态，因此，他们从不杀害、捕猎或食用他们以为图腾采取了其形态的那种动物。"[①]

朗认为，totam 是指以动物形式显现的个人保护神，因为他发现，奥杰布威人的确是以身披兽皮的方式来表达这一含义的。但他随即又记述了一个人由于误杀了其图腾动物，但却成为他即将进行的行猎顺利（也可能是不顺利）的直接预兆。朗对此感到大惑不解，虽然无法解释，但他认为这类"图腾崇拜"现象并不仅限于野蛮人才有。

作为一位迷恋印第安土著风俗习惯，并著书记述其经历见闻的旅行家兼译员的朗，也许没有料到，并没有多少人在意他的旅行经历，倒是他随笔提及的印第安人图腾现象却引起了人们的注意。在随后半个多世纪出现的各种域外旅行见闻中，时有类似于朗作品中提及的印第安人"Totam"崇拜现象的记录出现，有人发现其他文化中也不乏此类现象，特别是在澳大利亚的土著文化中。有人将其拼写为"Totem"或"Dodaim"，后逐渐固定为"Totem"。其具体含义虽一直不甚明确，但此类"野蛮人"的风俗文化现象却逐渐引起了一些学者的关注。而真正将其纳入学术研究视野的是 J. F. 麦克伦南。

苏格兰人麦克伦南原是一位律师，其因在罗马法研究中对古罗马人的家庭和婚姻制度产生了兴趣，从而转向了人类婚姻史的研究。在其 1865 年出版的《原始婚姻》一书中，他认为人类社会首先是经历了原始的群婚杂交期、母权或外婚制，才发展至父权制的。麦克伦南提出了原始婚姻中存在着劫掠婚（marriage-by-capture）和族外婚制（exogamy）现象，即在人类社会的某一阶段，存在着种种规则，禁止人们从自己的社会集团或氏族内部娶妻的现象，这就出现了一个部落氏族的识别和标志问题。

麦克伦南认为，古代部落或集团的独立性是靠图腾制实现的，即拥有同一个部落图腾的男女之间是不能通婚的。他沿此方向继续探索，在其后来为《双

---

① 埃里克·J. 夏普：《比较宗教学史》，吕大吉、何光沪、徐大建译，上海人民出版社 1988 年版，第 95—96 页。

周评论》撰写的文章《论古希腊人的亲缘关系》（1866）和《论动物和植物崇拜》（1869—1870）系列文章中，认为人类历史上的很多文化现象都属图腾文化，古代的动植物崇拜都是受图腾制影响而出现的，从而将图腾崇拜与宗教起源联系了起来，"古代各民族在史前时期经历过图腾阶段，在人格神出现以前，曾以动物、植物，以及被视为动物的天体作为神祇"①。

麦克伦南认为，全世界的民族都要经过图腾崇拜阶段，并提出了一个著名公式，图腾制等于物神崇拜加上外婚制和母系制。麦克伦南首次使用了"图腾制度"（Totemism）一词，虽然他相信其假设能解释许多文化现象和事实，但他仍无法确定解释图腾崇拜的起源，"……不是一种要解释图腾崇拜起源的假设，但愿人们不要忘了，它只是一个解释古代民族的动物和植物崇拜的假设"②。

自麦克伦南之后，图腾现象吸引了时人强烈的好奇和关注，有关其研究在英国乃至西方的学术界也迅速发展成为一个热点问题。而麦克伦南的同胞兼好友——同为苏格兰人的比较宗教学学者罗伯逊·史密斯——接过了麦克伦南关于图腾问题研究的接力棒。然而，虽然在其长期的研究中，对此有一定的关注和涉猎，其著述中也有所阐述，但总体来说，史密斯短暂的一生似乎还没有来得及对此进行专门深入的研究和清晰的阐述，就已英年早逝。幸而，或许是不幸（在一些后来者看来），他早已把这个接力棒传给了他的同胞和好友——年轻的苏格兰人——弗雷泽手中。

史密斯对麦克伦南有关亲缘关系与图腾崇拜问题的研究颇感兴趣，他很早（1879）就在对北非地区阿拉伯人的实地考察和研究中，发现了在他看来明显属于图腾崇拜的证据，而他后来关于古代闪米特人宗教的研究中，也有类似发现。即人们通常会将自己与某种动植物相联系，以此区分不同的氏族或者血缘群体，这些动植物即是他们的部族图腾。史密斯在其为《大英百科全书》撰写的"献祭"（Sacrifice）词条和后来的《闪米特人的宗教》讲稿中，将献祭与图腾崇拜问题联系了起来：因为他发现，在闪米特人的献祭行为中，通常用来献祭的物品，往往是神圣的图腾动物或植物，这些图腾动物平时是严禁捕猎、宰杀或食用的，只有在向神献祭这种特殊场合，才会有意地打破这种规则。其机制在于由于该图腾动物本身就是神圣的，凭着它的血，它就具有神的性质，通过分享

① 埃里克·J. 夏普：《比较宗教学史》，吕大吉、何光沪、徐大建译，上海人民出版社1988年版，第98页。

② 埃里克·J. 夏普：《比较宗教学史》，吕大吉、何光沪、徐大建译，上海人民出版社1988年版，第100页。

它的血肉，人与神之间的联系因此得以沟通和建立。① 但史密斯又承认，"说闪米特宗教的种种现象使我们回到了图腾崇拜那里，这是一回事，而要说这些现象全部应该从图腾崇拜来解释，这又是另一回事"②。也就是说，图腾崇拜可以解释闪米特人的一些宗教现象，但并不是可以解释闪米特人宗教的万灵药。

史密斯作为《大英百科全书》的编者之一，在撰写了"献祭"词条后，按照字母顺序，《大英百科全书》的编纂到了字母"T"。史密斯邀请年轻的弗雷泽来编写。出版商本来安排的是"Torture"（酷刑），但史密斯认为，应该以"Totem"替代之。在给出版公司的信中，史密斯陈述了如下理由：

"我想大家应该清楚，图腾主义是个愈来愈重要的问题，报纸和杂志每天都在谈论，但目前还没有哪家对此做出令人满意的阐述——这恰恰是我们拔得头筹并赢得声誉的难得机会。此卷中，没有哪个词条能让我如此牵挂了，我一直关注于此，悉心指导弗雷泽的撰写；他已经用七个月的时间为这一主题写出了无可挑剔的条目。无论怎样，我们都应该首先刊出这一词条。"③

的确，图腾现象在当时炙手可热，很是风靡，不仅是麦克伦南，包括泰勒、摩尔根等人在内的人类学家都有所涉猎，而且也是普通大众颇为好奇的异域文化的重要内容和现象之一。此时弗雷泽已在史密斯的鼓励和指导下完成了"禁忌"一词的撰写，正致力于"图腾"词条。实际上，弗雷泽的确没有辜负史密斯的期望："图腾"一词不仅体现了他的勤奋与才华，也展现出他百科全书式的热忱和详尽。但是，即使是最仁慈的编者也不可能将他花了七个月时间写就的词条内容全部收入，最后出现在《大英百科全书》上的"Totemism"是缩减本。全文则在 1887 年成为弗雷泽的第一本出版书籍，题名为《图腾主义》（Totemism）。正如史密斯所预言，此书很快就毋庸置疑地成为当时这一主题的权威作品，其材料来源之广，视野之开阔，足以让任何一位业内学者叹服。但弗雷泽并不满意，在 1910 年将其扩充成了四大卷的《图腾制与族外婚》，在其晚年八十三岁高龄之时，又出版了补遗。而在"禁忌"词条基础上写成的《金枝》，则在四年后的 1890 年首版，此后，弗雷泽几乎是用了他一生的时间，不时对《金枝》进行扩充或精简，甚至在其八十二岁高龄之时，还出版了《〈金枝〉补

---

① 埃里克·J. 夏普：《比较宗教学史》，吕大吉、何光沪、徐大建译，上海人民出版社 1988 年版，第105 页。

② 转引自埃里克·J. 夏普：《比较宗教学史》，吕大吉、何光沪、徐大建译，上海人民出版社 1988 年版，第 106 页。

③ Robert Ackerman, *J. G. Frazer: His Life and Work*, Cambridge: Cambridge University Press, 1987, p. 63.

遗》。尽管著有《图腾制与族外婚》一书，然而，就其"图腾"理论和观念来说，弗雷泽在《金枝》一书中是有着较为完整的阐述和体现的，而且，对《金枝》的理解，也是离不开这一重要观念的。

二、弗雷泽的图腾理论

在《图腾主义》这本小册子中，弗雷泽将图腾定义为"野蛮人由于相信自己及其团体的成员与某种物体存在着天然而紧密的互惠性关系，从而对其形成迷信性崇拜"，并将图腾分为个人图腾（individual totem）、性别图腾（sex-group totem）和氏族图腾（clan totem）三种。弗雷泽并没有对后二者进行太多阐述，特别是在性别图腾上，他甚至显得有些语焉不详；个人图腾通常由个体本人或父母所选择，没有传承性，与氏族公共生活没有太多关系，也不影响婚姻的缔结关系。弗雷泽认为最重要的是氏族图腾，因此对其进行了较为详细的阐述。氏族由于将图腾的共同信仰和彼此间的共同义务团结起来，氏族图腾即"一个氏族的成员由于相信他们血统相同，都属同一祖先（即图腾类）的后代，彼此之间也因此有着共同的信念与义务"[1]。而图腾制度就是以氏族图腾为基础的相关生发，即一个氏族通常认为自己与某种动物或植物有着神圣而紧密的关系，并依此区别于其他氏族，而氏族成员，无论男女，一出生即属此图腾组织之下，而且氏族成员通常不能食用其图腾动物或植物。弗雷泽认为，图腾制度"既是宗教制度，也是社会制度"。在"图腾制度作为一种宗教"的讨论中，他罗列了图腾的信仰与神话、"图腾禁忌"及对违犯者的惩罚、图腾施恩、图腾标志、种种图腾崇拜仪式等内容，来说明图腾的宗教方面的内容由人与图腾之间的相互尊重和保护的关系构成的；至于"图腾制度的社会层面"，他简略讨论了由于图腾得以维系的氏族义务，而对外婚制的种种规则进行了较为详细的讨论，即图腾在社会方面的内容，是由图腾群体成员之间及与其他氏族之间的关系构成的。但在关于这二者最早是如何联系在一起的问题，弗雷泽承认，由于对图腾的起源了解不足，很难给予确切陈述。此外，他认为，随着母系社会向父系社会的过渡，由于氏族融合和居所的逐渐固定，氏族图腾的稳定性也逐渐增强，有关其记忆也随之加固加深，较大氏族团体的图腾逐渐被赋予神性，久而久之，氏族图腾就可能演化为神。由于人们愈来愈多地将人格赋予图腾，其原本的动物性或植物性特征逐渐消解，人格随之不断加强，终成人神。其原本特征和属

---

[1] G. W. Stocking, *After Tylor*, London：The Athlone Press, 1996, pp. 133–134.

性则由于不断消解而逐渐被遗忘，直至从氏族记忆中完全消失。后来的神话学家们却又企图通过简单的象征手段来弥补这断裂的记忆链。但对于图腾制度的起源，弗雷泽认为"还没有满意的解释"。[①]——尽管如此，但图腾及图腾制度之于《金枝》中人神观念理解的重要性、在巫术宗教演化过程中的作用、神话与仪式关系、在内米祭司"森林之王"身份的理解等问题的重要性，由此可见一斑。

就其"图腾"词条的核心实质来说，弗雷泽在麦克伦南和史密斯的基础上并无太大推进，但于他而言，这一词条的撰写就意味着他必须对图腾问题做出专门的处理和阐释，他需要对图腾的起源和意义进行解释——哪怕仅仅是出于尝试性的努力。虽然弗雷泽四大卷的《图腾制与族外婚》完成于1910年，但就他一生所提出有关图腾起源与意义问题的三种理论来说，实际上在1905年前后已论述完毕。

尽管弗雷泽通过图腾词条的撰写和随后出版的《图腾主义》这本小册子提出了上述见解，然而，这一原本就十分热门的话题随着《图腾主义》的出版而变得更为热烈，一些人甚至成为图腾迷，热衷于到处寻找图腾，以致泛化了这一概念。另一方面，由于这一小册子的成功，弗雷泽本人随即成为这一领域的专家和权威，他不可能置身于这些讨论之外，何况，随着其人种志材料收集范围和视野的扩大，新的发现也使他感到有必要提出新的见解与看法，也可能为图腾问题的炽热状况起到修正降温的作用。《图腾制与族外婚》的写作正是在此背景和意图之下展开的。

在图腾起源和意义的问题上，弗雷泽前后共提出了三种理论。但在"图腾"词条和《图腾主义》这本小册子中，的确如其所述，"还没有满意的解释"。其第一种有关图腾起源和意义的理论实际上是通过《金枝》首版进行阐述的，与体外灵魂观念密切相关——在普遍相信万物皆有灵的原始社会里，人们相信灵魂可以脱离主体而存在，为免受侵害或预防不测，灵魂可以被寄放在一个更为安全的地方。久而久之，人们会将自己或者其氏族与某种动植物联系起来，这种动植物即他们灵魂的寄放之处，因此逐渐形成了图腾崇拜，此即弗雷泽的第一种图腾理论，即将图腾看作是动植物体外灵魂的存储器。但几年之后，受在澳大利亚土著部落中收集人种志材料的巴尔德温·斯宾塞和 F. J. 吉伦所著《澳大利亚中部的土著部落》的启发，他又提出了一种图腾理论。

---

① G. W. Stocking, *After Tylor*, London: The Athlone Press, 1996, pp. 133 – 134.

据斯宾塞和吉伦的观察，在澳大利亚中部地区的土著阿兰达人（Arunta）中，存在一种因提丘马（intichiuma）仪式①：这种仪式过程中和结束后，都会有食用图腾动物的行为，这似乎是出于一种促使图腾动物增殖，从而维护人们安全和确保食物充裕的愿望。对弗雷泽来说，这恰好从一个侧面印证了史密斯以图腾动物献祭的说法。在与斯宾塞就此问题进行了多次通信讨论后，弗雷泽于1899年在《双周评论》上发表了一篇题为《图腾制度起源》的文章，提出了他的第二种图腾理论，即图腾是一种促使食物增产的巫术性组织和合作系统。②在这种理论的解释下，图腾是基于一种希望自然能提供所需食物供给而形成的系统组织，原始人依据图腾划分氏族部落，以区别自己的氏族身份和团体认同，出于整个团体利益的需要，图腾群体有责任管理自然的某些部分，并确保养育和增殖自己团体的图腾物种，以此提供生存所需产品，抑制自然环境中的不利因素，甚至将其转化为应对敌人的有效手段。在弗雷泽看来，渴饮饥餐是野蛮人至为重要的基本需求，对图腾制度的这种自然简洁的解释，是符合原始人的基本生存需要和简单思维模式的。

　　但弗雷泽对自己的解释并不满意，一方面是来自同行的批评，另一方面他认为自己的解释"过于理性"，因为原始人不可能有如此复杂的社会组织。经过与更多同行包括哈登等人的讨论，同样以阿兰达人的因提丘马仪式为材料，弗雷泽于1906年又提出了其关于图腾起源及意义的第三种解释，即图腾起源于一种原始的妊娠观念，与原始人的巫术观念密不可分。出于对生育知识的无知，原始人意识不到性行为与妊娠的因果关系，更不理解男性在受孕过程中的作用，他们认为妊娠的发生是因为婴儿的精灵进入了女性的体内，进入的时间是母亲感到自己腹中有胎儿之时，她无法解释这种神秘的感觉和事实，便将体内胎儿的活动与有时使她大吃一惊的某种一闪即逝的神秘事件联系起来，如"瞬间遁入灌木丛的袋鼠""翩翩飞过的蝴蝶"，甚至可能是"月光下波光粼粼的水面""林间低沉的风声"等等，总之，某种瞬间使之惊动的神秘力量，婴儿的精灵正是随着这股神秘的力量进入自己体内的，这种瞬间即逝的物象便是图腾。但这

---

　　① 因提丘马（intichiuma）制度是人类学有关图腾问题研究中通常被提及的一种仪式现象。根据斯宾塞和吉伦的观察，在澳大利亚中部地区的土著阿兰达人中，有时会举行一种巫术增产仪式：杀死他们崇拜的图腾动物，并通过分享其血肉的形式，以达成他们促使图腾动物增殖、从而维护人们安全和确保食物充裕的愿望。

　　② Stanley E. Hyman, *The Tangled Bank*: *Darwin*, *Marx*, *Frazer and Freud as Imaginative Writers*, New York: Atheneum, 1962, pp. 214 - 215.

并不意味着图腾就不具实形：如果母亲感知到自己体内胎儿的活动时，恰好为一只蜥蜴所惊的话，那么，她的脑海里便有了蜥蜴的实形，自然会将其与她未出世的孩子联系在一起。因此，图腾观念起源于原始人错误的妊娠观念，属于妊娠母亲的"臆造"。① 弗雷泽相信其理论具有普适性，以此不仅可以对母系社会的机制、外婚制、乱伦禁忌等现象进行解释，也适用于不同地域和不同族群的图腾崇拜现象的理解。

弗雷泽这三种理论的提出，原本是在图腾文化现象十分风行之时，试图对图腾起源和意义进行追溯和探索的尝试和努力，也是他依据自己的推测性理解和时人的讨论，不断调适和修补的结果，但于盛极一时的图腾研究而言，这一看似时尚风行但实质却为泥沼之地的领域，吸引了更多时人的目光和关注，没有定论。也许正是在这个意义上，弗雷泽开始了《图腾制与族外婚》的写作。正如他在本书前言所说，"如今，诸多领域内的图腾问题研究仍有待进行，然而，有关其深刻洞见恐怕要留待他人来完成了。尽管阳光下斜长的影子提醒我莫敢空闲，人生于我毕竟已近夕阳"②。无须赘言，四大卷的《图腾制与族外婚》体现了弗雷泽一贯的百科全书式风格，不仅包括《图腾主义》的内容，也囊括了他的三种有关图腾起源与意义的理论，对世界范围内的图腾现象从地域上进行了分类和整理，几乎是汇集了当时有关这一主题的所有材料。弗雷泽也描述了有些图腾崇拜族群中存在的外婚制现象，但他认为这两种现象之间并不存在必然关联。③

三、图腾问题之影响

从以上梳理中，我们不难看出，就人类学研究中的图腾问题研究来说，弗雷泽早年"图腾"这一词条的撰写，实际上可以看作是对早期田野观察者和研究者在这一话题上相关观点和见解的总结，在某种程度上，也可以看作是对这一主题的一种定义和归置。然而，这种总结和归置又不自觉地使这一原本就十分热门的话题的讨论变得更加活跃，甚至被盲目泛化，众说纷纭，莫衷一是，甚至包括弗雷泽本人似乎都挟裹其间欲罢不能。而皇皇巨著《图腾制与族外婚》

---

① G. W. Stocking, *After Tylor*, London：The Athlone Press, 1996, pp. 143 – 144.

② Robert Ackerman, *J. G. Frazer：His Life and Work*, Cambridge：Cambridge University Press, 1987, p. 206.

③ Robert Ackerman, *J. G. Frazer：His Life and Work*, Cambridge：Cambridge University Press, 1987, pp. 217 – 218.

的写作与出版，无论弗雷泽本人的理论和解释该作如何理解，他不仅将此中二十多年间的讨论纳入其中，而且其俯视全球的材料分类和铺陈，无疑又是一次详尽而权威的总结和归置，对当时的图腾文化盲目泛滥现象而言，至少从他的主观意图上来看，他是希望能够起到一定程度上的修正和降温作用的。不仅如此，作为一部前所未有的图腾现象百科全书，《图腾制与族外婚》也可以看作是对这一主题的整体性反思，自然也意味着对进一步理性研究的召唤。同时，由于弗雷泽的视野是全球性的，其对世界各地图腾现象百科全书式的收集和整理，实际上也是对后来者的研究提出了新的要求，即区域性的图腾现象研究需要在一种全球性的语境之下进行。

从随后关于图腾问题研究的发展来看，很难说是否是在弗雷泽的愿望和预期之内。如果要说《图腾制与族外婚》最直接的影响后果，莫过于三年之后奥地利心理学家弗洛伊德出版的《图腾与禁忌》（*Totem and Tabu*）一书了。对于这位心理学家将他对图腾制与族外婚的分析用于阐释其对整个人类个体性心理发展过程的描述，弗雷泽甚为不满，他在写给朋友的信中抱怨道："他（弗洛伊德）竟然将我的许多材料用于其心理过程分析，特别是神经症的梦境过程！然而，我看他似乎还蛮受欢迎"[1]。

然而，如果我们以如今的目光去审视过去近百年间人类学内部有关图腾问题的研究的话，弗雷泽实际上是应该感激弗洛伊德的知遇之情的——尽管弗洛伊德的学说后来也受到了诸多批评，但至少，如同阿克曼所言，更多的人是通过其《图腾与禁忌》来了解弗雷泽的《图腾制与族外婚》的——特别是在人类学领域之外。[2]

而在人类学内部，自《图腾制与族外婚》之后，有关图腾问题的研究在此后十多年间涂尔干（《宗教生活的基本形式》，1912）、根那普（《图腾问题之现状》，1920）等人的研究维持的繁荣局面期间，就逐渐受到质疑：戈登维泽、克罗伯等人开始不断地进行着坚持不懈的批评和瓦解工作；博厄斯和拉德克里夫-布朗开始怀疑图腾崇拜现象是否存在；列维-斯特劳斯根本就否认世界上有任何形式的图腾崇拜存在，它不过是人类学家所建构出来的一个自然实体，只存在于人类学家们的头脑之中，他因此认为"图腾制度的观念本身就是一种幻象"，且正

① Robert Ackerman (ed.), *Selected Letters of Sir J. G. Frazer*, Oxford: Oxford University Press, 2005, pp. 6 –7.

② Robert Ackerman (ed.), *Selected Letters of Sir J. G. Frazer*, Oxford: Oxford University Press, 2005, p. 220.

露出"日趋败落的迹象"。① 列维－斯特劳斯的说法也许过于极端，但就他对这一"幻象"的粉碎而言，后果却是十分致命的：与其说图腾问题自此在人类学界开始偃旗息鼓进入沉寂状态，还不如说是由于成了一个禁区从而被无限地搁置起来。

自此，我们很容易看出，无论弗雷泽本人自身关于图腾问题的见解和解释如何，就图腾问题研究的历时性发展链条来看，弗雷泽的确是其中关键的一链。他承袭了麦克伦南、史密斯也包括泰勒等人在此领域内的衣钵，虽然未能在他们的基础上有太大的推进和突破，然而他的尝试和努力却有意无意地对人类学在这一主题上的讨论和探索形成了一种激活、搅动、归置和总结的过程，使之成为人类学研究的重要主题和内容，甚至渗透至其他学科之中。如果说图腾在人类学界本来就是一个莫衷一是、百论难定的主题的话，再加上在后世眼中影响复杂纠结的弗雷泽的"推波助澜"，二者似乎多少存在着一种同质关系，随着时光的流逝，图腾问题似乎显得更加扑朔迷离、颇为棘手。

埃里克·夏普曾不无幽默地将图腾问题喻为一只野兔。在他看来，是麦克伦南放出了这只野兔，虽然19世纪末20世纪初出现了一些装备精良而又精力旺盛的猎手，包括最厉害的史密斯，但直到斯特劳斯，这只野兔也一直没有被最终逮住。② 夏普认为史密斯是这些"猎手"中"最厉害"的一位，不外乎包含两层意思：一是史密斯本人在图腾问题上的研究在当时本来就名盛一时；二是他引导和栽培了弗雷泽这位勤勉执着、孜孜不倦的"猎手"，竭力寻觅图腾这只"野兔"的踪迹，也凭借其寻踪的努力，为他同时代及其后来的"猎手"描绘了这只"野兔"，从而在追逐这只"野兔"的路途上留下了深刻的足迹。

① 列维－斯特劳斯：《图腾制度》，渠东译，上海人民出版社2002年版。

② 埃里克·J.夏普：《比较宗教史》，吕大吉、何光沪、徐大建等译，上海人民出版社1988年版，第100页。

第三章 《金枝》重要主题观念的来源与表征（二）

就弗雷泽所关注的原始宗教心理机制及性质问题而言，内米问题的解释不过是《金枝》研究的一个切入点，他希望证明的是导致内米习俗产生的动机在人类社会早期具有广泛性和普遍性，以此揭示原始宗教的巫术性和荒谬性特征。弗雷泽在他的解释框架中对神话与仪式问题、"杀神"说、替罪羊等主题观念进行精心论证的结果，不仅在于为内米问题提供了一个看似有效的解释，也为20世纪诸多学科的发展提供了重要的研究主题和批评视角。如弗雷泽继承了罗伯逊·史密斯初步将神话与仪式联系在一起的做法，在《金枝》中对神话–仪式问题进行了松散多样的充分讨论，不仅为当时的神话研究注入了人类学的活力，为神话学的发展奠定了坚实的基础，也深刻地影响了20世纪的文学实践与批评等。再如，弗雷泽提出的"神圣国王"及"杀神"说，虽引起了一定的争议，但却逐渐发展成为人类学和政治学领域有关"王权"研究的重要问题域，在文学批评领域也有一定拥趸。

第一节 神圣国王

要解释内米奇特的祭司制度，弗雷泽的首要问题是，狄安娜的祭司为什么必须杀死他的前任，而后他又必定为其继任者所杀？从更宽泛意义上来看，弗雷泽关注的实际上是一个杀戮与献祭的问题：为什么杀戮是维持生命的必需条件？为什么人牲现象如此普遍？甚至是"基督为何必死于十字架，才能为其信徒做永远的挽回祭"这样的问题（《金枝》各个版本中对这一问题的指涉程度有别，详见本书《替罪羊》一节）。弗雷泽的回答是，在人类心智发展的巫术与宗教过渡阶段，或者说是二者的结合阶段，存在着一种"人的生命与自然生命息息相关"的思维哲学，种种以人或物来献祭的行为，实际上都是试图通过二者的关联来控制自然或繁盛或衰败的方式。由于早期的国王通常经由巫师和祭司的身份演化而来，他们由于掌握了秘密知识而被认为是拥有特殊能力的人，常作为人神（man - god）受到崇拜，其人格随着被崇拜而逐渐褪去，神格随之增强，并由于其神性而被认为最能与自然力保持一致，因此，他常在身体初露衰弱迹象之时被杀，以保持神性不受损失，从而维持自然的繁盛。这就是弗雷泽提出的"神圣国王（divine kings）"之说。《金枝》中的诸多观念主题如禁忌、图腾、神话与仪式、替罪羊等都与"神圣国王"说密不可分。与此同时，尽管有颇多争议，但弗雷泽的"神圣国王"说不仅对人类学产生了一定的影响，而且由于其后来逐渐演变成为政治学中的"王权（kingship）"问题研究的一个重要方面，因此在一定程度上，也可以看作是人类学对于政治学的贡献。

一、"森林之王"——内米的"神圣国王"

对弗雷泽来说，内米祭司遗俗这种一直残存到罗马帝国时代、带有野蛮时期特点的习俗，"在当今文明的意大利社会中，就像一堵远古石崖突兀在修剪平整的草坪上那样引人注目"①。由于其粗暴和野蛮又使人们产生了要解释它的愿望。弗雷泽以人类社会早期的造神活动论证了内米祭司"森林之王"集巫师、祭司、执政王的职能与身份于一身的特征，说明在"人的生命与自然生命息息相关"的原始巫术性思维方式中，"森林之王"被赋予的神性与内米自然力之间的关联。"金枝"的被攀折即是"森林之王"生命力开始衰弱的标志，与其息息相关的自然力自然也面临着衰败的危险，因此，杀死"森林之王"，以确保神性不死或不受损失地安全迁居到另一个更为健康的躯体之内，是维持自然生命力繁盛的唯一途径。为此，一代代"森林之王"的悲惨命运在就任之时即已注定。

但是，如果这种"杀死神王"的习俗只是孤立的内米个案的话，那就背离了弗雷泽的解释初衷。于其而言，他需要证明的是内米习俗及其导致这种习俗产生的动机在人类社会早期存在的广泛性和普遍性，以此说明人类心智在巫术阶段和宗教阶段特别是二者的结合阶段的荒谬性和蒙昧性，由此解释人类社会行为的原始基础。由于结构布局的机巧，《金枝》所有的问题看似都指向内米，看似只为解释一个源自古典历史的学术问题，然终其所归，弗雷泽意欲进行的却是"巫术与宗教"的性质研究。而内米"森林之王"的"神圣国王"属性，或者说，人类社会早期曾广泛存在的类似内米的"杀死神王"现象，在《金枝》各个版本中都始终属于核心内容，是其借以阐述巫术与宗教性质的主要途径之一。

1889年11月，《金枝》首版即将完成之际，在给出版商的信中，弗雷泽如

① Sir James George Frazer, *The Golden Bough：A Study in Magic and Religion*, Vol. 12, Part I, *The Magic Art*（Vol. 1）, New York：The Macmillan Company, 1935, p. 10.

此写道："……通过比较方法，我相信我可以证明内米祭司代表的就是这一带的林神——维尔比厄斯——他的被杀被认为是神之死。这就引起了一个广泛存在的习俗问题，即杀死被认为具有神性的动物或人的问题。我已经收集了许多此类习俗的例证，并对其进行了新的解释。"[1] 由此可见，"杀神"之说在《金枝》初版时已属中心。

而在《金枝》第二版，弗雷泽做出了最勇敢的游离——或许它本来就是弗雷泽的"比较宗教研究"（《金枝》首版副标题）或者"巫术与宗教研究"（《金枝》第二、三、四版副标题）的隐晦主旨：他将基督之死与"杀死神圣国王"习俗进行了间接并置（参见本书第一章第一节），以说明这类习俗的普遍性。

也许是由于外界的批评和质疑带来的压力，也许是意识到这种并置过于激进，在《金枝》第三版中，弗雷泽将其对基督死于十字架的受难分析变成了一个长达十二页的注释，附于其作为"神圣国王"理论的结束卷——"替罪羊"卷——之后，但其喻指意图，似乎并没有太多调适。而出于《金枝》第三版以主题定卷名的需要，弗雷泽为其"神圣国王"理论部分定名为"The Dying God"，即"垂死神"，虽只有一卷，实际上却是《金枝》的核心部分。

而在《金枝》节本即第四版中，支撑"杀死神圣国王"习俗的相关人种志材料，都最大程度地得以保留，正如弗雷泽本人在此版前言中所言："在有关国王到一定时期或是其精力开始衰退之时必须被处死这个极其重要的问题上，凡能说明这一习俗的确广泛流行的证据，此节本都大量采用。"[2]

的确，弗雷泽可能在某些问题上有所犹豫，但就"神圣国王"理论而言，他没有任何迟疑，它不仅一直都是《金枝》各个版本的核心内容，而且，随着人种志材料的收集和变化，弗雷泽不断地对其进行了补充和完善，至第三版时得以论述备至。

二、弗雷泽"神圣国王"说的理论基础及其发展

在弗雷泽看来，在内米宗教遗俗中，内米祭司首先是以其"森林之王"的身份和属性受到崇拜，为这一带的自然力负责并死于这一职责的。因此，弗雷

---

① Robert Ackerman （ed.），*Selected Letters of Sir J. G. Frazer*，Oxford：Oxford University Press，2005，pp. 62 – 63.

② Sir James George Frazer，*The Golden Bough：A Study in Magic and Religion*，abridged edn，London：Wordsworth Reference，1993，p. v.

泽首先必须处理的是"内米祭司何以会被当作这一带的林神来崇拜"的问题，然后才是"他为何被杀"的问题，唯有如此，弗雷泽才能解释这种在他看来的"一个广泛存在的习俗"现象——"杀死被认为具有神性动物或人"问题，即"杀神"习俗问题。为此，弗雷泽分别借鉴了德国民俗学家曼哈德特的"植物精灵崇拜"观念和史密斯的"杀死神性动物献祭"之说。

（一）曼哈德特的"植物精灵崇拜"观念和史密斯的"神性动物献祭"之说

W. 曼哈德特是较早将目光从文献转向田野的德国民俗学家，长期在中北欧地区收集乡间流行的风俗仪式并进行分类研究。他发现，北欧雅利安人的原始宗教体系中普遍存在着植物精灵信仰，而现代欧洲的农民及林牧民中仍在践行的树木崇拜习俗仪式具有促使人畜兴旺、庄稼丰收的巫术特质，一定程度上沿袭的就是雅利安人原始宗教信念中的植物崇拜遗俗。

弗雷泽的植物神概念就来自于对曼哈德特的借鉴，并且大量使用了后者实地采集的资料。在《金枝》首版前言中，弗雷泽称赞曼哈德特所收集的材料是"有关雅利安人原始宗教研究最全面最可信的材料"，并明确表达了他对曼哈德特的借鉴："在讨论古代意大利祭司制度的意义及其起源时，我主要采用了现代欧洲还在践行相关的习俗和迷信。在这一方面，我主要受益于 W. 曼哈德特的晚期作品，若非如此，本书几乎不可能写就。"① 曼哈德特的研究范围主要是北欧的雅利安人，而弗雷泽首先将范围扩大到欧洲乡村农民，此后随着他本人人种志材料的不断补充而逐渐扩展到所有人种，将植物神之观念扩大到农耕文化的大多数甚至是所有民族，并对他的这种推演进行证明。

而罗伯逊·史密斯的有关以神性动物献祭问题的研究则直接为弗雷泽提供了"杀神"说的理论基础。在其早先为《大英百科全书》（1886）撰写的"献祭"词条及随后的关于《闪米特人的宗教》（1889）讲稿中，史密斯主要关注的是由于以神圣图腾动物献祭得以建立的人神交流关系的社会性模式问题：他认为，在闪米特人的神圣动物崇拜即图腾崇拜信念中，不仅相信人与图腾动物间存在着亲缘关系，且由于该动物的神圣性，它仅因其血就具有了神的性质，甚至通常被直接等同于神。因此，当它被杀死用来献祭时，就可在人神之间建立起一种中介联系，而且，通过分享其血肉即举行图腾飨宴，人与人之间、人

---

① Sir James George Frazer, *The Golden Bough*: *A Study in Magic and Religion*, abridged edn, London: Wordsworth Reference, 1993, p. xii.

神之间的关系会得到更新或巩固。弗雷泽的"杀神"观念正是基于史密斯的这一研究基础之上。对此，弗雷泽本人在《金枝》首版前言中也有着清楚说明，"实际上，本书的核心思想——杀神观念（the conception of the slain god）——直接来自于我的朋友（史密斯）。但需要说明的是，对杀神习俗的总体解释仅是我本人的看法，他无须担责"①。此时，弗雷泽主要以欧洲当代农民（在曼哈德特的材料基础上）还在践行的某些习俗和迷信、古代某些宗教崇拜行为（阿提斯、阿都尼斯、奥锡利斯、狄俄尼索斯）为证据来支持《金枝》的核心内容——"杀神"（killing the God）部分：在弗雷泽看来，这些习俗中或多或少都包含有类似于内米"森林之王"称号中所蕴含的植物神崇拜因素，而在有关阿提斯等神话人物的死亡与复活故事传说以及纪念习俗仪式中，几乎都表现出这些神灵曾被视为是植物神灵而受到崇拜的特点，他们的死亡因此可以被认为是植物神之死。鉴于这类植物神崇拜及死亡风俗的普遍性，可以得出内米"森林之王"之死与此类习俗同质的结论，即他们都死于为确保自然力繁盛的"杀神"风俗。

（二）澳大利亚的因提丘马仪式

尽管弗雷泽此时承认他对内米宗教遗俗的推测"可能走得太远"②，但《金枝》首版问世后，立即吸引了英国几乎所有报纸和杂志的关注，在收到的大量评论中，大多都持好评意见，特别是在最初的一两年，随后才逐渐出现一些质疑意见。③ 这种情况导致了两种状况的出现，其一是弗雷泽本人不得不继续扩大收集人种志材料对《金枝》进行补充和完善，以增强其理论支撑力和可信度；其二是弗雷泽的证据论证及《金枝》的成功令不少读者折服，其中一些在异域土著地区传教或进行人种学材料收集和研究的人员对弗雷泽所产生的敬慕意义十分深远：他们纷纷为其提供大量人种志材料，而弗雷泽的谦逊使其在由衷地感谢并赞赏他们的工作的同时也与他们建立了频繁良好的通信往来，形成了一种互动关系（这也是弗雷泽对当时的人类学产生重要影响的原因之一）。

而就其"杀神"之说而言，当时在澳大利亚中部地区土著中进行人种学研究的 W. 巴尔德温·斯宾塞和 F. J. 吉伦，在 1898 年为弗雷泽提供的因提丘马仪式材料，似乎恰好印证并加强了曼哈德特关于中北欧农民的巫术丰产仪式观念和史

---

① Sir James George Frazer, *The Golden Bough: A Study in Magic and Religion*, Vol. 12, Part I, *The Magic Art* (Vol. 1), New York: The Macmillan Company, 1935, p. xiv.

② Sir James George Frazer, *The Golden Bough: A Study in Magic and Religion*, Vol. 12, Part I, *The Magic Art* (Vol. 1), New York: The Macmillan Company, 1935, p. xi.

③ Robert Ackerman, *J. G. Frazer: His Life and Work*, Cambridge: Cambridge University Press, 1987, pp. 98 – 110.

密斯的以神圣图腾动物献祭、通过举行图腾飨宴以期达到某种愿望的说法。因此，在1900年的《金枝》第二版中，除首版有关欧洲乡间习俗仪式中的植物崇拜因素的材料外，弗雷泽不仅补充了来自于澳大利亚的因提丘马仪式的材料和证据，甚至还以隐晦的方式暗指基督之死与"杀神"习俗有某种相同之处。尽管如此，弗雷泽仍指出，目前并没有令人满意的证据来佐证这种通过"杀神"确保神性不受损失地迁居到其继任者体内、以维持自然力繁盛的做法，因为现有的证据只是表明远古时期曾经存在过这种做法①，他本人对此并不满意。

（三）《关于王权早期历史的演讲》

值得特别注意的是，在《金枝》的前两版中，弗雷泽只论及了"杀神"习俗，还没有专门涉及他后来在《金枝》第三版中所系统阐述的国王身份与职能演变问题，也就是国王何以会被视为是"神圣国王"问题。实际上，弗雷泽对人类社会早期国王的巫师兼祭司身份及由此被赋予的神性问题的阐述，首先是在其1905年发表的《关于王权早期历史的演讲》（*Lectures on the Early History of the Kingship*）中，后来被镶嵌进《金枝》第三版的"神圣国王"理论部分。阿克曼认为，这一演讲对于弗雷泽思想研究来说，十分重要，但却一直没有得到应有的重视。②

在此演讲中，弗雷泽提出了有关王权制度演化过程的一种推测性理论：他仍以内米"森林之王"为主体材料（但并未提及"金枝"和槲寄生，而且较少与"野蛮人"习俗进行并置，几乎是心无旁骛地专注于王权问题），阐释了人类心智在他所划分的巫术阶段和宗教阶段时期国王身份的演变过程，即由公共巫师到祭司乃至由于被赋予神性而受到崇拜的造神过程，其职能也经历了由谋取个人利益到由此带来间接的公共利益，直至服务和掌控其团体的演化过程。在关于这一问题的阐述上，弗雷泽似乎更像是一位社会学家，关注的是巫术与宗教演变过程中所引起的社会阶层功能分化现象，特别是王权由俗而神、由民主到专制的复杂演化进程问题。

（四）塞利格曼来自非洲的"神圣国王"信息

弗雷泽关于王权发展过程的这种阐述在1911年被他镶嵌进了《金枝》第三版的第一部分——两册本的《巫术技艺与国王的演化》（*The Magic Art and the E-*

---

① Sir James George Frazer, *The Golden Bough*: *A Study in Magic and Religion*, Vol. 12, Part I, *The Magic Art* (Vol. 1), New York: The Macmillan Company, 1935, p. xxiv.

② Robert Ackerman, *J. G. Frazer*: *His Life and Work*, Cambridge: Cambridge University Press, 1987, p. 197.

volution of Kings）卷——仅从题名即可看出弗雷泽的要旨所在。然而，对于其"杀神"说而言，正如斯宾塞和吉伦恰逢其时地为他提供了因提丘马仪式材料一样，弗雷泽缺乏令其满意的当代材料的困境为此时在非洲地区从事人种学研究的 C. G. 塞利格曼所解决。

塞利格曼原是一位出色的从事病理学研究的医生，1898 年参加的哈登组织的托雷斯海峡考察活动，改变了他的一生（几乎所有参加这次考察的成员的人生后来都得以改变），自此完全转向了人类学，主要在新几内亚、苏丹、锡兰地区进行探险和调查。1910 年，塞利格曼来到尼罗河地区的希卢克人和丁卡人之中，在此，他偶然发现了弗雷泽所说的"神圣国王"现象，当年年底返回伦敦后，便立刻给弗雷泽写信：

"我所收集的希卢克人和丁卡人材料对您一定有用，希卢克人有'神圣国王'现象，根据其族谱，他们具有半历史、半神性属性的神圣国王创立者生活于其系谱的二十到二十六代期间。就在前些年，当他们的国王年老或精力衰退之时，就会被仪式性的处死，其安葬之处被视为神龛。弑王通常由一个特别的家庭和希卢克人不同区域的首领们一起来执行。这些说法和信仰是否意味着此前曾存在这样一个时代，任何人（具有皇室血统的？）只要能接近并杀死国王便能成为国王。当然这仅仅只是最简单的推测。

"而在丁卡人当中，即使是在那些素无往来、甚至互有敌意的部落中，都存在一种普遍现象，某些功夫灵验的祈雨巫师在年老之时会被杀死。这些巫师身上寄居了本领高强的先祖的神性。在丁卡人的信念中，包含有极其强烈的先祖崇拜热忱和图腾情感。

"……不知道您新版的《金枝》何时问世，如果时间还来得及，而您也有意使用我所收集的这方面材料的话，我将十分乐意奉送。"[1]

此时，弗雷泽正在写作《巫术技艺与国王的演化》部分，除镶嵌进了他本人先前对国王身份职能演化过程的分析之外，塞利格曼来自非洲的材料简直可以说是恰逢其时，特别是对于在 1911 年 10 月完成的"神圣国王"理论卷——"垂死神"卷——来说，更是如此。[2] 塞利格曼认为，希卢克人相信，他们的王身上附有其王朝创立者——半人半神英雄尼阿康的灵魂，或者说是他的再世肉

---

① Robert Ackerman, *J. G. Frazer*: *His Life and Work*, Cambridge: Cambridge University Press, 1987, pp. 244 – 245.

② Robert Ackerman, *J. G. Frazer*: *His Life and Work*, Cambridge: Cambridge University Press, 1987, p. 245.

身，因而王的肉身不能生病或衰老，以免随着其精力的减退而导致庄稼歉收、牲口死亡，因此，当其精力不济时，就会被仪式性地处死。——于弗雷泽而言，塞利格曼来自实地调查的现代材料和可靠证据几乎是求之不得。"垂死神"卷中大量使用了塞利格曼关于希卢克人和丁卡人"杀神"风俗的材料，几乎成为支撑"神圣国王"之说的基础。①

塞利格曼提供的有关"神圣国王"材料产生了两种迥然有别的结果：于弗雷泽本人而言，它标志着其人种志材料来源在地理区域上从澳大利亚转向了非洲，而人类学材料实地收集的主要合作者也相应地由斯宾塞转向了英国政府派往非洲地区传教的约翰·罗斯科（1861—1932），后者不仅为弗雷泽提供大量人种志信息，而且在弗雷泽的鼓励下，写出了几部较有价值的人类学著作②；而于人类学界而言，塞利格曼的材料成为此后几十年间相关"神圣国王"问题争论的起点（见本节稍后论述）。

至此，弗雷泽的"神圣国王"说已经论述备至：王由于早期的巫师兼祭司身份而被神化，然而却时常免不了可怕的死亡命运，原因就在于他们被视为神，神可以死，但神性却不能因此减损。对此悖论，古人似乎有办法两全：他们需要具有神格的王，但却在他的肉身显露衰弱之时杀死他以保神性不灭，换句话说，为了王的永生而不得不将其杀死。这种野蛮荒谬的习俗虽然如今几乎已经绝迹，但是，不仅是传说中的内米祭司继任制度或者是当今野蛮非洲仍在发生的事实，而且当今文明社会（主要是欧洲）的相对落后地区（如乡村），曾经或仍在践行的某些习俗仪式（如普珥节、降灵节、狂欢节等等）中的种种蛛丝马迹（弗雷泽认为，从此类节日习俗仪式的各种细节中，不难看出它们几乎都是"杀神"习俗在漫长历史时期几经演化后的温和变体），都足以证明"神圣国王"现象在人类社会早期曾普遍存在。

即使如此，在《金枝》1922 年的节本中，除最大限度地保留了相关"神王"材料外，弗雷泽又罕见地在此版前言中简要地补充了他"新近"获得的有

---

① Sir James George Frazer, *The Golden Bough*：*A Study in Magic and Religion*, Vol. 12, Part Ⅲ, *The Dying God*, New York：The Macmillan Company, 1935, pp. 14 - 46.

② 如《巴干达人》（*The Baganda*, 1911）（献给弗雷泽）、《北部班图部落》（*The Northern Bantu Tribes*, 1921）、《巴克塔诺》（*Bakitara*, 1923）等。罗斯科是受弗雷泽的《关于未开化人和半开化人的举止、习俗、宗教和迷信等问题》调查问卷影响而走上人类学研究的英国传教士，早在 1901 年即开始发表有关乌干达人风俗习惯的作品。罗斯科极为尊崇弗雷泽并受之影响深远，自称弗雷泽的"门徒"。但有论者指出，作为传教士，罗斯科多少受到了当时正处于社会政权变革期间乌干达政治的影响甚至部分程度上参与其中，因此需审慎对待其人类学视角（参见戴维·理查兹：《差异的面纱——文学、人类学及艺术中的文化表现》，如一、王烺烺、黄若容等译，辽宁教育出版社 2003 年版，第 175—222 页）。

关杀死"神圣国王"习俗的材料，重申内米狄安娜祭司继承问题只是"这类普遍存在的习俗的一个很好例证"，认为"迄今为止，发现与此类似的习俗最多的地方是非洲"，他虽"不拟妄加臆测古代非洲对意大利有多大影响"，但却指出，"历史记载以前的欧非两大洲的相互关系，迄今仍不太清楚，尚待调查研究"。弗雷泽实际上是以此暗示内米祭司习俗可能来自非洲。尽管他的这种意指具有一定程度上的欧洲优越论之嫌，也遭到后世一些人类学家的批评，但就"神圣国王"现象研究而言，弗雷泽本人的阐释该作何理解似乎已不重要，重要的是，自《金枝》第三版起，这一现象不仅吸引了诸多人类学家的目光，也引起了诸多甚至延绵至今的争议，而这些人类学家们聚焦的目光和争议的焦点几乎都是在非洲这片古老的土地之上。

三、后世关于"神圣国王"说的争议

就弗雷泽本人而言，其有关"神圣国王"说的阐释在《金枝》第三版时已经论述完毕，此后的节本及其晚年的《〈金枝〉补遗》主要是最大限度地保留或增加材料进行理论佐证和支撑，基本没有对理论要核进行任何调整和改变。然而，自1920年代起，"神圣国王"问题就开始成为西方人类学界长期争论不休的一个重要问题，且一直延续至今。

（一）对弗雷泽"神圣国王"说及其影响的质疑与批评

弗雷泽的"神圣国王"说在《金枝》第三版时已经阐述完毕，但此时这一主题并没有引起过多的质疑。而塞利格曼则继续沿此方向进行探索，除发表了此前提供给弗雷泽借鉴的《尼阿康崇拜与希卢克人的神圣国王》（*The Cult of Ny-akang and the Divine Kings of the Shilluk*）外，后又发表了《埃及与黑非洲：神圣王权研究》（*Egypt and Negro Africa：A Study in Divine Kingship*，1934）。但自20年代中期起，英国主流人类学界就开始了对"神圣国王"之说长达二三十年的严厉批判，原因主要在于，很多论者认为弗雷泽这一理论所产生的"负面"影响，"误导"了塞利格曼等人的研究，从而使这一原本在很大程度上可能仅是推测性的问题变得极为复杂。其中最为典型的莫过于 E. E. 埃文斯－普里查德的激烈批评：他否定塞利格曼在此问题上的所有基本观点和弗雷泽对它们的借鉴。[1] 普里查德和其他弗雷泽的反对者认为，斯宾塞和塞利格曼等人自一开始就

---

[1] E. E. Evans-Pritchard, *The Divine Kingship of the Nilotic Sudan*, Cambridge: Cambridge University Press, 1948.

是弗雷泽的崇拜者，这种尊崇因此影响了——更确切地说——扭曲了他们的研究。在普里查德看来，尽管塞利格曼未必是弗雷泽的真正追随者，但他在自己的著作（《尼阿康崇拜与希卢克人的神圣国王》）出版前让弗雷泽使用了这些材料，而出版时又没有清楚阐明自己的发现与弗雷泽的理论假设之间的出入，这表明后者的理论的确影响了他的研究和思考。而塞利格曼等人对非洲地区所谓"神圣国王"现象的研究，不仅未能跳出弗雷泽的拘囿，而且使这一原本仅是书斋里的弗雷泽的推测性问题变得扑朔迷离、真假难辨。

从本质上来看，这些弗雷泽的反对者所质疑的实际上是"神圣国王"现象的真实性问题。也就是说，"神圣国王"现象是否真正存在（过）？塞利格曼等人的实地材料是否因受到弗雷泽推测性理论的影响而有所扭曲？换句话说，是否他们看到的就是他们想要看到的？

应该说，这些质疑和批评的出现不足为怪。任何思想或观念，总有其源头。同那时英语世界的几乎所有人类学家一样，塞利格曼阅读了弗雷泽。如果说塞利格曼对弗雷泽神圣王权观念感兴趣甚或是为之着迷的话，那么，在他的实地调查过程中，对其所读所思给予特别的关注也是极为自然之事。但就此而断然否定任何假设存在的可能，拒绝任何思想或观念的出现，也许并非明智之举。无论如何，塞利格曼的材料，经过弗雷泽的借鉴之后，的确使各种有关非洲社会政治结构的研究一时应声鹊起，成为研究热点，甚至形成了一种学术传统。[1]自 20 年代起，一些人类学田野调查者声称，在非洲其他的一些部落民族中，也发现了弗雷泽所说的"神圣王权"现象。有些研究甚至为两方面都提供了令人信服的证据，但却避免做出或有或无的判断；有些客观的观察者总结说，在非洲的几个地方，似乎的确有某种与此类王权模式相像的政权形式存在。[2]

（二）对"神圣国王"说的肯定与推进

尽管如此，在塞利格曼和罗斯科等人之外，弗雷泽的"神圣国王"说并非没有拥趸者，在遭遇了二三十年时间或者说整整几代人类学家的严厉质疑和批判之后，自 20 世纪五六十年代起，虽然批评之音仍是主流，但西方人类学界似

---

① 相关研究几乎不胜枚举，此处仅举数例：A. M. Hocan（Kingship, 1927）；M. Fortes, E. E. Evans-Pritchard（ed.），（African Political Systems, 1940）；G. Lienhardt（Divinity and Experience: The Religion of the Dinka, 1961）；S. R. Charsiey（The Princes of Nvakvusa, 1969）；R. Lemarchand（African Kingships in Perspective, 1977）；G. Feeley-Hamik（Divine Kingship and the Meaning of History among the Sakalava（Madagascar），1978）；W. Arens（The divine kingship of the Shilluk: A contemporary reevaluation, 1979）.

② G. Feeley-Harnik, "Issues in Divine Kingship," Annual Review of Anthropology, Vol. 14（1985）: 273 – 313.

乎开始了对"神圣国王"现象以及由此引发的相关问题、特别是王权问题的重新审视。虽然费利－哈尼克在《神圣王权问题》一文中对此有着清晰备至的综述，但此处仍需一定笔墨对费文之后的相关研究进行简要概括，特别是法国当代著名人类学家卢克·德·余施对弗雷泽"神圣国王"问题的认同和推进。

英国人类学黄金时期[①]的主流人类学家迈耶·福特斯（1906—1974）未必是弗雷泽的忠实拥趸者，但他在其非洲宗教研究著作中所做"然而，任何一位严肃的人类学家迟早都会回向令人敬佩的弗雷泽的材料汇集"[②]的断言，于西方人类学历史中的弗雷泽批评发展路径来说，似乎在一定程度上得到了应验。如前所述，虽然西方人类学界对弗雷泽的"神圣国王"问题开始了重新审视，但费利－哈尼克的述评表明，众多研究者在相关问题上并未形成一致看法，甚至避免做出判断。而余施则一直是明确支持弗雷泽"神圣国王"说并长期从事相关问题研究的西方结构主义人类学家。

余施是留学并定居法国的比利时人，曾师从马塞尔·格里奥勒（M. Griaule），与列维－斯特劳斯有过密切的合作，但他坦承弗雷泽才是对他影响最深的人类学家，坦言自己是阅读了弗雷泽有关王权巫术性起源的论述而走上人类学研究之路的，认为后者提出的国王仪式性被杀理论及其相关论述堪称完美。[③]受此影响，余施主要研究非洲地区的王权制度及其王位的结构与象征功能问题，著述颇丰（共出版了八部著作），如《非洲皇室乱伦的象征》（1958）、《迷狂的国王，或国家的起源》（1982）、《非洲的献祭：一位结构主义者的方法》（1985）等。

在一篇访谈中，余施明确指出，"他（指弗雷泽）在英国的后继者们出于对马林诺夫斯基的偏爱而抛弃了他，他们没有意识到，弗雷泽'神圣王权'的一般模式是值得认真地重新检视的。自1958年起，我一直致力于研究和推进弗雷泽的理论：很多'原始'社会的神圣国王都具有控制自然力所必须具有的仪式性职能"[④]。

---

① 有关英国人类学发展阶段的划分，参见 Fredrik Barth, Ander Gingrich, Robert Parkin, Sydel Silverman, *One Discipline*, *Four Ways*: *British*, *German*, *French*, *and American Anthropology*, Chicago: The University of Chicago Press, 2005。

② "Yet, sooner or later, every serious anthropologist returns to the great Frazerian corpus." 见 M. Fortes, *Oedipus and Job in West African religion*, Cambridge: Cambridge University Press, 1959, p. 8。

③ Pierre De Maret, "An Interview with Luc de Heusch," *Current Anthropology*, Vol. 34, No. 3 (Jun., 1993): 289 – 298.

④ Pierre De Maret, "An Interview with Luc de Heusch," *Current Anthropology*, Vol. 34, No. 3 (Jun., 1993): 289 – 298.

在其晚年发表的《神圣王权的象征机制：重新思考弗雷泽》一文中，余施高度赞扬弗雷泽对人类学的贡献，"就弗雷泽将神圣国王现象视为他所划分的人类历史阶段中巫术阶段的产物这一点上来说，他无疑是错误的；但他却是首位提出非洲地区存在着一种权力与自然驾驭能力息息相关的政治首领类型这一极其重要事实的人类学家"。"这一问题于人类学发展阶段来说，就是北极星。"在余施看来，后世人类学对待弗雷泽的态度有失公允，至少在这一问题上，应该"重新思考弗雷泽（Reconsidering Frazer）"。[1]

余施此文在一定程度上可以看作是其一生关于非洲王权制度研究的总结，也是对弗雷泽神圣国王理论的一种肯定和推进：在肯定弗雷泽所阐述的有些非洲国王有时会由于自然灾害被作为替罪羊而被仪式性处死的基本观点的基础上，沿着弗雷泽的逻辑，余施对神圣国王的象征机制进行了分析。他认为，在这种杀王仪式中，国王的身体是一种"肉体－圣物"，被认为寄居了仪式中神秘的巫术－宗教力量。它将国王物化（有时甚至物化为神圣怪兽）为自然和文化秩序的一部分。这一仪式功能是皇室政治运转的基础。神圣王权复杂的象征机制是一个国家的核心要素，但它在集权化还没有形成的小型社会已经出现。种种面纱掩盖之下的神圣王权现象实际上极具历史重要性。[2]

第二节　神话与仪式

弗雷泽对内米祭司"森林之王"的身份解释，首先主要是围绕希腊神话和罗马神话进行的，其次是融合镶嵌进了他的神王理论。对内米祭司继任习俗和血腥的"杀王"仪式的解释，正是建立在他对世界各地的神话和传说的比较研究基础之上的。其有关神话与仪式的理论主要也是借此通过《金枝》进行阐述的。对神话与仪式问题的阐释，是《金枝》的重要内容之一，也是弗雷泽对20世纪神话研究的重要贡献。

一、内米的"杀王"仪式及其传说

弗雷泽认为，综合古希腊罗马神话传说和古代作者的种种记载来看，可以断定，内米祭司就是罗马神话中的维尔比厄斯，也是希腊神话中的英雄希波吕

---

[1] L. d. Heusch, "The Symbolic Mechanisms of sacred Kingship：Reconsidering Frazer（translated by Declan Quigley），" *The Journal of the Royal Anthropological Institute*, Vol. 3, No. 2（Jun., 1997）：213－232.

[2] L. d. Heusch, "The Symbolic Mechanisms of sacred Kingship：Reconsidering Frazer（translated by Declan Quigley），" *The Journal of the Royal Anthropological Institute*, Vol. 3, No. 2（Jun., 1997）：213－232.

托斯。内米狄安娜崇拜最初由维尔比厄斯建立，他就是第一任内米之王，也是女神狄安娜的伴侣，是后来内米祭司们神话中的祖先和原型，那些祭司们一代一代地以森林之王的头衔和身份服侍女神狄安娜，最后都免不了像维尔比厄斯那样一个接一个地走向可怕的归宿。他们无法像普通人那样寿终正寝，而是不期地死于继任者之手，原因就在于他们是王，并且是集神秘的自然力于其身的具有神性的王，在他的身体初步露出衰弱迹象（无法阻止其体外灵魂的寄居之处"金枝"的被攀折即是他身体衰弱的明证）之时杀死他，是为了保证其身体内所寄居的神性不受损失，安全无恙地迁居到更为健康的继任者体内，从而维持他的国家、臣民、土地的兴旺和繁荣，因为根据相似律，只有王健康无恙，其体内的神性才会安好无损，自然才会繁盛和丰产。也就是说，内米祭司，无论是第一代的执政王维尔比厄斯或者希波吕托斯，还是那些作为他的变体的无名后继者，因为他们是内米的"森林之王"，他们与这里的自然力是融为一体的，担负着这一带植物及人畜的繁荣和兴旺的重任。作为神王，为了保证神性不受损失和安全迁居，他们必须在其身体初露衰弱迹象之时受死。这便是弗雷泽基于其神王理论基础之上提出的"杀王"说。

不仅如此，通过对世界各地广博庞杂、包罗万象看似孤立的神话、传说、巫术、习俗仪式的考察，弗雷泽认为，内米血腥的祭司继任习俗并不限于内米仅有，或者说并不具有特殊性，而是人类早期社会曾普遍存在的"杀王"习俗和仪式的个案及其遗迹而已。虽然那些血腥残忍的"杀王"习俗和仪式在如今社会已不复存在，或者真正上演，但却不乏此类风俗和仪式的种种变体。换言之，弗雷泽正是根据这些风俗和仪式种种变体的蛛丝马迹，以及各种神话传说中与此类似的神之死亡的故事，如阿都尼斯之死、光明之神巴尔德尔之死等等，做出人类早期社会曾普遍存在着"杀王"现象的推测的。最初"杀王"习俗中受死的就是王本人，但逐渐衍生出以"替罪羊"代替王受死的情形，然而，这种真实上演的血淋淋仪式后来终被抛弃，代之以象征王的身份的各种偶像或动物，通过表演和模仿"杀王"仪式，以企图实现自然繁盛、人畜兴旺的愿望。然而，对于后世而言，要理解这些奇特而不可思议的仪式的真实意义并不容易，因为在历史的长河中，仪式的最初动机和意义可能早已丢失或遗忘，仪式本身在长期的流布和实践中可能发生的变形更增加了其理解难度，但这也并不是说绝无可能，神话就为仪式的理解提供了一种有效的途径和手段。虽然《金枝》本身并不是一部专门的神话学著作，弗雷泽也并没有着意建立系统的神话理论，其关于神话的具体见解也零星地散落在《金枝》各章节之中，但这些观点犹如散落在《金枝》各处耀眼的珍珠，串起了弗雷泽有关神话问题的真知灼见。尽管弗雷泽本人和《金枝》受到的诟病和批评不少，但就其关于神话与仪式问题的阐释进而为神话研究带来的启示和影响而言，其开拓性研究的贡献是毋庸置疑的。

二、神话的仪式方法肇始之溯源

人类各民族对自身漫长的历史长河中所形成的神话的不解和困惑古来有之，对于神话资源异常丰富发达的欧洲人来说，更是如此。神话中何来那些神祇可以呼风唤雨、人兽异形、死而复生等等荒诞不经的事情？超凡的神祇为何也会像凡人一样犯下种种罪行、遭受痛苦甚至是死亡？追问之下，人们试图对神话进行解释。但从总体上来说，在19世纪之前，人们大多认为神话属于粗鄙低劣的东西，因此几乎没有专门的关注和研究。现代科学意义上的神话学出现于19世纪，首先兴盛于历史比较语言学较为发达的德国，即以比较语言学的成果来研究神话。麦克斯·缪勒（Max Müller，1823—1900）堪称其中的先行者和佼佼者，他首次将比较神话学这一术语纳入神话研究范畴，认为神话是宗教的组成因素之一，而且与语言的发展关系密切。

相对于德国发达的比较神话学研究来说，英国的神话学研究在19世纪中期之时还显得相对保守，很多学者仍认为神话反映了人类早期的迷信和无知，不过是无意义的民间传说而已。也许正因为如此，当缪勒于1848年定居伦敦，并以牛津为中心进行比较神话学研究时，他很快就为英国学界普遍接受，并迅速成为主流，特别是他1856年发表的长篇论文《比较神话学》一文，获得了极大成功。缪勒精通梵文，他运用自己的语言学和词源学知识来寻找希腊神话的源头，将其追溯到了印度神话。缪勒将神话荒诞不经、矛盾不一致的特点归因于它是人类在民族分化之前所共同经历的"神话时代"（Mythological Age），亦即"产生神话的时代"（Mythopoeic Age）的语言失常的产物，是语言"患了病"的结果，才使后世产生了种种理解上的障碍，这便是神话发生学的"语言疾病说"。缪勒还认为神话的核心以及神的原初概念，归根结底总是太阳，此即神话阐释学的"太阳中心说"，被称为"太阳神话说"。① 在缪勒及其追随者看来，神话纯粹是语言发展过程的结果，其意义只能通过科学的比较语言学分析才能破解，任何试图从外部寻求突破的非科学方法注定是徒劳的。

---

① 麦克斯·缪勒：《比较神话学》，金泽译，上海文艺出版社1989年版。

缪勒虽然为英国的神话研究带来了新鲜空气，但其极端的"语言疾病说"和"太阳神话说"在盛行二十多年之后，即开始遭到一些学者的质疑和反对。随后出现的神话研究的人类学方法，就是一些人类学家和民俗学家与以缪勒为代表的主流太阳神话学者长期论争的结果，如泰勒、安德鲁·兰、弗雷泽等。而就弗雷泽本人的神话研究而言，他承袭了史密斯将神话与仪式联系在一起的思路，并沿此方向继续探索，终于又为人类学视域下的神话研究揭示出了一条可资借鉴的独特路径，提供了新颖的视角与方法启示，即神话与仪式方法，这是他与同为人类学派的泰勒、兰的最大区别。

透过仪式理解神话是一种典型的神话研究的外部方法，它将神话的起源、意义及本质与仪式紧密联系在一起。这一理论的最大特点就是认为神话与仪式之间的联系不是由于偶然，而是出于必然。其中最为极端的观点是认为二者相互依存、不可分开；较为温和的观点认为二者最初彼此共生，后来又可以各自存在；最为温和的一种是认为二者的产生没有太多关联，其结合是后来的事情。[①]

史密斯是首位提出神话的最初出现与仪式有关的学者，他反对泰勒认为神话是原始人试图科学解释世界的错误努力的观点，主张神话是仪式的解释。对史密斯来说，仪式早于神话，其最初出现并不需要神话。在他看来，仪式是首要的，神话是次要的，神话的产生是由于仪式的意义已经丢失或者被遗忘，如果仪式意义清楚，神话就是多余的。[②] 史密斯这种将神话与仪式之间关系绝对化、教条化的倾向不免显得有些武断和僵化，但由于他是首位提出神话的产生与仪式有关的学者而被奉为神话仪式学者的先驱。而弗雷泽则通过《金枝》将史密斯初步提出的神话－仪式理论向前做了极大推进，为后来简·赫丽生等神话仪式学者的研究披荆斩棘、开山凿路，铺平了前行的道路。

三、弗雷泽论神话与仪式

弗雷泽神话－仪式理论建立在两个非常重要的观念基础之上：宗教起源于人试图通过巫术（即仪式途径）驱使神来实现自己控制世界的愿望和努力；人的宗教崇拜首先（而且最主要）是一种表演。这是理解弗雷泽有关神话与仪式

---

① Robert A. Segal（ed.），*The Myth and Ritual Theory: An Anthology*，Oxford: Blackwell Publishers，1998，p. 1.

② Robertson Smith，"Lectures on the Religion of the Semites," *The Myth and Ritual Theory: An Anthology*，Robert A. Segal（ed.）Oxford: Blackwell Publishers，1998，pp. 17 – 34.

问题看法的关键。

（一）神话与仪式联袂之历史阶段——巫术与宗教之结合阶段

弗雷泽将人类心智划分为巫术、宗教、科学三个阶段，《金枝》实际上研究的是一个巫术阶段向宗教阶段演化、巫术与宗教交叉在一起的阶段。根据弗雷泽的解释，只有在此阶段，神话与仪式才会相互作用；巫术阶段虽然有仪式，但因为没有神，所以没有神话；宗教阶段，虽然既有仪式也有神，但二者之间实际上几乎没有什么关联：神话描述神的性格与行为，仪式则是曲意迎奉神的，仪式可能以神话为前提，但并不意味着它无法独立存在。而在巫术与宗教的结合阶段，神话与仪式才会互为表里，共同作用。[①]

应该说，整部《金枝》都是以内米血腥奇特的祭司继任仪式及有关神话传说和典籍记载为中心展开的，虽然这里的祭仪和神话只是弗雷泽在更大范围上通过神话的比较研究来说明巫术与宗教性质及演化进程的一个缩影，但却是串起《金枝》的核心部分——阿都尼斯、阿提斯、奥锡利斯、狄俄尼索斯神话分析的关键。对弗雷泽来说，他们与内米维尔比厄斯"森林之王"的身份一样，都是植物神。

通过比较分析，弗雷泽发现，在这些神祇受到崇拜的不同地区，每年不同时间举行的有关纪念他们的种种形式内容各异、甚至不乏怪诞荒谬的风俗和仪式——如在阿都尼斯的纪念仪式上，有些地方可能会出现以偶像来扮演的神婚仪式，但偶像在受到人们伤心的哀悼之后却又被丢到水里；有些地方在纪念活动期间妇女不吃磨里磨出的东西；不同地区的"阿都尼斯园圃"更是各有特色，等等，总之，形态各异的种种仪式数不胜数[②]——在弗雷泽看来，诸类仪式都是在表演他们的神话传说中有关这些神祇的死亡和复活故事。虽然这些神话传说可能版本不一，但大都有这些植物神悲惨地暴亡，然后又在人们特别是他们的妻子或情人的悲痛和伤心祈祷下，或者与邪恶势力抗争获胜或取得协调后又神奇复活的情节，也都有这些神祇死亡后大地随即枯萎萧条，他们复活时，万物也神奇地随之茂盛生长的奇迹事件发生。

因此，弗雷泽认为，人们通过仪式来表演神话传说中这些神祇死亡与复活的故事和情节，是基于他们相信相似律的巫术原理，企图通过此种行为，来达

① Robert A. Segal (ed.), *The Myth and Ritual Theory: An Anthology*, Oxford: Blackwell Publishers, 1998, p. 3.

② Sir James George Frazer, *The Golden Bough: A Study in Magic and Religion*, Vol. 12, Part IV, Adonis, Attis, Osiris (Vol. 1), New York: The Macmillan Company, 1935, pp. 223–259.

到控制自然，依据愿望实现季节的更换轮替，借此实现植物繁盛生长、农事获得丰收的希望。"他们往往将复活植物的戏剧性表演同真正的或者戏剧性的两性交媾结合在一起进行，希望通过借助这同一做法同时使果实、牲口和人增殖。"①这些仪式的本质意图和内米祭司继任仪式是一样的，即在相信相似律的基础上，希图植物神能保证自然和人的繁盛与丰产。"埃及和西亚人民以奥锡利斯、塔穆兹、阿都尼斯、阿提斯的名义进行一年一度的生命（特别是植物的生命）兴衰表演，将植物的生命循环人格化为一位年年都会死而复生的神。尽管这些仪式的名称和细节在不同地区不尽相同，但其实质却是一样的。"②

但是，我们不难看出，在内米祭司继任仪式和阿都尼斯、阿提斯、奥锡利斯、狄俄尼索斯种种纪念仪式中，虽然仪式的本质和意图是一样的，但就仪式的中心角色而言，实际上有两种情形，分别为体内寄居了神性的王和由人（扮演者通常是王）扮演的神，这实际上体现了弗雷泽两种略有差异的神话－仪式理论。

（二）弗雷泽的两种神话－仪式理论

《金枝》中实际上蕴含了弗雷泽的两种神话－仪式理论，即以王为中心和以神为中心的神话－仪式理论。

1. 以王为中心的神话－仪式理论

我们首先来看弗雷泽阐述的以王为中心的神话－仪式理论，即"杀王"仪式。由于认为王的身份和职能是由巫师和祭司演化而来的，王通常被认为具有某种神性，或者说，人们相信神就寄居在王的身上。根据巫术的相似律原理，王的健康直接关系到植物的长势，因此，神的健康有赖于王的健康。也就是说，王康好，植物神才康好，植物也才会因此康好。为保证神性的一直康好无恙且不受损失，有些社团就可能会趁王还在康健的在位之时杀掉他，以保证神性能及时安全地迁居到新的更为强壮健康的继任者体内：

"他们（原始人）相信，王的生命或精神是与整个国家的兴旺相一致的，如果王病了或者老了，牲口就要生病和停止增殖，庄稼就会烂在田里，人会死于疾病的大流行。因此，在他们看来，避免灾祸的唯一办法就是趁王还在健壮的时候杀死他，使他从先辈那里继承来的、精力还十分充沛并没有被疾病或衰老

① Sir James George Frazer, *The Golden Bough: A Study in Magic and Religion*, Vol. 12, PartⅣ, *Adonis, Attis, Osiris* (Vol. 1), New York: The Macmillan Company, 1935, p. 5.

② Sir James George Frazer, *The Golden Bough: A Study in Magic and Religion*, Vol. 12, PartⅣ, *Adonis, Attis, Osiris* (Vol. 1), New York: The Macmillan Company, 1935, p. 6.

所减弱的神性经由他传给他的继任者。"①

"杀王"仪式通常是在王的身体首次露出衰弱迹象之时，或者在固定的时间进行。不难看出，在这种"杀王"仪式中，仪式只是仅仅改变了神的寄居之地，而不是表演植物神的神话，王的死亡不是缘于模仿神的死亡，而是作为保证神之健康的祭物。也就是说，神话在此类仪式中的作用并不明显，或者说，神话与仪式之间的联系并不十分紧密。

2. 以神为中心的神话－仪式理论

弗雷泽另外一种神话－仪式理论的中心是神，神话描述了植物神的经历，仪式是用来表演神话的，或者至少表演神话中神死而复活的部分。仪式的作用机制建立在巫术的相似律基础之上，即通过模仿神的生活特别是其死而复活的经历，希望大地也会像神那样从枯萎（死亡）中恢复生机（复活），实现万物繁盛丰产的愿望。"如果说这类纪念在形式上是戏剧性的，其实质却是巫术性的。"② 仪式并不是直接控制植物，而是借由控制植物神的途径来实现愿望。但是，由于王通常被认为具有神性，因此，仪式中的神通常由王本人来扮演，因为王如此，植物亦会如此。总之，认为植物在神的控制之下是一种宗教信念，而植物可以被控制，即使是通过具有神性的王来实现的，则属于巫术遗泽。就这样，通过巫术与神话的结合，神话与仪式也因此得以结合：

"这样，关于季节的古老巫术理论就被一种宗教理论所代替或补充。因为人虽然现在把每年的循环变化主要归诸于他们的神祇的相应变化，他们还是认为通过举行一定的巫术仪式可以帮助神的生命本原与死亡本原进行抗争。他们想象他们可以补充神的衰退的力量，甚至使他死而复生。"③

此类仪式中神的角色由人来扮演，表演出人所希望的神之行为，尽管扮演者可能是王本人，但仪式的中心还是神，仪式的意图通过神来实现。仪式表演了神话，或者至少是神话的一部分。因此，相较前一种理论而言，在弗雷泽这种以神为中心的神话－仪式理论中，神话与仪式之间的关联较为紧密。

（三）弗雷泽关于神话与仪式关系的不确定性

但是，在弗雷泽这里，如果我们企图像在其他神话仪式学者那里一样，希

---

① Sir James George Frazer, *The Golden Bough: A Study in Magic and Religion*, Vol. 12, Part Ⅲ, *The Dying God*, New York: The Macmillan Company, 1935, p. 27.

② Sir James George Frazer, *The Golden Bough: A Study in Magic and Religion*, Vol. 12, Part Ⅴ. *Spirits of the Corn and of the Wild* (Vol. 1), New York: The Macmillan Company, 1935. p. 1.

③ Sir James George Frazer, *The Golden Bough: A Study in Magic and Religion*, Vol. 12, Part Ⅳ, *Adonis, Attis, Osiris* (Vol. 1), New York: The Macmillan Company, 1935, p. 4.

望能清楚厘清他们对神话和仪式诸如孰轻孰重、孰先孰后等问题的看法——如先前的史密斯就认为仪式不仅先于且重要于神话，其后的赫丽生却认为神话早于仪式——来厘清弗雷泽对神话仪式之间关系的看法，或者说，他关于神话的起源、意义及其与仪式的关系上的明确观点，并非易事。这一方面固然是由于弗雷泽本人的态度较为矛盾，另一方面则由于他自己本身似乎并不旨在刻意建立起一套系统完整的神话理论，因此对自己的矛盾和不确定性并不在意。

1. 神话与仪式相互说明

虽然《金枝》的写作最初缘起于对《希腊纪行》中的一些神话和习俗进行"比较神话学"的解释，但相较而言，作为一部巫术与宗教研究著作，习俗仪式是《金枝》的研究重点。巫术行为离不开仪式，宗教实践中要通过祭祀仪式来乞神怜悯。由于在巫术与宗教的结合阶段，种种仪式实践常伴有许多神话，弗雷泽因此不仅需要进行比较神话学研究，也需要探讨神话与仪式的关系。但就神话与仪式的关系上，弗雷泽的态度并不确定，甚至相互矛盾。他在主张神话与仪式共同作用的同时也不排斥其他观点。如在讨论德墨忒耳神话与"埃莱夫西斯神秘宗教仪式"（由德墨忒耳建立的庆祝她自己失而复得其女珀耳塞福涅的仪式）的关系时，弗雷泽认为神话和仪式有"彼此说明、相互肯定"的关系。①

2. 神话解释仪式

但弗雷泽有时也认为神话是仪式的解释，如在谈到种种有关阿提斯的神话和祭祀仪式时，他如此解释道："关于阿提斯的死亡，流行着两种不同的说法。一种认为他和阿都尼斯一样，是被野猪杀死的；另一种说法是，他在一棵松树下自行阉割，当即流血而死。……两种说法都有习俗可以佐证，或者更确切地说，两种说法都可能是被创造出来的，来解释崇拜者们所遵从的某些习俗的"②。同样，对于狄安娜在内米受到崇奉的故事，弗雷泽认为，"它们显然是属于一大类被用来解释某种宗教崇拜仪式之起源的神话"③。然而，弗雷泽还认为，神话对习俗仪式的解释可能会出现变形或者说是曲解。如关于希腊神话中彭修斯和莱克尔加斯两位国王因反对狄俄尼索斯祭仪，一个被酒神疯狂的信徒撕成碎块，一个被马裂成碎块的传说，弗雷泽认为，这一传说可能是对古时"把神圣国王

① Sir James George Frazer, *The Golden Bough*: *A Study in Magic and Religion*, Vol. 12, Part V, *Spirits of the Corn and of the Wild* (Vol. 1), New York: The Macmillan Company, 1935, p. 39.

② Sir James George Frazer, *The Golden Bough*: *A Study in Magic and Religion*, Vol. 12, Part IV, *Adonis, Attis*, *Osiris* (Vol. 1), New York: The Macmillan Company, 1935, p. 264.

③ Sir James George Frazer, *The Golden Bough*: *A Study in Magic and Religion*, Vol. 12, Part I, *The Magic Art* (Vol. 1), New York: The Macmillan Company, 1935, p. 21.

当作狄俄尼索斯来献祭，把他碎裂的尸体撒在地里来肥沃土壤”这种习俗仪式的“曲解。”①

3. 仪式表演神话

然而，弗雷泽似乎又看到了问题的另一面，即神话也会导致仪式的产生。例如，在分析埃及民间和官方种种祭祀他们尊奉的神奥锡利斯的习俗仪式时，弗雷泽认为是奥锡利斯神话导致了这些习俗仪式的出现。

根据古典文献中所记载的希腊神话传说，由于奥锡利斯是埃及地神和天神的私生子，未出世就受到了太阳神的诅咒，但其曲折的身世并未能阻止他成为深受埃及人爱戴的善良国王，因为他开化了处于野蛮状态的埃及人，教会了他们农耕技术，给他们法律，也教他们供奉诸神。奥锡利斯还周游世界，慷慨地散布文明和农耕事业。他因此受到了他的臣民乃至外邦民族的极大尊敬，甚至被当作神来崇拜。但这引起了他的弟弟塞特（Set，希腊人称之为泰丰 Typhon）和其他一些人的妒恨，设计将他诱进事先准备好的银柜之中，焊住之后扔进了尼罗河。奥锡利斯的妻子伊希斯（Isis）历尽曲折艰辛找到了他的尸首，且在寻找期间生下了儿子贺鲁斯（Horus），但还是未能逃脱塞特将奥锡利斯尸体碎尸，并四处散开以阻止其复活。伊希斯到处寻找，每找到一块尸体，就随即把它埋葬起来，为的是许多地方都可以供奉奥锡利斯。伊希斯还设法让各地的祭司深信奥锡利斯就葬在他们的土地上，并虔诚地供奉他，献上他们最初的野兽，并在野兽死后的葬仪上哀悼奥锡利斯。然而，埃及人并不满足于此，他们继续对这一神话进行补充：伊希斯在找到丈夫的尸块后，撕心裂肺地伤心恸哭哀诉，终于感动了太阳神，派神阿比努斯下凡，和伊希斯、贺鲁斯一起，将破碎的尸块拼拢起来包好，举行埃及人通常对死人举行的一切仪式。奥锡利斯竟然又神奇地复活了，从此在阴间做了国王，主持对死人灵魂的审判。

弗雷泽认为，无论是埃及民间流行的种种农事祭仪、尼罗河涨水期庆祭、哀哭死者风俗等，还是古代作家如希罗多德、普鲁塔克等人描写的或者碑文记录的埃及官方奥锡利斯节中的“寻找奥锡利斯的尸体”（search for the dead body of Osiris）仪式的戏剧性表演过程、荷阿克月的奥锡利斯葬仪（the burial of Osiris in the month of Khoiak）等等，都是根据奥锡利斯神话举行的仪式或形成的习俗。特别是官方的祭祀仪式，大多实际上都是根据奥锡利斯的神话进行的巫术

---

① Sir James George Frazer, *The Golden Bough*: *A Study in Magic and Religion*, Vol. 12, Part Ⅴ. *Spirits of the Corn and of the Wild* (Vol. 1), New York: The Macmillan Company, 1935. p. 24.

性仪式表演，通过对神的死亡和复活经历的仪式性表演，借此实现尼罗河由枯水期变为丰水期、土地由干涸变为湿润宜耕的丰产愿望。而更为重要的是，奥锡利斯死而复生的神话还影响了埃及人的葬仪风俗和仪式，如相信对死者举行像对待奥锡利斯尸体那样的仪式、特别是将死者制作成像奥锡利斯那样的木乃伊，就更有利于其死后复活，生活在另一个世界，与神共享复活的欢乐幸福：

"埃及人从奥锡利斯的复活中，看到了他们自己超越死亡并使生命获得永生的保证。他们相信，只要死者的亲友对死者的身体做到像诸神处理奥锡利斯的尸体那样，做到那些事情，那么，每个人都会在另一个世界得到永生。因此，埃及人为死者所奉行的仪式，就是阿努比斯、贺鲁斯及其他诸神为死去的神祇奥锡利斯所举行的那些仪式的精确模仿。"①

4. 弗雷泽的神话认知主义和历史主义

尽管我们在此讨论的是弗雷泽关于神话与仪式问题的看法，但我们仍无法回避弗雷泽时常流露出的关于神话问题的另外两种见解：神话源于对自然现象进行解释的努力；神话蕴含了被曲解的历史，即神话认知主义和历史主义主张。

如在分析马尔代夫群岛居民曾存在的由于惧怕邪恶精灵每月一次波光粼粼地出现在海面上而献祭童贞少女的风俗时，弗雷泽给出了神话认知主义的解释，"在我看来，这一为恶魔献祭少女的神话，应该是基于马尔代夫群岛夜晚时常可以见到的闪电、月亮之类的自然现象基础上的"②。

而在讨论与古代罗马国王和拉丁姆王位的嬗替神话传说时，弗雷泽又表现出神话历史主义的倾向，"如果说国王们在世之时已经实际上表明自己具有神性，那么，不仅把国王描写为神的后裔，甚至说成为神的化身，直至把国王尊崇为神，也是极为方便之事"③。

由此，我们可以看出，弗雷泽关于神话起源、意义、本质的看法似乎较为松散，似乎并不着意将自己限定在某一种相对固定的观点之上，《金枝》中并存着神话的仪式主义、认知主义和历史主义解释。而就我们此处所关心仪式主义或者说神话与仪式主义的理论而言，如同前文所述，弗雷泽似乎也无意于框定神话和仪式之间的关系：他既认为神话和仪式可以相互说明、同时出现，也认

① Sir James George Frazer, *The Golden Bough*：*A Study in Magic and Religion*, Vol. 12, Part IV, *Adonis, Attis, Osiris*（Vol. 2）, New York：The Macmillan Company, 1935, p. 15.

② Sir James George Frazer, *The Golden Bough*：*A Study in Magic and Religion*, Vol. 12, Part I, *The Magic Art*（Vol. 2）, New York：The Macmillan Company, 1935, p. 154.

③ Sir James George Frazer, *The Golden Bough*：*A Study in Magic and Religion*, Vol. 12, Part I, *The Magic Art*（Vol. 2）, New York：The Macmillan Company, 1935, pp. 273 - 274.

为仪式可能导致神话的产生，即神话解释说明仪式，也表达了仪式表现表演神话，即经由神话而产生的看法。弗雷泽有关神话与仪式关系的这些看似自相矛盾的观点，包括认知主义和历史主义的看法，上文诸例举仅是其中很少的部分，仅为出于归纳说明弗雷泽相关见解特别是有关神话与仪式关系问题上的方便。诸如此类的诸多观点和见解零星地散落在《金枝》的诸多篇章之中。

弗雷泽在《金枝》中对神话与仪式关系的这种游移和矛盾态度的确让人有些无所适从，也招致了后世研究者的一些不满和批评。焦点主要集中在他到底是否属于一位真正的神话－仪式主义者，或者是神话历史论者还是泰勒式的神话认知主义者，以及他在神话仪式的顺序上到底主要持何观点等问题上。[①] 在笔者看来，质疑、批评和争论不仅必要，而且是我们深入研究弗雷泽和《金枝》的重要途径和手段，但也许，我们似乎不必纠结于给我们的研究对象贴上何种醒目的标签，以此加以限制和框定。所幸的是，尽管学界对弗雷泽的神话－仪式理论存在着种种质疑和批评，但就神话的仪式方法作为一种研究范式以及成为一个学派的发展历史而言，弗雷泽的贡献总体上还是得到了学界的一致承认。

笔者认为，弗雷泽在承袭了史密斯初步将神话与仪式联系在一起进行研究的路径的基础上，超越了前者绝对化、教条化神话与仪式关系的倾向，展开了多方位的探索。尽管其观点的确矛盾不一，充满了不确定性，然而，也许正是由于他这种松散多角度的探索，不仅将史密斯不免枯燥僵化的神话－仪式理论大大地向前做了推进，而且为后来的研究者特别是剑桥仪式学派的赫丽生、库克、默里（G. Murray，1866—1957）等人的探索提供了多维的视角启示和参照，承上启下，披荆斩棘，为后来者铺平了前行的道路。"神话仪式学派拓荒者"这样的称誉，于弗雷泽来说，应该是实至名归，当之无愧的。

第三节　替罪羊

在弗雷泽看来，内米祭司作为内米一带的森林之王，不仅要以其身体的康健为保证为其臣民和王国的福祉负责，也要以王的身份承担其臣民的罪责、不幸、死亡和不祥等污秽而成为危险的载体，必须采取某种措施驱除其所承载的

---

① 如罗伯特·西格尔（1998）认为弗雷泽并不是一位完全的神话－仪式学者，罗伯特·阿克曼（1987；1991）认为他只是在一段时间内属于仪式主义论者。即使在受弗雷泽影响发展起来的剑桥仪式学派成员中，也出现了分歧，赫丽生遵他为导师，而胡克（S. H. Hooke，1874—1968）则指责他过于泰勒式。而在神话与仪式的顺序问题上，西格尔认为弗雷泽的主要主张是神话先于仪式，而阿克曼似乎避免在此问题上做出判断。

污秽，以免为他自己及其王国带来毁灭性灾害。在弗雷泽的解释中，内米的"杀王"仪式体现了人类早期社会某些文化中曾经存在的"替罪羊国王（scape-goat king）"现象：基于交感巫术原理，原始人相信不仅王的神性可以通过转移而保持旺盛，个体或团体的罪责和灾祸也可以转移到将死之王身上，随着他不可避免的死亡而被带走，人们得以恢复清白和无罪，免遭不幸。无论出于这两种情况中的哪一种原因，神王都是作为其臣民的替罪羊而不得不接受其仪式性死亡。弗雷泽的这种"替罪羊国王"之说意在解释内米祭司遗俗，但他是通过其百科全书式的人种志材料考察来进行这种解释的。在他看来，借用替罪羊替罪、转灾、驱邪的净化仪式尽管荒谬不堪，但却是人类社会普遍存在的一种习俗现象，从"替罪羊国王"到无生命物体、从人牲到偶像、从古希伯来文化到古希腊罗马世界、从现今"野蛮"社会到文明欧洲，如若仔细甄辨，种种替罪驱邪习俗仪式及其变体几乎充斥于人类历史的各个时期，人类心智的这种以巫术为基础的转移痛苦的能力简直可以堪称是人类思想的"炼金术"①。

替罪羊原本是指宗教崇拜仪式中的献祭之物，弗雷泽将其引入人类学领域，用于在他看来人类文化中普遍存在的驱邪净化习俗仪式研究，尽管有批评认为弗雷泽对这一词的使用过于随意，而且泛化了这一概念及其含义，但自《金枝》之后，"替罪羊"这一概念似乎已经固化，一直延续至今，且对人类学、民俗学、心理学、社会学等诸多学科产生了重要影响。

一、《利未记》中的"替罪羊"仪式

英语中的"scapegoat"一词，最初为英国宗教改革家威廉·廷代尔 1530 年在翻译希伯来文的《摩西五经》时所创造，用来指《利未记》第十六章中提到的承担着以色列人罪愆而被放逐到旷野之中的羊。

根据《利未记》第十六章，耶和华晓谕摩西，告知其兄亚伦，在赎罪日进入圣所时，必先净身更衣并以两只公山羊做赎罪祭，拈阄决定，一阄归于耶和华，一阄送到旷野。归于耶和华的那只应在圣所前宰杀为百姓赎罪，并用其血净坛，以除去以色列人的污秽。而被送到旷野之中的那只，即"scapegoat"，要以如下仪式进行："（亚伦）两手按在羊头上，承认以色列人诸般的罪孽、过犯，就是他们一切的罪愆，把这罪都归在羊的头上，借着所派之人的手，送到旷野去。要把这

---

① Sir James George Frazer, *The Golden Bough: A Study in Magic and Religion*, Vol. 12, Part Ⅵ, *The Scape-goat*, New York: The Macmillan Company, 1935, p. ⅴ.

羊放在旷野,这羊要担当他们一切的罪孽,带到无人之地。"① 《旧约》中有许多以牛、羊等动物为祭物献祭的例子,典型的如亚伯拉罕顺从神意欲献儿子以撒为燔祭而神最终以公羊代之的故事。其他诸多与基督教关系密切的文献如《死海古卷》《巴拿巴书》等,都记载有以牛羊献祭的传统。但直到 19 世纪晚期,"scapegoat"一词的使用都仅限于指称基督教赎罪日中的被逐之羊。

二、古希腊罗马社会的净化仪式

19 世纪晚期,希腊神话和宗教研究随着考古学的巨大发现而日益兴盛。神话传说和各种典籍文献及古典作品中记述的一些先前没有得到重视或者得不到理解的现象开始受到关注,如祭祀、人牲、净罪等一些与古希腊人城邦生活关系密切的日常宗教行为。诸多古代学者或作家如斯特拉博、佩特罗尼乌斯(Petronius)、希波纳克斯(Hipponax)等人,都或多或少地描述了在古希腊的雅典和马赛等地曾普遍存在的一种被称为是"pharmakos"的仪式,大体上都具有如下特征:定期或不定期(自然灾害或瘟疫流行时)选取罪犯、外乡人或畸形人,举行一定的仪式,通常是以无花果装扮他或以无花果枝条、绵枣枝条抽打他,绕城游行,然后逐出城外,或乱石砸死,或抛入海中,或烧死后将骨灰撒入海中。仪式举行时,有时还伴以"你带走我们的不幸吧"等祈祷性语言。有些地方甚至还专门豢养这种人以备需要时使用,豢养期内常供以锦衣美食,仪式举行时便是他们的替罪受死之日。有时,甚至有人自愿充当此类替罪者接受仪式性死亡的情况。② 诸类记载显然表明古希腊社会存在着以人替罪来驱邪净化的仪式和习俗,而且并不鲜见。古希腊喜剧作家阿里斯托芬在其剧作《蛙》《骑士》《财神》中也都有此类习俗的相关暗示。当然,最著名的莫过于希腊神话传说中阿伽门农的献祭:由于惹怒女神阿尔忒弥斯,战争陷入僵局,为求胜利,阿伽门农不得已以其女儿伊菲革涅亚来献祭,以期求得女神宽恕,但慈悲的女神终以一只梅花鹿从阿伽门农的刀下替下了伊菲革涅亚。

而罗马人的生活中似乎也不乏此类颇具净化性质的驱逐仪式,但被逐或处死者通常更多是罪犯、卖国者或异于常人者,而仪式中使用的植物常常是不能结果的植物如多刺类、黑色或血色枝条的植物。③ 仪式通常在三月一日,也就是

① 《圣经·利未记》第十六节,中国基督教两会出版,2008 年版。

② Jan. Bremmer, "Scapegoat Rituals in Ancient Greece," *Harvard Studies in Classical Philology*, Vol. 87 (1983): 299–320.

③ Jan. Bremmer, "Scapegoat Rituals in Ancient Greece," *Harvard Studies in Classical Philology*, Vol. 87 (1983): 299–320.

古罗马历新年的第一天开始举行，随后整整一个月，各种净化仪式会相继举行。

　　古希腊罗马人生活中时常举行的此类习俗和仪式在 19 世纪晚期开始受到关注，但学者们对仪式的细节、目的和意义的解释还不是十分明朗，甚至还没有专门的解释。同时，虽然此类仪式颇具宗教性质，但并没有任何研究将其与基督教的动物献祭习俗相联系，更遑论与赎罪日中的被逐之羊"scapegoat"的联系了。

三、内米的"替罪羊国王"

　　在《金枝》中，"替罪羊"卷可以被看作是"神王"（divine king）理论的结论部分。根据其百科全书式的人种志材料收集和整理，弗雷泽发现，由于巫术心理作祟，"原始"社会的人们认为，不幸和灾祸可以转移到其他物体上，如棍子和石头，动物或人。人们据此相信可以将团体的不幸转嫁到个人身上，就有可能驱除整个团体所聚集的不祥，以免遭不幸。

　　在百科全书式地列举了人类历史上不同时期、不同文化中普遍存在的种种千奇百怪的转嫁灾祸、驱除邪魔习俗及其变体后，弗雷泽认为，这种转嫁灾祸于其他物体，借此摆脱痛苦或不幸的做法，是人类社会生活中普遍存在的现象。他认为以此可以解释以人为替罪羊习俗的起源，如古代甚至中世纪的欧洲曾经存在的人牲替罪现象。早期的人牲通常是具有神性的王，"他的被杀，原本倒不是为了要他带走罪过，而是要防止神灵的生命年迈衰老；然而，既然总是要把他杀掉的，人们就会想到他们何不抓住这个机会，把他们苦难和罪孽的担子也交给他，让他把这个担子挑到坟墓后那个不可知的世界里去呢？"[1]

　　由于杀神风俗起源于极早时期，当这种风俗在后世还继续存在时，容易受到误解，神灵的身份已被遗忘，仅将其当成普遍的牺牲品。而且，随着民族的开化，通常会以犯人代之。后来又逐渐演变为以偶像代之的种种定期驱邪净化的习俗和节日，如罗马新年之初的"驱除老玛尔斯"（expulsion of the old Mars）风俗、斯拉夫民族新年前的"送走死神"（carrying out Death）风俗、波斯人仲夏时的撒卡亚节（Sacaea）、古巴比伦人春季时的扎格穆克节（Zakmuk）、古罗马十二月的萨图纳里亚（Saturnalia）——农神节等等。弗雷泽认为，这些风俗和节日仪式的意图，都或隐或显地体现了人类希望通过某种中介或替代物转嫁灾祸或不幸，从而避免或逃避不幸和痛苦的心理机制，此类中介或替代物，弗雷泽统称为"替罪羊"。虽然与其本来面目相比，这些习俗和节日如今已经面目全非，但从其种种蛛

---

① Sir James George Frazer, *The Golden Bough*: *A Study in Magic and Religion*, Vol. 12, Part Ⅵ, *The Scape-goat*, New York: The Macmillan Company, 1935, p. 227.

丝马迹中，仍不难探查出人类社会早期曾存在"人牲替罪羊"（human scapegoat），特别是"替罪羊国王"（scapegoat king）替罪转灾的现象。

通过对古罗马农神节的详细描述，及其与古希腊萨图纳里亚节、犹太教的普珥节、现代意大利狂欢节的对比分析，弗雷泽解释了内米"森林之王"作为"替罪羊国王"而受死的身份。根据古典传说，萨图恩（Saturn）是播种和收获之神，是意大利为人正直、予人福泽的国君，其统治期间的太平盛世就是传说中的黄金时代。遥远后世的人们为了怀念他，不仅将意大利的很多山脉和高地都以其名命名，并设祭坛供奉他，不过对他的祭祀却是以人牲进行的，直到更仁慈的时代才以偶像代替人牲献祭。古罗马每年12月举行的为期七天的农神节即是对他的纪念节日，这是一种具有狂欢节特点的节日：宴会、饮酒、疯狂的寻欢作乐是节日的主要活动，人们可以拈阄，假充国王发出具有玩笑取闹性质的号令。而最引人注目的莫过于节日期间对奴隶的放任自由：奴隶和主人的区分暂时废除，奴隶平日可能招致鞭挞、囚禁甚至死刑的行为在此期间不会受到任何责备，甚至可以向主人发号施令。

弗雷泽认为，此节日期间允许奴隶自由放任是模仿萨图恩时代社会状况的，而假王起初代表的就是萨图恩本人，很多时候他都会在享乐之后被处死。[1] 在弗雷泽看来，古希腊各地诸多不同名目的节日都具有萨图纳里亚节的性质，特别是放任奴隶、处死人牲的习俗，如雅典每年5月此种节日期间，都要把两个人牲带出城外，以石头砸死。[2] 而犹太教的普珥节上，教徒可无视律法，君臣不分，男女无别，人人欢宴享乐至醉。[3] 意大利曾经流行的狂欢节的一个突出特点就是，选一个滑稽人物扮作节日化身，过上短短一段荣华放荡的生活后即被处死，弗雷泽相信，这个滑稽人物就是萨图纳里亚王的继承者，也就是农神节狂欢宴会的主持者，他在欢宴过后，必以其扮演的身份真正死去，而这种习俗已逐渐演变为现代欧洲狂欢节上的抽打、撕毁、丢弃偶像等行为。[4]

弗雷泽注意到了这些节日中的某些具有相同性质的细节，如抽打或装扮假王、人牲或偶像的枝条通常都是某些较为特别的植物，而不是随意拾取任意植

---

① Sir James George Frazer, *The Golden Bough: A Study in Magic and Religion*, Vol. 12, Part VI, *The Scapegoat*, New York: The Macmillan Company, 1935, pp. 306 – 312.

② Sir James George Frazer, *The Golden Bough: A Study in Magic and Religion*, Vol. 12, Part VI, *The Scapegoat*, New York: The Macmillan Company, 1935, pp. 350 – 354.

③ Sir James George Frazer, *The Golden Bough: A Study in Magic and Religion*, Vol. 12, Part VI, *The Scapegoat*, New York: The Macmillan Company, 1935, p. 363.

④ Sir James George Frazer, *The Golden Bough: A Study in Magic and Religion*, Vol. 12, Part VI, *The Scapegoat*, New York: The Macmillan Company, 1935, pp. 272 – 273.

物；这些节日举行的时间通常都与当地的农事活动相关；等等。通过详细分析和对比，弗雷泽认为，古希腊的诸多节日、犹太教的普珥节、欧洲现代狂欢节，包括撒卡亚节、扎格穆克节都与古罗马农神节具有诸多相似之处，节日本质是一样的，都有驱邪转灾、寄望丰产的意图。他甚至将这些节日都称为"萨图纳里亚"。他继而得出了三个结论：萨图恩的扮演者在节日期间被其崇拜者膜拜为神；作为神，他必须为其臣民而死；随着文明的开化，古老的杀神习俗变得较为温和，其命运逐渐被调适，最终完全退去了血腥因素，直至沦为狂欢节上供人消遣逗乐的滑稽人物。在弗雷泽看来，如果这些推测正确，那么，萨图纳里亚节本身就是将死之神的欢宴，所有上述由其演变而来的节日亦是如此。

弗雷泽认为，早期的替罪羊都是上层人士或者至少是体面的人，后来才使用罪犯或者奴隶。而内米的狄安娜宗教崇拜，由逃奴担任祭司但却必死于不测的习俗，正是古老的萨图纳里亚节的遗迹和记忆。"如果阿里奇亚的林中之王以一个树林神的化身而生，并以这个身份而死，那么在古代，罗马就有一个和他类似的人物，他年年以萨图恩王及播种后正在出芽的种子的神的化身被杀。"[1]

也就是说，内米祭司悲惨的命运不仅是萨图纳里亚节古老遗俗的实践，同时也是世界许多地方曾经存在的杀神风俗的一例。至此，弗雷泽完成了他对内米血腥祭司遗俗的解释，同时也对其"神王"理论进行了总结：内米祭司遗俗是远古杀神习俗几经演变后的遗迹，逃奴由于短暂的祭司兼国王身份而被赋予了神性，他却因这种神性而死，既死于确保神性安全迁居的需要，也死于其臣民转嫁痛苦、消灾净罪的需要。作为前者，他是"神王"（divine king），但却是"垂死神"（dying god）；作为后者，他是"人牲替罪羊"（human scapegoat），但却是"替罪羊国王"（scapegoat king）。总之，如同各种萨图纳里亚节中假王的扮演者一样，他是集体暴力的牺牲品，是典型的"scapegoat"。

四、弗雷泽的并置

在 20 世纪的诸多学科领域，"替罪羊"一词的使用几乎司空见惯，其外延含义颇为丰富。这一所指范围原本十分狭窄的犹太教术语含义的扩大，首先始于古希腊净化仪式研究的借用。目前并没有研究清楚指出这种借用首先始自何

---

[1] Sir James George Frazer, *The Golden Bough: A Study in Magic and Religion*, Vol. 12, Part VI, *The Scapegoat*, New York: The Macmillan Company, 1935, p. 409.

人。① 但毫无疑问的是，弗雷泽对希伯来人、古希腊罗马人甚至现代人的宗教仪式和日常生活中被他称为是"替罪羊"仪式和习俗的并置，对这一宗教术语能指范围的扩大起到了至关重要的作用。虽然其"替罪羊"仪式的列举和分析意在说明和支撑其"神王"理论，但他是通过其百科全书式的人种志材料并置分析进行的，特别是对犹太教、基督教、古希腊罗马某些宗教习俗的并置，扩大了"替罪羊"一词的内涵和外延，使相关此类习俗现象成为不同学科领域内重要的研究对象。

弗雷泽对犹太教、基督教和古希腊罗马人宗教中在他看来皆属"替罪羊"仪式习俗的并置，实际上是以基督教为中心的，虽然从《金枝》的几个版本特别是第二、三版的变化来看，弗雷泽做出了调适和改变，但于其"替罪羊"主题来看，弗雷泽的并置意图并没有太大变化。

在《金枝》第二版的"神王"理论解释时，弗雷泽已经将罗马农神节与波斯的撒卡亚节、古巴比伦的扎格穆克节进行了比较，认为这几个节日中都存在着以人牲作为神王替身被处死的情形，目的则是为了保证土地的丰产。弗雷泽当时是以对基督受难的分析来结束其"神王"理论的：根据其对基督被钉死于十字架上后又复活的基督教信念之详细分析，他认为基督之死可以被看成是西亚撒卡亚节中死亡与复活仪式的巴勒斯坦版，他甚至还认为基督之死与哈曼之死②有颇多相似之处。因此，基督之赴死就是犹太人古老习俗的遗迹，也是具有萨图纳里亚性质的基督教节日——普珥节——的实践。弗雷泽以此暗示基督死于"杀神"习俗，与罗马农神节上假王扮演者被处死的性质相同，是典型的"人牲替罪羊"。这一点，在他写给出版商的信中表露无疑，"野蛮人的许多习俗和观念与基督教根本信条的相似之处令人吃惊。但我无意做出这样的并置，让我的读者自己去得出这样或那样的结论吧"③。

应该说，弗雷泽的这种不考虑材料时空地域性的语境特征所进行的比较、以及试图通过材料的不断叠加来增强其可信度的典型书斋式人类学的做法，不

① Bradley McLean, "On the Revision of Scapegoat Terminology," *Numen*, Vol. 37, Fasc. 2 (Dec. , 1990)：168 - 173.

② 根据《旧约·以斯帖记》，亚哈随鲁王的大臣哈曼阴谋除灭犹太人并事先做好了一个五丈高的木架，预备用来首先处死深受亚哈随鲁王信任的功臣——犹太人末底改，但阴谋败露，哈曼在与王的酒席筵宴上被处死，挂于木架之上。弗雷泽认为，根据基督教普珥节的诸多特点，可以做出其与哈曼之死有关联的推测。也就是说，普珥节上被处死的人就是哈曼的化身。弗雷泽进而还推测，基督之死甚至也可以看成是此类犹太古俗的实践。由于弗雷泽倾向于将《旧约》视为古希伯来人的民俗汇集，因此其使用时常少有顾忌。此处对基督之死的解释引起了颇多质疑和批评。

③ R. Angus Downie, *Frazer and the Golden Bough*, London：Victor Gollancz, 1970, p. 53.

仅缺陷重重，阐释力度也非常有限。但就其试图以比较方法来作为探查宗教本质的一种努力来说，倒也无可厚非。而且，以如今的眼光来审视耶稣受难的种种细节，弗雷泽对耶稣之死的萨图纳里亚性质或者说人牲替罪羊习俗实践的分析，似乎并非毫无根据。实际上，《新约·福音书》中关于耶稣生平特别是受难事件的种种描述似乎的确具有某种指向性，如施洗约翰看到耶稣时就说"看哪，神的羔羊，除去世人罪孽的"（约 1：29）；而耶稣正是死于逾越节期间，其被钉十字架的时刻正好是逾越节的羔羊被宰杀的时刻（约 19：14）；当时受十字架刑罚的人都是最低贱的罪犯[1]，耶稣被钉十字架意味着他就属于这一类人；耶稣被他的信徒视为犹太人的王；耶稣受死前受到罗马士兵的戏弄，讥笑他是王，并将他扮成王的样子（戴王冠并穿上华丽的袍子）；钉死耶稣的十字架上写着"犹太人的王"（可 15：26）；等等。但在弗雷泽时代，这种将耶稣之死解读为古老的人牲替罪羊习俗之实践的做法，未免有些令人不适，特别是对基督徒来说；何况，弗雷泽不分地域时空地对普珥节、撒卡亚节和农神节进行比较和推测的做法，也显得多少有些武断和牵强——尽管其意图无可厚非。因此，《金枝》第二版问世后，虽然获得了巨大成功，但也为此受到了一些英国同行的批评和质疑。

也许是他意识到其解释过于激进，同时也有来自外界的诸多批评和质疑，在《金枝》第三版时，弗雷泽将其对基督之死于十字架的受难分析部分变为一个长达十二页的注释——"The Crucifixion of Christ"，附于"替罪羊"卷后，并指出"这仅是一种推测，也许会有新的有力证据出现"[2]。但是，由于《金枝》第三版各卷都是以每卷的主题来定名的，弗雷泽需要为其"神王"理论的结论卷定名。有研究表明，弗雷泽原本为此卷所定的题名为"The Man of Sorrows"（受难之人），直到出版前夕才改为"The scapegoat"（替罪羊）。[3]

"The Man of Sorrows"应出自《旧约·以赛亚书》，原文为"他被藐视，被人厌弃，多受痛苦（a man of sorrows），常经忧患。他被藐视，好像被人掩面不看的一样，我们也不尊重他"（赛 53：3）。众所周知，基督教神学十分强调旧约与新约之间的连续性，特别是作为先知书之一的《以赛亚书》，更是被视为是

① 阿利斯特·E. 麦格拉思，《基督教概论》，孙毅、马树林、李洪昌译，上海人民出版社 2013 年版，第 28 页。

② Sir James George Frazer, *The Golden Bough: A Study in Magic and Religion*, Vol. 12, Part VI, *The Scapegoat*, New York: The Macmillan Company, 1935, p. 412.

③ Robert Fraser, *The Making of The Golden Bough: The Origins and Growth of an Argument*, Basingstoke and London: The Macmillan Press LTD, 1990, p. 142.

耶稣临世传教、必担世人之罪而死的预言书。这里的"a man of sorrows"自然是指耶稣，他"为我们的过犯受害，为我们的罪孽压伤。因他受的刑法，我们得平安；因他受的鞭伤，我们得医治。……他像羊羔被牵到宰杀之地，又像羊在剪毛的人手下无声……他却担当多人的罪（Yet he bored the sin of many）"（赛53：5，7，12）。此处所预示的担当多人之罪、羔羊一般的"受难之人"的命运无疑将其指向了《利未记》中的被逐之羊。而且，这种预示和福音书中耶稣被捕前设立圣餐时所说的颇具献祭意味的"这是我立约的血，为多人流出来的（which is poured out for many）"（可14：24），以及更具有献祭赎罪意义的"这是我立约的血，为多人流出来，使罪得赦（which is poured out for many for the forgiveness of sins）"（太26：28）等形成了一种明显的对应关系。由此可见，就基督教的教义而言，"a man of sorrows"之喻指十分清楚。而弗雷泽最终所直接使用的"Scapegoat"，看似是一种妥协和调适，实际上却更具隐喻性。

由此，我们不难看出，尽管弗雷泽调适了其将基督之死看作西亚具有萨图纳里亚性质习俗之遗迹的激进做法，但他对基督之死因的看法似乎并没有做出太多改变，原拟定题名"The Man of Sorrows"的所指十分清楚，而最终使用的"The Scapegoat"，应该可以看成是一个狡黠的喻指。如果说《利未记》中的"scapegoat"，可以带走以色列人的罪愆的话，那么，《以赛亚书》中的"a man of sorrows"，原本就是为赎犹太人之罪而赴死。前者是以动物为牺牲驱罪，而后者则可以看作是人牲净罪。从本质上看，他（它）们都能为团体解除痛苦，免罪消灾。

就这样，弗雷泽以基督教为中心，通过对古罗马农神节、古希腊诸多节日、现代意大利狂欢节、"野蛮人"种种荒谬的转嫁灾祸行为等习俗仪式的并置，以"替罪羊"主题为概括，将《利未记》中的献祭之羊与集体暴力的牺牲品联系了起来，在完成了其"神王"理论阐释的同时，扩大了"scapegoat"现象的内涵与外延。尽管这种并置不免有过于随意牵强之嫌，但自《金枝》之后，"scapegoat"一词的能指范围变得越来越宽泛，不同学科领域内的"替罪羊"现象研究，在一定程度上，都可以看作是受到了《金枝》的启发。早期的如剑桥仪式学派简·赫丽生（《古希腊宗教的社会起源》，1912）、吉尔伯特·默里（《希腊宗教的四个阶段》，Four Stages of Greek Religion，1912）等人的希腊宗教净化仪式研究，后来的勒内·吉拉尔（René Girard，1923—　，《暴力与神圣》，1972）的替罪羊机制研究、沃尔特·伯克特（《希腊神话和仪式的结构与历史》，1979）的希腊宗教研究，等等。

下　编

《金枝》 在西方的影响、 研究与论争

第四章 《金枝》在西方的传播与影响

《金枝》首版于 1890 年 6 月问世后，弗雷泽开始以人类学家的身份为英美学界所关注，但真正奠定其严肃学者地位并开始进入公众视野的是《金枝》第二版的出版。同时，《金枝》也开始被翻译成法语、德语等其他语言，意味着《金枝》自第二版起，开始以英语以外的语言进行传播。1907 年至 1915 年间，十二卷本的《金枝》第三版陆续出版，尽管不乏质疑之声，但这根本不影响公众对《金枝》的喜爱和追捧。而《金枝》此前影响的结果也开始彰显：不少由于阅读《金枝》而走让人类学道路的年轻人如马林诺夫斯基、布朗等人开始崭露头角；早已形成的剑桥仪式学派此时著述不断面世；康拉德、劳伦斯、艾略特等人对《金枝》表现出了特别的兴趣。尽管卷帙浩繁，在第三版陆续出版期间，《金枝》畅销到出版商在每卷出版间隙不得不重印已出卷册以满足读者需要的地步，即使在节本 1922 年出版之后，十二卷本中的每卷在 20 年代基本上都被重印了两三次，更不用说节本了，"还有很多没有能力花钱购买《金枝》的人选在图书馆阅读它"——不同阶层的人都在阅读《金枝》[1]。"弗雷泽的观念、《金枝》中的核心概念及隐喻迅速深入到英语国家的主流知识界之中"[2]，以至"每个有教养的人都假装读过它"[3]。即使是在弗雷泽死后，《金枝》受到"冷冻"的岁月，其节本也不断地被重印。《金枝》持久的生命力可见一斑。

第一节 继承与批判：《金枝》与现代主义人类学

英国当代著名人类学家玛丽琳恩·斯特拉斯恩曾如此评价弗雷泽在西方人

---

① Robert Ackerman, *J. G. Frazer: His Life and Work*, Cambridge: Cambridge University Press, 1987, pp. 256 – 257.

② Robert Ackerman, *J. G. Frazer: His Life and Work*, Cambridge: Cambridge University Press, 1987, p. 256.

③ Edmund Leach, I. C. Jarvie, Edwin Ardener, J. H. M. Beattie, Ernest Gellner, K. S. Mathur, "Frazer and Malinowski: A CA Discussion [and Comments and Reply]," *Current Anthropology*, Vol. 7, No. 5 (Dec., 1966): 560 – 576.

类学历史中的地位与影响：既值得尊敬也是个幽灵。① 我国老一辈人类学家吴文藻先生在 1935 年时即已指出，"凡是专修人类学的人，多少都受了他的影响"②。的确，作为一位处于"进化论人类学混乱时期"③、同时也是人类学发展历史重要过渡时期最为重要的人类学家，弗雷泽对西方人类学的影响十分复杂和深远。弗雷泽可以说是西方人类学历史上最受非议的人类学家，却又时常被称为"现代人类学之父（the father of modern anthropology）"④。对弗雷泽及其《金枝》与现代人类学关系进行简要梳理是整体把握《金枝》西方影响必不可少的前提条件之一。鉴于前文"弗雷泽的人类学观念与方法"一节，已对弗雷泽的人类学处于古典进化论人类学与功能主义人类学——公认的现代人类学之开端——过渡阶段的特征与地位进行了分析，本节在重点论述功能主义人类学创立者马林诺夫斯基与弗雷泽本人及其《金枝》关系的基础上，对人类学后来的发展与《金枝》之间可能存在的千丝万缕的联系进行简要概述。

一、功能主义人类学与弗雷泽及其《金枝》

以研究英国人类学历史见长的乔治·W. 斯托金曾如此说道："对于弗雷泽之后的一代英国社会人类学家们来说，不得不承认是弗雷泽——一位十足的'扶手椅上的人类学家'典型——向普通大众和知识阶层阐明了人类学的要义，这对这一学科来说，简直是一种羞耻"⑤。斯托金的感言在一定程度上道出了弗雷泽与功能主义人类学复杂纠结的关系问题。一方面不仅是因为《金枝》曾经的"流行"如上文所言向普通大众阐明了人类学的要义，而且它也影响了一批诸如马林诺夫斯基、布朗等后来确立了功能主义人类学新范式的年轻人开始从事人类学研究，而他们所开创的新范式又完全颠覆了弗雷泽的方法和结论；另一方面则因为这种颠覆实际上并没有也不可能完全摆脱弗雷泽的影响。这种复杂纠结的影响首先可以从马林诺夫斯基与弗雷泽本人及其《金枝》的关系中得

---

① Marilyn Strathern, and M. R. Crick, Richard Fardon, Elvin Hatch, I. C. Jarvie, RixPinxten, Paul Rabinow, Elizabeth Tonkin, Stephen A. Tyler, George E. Marcus, "Out of Context: The Persuasive Fictions of Anthropology [and Comments and Reply]," *Current Anthropology*, Vol. 28, No. 3 (Jun., 1987): 251–281.

② 吴文藻：《吴文藻人类学社会学研究文集》，民族出版社 1990 年版，第 167 页。

③ G. W. Stocking, *After Tylor*, London: The Athlone Press, 1996, p. 124.

④ Paula Kepos, Dennis Poupard (eds.), *Twentieth–century Literary Criticism*, Vol. 32, Detroit: Gale Research Inc., 1989, p. 192.

⑤ G. W. Stocking, *After Tylor*, London: The Athlone Press, 1996, p. 148.

到理解。

（一）马林诺夫斯基与弗雷泽和《金枝》

从一定程度上来看，功能主义人类学创立者马林诺夫斯基与弗雷泽本人及其《金枝》的关系，典型地代表了功能主义人类学与弗雷泽本人及其作品的关系：前者受《金枝》的影响而投身于人类学，进而与弗雷泽本人建立了一定的私人关系并接受其指导和帮助；但由于他们的田野研究范式与发现和弗雷泽的书斋人类学方法与结论大相径庭而逐渐抛弃了后者，以致后世弗雷泽的同情者指责以马林诺夫斯基为代表的功能主义者发起了一场颇具"弑父"意味的"社会人类学革命"；以功能主义人类学的田野"科学"范式替代了并非一无是处的弗雷泽式书斋人类学，将弗雷泽沦为英国"社会人类学革命"的牺牲品。[1] 这种指责不免有些极端，但却从一个侧面反映了马林诺夫斯基本人以及以他为代表的功能主义人类学与弗雷泽本人及其《金枝》之间的微妙关系。

1. 马林诺夫斯基的早年经历与人类学生涯

要论述马林诺夫斯基与弗雷泽及其《金枝》的关系，首先需要一定篇幅对马林诺夫斯基的早年经历和人类学生涯进行简单介绍，旨在将其置于前文论及的人类学特别是英国社会人类学在 1890—1920 年间的发展走向与背景之中，结合其成长经历和教育背景，甚至是因此可能形成的个人气质，对他的人类学科学田野范式、功能论在人类学历史中的地位进行整体把握，进而对他与弗雷泽及其《金枝》的关系进行分析，在此基础上，理解功能主义人类学与弗雷泽及其《金枝》的关系。

布罗尼斯拉夫·马林诺夫斯基，出生并成长于当时还处于奥匈帝国统治下的波兰南部地区加利西亚（Galicia），一家居于其父（杰出的波兰语言学家）执教的克拉科夫大学（University of Cracow）。马林诺夫斯基十四岁时，父亲亡故。后因眼疾一度休学，在大半年的时间中，不得不终日居于黑暗的房间之中，由自学拉丁语和数学的母亲陪伴并指导学习。愈后曾随母亲到过南非、黑山、加那利群岛等地疗养，这种经历为其日后人类学的田野兴趣打下了一定基础。1902 年，马林诺夫斯基进入其继父执教的、有着悠久历史的杰格隆尼大学（Jagiellonian University），主修物理学、数学和哲学，此间大量阅读了恩斯特·马赫的（Ernst Mach, 1838—1916，奥地利物理学家、心理学家、哲学家，经验

---

[1] I. C. Jarvie, *The Revolution in Anthropology*, London: Routledge, 2002.

批判主义创始人）著作。1908 年完成论文《思想经济论》（*On the Economy of Thought*），主要借助马赫的"思维经济原则"和逻辑实证思想，来论述计算人们思考以及精神活动之能量释放和耗费的经济原理，并以此获得了博士学位。随后又到莱比锡大学学习了一年的心理学和经济史，特别是冯特的实验心理学。大学期间，马林诺夫斯基还结识了几位颇为前卫的艺术家、小说家和哲学家，时常与他们一起度假，后来他将这段时光称为自己人生中的"尼采岁月（Nietzsche period）"①。

1910 年，马林诺夫斯基来到伦敦，本来打算师从弗雷泽，但由于弗雷泽并不执教和授课，便在哈登的建议下，进入伦敦经济学院（London School of Economics），学习人类学，师从塞利格曼和韦斯特马克。1914 年，英国协会在澳大利亚召开会议，在塞利格曼的努力下，马林诺夫斯基以马雷特秘书的身份前往澳大利亚，在那里认识了一些殖民官员和商人，开始了与土著的初步接触。一战爆发后，马林诺夫斯基由于其奥匈帝国公民的身份而无法返回伦敦，滞留澳大利亚，便在迈卢（Mailu）和新几内亚（New Guinea）南部的一些土著村庄对"土著生活中的经济与社会层面"进行人类学调查，并因这些调查"极大有益于政府处理土著事务"而得到英国外务部澳大利亚联邦内政部官员亨特和几位商人的赞助。在随后的一次前往调查目的地的旅途中，于偶然间在新几内亚东面的特罗布里恩德岛（Trobriand）短暂停歇，恰逢这里举行米拉马拉（milamala）丰收庆典，出于好奇而在此进行观察，继而发现了这里极为有趣的"季节性舞蹈""庆仪园圃""精灵巴拉姆（Balom）信仰和庆仪"等现象，特别是"库拉（Kula）"交易圈以及这里特有的性观念，于是决定留在这里进行调查。此后，马林诺夫斯基以特罗布里恩德岛为中心，将附近一些岛屿纳入其人类学田野调查范围。在居留澳大利亚的四年时间里，马林诺夫斯基对这些地方共进行了三次考察（根据《西太平洋上的航海者》，其中有两次的时间分别都长达一年左右），并学会了当地的土著语言，而上述发现则成为他日后人类学写作的重要主题。

一战结束后，马林诺夫斯基返回伦敦，先后写作了《西太平洋上的航海者》，《野蛮社会的犯罪与习俗》（*Crime and Custom in Savage Society*，1926），《野蛮社会的性与压抑》（*Sex and Repression in Savage Society*，1927），《美拉尼西

---

① Bronislaw Malinowski, *A Diary in the Strict Sense of the Term*, London：Athlone, 1967.

亚西北部野蛮人的性生活》（*The Sexual Life of Savages in Northwestern Melanesia*，1929），《珊瑚礁菜园及其巫术》（*Coral Gardens and Their Magic*，1935）。这些著作，特别是前者，使原本名不见经传的马林诺夫斯基在伦敦名声大噪，并很快升任为伦敦经济学院社会人类学教授，吸引了众多年轻学者投身其门下，成为伦敦学术界炙手可热的人物。1938 年，马林诺夫斯基前往美国讲学，因二战爆发而留居美国，担任耶鲁大学客座教授，1942 年猝发心脏病而客死异乡。身后被整理出版的作品有《科学的文化理论》（*A Scientific Theory of Cultures and other Essays*，1944），《巫术、科学、宗教与神话》（*Magic，Science and Religion and other Essays*，1948），《以精确术语写成的日记》（*A Diary in the Strict Sense of the Term*，1967），等等。此外，马林诺夫斯基一生还写了不少论文和评论，有些以波兰语发表。

可以说，马林诺夫斯基是西方现代人类学历史上一位神话般的人物，其对现代主义人类学的巨大贡献和深刻影响的确可以用"革命"二字来形容——如果不是被用来指责是针对弗雷泽的"弑父"意味的话。但西方论者对他本人的性情大多三缄其口。其用波兰语写成的《以精确术语写成的日记》翻译出版后，引起学界震惊，甚至尴尬不已，随后逐渐得到理性化的审视。但在 20 世纪后期的十多年间，学界有论者开始正视和批评马林诺夫斯基对待同行和前辈的态度问题，特别是与弗雷泽的关系。罗伯特·阿克曼在其写作的弗雷泽传记中，指责马林诺夫斯基不免有些"忘恩负义"，并在一定程度上向外界不正确地描述了深居简出的弗雷泽的形象，使这种形象在后人心中得以定型且影响深刻，即弗雷泽是一个十足的完全只知生活在书斋里的人，甚至无法与人正常交流。[1] 乔治·斯托金则批评马林诺夫斯基对毫无世故之心的弗雷泽既竭力逢迎又充满鄙夷。[2] 从这个意义上来说，贾维的"弑父革命"之指责似乎并非空穴来风。

当然，正如阿克曼所言，造成弗雷泽在公众中的典型印象的原因十分复杂。一方面由于弗雷泽中年后确实喜欢埋头书斋、深居简出，但却盛名隆身，外界对其难免充满神秘好奇之感；另一方面则由于他曾是马林诺夫斯基早年就开始崇拜仰慕的人物，后来后者又接受过他的帮助和指导，几乎可以说是马林诺夫斯基的恩人，但后者确立的新范式几乎又完全颠覆了他；如果再考虑到马林诺

---

① Robert Ackerman，*J. G. Frazer：His Life and Work*，Cambridge：Cambridge University Press，1987，pp. 4，269.

② G. W. Stocking，*After Tylor*，London：The Athlone Press，1996，pp. 124，234.

夫斯基的个人性情气质和英国社会人类学发展变化的背景因素的话，问题就变得更加复杂而微妙了。

从马林诺夫斯基早年的经历来看，其奥匈帝国附属国公民的身份、聪慧的禀赋、父亲早亡、体弱多病的健康状况、母亲的精心呵护与严格教育、附属国公民身份带给他初到伦敦时的特别感受，甚至包括他不得不因此滞留澳大利亚而进行的至少在最初看来并非完全情愿的实地调查等，都不可避免地使其具有某种敏感而富于抱负、恃才自傲虽善掩饰却又不时流露的多重气质；其数学、经济学和心理学教育背景使其在人类学调查中不可避免地会偏重于对土著生活事象的经济学作用与功能分析；在土著地区长时间的实地调查及澳大利亚本土休养间歇期的反思，使他能够有充足的时间、精力和耐心总结经验并时常进行田野方法上的改进和实践，而最为重要的是，这些经验和实践能够被他有意识地详细行之成文，并作为"导论"被精心安排在《西太平洋上的航海者》中，因而颇具人类学田野新范式的方法论指南特质；而英国人类学自托雷斯海峡探险（1898）成功后的发展，一系列缓慢变化已经出现，实地调查之风已经逐渐成为一种趋势，人类学的方法论和范式变革已经势在必行，而并非是马林诺夫斯基一个人首开田野观察之先河。迥异于先前人类学著作或调查记录报告的《西太平洋上的航海者》的适时出现，不啻是在表面看似平静实则已经暗流涌动的英国人类学界响起了一声炸雷，其所引起的震动和快速变化的确不逊于一场革命所产生的力量，之前所有的缓慢变化在其面前都不免相形失色。加之马林诺夫斯基本人激情雄辩的演讲才能和超人的语言天赋，门徒众多，且能有意识地对他们进行严格的专业培养和师承观念的约束与熏陶，不仅他本人成为英国学术界叱咤风云的人物，其确立的功能主义范式也得到了其学生的勤勉传承和发扬，而他们在马林诺夫斯基死后又成为英国人类学"黄金时代（1945—1970）"① 的中流砥柱。这是终生喜爱书斋生活、沉默内向、不喜社交也没有任何学生的弗雷泽无论如何都不能够比拟的。因此，马林诺夫斯基本人及其《西太平洋上的航海者》引起的震动和快速变化的确是革命性的，特别是对处于传统人类学主流地位的弗雷泽来说，更是如此。无心也罢，弑父也罢，革命也罢，都难以准确描述马林诺夫斯基与弗雷泽显而易见的学术替代关系，以及他们之

---

① 有关英国人类学发展阶段的划分，参见 Fredrik Barth, Ander Gingrich, Robert Parkin, Sydel Silverman, *One Discipline*, *Four Ways*: *British*, *German*, *French*, *and American Anthropology*, Chicago: The University of Chicago Press, 2005。

间模糊微妙的私人关系问题。

2. 马林诺夫斯基与《金枝》

马林诺夫斯基首次接触《金枝》是在他患眼疾期间，由陪伴他的母亲阅读给他的，大学期间因健康原因休养在家时也阅读《金枝》。在1924年的"弗雷泽讲坛"的演说中，马林诺夫斯基回忆了《金枝》带给他的安慰：三卷本的绿色《金枝》曾是"处于沮丧之中的他唯一的安慰"，从那时起，他就立志"献身于弗雷泽式的人类学"。而在此之前（1923），在为《金枝》节本所写的一篇赞誉性评论中，将自己描述为"《金枝》忠实的门徒"①。但是，也是在这次演说中，马林诺夫斯基号召人类学家们"走出舒适的扶手椅，不再仅靠殖民官员、政府机构和殖民者在他们居住的阳台上提供的材料"，到村庄和田地里去，"亲身观察土著的生活，而不再需要对他们循循善诱才可能得到那么可怜的一点点零星信息"，应该进行"户外人类学（open-air anthropology）"研究。② 与此同时，马林诺夫斯基极为喜欢英国作家约瑟夫·康拉德的作品，在他去世后被整理出版的以波兰语写作的日记中，他提到由于十二卷本的《金枝》携带起来十分不便，他在特罗布里恩德群岛期间更多阅读的是康拉德、韦斯特马克、马雷特、里弗斯等人的作品，特别是前者的小说《黑暗的心》（*Heart of Darkness*），并相信自己将成为"人类学的康拉德"③。无怪乎有论者指出，作为"人类学的约瑟夫·康拉德（The Joseph Conrad of anthropology）"，马林诺夫斯基的人类学风格和实质在很多方面仍然是弗雷泽式的。④ 也就是说，姑且不论其人类学实质，仅就其人类学写作风格而言，这位"人类学的康拉德"之"科学"民族志，特别是《西太平洋上的航海者》的写作实际上颇具文学特质，与《金枝》并无根本区别。

3. 马林诺夫斯基与弗雷泽

马林诺夫斯基早年在波兰时就由于阅读《金枝》而立志"献身于弗雷泽式的人类学"，但当他1910年来到伦敦时，发现弗雷泽并不招收学生⑤——弗雷泽

① 引自 G. W. Stocking, *After Tylor*, London: The Athlone Press, 1996, p. 234。

② 引自 G. W. Stocking, *After Tylor*, London: The Athlone Press, 1996, p. 234。

③ 原文为 "Rivers is the Rider Haggard of anthropology; I shall be the Conrad."见 Bronislaw Malinowski, *A Diary in the Strict Sense of the Term*, N. Guterman（trans.）, New York: Harcourt, Brace & World, 1967, p. 155。莱德·哈葛德（Rider Haggard, 1856—1925）是英国当时颇受欢迎的非洲冒险小说家。

④ G. W. Stocking, *After Tylor*, London: The Athlone Press, 1996, p. 244.

⑤ G. W. Stocking, *After Tylor*, London: The Athlone Press, 1996, p. 248.

一生都由于不喜欢授课而没有学生，因此转而投身于伦敦经济学院的塞利格曼和韦斯特马克。由于韦斯特马克对进化论社会学持保留态度，或者说是希望对其进行某种程度上的修正，这在一定程度上激发了马林诺夫斯基对进化论的思考。① 在此情况下，他开始以批判性的眼光对《金枝》进行审视，首先是写了一篇批评性的文章，但并未发表。不久之后，写了一篇激烈批评《图腾制与族外婚》的评论性文章，但却是以波兰语写成并发表在波兰国内的，弗雷泽显然没有读到。而他的首篇真正以英语写成发表的人类学文章，讨论的是当时十分热门的图腾问题，认为澳大利亚的因提丘马仪式实际上包含着一种"更为经济和先进"的劳动类型和"集体而有序的分工系统"——他已表现出某种偏重于功能分析的倾向。②

根据阿克曼的搜集，在目前所能找到的二人通信信件中，大多是马林诺夫斯基写给后者一家的，也就是说，包括弗雷泽的太太——足见他们交往之密切。③ 其中最早的一封是马林诺夫斯基 1917 年 10 月 25 日写给弗雷泽的，但根据其《以精确术语写成的日记》，他们的通信关系至少贯穿于整个一战期间——弗雷泽是这本日记中不时提到的通信人物。通信的内容包括马林诺夫斯基就某些问题向弗雷泽请教（后者通常提供了详尽的看法和建议），也包括弗雷泽希望他能提供某些他所需要的人种学信息。总的看来，他们的通信体现出一种长者对后辈鼓励与关爱、而后辈则充满尊敬与感激的融洽情感。在 1917 年 10 月这封信中，马林诺夫斯基如此写道：

"收到您 7 月 5 日的信时，我为一种从未感受过的关心与鼓舞所激励。作为我们这一领域任何一位人类学家都仰慕不已的领导者，您慷慨的关爱与肯定曾经是，也将会是我未来的工作最大力量源泉。

"您的信到达时，我正急需动力重新开始我由于健康原因中断了近乎一年的工作。糟糕的健康状况耽误了我的第三次新几内亚之行，但现在，我感觉好多了，已经在又一次前往特罗布里恩德群岛的旅途中了。

…………

"主要是通过您的作品，我逐渐意识到了对土著生活进行生动多彩描述的绝

---

① G. W. Stocking, *After Tylor*, London: The Athlone Press, 1996, p. 248.

② G. W. Stocking, *After Tylor*, London: The Athlone Press, 1996, p. 248.

③ Robert Ackerman, *J. G. Frazer: His Life and Work*, Cambridge: Cambridge University Press, 1987, p. 266.

对重要性。我还记得当初读到您在《图腾制与族外婚》中对不同土著居住地栩栩如生的描述所受到的启发。实际上，我已经发现，叙述中如果对某处的景色和'氛围'的描写和处置越多，那么，有关此地的民族志就愈令人信服，并能成功地激起想象。我会注重地方色彩，描写独有的景色，并将尽我所能地进行在现场（mise-en-scène）的描述。

"您应该知道目前有一种趋势，有些人支持一两位田野民族学家①和杰出的埃及民族学学者②，以此批评他们所称之为的'心理学方法'。在我个人看来，我想我们不能将一个民族的组织和它的心理分开来研究。只有通过调查他们的方方面面，观察某些观念如何与某些社会组织如何协调，这两方面才可能得到理解。对一个陌生国家中的某种组织的理解，可以通过衡量个人在这个国家'生活'的能力来进行，也就是说，看他是如何适应它的组织的。……生活在他们当中，学习他们的语言；适应他们的习俗和组织并不断地体悟那些与这类习俗和组织相适应的观念；做他们所做（这并非不可能），并理解他们的本能，他们的喜恶——我想，这两点的调查，应贯穿于对一个土著民族的调查当中。

"就我的调查主体而言，我竭力对他们进行全方位的观察，不忽视任何一个重要方面。就我个人的兴趣来说，我特别感兴趣的是土著在他们的信仰和宇宙观念中所体现出的心理活动。但我意识到，只有在对一些外在现象进行扎实的研究之后，这种理解才可能实现。对您的著作的学习，特别是《金枝》，在使我明白了巫术与宗教的密切关系的同时，也理解了它与经济活动如园圃、捕鱼、狩猎等活动的关系。我已经尽最大努力地对土著生活中的经济层面进行了精心研究。"③

马林诺夫斯基在这封信中多少显得有些虚伪，特别是第一段和第三段，但实际上也反映了英国人类学界的某些实情及二人的实际关系，当然，最为重要的是，这封信也包含了他对人类学的思考。一方面，泰勒虽然死于1917年，但由于罹患老年痴呆症，他在世纪之交时已基本隐退，因此，弗雷泽此时的确是"我们这一领域的领导人"；同时，作为一位终生的朋友，任何来自马林诺夫斯基一方的谦卑都可以被看作是一种尊重和敬爱。另一方面，这封信也包含了马

---

① 即里弗斯等——笔者注。

② 即艾略特·史密斯。同里弗斯一样，史密斯也持文化传播论观点，并认为欧洲文明起源于古埃及。

③ 引自 Robert Ackerman, *J. G. Frazer: His Life and Work*, Cambridge: Cambridge University Press, 1987, pp. 266 – 267。

林诺夫斯基后来关于民族志方法及如何写作民族志的思考，也表明他对为赋予行为意义、行动可解而需要把行为与信仰置于生动鲜活场景进行描写的重要性的认识，因此，尽管他们的人类学范式并不相同，但至少在民族志写作这一问题上，马林诺夫斯基是有意借鉴了弗雷泽的风格，甚至是以其为自己的效仿对象的。当然，正如后来所发生的那样，这封信实际上也包含了不久之后的人类学的诸多内涵，如在行为与信仰的语境问题上，马林诺夫斯基认为巫术和宗教是复杂的社会交互活动过程中的原因和结果，而弗雷泽感兴趣的只是在西方的知识话语中如何理解，以及在进化论的框架之下如何衡量这些行为的"意义"。此外，在这封信的最后一段，马林诺夫斯基显然是言不由衷了，任何一位《金枝》的阅读者都不可能从中得到有关巫术与经济关系的某种启示，更何况《金枝》的重要缺陷之一就是对经济因素的忽视，就连弗雷泽本人，在1922年为《西太平洋上的航海者》所写的序言中，都承认不仅是他本人，而且人类学家们普遍都忽视了原始社会的经济物质基础。[1] 因此，仅从这封信中即不难看出，马林诺夫斯基对待弗雷泽的情感和态度颇为微妙复杂。

然而，在弗雷泽一方，问题似乎就简单得多，一贯谦逊毫无城府的他对任何向他提供了哪怕一丁点儿人类学材料的同行都报以真诚的尊敬与感激之情，即使是面对马林诺夫斯基这样当时在伦敦还未获得任何学术名声和地位的年轻，也不例外，且不吝诚挚的赞赏与提携。在阿克曼整理的弗雷泽信件中，有一封是弗雷泽1918年2月写给他的老朋友吉尔伯特·默里的，希望后者能通过他在巴布亚担任总督的哥哥，为因身份问题导致人类学实地调查受阻的马林诺夫斯基提供帮助和方便（显然马林诺夫斯基给弗雷泽写了两封十分紧急的求助信）。一向审慎内敛的弗雷泽在这封信中开门见山地请默里帮忙，并言辞恳切地请求他从爱惜人才的角度出发帮助这位颇有才华的年轻人：

"此信是希望您能说服您的兄长为一位年轻的人类学家提供方便，他一直在新几内亚东面的特罗布里恩德群岛进行最有价值的调查工作，目前由于健康状况及其他因素陷入了困境。他叫马林诺夫斯基，波兰人，因此很容易被误解，但他对德国实际上没有任何好感，只想一心一意地进行人类学研究。据我的判断，他是迄今为止在所谓的田野工作领域从事一手观察的我们的年轻人类学家

---

① 布罗尼斯拉夫·马林诺夫斯基：《西太平洋上的航海者》，张云江译，中国社会科学出版社2009年版，序言第2页。

中，最富才华、最具思想的一位……"①

这封信是否起到了弗雷泽所期望的作用，我们不得而知。1920 年，健康状况十分糟糕的马林诺夫斯基返回伦敦，开始写作《西太平洋上的航海者》，在即将完成之际，马林诺夫斯基希望弗雷泽能向麦克米兰推荐他的书稿，但麦克米兰拒绝了弗雷泽，而当马林诺夫斯基最后找到劳特利奇（Routledge）出版社后，弗雷泽则为这部后来被称为功能主义人类学开山之作的《西太平洋上的航海者》写作了热情洋溢的序言。也许是作为回报，马林诺夫斯基在一年后为《金枝》写了一篇满是溢美之词的评论，称自己为"《金枝》忠实的门徒"——马林诺夫斯基的确显得有些虚饰。

如果说我们可能误解了马林诺夫斯基的话，那么，来自马林诺夫斯基学生方面的某些说法应该是最具说服力的了。雷蒙德·弗思（Raymond Firth, 1901—2002）是马林诺夫斯基第一批杰出弟子中的一位，后来（1944）就任伦敦经济学院教职。弗思承认，随着马林诺夫斯基二三十年代在伦敦经济学院地位的日渐上升，他对其很多学生的控制近乎是全方位的，不仅是在学业方面，甚至也包括个人事务。这也许是其个人性情使然，但马林诺夫斯基似乎把这种个人意图不自觉地指向了弗雷泽。而弗雷泽，也许是一贯的内向羞怯使然，虽然他是众多年轻人类学家崇拜的对象，但却未能与他们中的任何一位建立一种哪怕仅仅是表面上的个人关系，除了初到伦敦时的马林诺夫斯基。弗思还明确表示，如有必要，马林诺夫斯基会奉承某人，有时甚至是不遗余力，过后却又会向别人嘲弄此人。而对弗雷泽，弗思认为，马林诺夫斯基怀着某种"既蔑视又爱戴"的复杂感情：如果说弗雷泽是一位思想家的话，马林诺夫斯基是看不起的，但他对弗雷泽本人却有着某种爱戴或者说是尊重。为其批评言之有物，他甚至经常让他的学生阅读弗雷泽的作品，然后对其进行批判，也就是说，弗雷泽的作品通常被马林诺夫斯基当作反面教材使用。尽管他认为弗雷泽完全已经过时，但如果他觉得弗雷泽毫无价值的话，他是根本不会利用他的。②

在马林诺夫斯基和弗雷泽的关系中，另外一个必须提到的人物是弗雷泽的太太，即丽莉·弗雷泽。根据弗雷泽晚年的秘书所言，来自法国的丽莉精明能

---

① Robert Ackerman（ed.）, *Selected Letters of Sir J. G. Frazer*, Oxford: Oxford University Press, 2005, p. 353.

② 引自 Robert Ackerman, *J. G. Frazer: His Life and Work*, Cambridge: Cambridge University Press, 1987, p. 269。

干，但却个性沉闷，说话直率，控制欲强，直接插手弗雷泽的一切事务，对其进行的是一种用她自己的话来说近乎是"母鸡般的保护（hen-protected）"[1]，并对他人充满防范之心，特别是弗雷泽的同行和同事。对她来说，他们的探访要么是浪费弗雷泽的写作时间，要么是企图从他那里得到某些启发。从英国教养——特别是当时剑桥的氛围来看，她的行为不免令人反感。同时，随着其听力的不断下降而不得不依靠当时效果不佳的助听器的状况，无疑加剧了她令人不快的一面。可以说，弗雷泽的同行和同事对丽莉几乎没有任何好感，而她则对他们不乏戒备之心，但马林诺夫斯基却是一个例外。自后者 1910 年初到伦敦之际，丽莉·弗雷泽对弗雷泽这位年轻的崇拜者并无太多戒心，并一直与其保持着较为密切频繁的往来。也许正是基于这种在她看来可靠的信任关系，当弗雷泽在 30 年代因《原始宗教中对死者的恐惧》（1933）一书受到激烈批评之际，丽莉瞒着弗雷泽，通过"安排"马林诺夫斯基发表正面评价来抑制负面批评，后者内心实际作何感想我们不得而知，但其颂扬性的评论如期出现，并且对负面批评的确起到了一定的抑制作用。[2] 就马林诺夫斯基的个人性情和才华来看，他是不可能对丽莉·弗雷泽有太多好感的，或者说是不可能维持长期好感的，正如他称其为弗雷泽"有些令人生畏的生活伴侣（somewhat redoubtable life companion）"那样。再考虑到弗雷泽太太并不令人愉快的性情和人际关系，以及精于保护和推进自己丈夫学术声誉的精明，我们不妨做出如下推断：马林诺夫斯基不可能真正地尊重她，随着他在伦敦学术界地位的日渐鹊起，他或许对她充满了不屑，甚至可能将这种情感推及弗雷泽本人，从而使他们之间的关系变得更加复杂而微妙。

4.《西太平洋上的航海者》和《金枝》

1922 年是英国人类学历史上非同寻常的一年，英国人类学的传统理论范式在这一年发生了重大转变，其标志就是后来被称为功能主义开山之作的两部作品——马林诺夫斯基的《西太平洋上的航海者》和拉德克利夫－布朗的《安达曼岛人》（Andaman Islanders）——在这一年的同时问世。

"这两部作品和它们的作者塑造了整整一代学生，为英国社会人类学的发展提供了持久深远影响的前提基础。它们的共同主张使得以历史解释的方法来探

---

① R. Angus Downie, *Frazer and the Golden Bough*, London：Victor Gollancz, 1970, p. 24.

② R. Angus Downie, *Frazer and the Golden Bough*, London：Victor Gollancz, 1970, p. 79.

寻起源的研究方式被抛弃，并代之以新的要求，即对民族志资料的分析可以通过沉浸到当地人的行为在当下所呈现出的种种细节来进行；也就是说，它要求人类学家在研究客体的内部寻求理解和解释。因此，新的方向是要与爱德华·伯内特·泰勒以来的英国传统进行彻底的决裂。"①

然而，也是在 1922 年，《金枝》——典型的泰勒传统——节本问世。以现今的眼光来看，其出现似乎有些不合时宜，但实际上，不仅是节本，连同十二卷本的《金枝》，在此后十多年间的销量，都远非《西太平洋上的航海者》和《安达曼岛人》可以相比。② 但无论如何，作为泰勒范式的最后代表③，弗雷泽的《金枝》及其所代表的旧范式在人类学新方向的快速发展之下，逐渐失色，直至被完全替代。

拉德克里利－布朗在安达曼岛上的田野观察要比马林诺夫斯基在特罗布里恩德群岛的早了十年左右，但巧合的是，他对田野调查的记述直到"划时代的" 1922 年才出版，而且他在《安达曼岛人》中远没有像马林诺夫斯基在《西太平洋上的航海者》那样系统而清晰地提出"革命"的宣言。与此同时，就在马林诺夫斯基在伦敦经济学院站稳脚跟之时，布朗则离开伦敦，开始了他此后十多年间在开普敦、悉尼、芝加哥等地的辗转任教，直到 1937 年才得以返回。尽管以当今的眼光来看，布朗在海外的学术声音和学生培养之于西方现代主义人类学发展的意义丝毫不逊色于马林诺夫斯基，但在当时的伦敦，马林诺夫斯基无疑是异军突起的人类学新秀，地位日渐稳固，至 30 年代中期达到顶峰。虽然马林诺夫斯基的田野作业所获得的丰富资料使得他在《西太平洋上的航海者》之

① Fredrik Barth, Ander Gingrich, Robert Parkin, Sydel Silverman, *One Discipline*, *Four Ways*: *British*, *German*, *French*, *and American Anthropology*, Chicago: The University of Chicago Press, 2005, p. 22.

② 即使是节本出现后，卷帙浩繁的十二卷本《金枝》中的每册在 20 年代仍重印了两三次，而节本在随后的十一年间（1922—1933）印刷了三万三千册。有两个实例可以现出《金枝》不可思议的畅销与流行：1940 年，《金枝》在纽约的销量与当时十分热销的《我的奋斗》不相上下，它甚至还是当时英国首相张伯伦的夫人、美国总统罗斯福的夫人的手头案边书，就连弗雷泽后来的激烈批评者利奇也不得不承认，节本《金枝》仍是当时（1961）最畅销的人类学书籍。参见 Robert Ackerman, *J. G. Frazer*: *His Life and Work*, Cambridge: Cambridge University Press, 1987, p. 257; Mary Beard, "Frazer, Leach, and Virgil: The Popularity (and Unpopularity) of the Golden Bough," *Comparative Studies in Society and History*, Vol. 34, No. 2 (Apr., 1992): 203 –224; Edmund Leach, "Golden Bough or Gilded Twig," *Daedalus*, Vol. 90, No. 2, Ethnic Groups in American Life (Spring, 1961): 371 –399。

③ 不少论者都认同弗雷泽是进化论人类学或"扶手椅上的人类学"晚期学者的说法。如瑞尼·维勒斯拉夫称弗雷泽为"旧式'扶手椅学派'的最后残存者（the last survivor of the old 'armchair school')"。参见 Rane Willerslev, "Frazer strikes back from the armchair: a new search for the animist soul," *Journal of the Royal Anthropological Institute* (N. S.) 17, (2011): 504 –526。

后十多年间的著作层出不穷，但无论怎么看，《西太平洋上的航海者》都是一部纲领性著作，其地位和意义之于西方现代主义人类学来说，无可替代。因此，对分别代表了人类学新旧两种范式的《西太平洋上的航海者》和《金枝》进行简要比较，不仅有助于理解新旧范式的本质以及它们如何"决裂"，也有助于理解后者在新旧传统中的境遇与影响问题。

正如前文第一编所论述的，《金枝》不时或扩充或精简的几个版本问世期间，虽然正处于英国人类学发生一系列缓慢变化的过渡阶段，但弗雷泽很少为这一过渡时期所发生的系列缓慢变化所动，《金枝》所维持的基本上仍旧是书斋里的人类学观念与方法，如致力于人类整体性解释、对进化论深信不疑、注重起源探索、坚信比较方法的强大效用等等。而且，就《金枝》的写作意图来说，弗雷泽一再坚持自己只是要对内米阿里奇亚狄安娜祭司职位奇特的继任制度进行解释，虽然由此引发了人类社会、组织和文化方面的诸多问题，也进行了自己的解释，但弗雷泽一再重申，自己无意构建任何体系或理论，并对那些认为他建立了某种体系或理论的看法表现出不安甚至是不快。①

而马林诺夫斯基则表现出一种明显的方法论自觉意识，即意在建立一种"文化的科学理论"。作为功能主义的开山之作，《西太平洋上的航海者》距离这一目标的完全建立虽然还有待时日，但它实际上已表现出一种咄咄逼人之气，正如马林诺夫斯基在导论部分直接宣告的那样："一个时代已经结束，在那个时代我们可以容忍把土著人描述成人类的一种失真变形、幼稚可笑的漫画形态。这幅图景是歪曲的，就像其他谎言一样，已经为科学所戳破。"② 马林诺夫斯基在导论部分所呈现的其在特罗布里恩德群岛调查的经验，几乎就是一部现代科学民族志田野工作方法的教科书。

在此部分，马林诺夫斯基直接提出了科学民族志成功的三个关键原则：民族志工作需要适当的条件，即与自己的文化隔离，尽可能与土著人进行真正亲密的接触，深入他们的生活；民族志学者应当了解最现代科学研究的原理、目标和结果，并接受其启发；民族志学者需要使用特殊的方法以搜集、操作和确定他的证据。而关于民族志具体工作方法的第三点，马林诺夫斯基又分三点进行了详细的说明：尽可能多地搜集土著人生活中的某些规则和规律的具体证据

① Sir James George Frazer, *The Golden Bough*: *A Study in Magic and Religion*, abridged edn, London: Wordsworth Reference, 1993, p. vii.

② Bronislaw Malinowski, *Argonauts of the Western Pacific*, London: Routledge, 2002, p. 8.

材料,用固定、明确的大纲形式记录下"部族组织及文化构造",即通过使用"实据统计文献法"勾勒出土著群落的文化架构和社会结构轮廓;注重观察土著人现实生活中的细节,记录他们实际生活中有血有肉的内容,即将土著人现实生活的"不可测现象"和"行为类型"填入第一条所说大纲之中;应记录土著自己关于某些特定文化事象的看法和说法来理解他们的所思所感,即通过建立专门的"口碑文集(corpus inscriptionum)"资料的形式,作为研究土著人心理状态的文献。在这些总方法之外,马林诺夫斯基还给出了更具体的方法指导:如坚持写民族志日记、制作表格等等。当然,最为关键的还是,需要将民族志工作者这位"主动的猎手"置于特定的环境之中,将其"与其他白人伙伴"隔离开来,他"自然"就会与土著人社会交往而逐渐学着去了解他们,"熟悉他们的习惯、信仰,这远远强过依靠一个雇佣来的且常令人厌烦的信息报道员"。"每天早上起来,或多或少地会像一个土著人那样过日子",不久就会融入他周围的一切,被土著人当成他们生活中的一部分。只有通过这些办法,民族志工作者才可能从一种文化的内部来观察这种文化,才能"理解土著人的观点,他对生活的看法,获得他关于他的世界的观念"。[①]

如果说上述原则和具体方法是科学田野作业取得成功的关键的话,那么,在民族志的叙事层面,马林诺夫斯基采用的则是典型的现代科学民族志的"我看见(I-witnessing)"的叙述方式,并采用了多种方式来实现这种叙事技巧,以增加民族志的科学性和可靠性:使用此情此景的描述方式,如关于用于库拉交换航行独木舟下水的叙述中,"独木舟上好了漆,也进行了装饰,现在准备下水试航了……"有时则会采用"现在"与"过去"进行对比的叙述方式。更为重要的是,马林诺夫斯基更多地以主动语态和现在时态的方式进行写作,通过带领读者与他一起见证库拉交换的整个过程,也使他们了解了特罗布里恩德群岛居民的生活,或者说,他使他们相信,他所描述的就是这些岛民们的真实生活事件。[②]

这实际上就是被后来的人类学家所称为的民族志作者的田野"在场",即通过"我在那里(I was there)"的叙述方式,现代民族志作者成为研究对象文化的代言人,能使读者产生一种强烈的有关民族志作者的"民族志权威(ethnogra-

① Bronislaw Malinowski, *Argonauts of the Western Pacific*, London: Routledge, 2002, pp. 1-20.

② Bronislaw Malinowski, *Argonauts of the Western Pacific*, London: Routledge, 2002.

phic authority）"，民族志的"科学性"和"透明性"从而可能得到加强。

然而，尽管马林诺夫斯基依靠"常识规则"和"科学原理"发现了有效田野工作的秘籍（ethnographer's magic）①，但他明白，要使科学的民族志为读者所理解和接受，离不开文学手段的精湛建构——正如他在写给弗雷泽的信中所说的那样。在这一点上，他主要受益于弗雷泽《金枝》的启发，甚至不乏一定程度上的模仿。

首先，就两本著作的标题来看，二者有着异曲同工之妙。不少论者认为弗雷泽以一个古典学的问题②为其著作命名使其增色不少，当然也有论者指责《金枝》本身也如同其题名一样过于文学化。③ 但马林诺夫斯基的 "Argonauts of the Western Pacific（《西太平洋上的航海者》）"本身就是一个经过再三斟酌而充满寓意的题名。④

其次是叙事结构的相似性，如果说弗雷泽是一位坐在书斋的扶手椅上带领他的读者见证不同地域时空的人们的种种习俗事象的旅行、最终找到了"金枝"并对其进行了解释的话，那么，马林诺夫斯基则带领读者跟随特罗布里恩德岛民们穿行于群岛之间、进行 mwali（臂镯）和 soulava（项链）交换的库拉贸易圈之旅，途中见证了土著们的种种生活事象，最终理解了库拉的功能与意义。

再次是对读者情感体验的成功唤起而获得的阅读效果，这种唤起和效果的获得是依靠一定的文学手段来实现的。《金枝》自不待言，如其脍炙人口的开篇；而马林诺夫斯基，正如他自己所意识到的，成功地激起想象是民族志令人信服的关键，《西太平洋上的航海者》中的景物描写和对读者想象力所进行的有

---

① Bronislaw Malinowski, *Argonauts of the Western Pacific*, London：Routledge, 2002, p. 5.

② 弗雷泽在《金枝》开篇中介绍"金枝"来自特纳的画作《金枝》；但在给出版商的信中，弗雷泽则表明它来自塞尔维乌斯对维吉尔的《埃涅阿斯纪》（*The Aeneid*）中有关这一树枝的解释。根据史诗，英雄埃涅阿斯要前往冥界寻找自己死去的父亲询问自己未来，先知西比尔告诉他，攀折到隐藏在一片茂密森林中某棵树上的金色枝丫是他通往冥界的条件之一。两千多年来，西方古典学家们对这一树枝的含义进行了多种阐释。公元 4 世纪时，评注家塞尔维乌斯将这截树枝与内米的宗教崇拜进行了联系。

③ 如乔纳森·史密斯、安东尼·奥萨－理查逊等。参见 Jonathan Z. Smith, "When the Bough Breaks," *History of Religions*, Vol. 12, No. 4（May, 1973）：342－371；Anthony Ossa－Richardson, "From Servius to Frazer：The Golden Bough and Its Transformations," *International Journal of the Classical Tradition*, Vol. 15, No. 3,（Sept. 2008）：339－368。

④ 马林诺夫斯基最初为其作品起了一个较为平淡的题名——《库拉：新几内亚东部地区土著的生活与冒险故事》（*Kula：A Tale of Native Enterprise and Adventure in Eastern New Guinea*），当然，它本身也暗示着一定的叙事结构；而最终所用的 "Argonauts of the Western Pacific" 则不乏典故与寓意：Argonauts 本为希腊神话中的"阿尔戈英雄"，在希腊神话中，他们是乘"阿尔戈号"（Argo）船前往黑海东岸的科尔基斯王国夺取"金羊毛"的希腊众英雄。

效激起更是数不胜数，"想象一下，你自己突然登陆，被你所有的设备器材包围着……""再接着想象一下你自己，独自一个人或在你的白人向导的陪同下，第一次进入一个村落……""让我们想象一下，我们正在沿着新几内亚南岸向东航行……""当我们在一个炎热的日子走进果树和棕榈树的浓荫里，发现自己正身处设计精巧、装饰漂亮、散落在碧绿丛中的房屋群中……"等等。①

最后是人类学写作的透明性问题。作为"扶手椅上的人类学家"，弗雷泽等人类学家通常最受指责的就是依靠二手材料进行人种学的拟构以及由于秉持欧洲中心主义立场而表现出的对"野蛮人"的不屑，这些指责并非没有道理。但不难发现，马林诺夫斯基有时在提及他的田野经历时语焉不详，或者会根据土著信息员提供的说法进行重构，最典型的莫过于第十六章第二段："因为我看到过，实际上是跟随一直从南方到特罗布里恩德去的大型 uvalaku 远洋船队，所以我能够根据直接的印象，而不是用重构的方法描述出一些场景。不过对于一个目睹过太多土著人部落生活情境，而且又能很好地理解聪明的土著信息员的人来说，这种重构并不难，也完全不需要太多的想象。"②

马林诺夫斯基去世后出版的日记还显示，其真正和土著人待在一起的时间实际上并没有《西太平洋上的航海者》中所说的那么长。与此同时，尽管马林诺夫斯基在作品中更多的是使用"土著（natives）"一词来指称当地岛民，但偶尔也会使用"野蛮人（savages）"，而在他的日记中，则直接称他们为"黑鬼（niggers）"，尽管他有时也由衷地赞美他们，但实际上，正如斯托金所言，他对他们的态度，更多的是一种"温和的嘲讽"③。当然，此处的这种分析并不是要否定马林诺夫斯基对现代人类学田野作业和民族志写作所做出的贡献，而是意在指出现代人类学的田野和民族志所追求的客观性和科学性实际上更多的只是一种追求和理想——其完全达致，绝非易事。

《西太平洋上的航海者》和《金枝》分别代表了人类学的新旧两种范式，无论是弗雷泽的故步自封，还是马林诺夫斯基的咄咄逼人，新旧两种范式的"决裂"已不可避免。但这种"决裂"实际上并非一蹴而就，而是在对旧范式一定程度上的继承中将自己从中撕扯开来——就像上文所分析的那样，直至完全超

---

① Bronislaw Malinowski, *Argonauts of the Western Pacific*, London: Routledge, 2002, introduction, pp. 3, 4, 26, 28.

② Bronislaw Malinowski, *Argonauts of the Western Pacific*, London: Routledge, 2002, p. 291.

③ G. W. Stocking, *After Tylor*, London: The Athlone Press, 1996, p. 272.

越了母体，甚至是完全替代了它——正如功能主义人类学后来所发展的那样。

（二）拉德克利夫－布朗与弗雷泽和《金枝》

相对于马林诺夫斯基而言，布朗与弗雷泽的关系远没有那么直接和复杂，但他们之间的沿袭与"决裂"实际上也部分程度上地反映了现代主义人类学与弗雷泽的继承与批判关系。

拉德克利夫－布朗出生于英国伯明翰，幼年丧父，家境贫寒，但仍在亲戚的资助下接受教育，并于1901年进入剑桥大学三一学院，原本希望学习"自然科学（Natural Science）"，后接受导师（极为崇拜弗雷泽的罗斯·鲍尔）建议学习"心理与伦理科学（Mental and Moral Science）"。布朗本身就对涂尔干社会学思想颇感兴趣，痴迷于阅读《金枝》，在剑桥接受教育的后期阶段，受哈登和里弗斯等人的影响和指导最终走上了人类学研究之路。由于信奉社会进化观念，布朗于1906—1908年到安达曼岛进行人类学的实地研究，因为在当时的人们看来，生活在这里的人种身材矮小，应该处于人类进化的初级阶段，或者是说代表了人类最原始最古老的形态。1908年，布朗因发表《安达曼岛人的宗教》一文而获得三一学院研究员薪金。虽然《安达曼岛人》通常被视为布朗的成名之作，也是其标志性作品，但真正反映其社会结构学说精髓的则是其以澳大利亚土著部落社会组织考察为基础而进行的研究，而其澳大利亚实地调查的最初目的，则与弗雷泽有着一定的关系。

由于图腾问题经弗雷泽1887年进行了系统处理之后，随即成为一个十分热门的话题，而弗雷泽本人又不断拓展，至1906年，共提出了三种有关图腾起源与意义的理论，其中两种与澳大利亚土著阿兰达人的因提丘马仪式材料相关。弗雷泽本人虽然没有直接阐明，但内米狄安娜神庙祭司继任时必须攀折的"金枝"实际上就可以被理解为一种图腾。布朗本来就以涂尔干的社会分工理论为基础，以安达曼岛人为海龟举行的仪式为材料对图腾崇拜问题进行了分析：图腾首先被认作是一种社会标志，是被融入自然秩序之中的，而非服从于社会秩序，图腾主义的解释应该首先考虑社会分工之于仪式分工和宗教分工的重要性；而族外婚则是由于崇拜同一种动物的部族由于人口的压力而产生分支的结果。①

1910年，在弗雷泽的提议和促成下，布朗获准前往澳大利亚西北部地区，延续斯宾塞和吉伦的人种学调查。布朗最初希望找到自己提出的图腾起源假设

①参见 G. W. Stocking, *After Tylor*, London：The Athlone Press, 1996, p. 309。

的人种志材料依据，当时他的观念还很传统，连弗雷泽在《图腾制与族外婚》中都认为图腾崇拜与族外婚制并不存在必然关联，但布朗仍认为它们之间密切相关，并在进化论的框架下认为澳大利亚土著的图腾问题可能是任何人种都可能经过的阶段，包括欧洲人的祖先。通过对澳大利亚土著婚姻规则各种变体的研究，布朗还对他们的族外婚制进行了类型划分。① 但显而易见的是，布朗在澳大利亚的田野实地研究之后，其进化论主张发生了一定的转变，这从他此后二十多年间所发表的相关论文（主要收录于《原始社会的结构与功能》）中即可现出。

如同《西太平洋上的航海者》一样，《安达曼岛人》的革新和影响自然也是革命性的。布朗的其他贡献无须赘言，但他与弗雷泽在人类学研究和写作意图上的差异值得分析。如果说弗雷泽的人类学研究偏重的是寻找习俗和信仰的"起源"的话，布朗倚重的则是发现它们的"意义"；弗雷泽通过比较方法试图解释的是"野蛮人"习俗、仪式等非理性行为的动机，而布朗则偏重这些行为的社会价值分析，解释它们的"功能"如何表达了社会价值的主要体系。以《安达曼岛人》为例，在布朗笔下，对于安达曼岛人来说，"仪式意味着一套复杂的信仰体系"，仪式和习俗是社会借以影响和维系个体情感的手段，但要寻求他们的习俗和信仰中的意义几乎是不可能的，因为他们"本身没有能力思考自己的情感"，只存在一些几乎难以用词汇来表达的"含混情感"和"模糊观念"，因此需要人类学家用精确的语言来阐明他们的行为所表明的信仰和意义。布朗用"力量（power）"一词来描述安达曼岛人对仪式的态度。也就是说，他们的仪式行为（无论是积极的还是消极的）是一套可以被称呼为"力量"的复杂信仰体系，表达了他们对一种特殊力量的认可。"这种力量或势力的不同表现形式之间的相互作用构成了社会生活的过程，它是社会直接或间接作用于个人，是个人在其整个人生过程中以不同方式感受到的道德力量"，是一种"社会的道德力量（the moral force of society）"。这就是仪式行为的社会价值所在。② 由此不难看出，《安达曼岛人》体现的不仅仅限于书斋→田野人类学研究方式的巨大转变，人类学写作意图从弗雷泽式的寻求"起源"及野蛮人"动机"探查到"意义"阐释和"功能"的科学分析之转变也显而易见，但后一种转变实际上已经

---

① 拉德克利夫－布朗：《原始社会的结构与功能》，潘蛟、王贤海、刘文远等译，中央民族大学出版社1999年版，第129—146页。

② 拉德克利夫－布朗：《安达曼岛人》，梁粤译，广西师范大学出版社2005年版，第240—242页。

预示了现代主义人类学家在文化意义阐释上的权威所不可避免要面临的困境。——这在布朗对安达曼岛人的仪式、神话与传说之功能丝分缕析的"科学分析"和系统解释中实际上已初现端倪。

（三）功能主义的"革命"与"金枝"的失色

马林诺夫斯基和布朗不仅气质性情迥异，他们的基本学术风格乃至各自的功能概念的具体细节及其所支撑的人类学理论都有着深刻而广泛的差异。用对二人都极为熟悉的弗思的话来说，前者属于"浪漫型"，后者则属于"古典型"。对于前者来说，如果说对观察到的现象进行规范的表达就意味着需要将人类的多样性归置成一种艺术形式的话，其"富于想象的洞察力"要强于其科学的概括能力；而后者看重的则是精确、比例、克制，对"系统"之强调使其有时不免会忽视"实际现象的某些细节内容"。①

但就人类学范式的革新而言，二人实际上存在着诸多共同之处。首先，二人都有着丰富的田野经验，富于抱负并有着较强的理论自觉意识：前者自不待言，1926 年即提出"人类学的功能学派（Functional School of Anthropology）"，并不断自我标榜和强化其理论主张；布朗 1910 年代中期即开始研究澳大利亚土著部落的社会组织，在 20 年代后期出版的相关著作中提出"社会结构（social structure）"研究的有效性和必要性，并贯彻于其教学和研讨实践中。

其次，二人都才华横溢、激情雄辩，颇具导师魅力并对学生有着较强的师承引导和培养意识：前者定居伦敦，随着其在人类学界地位的日渐上升，吸引了众多年轻人投身其门下，到 20 世纪 30 年代中期达到顶峰；布朗则辗转于开普敦、悉尼、芝加哥，甚至是中国燕京等地任教，传播其社会人类学的社会组织研究、社会的自然科学研究理念，在这些地区建立了颇具实力和基础的社会人类学中心，并培养了不少学生。

再次，二人赖以支撑的人类学理论有一定差异但实际上却存在一定程度上的互补：前者注重"文化"，后者倚重"社会"，但它们代表的都是人类生活基本要素的不同方面，任何文化研究都离不开对产生这种文化的社会结构之规则的基本掌握，而对任何社会结构的研究都不可能脱离其文化材料来实现。对一定的人类群体来说，"文化"强调的是物质和非物质因素，是人们通过社会习得

---

① Raymond Firth，"Contemporary British Social Anthropology," *American Anthropologist*，New Series，Vol. 53，No. 4，Part 1（Oct. － Dec.，1951）：474－489.

所掌握、使用、调适、继承，经过历史积淀而形成的使他们诸多生活内容得以产生的基础，而"社会"强调的是人的因素，是人以及人与人之间的关系，但二者的研究都必须通过对人们行为的分析来进行社会关系和价值观念的研究。因此，二人的理论实际上具有一定程度上的互补性。

最后，虽然二人都有着各自的理论主张和阵地，但最终却殊途同归：当布朗结束其海外生活辗转回到伦敦就任牛津大学人类学教职后，马林诺夫斯基则离开伦敦前往美国，他的一些学生又投身于布朗门下，这种情形由于他的一去无返而加剧，这也许是令人感怀的事，但对于英国人类学的发展来说，则形成了一种整合之势。布朗的直接"统治"虽然于1946年他退休时结束，但其"余威"则又延续了十多年。两人的理论建树和教学研讨培养了许多杰出人才，他们中的很多人随后都成为英国、澳大利亚、美国、南非等地人类学领域的中流砥柱，为西方现代主义人类学的快速发展和繁荣奠定了坚实的基础。最典型的莫过于英国人类学的"黄金时代（1945—1970）"——肩负这一时代英国主要学术中心人类学领导职务的每个人，都曾为二人所塑造，并为各自的职位带来了独特的学术风格和民族志知识，从而直接造就了英国人类学异常繁荣的"黄金时代"。而对于人类学在1922年的"革命"之前的历史，这些"黄金时代"的主流人类学家们，几乎都持一种不屑的态度，如同詹姆斯·尤里一针见血指出的："在回顾自身历史时，英国人类学家们通常只是醉心于讨论其历史上关键'人物'们的'思想'，强调现代'社会'人类学的'成就'。而对于其曾经的进化论人类学历史，就像是弗雷泽看待其人类心智进化图式中的'巫术阶段'一样，完全是荒谬错误的，必然为'宗教阶段'——结构功能主义所代替，由此发展到'科学阶段'——寻求真正意义的最高境界。"[1] 我们不妨以弗雷泽本人在《金枝》中对人类心智进化三阶段图式的阐释来对尤里的比喻稍作引申：巫术阶段是人类心智的蒙昧阶段，迟早会过渡到宗教阶段，进而为科学阶段所代替。姑且不论西方人类学是否可以真正达致"科学阶段"，在功能主义——这一西方现代人类学通往"科学阶段"的必经之途中——强大的"革命"效应之下，"金枝"的失色无论怎么看都已不可避免。

---

① James Urry, *Before Social Anthropology: Essays on the History of British Anthropology*, Switzerland: Harwood Academic Publisher, 1993, p. 1.

二、功能主义之后的弗雷泽和《金枝》

如同上文所述，1922年的确是西方人类学历史上具有革命性划时代意义的一年，《西太平洋上的航海者》和《安达曼岛人》的出版揭开了西方现代主义人类学的序幕，随着它们的作者此后的不断阐释、补充和完善，至20世纪30年代中期，功能主义人类学已经形成了一统天下的局面。而更为重要的是，马林诺夫斯基和拉德克里夫－布朗所培养的学生已经遍地开花，他们中的很多人不仅成为英国人类学"黄金时代"的中流砥柱，其他西方国家如美国、澳大利亚甚至是中国这样的非西方国家也不乏他们的追随者。对于西方现代主义人类学来说，虽然英、美、法、德几个主要国家都有各自的传统，但从宏观的人类学发展历时性框架来看，英国人类学在20世纪20年代所发生的变化具有一定的代表性。如从书斋到田野、从一般文化到具体地方文化、摒弃进化论、民族志写作风格变化等，只是英国情形的发展与变化最为明显和剧烈而已。

与此同时，《金枝》出版后不久就引起了广泛的关注和影响：美国自不待言，这从《金枝》首版时就得到《美国民俗期刊》的评论便不难现出；《金枝》自第二版起的每个版本都被译成了法语且在法国颇受欢迎，到1920年代时，弗雷泽在法国几乎和在英国一样有名[1]；此外，弗雷泽获得的来自德国、丹麦、比利时等国的各种组织和社团的荣誉更是说明了《金枝》在这些国家的受欢迎程度。而西方人类学在20世纪二三十年代所发生的变化虽然逐渐摒弃了人类学自19世纪中期以来所确立的范式，但现代主义人类学毕竟脱胎于过去，其发展不可能是无源之水，多少"遗留"了一些过去的痕迹。作为一部曾经向公众阐明了人类学要义、影响不少年轻人走上人类学道路的作品，《金枝》对现代人类学的影响显然不仅仅止于功能主义。这是我们在讨论了功能主义创立者马林诺夫斯基、布朗与弗雷泽及其《金枝》的关系之后，进一步梳理弗雷泽和《金枝》对西方现代人类学之影响的前提和基础。当然，正如斯特拉斯恩所言，弗雷泽"既值得尊敬也是个幽灵"，对于西方现代人类学来说，其影响既深且远，此处拟以年代为分期，对《金枝》在1945年之后的境遇与影响进行极为简要的梳理和概括。

---

[1] Robert Ackerman, *J. G. Frazer: His Life and Work*, Cambridge: Cambridge University Press, 1987, p. 162.

从时间上看，1922 年之后，即使是随着马林诺夫斯基在人类学界地位的日渐上升，弗雷泽本人仍是伦敦学术界令人瞩目的中心，《金枝》在公众中仍然不可思议的流行和畅销①——尽管其在专业的人类学界已逐渐开始褪色，或者说已经开始遭到摒弃。这从弗雷泽去世后（1941）大多专业杂志上出现的讣告都对其持负面评价即不难现出。② 随着 1945 年前后，马林诺夫斯基和布朗的学生们开始陆续接任英国主要大学人类学教职职位，在他们的导师所奠定的基础上，这些 1900 年以后出生的新一代人类学家创造了英国人类学的"黄金时代"。弗雷泽及其《金枝》在这一时期基本上被完全尘封和"冷冻"，即使偶有人类学界人士试图对其进行哪怕是一定程度上的正面评价，随即便会招来激烈的批评。③然而，在笔者看来，弗雷泽在这一时代并非没有产生任何影响，其影响主要体现在《金枝》所讨论的一些主题如巫术、图腾、禁忌、神圣国王、替罪羊等，实际上被这一时代的一些人类学家们延续，或批判，或超越，在他们的相关讨论中，或多或少能发现《金枝》关于这些问题的痕迹。

第二节　渊薮与流变：《金枝》与神话 - 仪式理论

神话 - 仪式学派（The Myth and Ritual School）由于主张神话与仪式之间有着必然的联系而得称，因为这一学派早期的主要成员大多来自剑桥大学，一度形成了一个集中紧密且兴盛一时的研究团体，史称"剑桥仪式主义者（Cambridge Ritualists）"或"剑桥学派（Cambridge Group）"，因此人们也时常以"剑桥仪式学派"来指称神话 - 仪式学派，并不在意它们之间的具体区别。实际上，严格地说，神话 - 仪式学派的学说作为 20 世纪重要的神话理论之一，自世纪初的发轫期直至六七十年代与其他学科的完全融合，剑桥仪式学派只是这一理论流派的早期奠基者，然而他们卓越的探索却极为活跃，颇具启迪意义的丰硕成果又在一个时期之内接连问世，盛极一时，以至任何后继者的努力都不免相形

---

① Mary Beard, "Frazer, Leach, and Virgil: The Popularity (and Unpopularity) of the Golden Bough," *Comparative Studies in Society and History*, Vol. 34, No. 2 (Apr., 1992): 203 - 24.

② 根据埃蒙德·利奇记述，弗雷泽死后，"《自然》和英国其他学术杂志上出现的讣告几乎都是令人尴尬的负面评价；而《美国人类学家》甚至都懒得提起这回事"。参见 Edmund R. Leach and Herbert Weisinger, "Reputations," *Daedalus*, Vol. 90, No. 2, Ethnic Groups in American Life (Spring, 1961): 371 - 399。

③ 最典型的莫过于利奇与加拿大人类学家 I. C. 贾维之间围绕弗雷泽人类学价值和贡献问题而进行的激烈争论。参见拙文《重温弗雷泽——简述西方人类学界关于弗雷泽的论争》，载《中央民族大学学报》2012 年第 6 期。

失色，足以使人们以其指称整个流派。虽然影响神话－仪式学派的骤然出现和兴盛发展的因素较多，但就其整个学派的历史发展来看，始终与弗雷泽及其《金枝》有着或隐或现的密切关系，特别是在其肇始阶段。要在一定篇幅之内充分探讨《金枝》之于神话－仪式学派的影响显然绝非易事，因此，本节在重点聚焦于剑桥仪式主义者对《金枝》的借鉴、吸收和超越的基础上，简要兼顾20世纪20年代之后几十年间神话－仪式学派的发展与《金枝》的关系，力图清晰扼要地呈现出《金枝》之于这一学派的影响脉络。

一、神话－仪式学派的兴起背景

对于大多数神话理论家来说，神话与仪式之间并不存在什么特别的联系，即使有联系的话，也并非必然或者说只是偶然。但对于神话－仪式主义者来说，神话与仪式之间有着必然而紧密的联系，在他们看来，或者所有的仪式都与神话存在着固有的联系，或者是所有的神话都和仪式有着与生俱来的关系，也就是说，要么是仪式由于神话而产生，要么是神话因仪式而出现（二者孰先孰后的问题曾经是神话－仪式主义者特别是早期学者们经常争论的焦点，但一直未有定论）。总之，强调神话与仪式之间存在着必然的密切联系，是神话－仪式理论区别于其他神话理论如心理分析、结构主义等理论的主要基点。

这种将神话的理解与仪式联系在一起的神话研究的人类学方法，肇始于19世纪末期，是对以麦克斯·缪勒为代表的主要运用比较语言学的成果与方法研究神话的比较神话学语言学方法极端做法的一种矫正，首先主要被用于希腊神话研究。威廉·琼斯在1786年就提出的希腊语、拉丁语和梵语都起源于同一种已经消亡了的古老语言——原始印欧语——的主张，为19世纪德国比较语言学家所继承和推进。他们认为印欧语是早期入侵印度的雅利安人后裔迁徙出中亚时传播开来的，这就是"雅利安假说（Aryan hypothesis）"——一种在19世纪中期被普遍接受和认可的说法。比较语言学对当时的诸多领域如古典学、历史学、神话学等都产生了深刻影响，比较神话学的兴起即是在这种背景之下。但早期极端的比较神话学学者直接借用比较语言学的成就与方法，试图通过语言学和词源学的分析来求解神话。缪勒神话发生的"语言疾病说"就是试图主要以语言学的知识来理解神话的晦涩难懂和荒诞不经，特别是希腊神话。在"雅利安假说"的参照之下，希腊神话起源于印度，是印度古老神话的变体，它们的源头及其之间的关系，可以通过已经发现了的语言变化规则的语言学精确分析得以揭示。

然而，随着19世纪后半期东地中海地区考古发现的接连问世，特别是谢里曼的惊人发现昭示人们，希腊神话，以及基于其基础之上的《荷马史诗》并非毫无意义的杜撰和捏造，更不是语言"患了病"的结果，而是包含着一定的历史真实成分；而古典研究更是面临一种挑战，古典学家们的任务就不可能再仅仅拘囿于语言文字层面的阐释，而是如何消化和解释东地中海地区考古热潮中的大量发现，"复活"古希腊罗马人的生活世界，提高人们对促生了璀璨文明的古代社会特别是希腊古典时代的理解。而人类学由于固有的研究"过去"的传统及其方法，如在进化论的参照之下，通过比较方法研究当今"野蛮"社会及欧洲乡村地区仍在践行的古代习俗"遗留"，以构建人类"过去"的做法，为当时考古发现冲击下的古典研究、希腊神话和宗教研究带来了一定的启示，或者说提供了某种可供借鉴的可能。

但实际上，欧洲学术界在谢里曼以及后来的伊文思等人的考古发现之后的很长一段时间内，都一时难以调适或应对考古发现带来的挑战，古典学和神话研究也不例外：有着古老传统的古典学主要倚重的仍旧是文献批评，比较神话学的语言学范式仍然是希腊神话研究的主流，然而其一统天下的局面正在逐渐被打破——这便是泰勒、兰、弗雷泽等人的人类学方法（通常被称为"人类学派"，以区别于"语言学派"）。他们在神话与宗教及其二者关系问题上的人类学视野不仅为当时的神话研究注入了新的活力，也给考古发现冲击下的希腊神话求解带来了不小的启示。而弗雷泽在继承泰勒的"野蛮人""原始文化"现象研究、史密斯的闪米特人宗教献祭行为分析的基础上，也就是说，在汲取了二者主要理论学说的基础之上，形成了一种对原始宗教及其起源问题的独特兴趣。同时，对人类学有着非同寻常热忱的弗雷泽，不仅兼具泰勒和兰等人的人类学眼光，又具有他们不可能拥有的优势——深厚的古典学素养和造诣，而且，他的研究主题又没有像他们那样宽泛或者多变，由于对宗教起源问题的特别关注而主要集中于巫术宗教的习俗仪式现象研究上。而更为重要的是，他将他的这种人类学视角和方法应用到了对古典过去的研究——《金枝》本身就源自于一个古典学术问题。对弗雷泽来说，内米问题，首先是一个与希腊罗马神话传说有着千丝万缕联系的原始宗教仪式的"遗俗"问题。他的解释不一定令人信服，但他对古希腊罗马宗教与现代"野蛮"习俗的比较，对神话特别是近东神话如阿提斯、阿都尼斯、狄俄尼索斯等神话及其宗教崇拜习俗的分析，对当时的希腊神话研究者来说，带来的不仅是人类学视野与方法的拓展和革新，更是神话与宗教崇拜仪式之间存在某种联系的直接启发与示例。"剑桥仪式学派"的兴起正是在这种背景之下。除其先行者弗雷泽本人之外，这一学派的主要成员简·赫丽生、吉尔伯特·默里、弗兰西斯·康福德（F. M. Cornford）、亚瑟·库克等"剑桥仪式主义者"① 最初的研究领域和兴趣几乎都在古典学。② 如果说，作为人类学家的弗雷泽具有泰勒等人所缺乏的古典学教育和训练背景的话，那么，作为古典学者的弗雷泽又具有赫丽生等人所不具备的人类学基础（如材料来源问题）和视野。因此，作为较早将人类学因素引入古典研究的学者，弗雷泽不仅为当时的古典学注入了新的活力，《金枝》所涉猎的神话与习俗仪式问题对赫丽生等人的希腊研究产生了直接而重要的独特影响，他们借鉴、推进并超越了弗雷泽关于神话与仪式问题的看法，取得了令人瞩目的斐然成就，为神话－仪式学派后来的发展奠定了更为坚实的基础。

二、《金枝》之于神话－仪式学派的意义

尽管前文已经结合内米的"杀王"仪式和弗雷泽对阿提斯、奥锡利斯、阿都尼斯、狄俄尼索斯等神祇的死亡复活神话及其纪念习俗仪式的分析，对弗雷泽散落在《金枝》各处的有关神话与仪式问题的看法进行了简要的分析和总结，但就《金枝》之于神话－仪式学派的总体影响而言，仍需一定的篇幅在前期的分析基础之上，对其之于这一学派的意义进行宏观的整体把握。

如同前文所述，弗雷泽并不是首位将神话与仪式联系在一起的人类学家，而且他对神话与仪式关系的看法松散多样，甚至矛盾游移。然而，正是由于他的这种松散多维的发散性探讨，解放了史密斯式的由于过分强调仪式的重要性而将神话与仪式关系教条化的倾向，因而避免了二者关系在最初被联系起来时即被绝对化的可能。其次，由于史密斯更多关注的是闪米特人的宗教献祭仪式，

---

① 他们当中只有吉尔伯特·默里一人来自牛津大学，其余均来自剑桥大学：简·赫丽生来自纽纳姆学院，弗兰西斯·康福德出自三一学院（Trinity College），亚瑟·库克来自皇后学院。他们以赫丽生为中心，形成了一个十分紧密的、主要借鉴人类学仪式方法进行希腊神话、宗教、艺术等领域研究的学术团体，因此被称为"剑桥仪式主义者"。

② 吉尔伯特·默里最初是一位文本阐释家，后来转向希腊史诗和戏剧研究；赫丽生曾致力于成为一位语文学家，四十多岁时受《金枝》启发，将弗雷泽的民俗方法用于希腊神祇起源的理解上，开始了其希腊神话与宗教研究，时常感叹自己的"希腊研究开始得太晚"；康福德本来从事古代哲学研究，后来转向希腊神话和历史研究；库克本来是一位古典民俗学家，后来终生从事其百科全书式的希腊神话研究。

并不太重视神话的意义，认为其作用只有在仪式的意义已经丢失或者被遗忘的时候才可能得以凸显；而通过《金枝》中对阿提斯、阿都尼斯等神话传说和崇拜习俗的分析，弗雷泽在提高了神话地位的同时并不因此贬低仪式的地位，而是强调它们之间互为表里的相互作用关系；也就是说，弗雷泽继承了史密斯将宗教仪式与神话联系在一起的做法，并进行了极大程度上的推进，他从人类学角度对神话地位的这种提升，对当时的神话研究来说，意义十分深远。同时，由于《金枝》对不同地域时空神话传说和习俗仪式进行了百科全书式的研究，弗雷泽不仅成为神话－仪式理论泰斗式的实践者，也通过《金枝》深刻地影响了随后其他神话－仪式主义者的研究。这便是弗雷泽及其《金枝》之于神话－仪式学派之意义的核要所在。

当然，弗雷泽之于神话－仪式学派的意义不仅止于其披荆斩棘式的拓荒性道路探索，也在于他在《金枝》中对戏剧、神话、仪式等问题的具体研究上。①

首先，尽管没有专门系统的阐释，但《金枝》对戏剧起源问题松散零星的论述，启发性地影响了默里和康福德对希腊悲剧和喜剧的结构分析。如特别典型的一个例子是，在讨论西亚的萨图纳里亚（农神节）仪式时，弗雷泽从表演者的动机方面论及了戏剧的仪式性起源之观点：

"看来这种世界许多地方都会举行的带假面的舞蹈和庆祭，在野蛮人的社会生活中有着十分重要的作用，最初举行的目的完全是出于实际意图的考虑，而不是仅仅为了激起观众的情感或者是消磨沉闷无聊的时光。表演者通过模仿某种有着非凡能力的超人力量，相信这种人格化的行为可以促使能够带来益处但仅凭人的渺小力量又无法做到的神奇事情的出现，从而为他的团体带来好处和利益。实际上，这类仪式表演的基本意图，也体现在文明社会的悲剧和喜剧之中，即试图通过对超人力量的掌控为公众带来好处。"②

他进而还对希腊戏剧与宗教崇拜的关系进行了直接阐述，"可以肯定的是，在他们辉煌文明的高峰时期，雅典人在他们的戏剧表演中还保留了鲜活的宗教因素；他们将戏剧的表演与对狄俄尼索斯的崇拜直接联系在一起，因为只有在

---

① 下文有关弗雷泽在《金枝》中关于戏剧、神话、仪式等问题上的观点总结，较多地参考了罗伯特·阿克曼在《神话与仪式学派：弗雷泽和剑桥仪式主义者》一书中的相关概括。

② Sir James George Frazer, *The Golden Bough*: *A Study in Magic and Religion*, 12 vols, Part VI, *The Scapegoat*, New York: The Macmillan Company, 1935, pp. 374 – 375.

这位神祇的庆祭上才可以上演戏剧"①。

其次是弗雷泽对阿提斯、阿都尼斯、奥锡利斯和狄俄尼索斯神话与仪式详细的类型学分析，时常为后来的文学文本分析者所借鉴。根据对有关这些神祇神话传说的主要流传地区——东地中海地区以及西方文化的发源地小亚细亚地区——的宗教习俗仪式的分析，弗雷泽认为这些神祇都可以被看作是植物神（vegetation god）或者谷精（corn spirit）类型神灵的主要例子。由于更多地注意到了他们之间的相似性而并不在意其间的差异性，弗雷泽特别强调这四位神祇相同的死亡与复活故事：有关他们的神话主要叙述的都是由于与怪物或者恶人进行斗争而受伤死亡，在被埋葬之后，由于人们悲伤哀痛的悼念而复活，然而却是以绿色且表现出旺盛生命力事物的形式来显示他们的重生的。

不仅如此，在弗雷泽的分析之下，这些神的故事和仪式与他收集的来自世界各地古代社会，特别是现代社会的习俗相比，居于一种中心位置，也就是说，这些古代或现代的习俗都是这些神祇的故事和仪式的变体。这些仪式，特别是即使在晚至19世纪之时，欧洲的一些乡村地区仍在践行的季节性节日，如各种篝火节，都是建立在一种逐旧迎新（renewal）基本观念之上的。在弗雷泽看来，这些仪式都是巫术性的表演行为，即通过表演旧的或不祥经验如歉收或干旱等事件的被驱逐，以达到丰产的目的和愿望。这些仪式大致可以分为以下几种类型：随着所逐之旧（通常是国王，但常以国王身份的扮演来象征其本人或以将死之人或罪犯代替）的被驱，象征新王的继任者会随即出现（如五月王，或五朔柱本身）；仪式的冲突通常是以季节的新旧象征（如冬夏对立）或其他形式如生命与死亡对抗的方式来进行的，对抗中象征冬天的角色通常被装扮成国王，并被配以神婚——新娘就是五月女王——以保证丰产；有时，丰产愿望是通过模仿死亡和埋葬，随后得以复活或重获新生的表演来表达的。这种对阿都尼斯、阿提斯、奥锡利斯、狄俄尼索斯神话类型的详细分析居于《金枝》第三版的中心位置，其主要内容实际上在1906年时即以《阿都尼斯、阿提斯、奥锡利斯》为题出版，为剑桥仪式主义者关于戏剧起源问题的探索奠定了基础。

弗雷泽对希腊研究的另一重要影响在于，他和英国当时其他一些理性主义人类学家的研究，对19世纪希腊研究的浪漫化倾向，特别是80年代的美学运动

① Sir James George Frazer, *The Golden Bough: A Study in Magic and Religion*, Vol. 12, Part VI, *The Scapegoat*, New York: The Macmillan Company, 1935, p. 384.

形成了一股反拨力量。这就是弗雷泽人类学比较方法对希腊文明与古老前奥林匹亚宗教荒蛮性的比较，以及对古希腊人与19世纪欧洲农民的并置。由于弗雷泽更多强调的是原始宗教的蒙昧性和荒谬性，他的这种比较和并置使时人在肯定希腊人辉煌成就的同时，也对他们的真实世界有了一定程度的认识，也激发了一些研究者了解和探究古希腊人的真实生活世界和社会事象的愿望。仅就这一点上来说，弗雷泽古典研究的人类学视野之意义十分深远。

三、剑桥仪式主义者与《金枝》

弗雷泽在《金枝》中对神话仪式问题百科全书式的探索，直接影响了赫丽生、默里、康福德和库克等剑桥仪式主义者的研究。这一以赫丽生为中心而形成的学术团体，在1900年至1914年间（他们的研究因一战爆发而中断），在希腊宗教、神话、史诗、戏剧等领域进行了各有侧重然而又联系紧密的合作，成就斐然。不仅是他们的研究不同程度上对《金枝》有所借鉴，他们本人也与弗雷泽有着或多或少的直接联系。

（一）简·赫丽生与《金枝》

简·赫丽生生于1850年，卒于1928年，是弗雷泽的同时代人，因其卓越的希腊研究而被誉为英国20世纪"最有才华的女人"。

1. 赫丽生早期的学术生涯

赫丽生1875年进入剑桥纽纳姆学院接受古典学教育，希望成为一位语文学家。1879年获得剑桥古典学学位，随后进入伦敦大英博物馆，从事考古学研究，对出土的希腊花瓶等艺术品颇感兴趣，并于1882年起在此开设了关于希腊瓶画鉴赏的讲座。19世纪对古典希腊认识的浪漫化倾向在80年代的美学运动中达到了高潮，考古出土的希腊艺术品鉴赏成为十分热门的领域，因此，赫丽生的讲座极受欢迎。她还于此间写作了《文学艺术中的奥德赛神话》（*Myths of the Odyssey in Art and literature*，1882）和《希腊艺术研究引论》（*Introductory Studies in Greek Art*，1885）两部作品，也发表了一些短文。由于其讲座受到一位好友的冷静批评，赫丽生于1888年去了希腊的一些考古现场和遗址，甚为震撼，返回伦敦后不久，便出版了《古希腊的神话与遗迹》（*Mythology and Monuments of Ancient Greece*，1890），讨论神话与出土艺术品的联系。赫丽生意识到研究神话，应该将重点聚焦于古人所为，而不是所思，但她并没有进行深入探讨。

2. 与《金枝》相遇

值得特别注意的是，《金枝》首版于1890年出版，赫丽生《古希腊的神话与遗迹》中并未提及，可能是当时还没有引起她的注意和阅读。但不久之后，她开始盛赞弗雷泽的民俗研究方法及其带来的启示，对《金枝》中的一些概念和理论如"五谷妈妈""树神""图腾""交感巫术"等极为赞赏。不仅如此，赫丽生认为，弗雷泽的民俗学方法可以帮助人们理解希腊神祇的起源，而且，通过将当代"野蛮"人的习俗与古希腊、古罗马宗教进行比较，有助于对后者的理解。[1] 而对于希腊神话研究来说，弗雷泽开阔的人类学视野和方法使人们意识到，希腊宗教是由更原始古老的宗教演化而来的，荷马史诗则是宗教演化久远历史的最终产物。此后，赫丽生开始思考荷马奥林匹亚众神背后更为原始的古老神祇及其宗教问题，但此后一个时期，她撰写发表的短札和评论仍以考古话题和艺术与文学的联系为主。

1898 年获剑桥大学研究员职位，重返纽纳姆学院，成为赫丽生学术生涯的转折点，不仅是其本人对希腊文学艺术的兴趣完全转向了人类学视野下的希腊原始宗教与仪式研究，并与默里、康福德、库克等人展开了密切合作，造就了一段学术佳话，也成就了他们作为著名古典学者的地位与声名。二十多年后，赫丽生在其晚年的《学子回忆录》中，如此概括了弗雷泽的人类学视野和方法带给古典学的启示：

"回顾我的一生，在走向我自己特殊的研究主题（宗教）之路途中，有过颇多的驻足与彷徨。早年对希腊文学颇感兴趣却不得其门，那时，文本批评是剑桥这一领域的主流，硕果累累，令我自惭形秽。事实是，我们这些希腊研究者那时是一群'处于黑暗之中的人'，但很快，我们就看到了带来希望的两束曙光——考古学和人类学。古典学沉睡得太久了。老一辈学者开始看到不一样的视界，年轻人开始跃跃欲试。谢里曼发掘特洛伊城时我刚从剑桥毕业。而我的同代人中有如杰出者 J. G. 弗雷泽，《金枝》中野蛮人的迷信问题使黑暗中的我们看到了一束光亮。令人愉悦的书名——詹姆斯·弗雷泽爵士在书作题名上颇具才华——攫取了学者们的目光。他们看到了比较人类学在希腊罗马文本阐释中的无穷魅力。泰勒写过了也说过了；罗伯逊·史密斯已经看到了东方的星星，却作为异端被流放；一切都是徒劳；我们古典学者的聋蛇塞住了我们的耳朵，遮住了我们的眼睛；但一听到《金枝》这句魔咒般的声音时，塞耳掩目的东西

---

[1] Robert Ackerman, *The Myth and Ritual School: J. G. Frazer& the Cambridge Ritualists*, New York &London: Garland Publishing, INC., 1991, pp. 81–85.

183

随即消逝——我们耳聪智明了。于是，亚瑟·伊文思出发去了他的……，从他的迷宫考古现场发来电报，带来了米诺陶的消息；使我们明白了它的重要性，它直接影响了'荷马问题'。"①

可以说，赫丽生一生的真正成就正是在她的视野完全转向人类学之后取得的，其几部传世杰作都是她于年近半百之时返回纽纳姆学院之后写作出版的：希腊宗教研究里程碑式的著作《希腊宗教研究导论》（*Prolegomena to the Study of Greek Religion*）出版于 1903 年；希腊宗教神话－仪式方法示例性作品《忒弥斯：希腊宗教的社会起源》（*Themis*：*A Study in the Social Origins of Greek Religion*，中译本名为《古希腊宗教的社会起源》）于 1912 年问世；探讨艺术特别是古希腊戏剧与仪式密切关系的著作《古代艺术与仪式》（*Ancient Art and Ritual*）出版于 1913 年。而晚年的《再论希腊宗教研究》（*Epolegomena to the Study of Greek Religion*，1921）则在前期人类学视野基础上，融合了柏格森、弗洛伊德和荣格的社会学和心理学学说，将神话与仪式的源头追溯到了生命不朽阐释、个体欲望冲动体现、集体无意识经验表述等层面，最终实现了对弗雷泽的超越。

3. 赫丽生对《金枝》的吸收与借鉴

可以毫不夸张地说，正是由于弗雷泽对神话与仪式关系的多维度探讨所开辟出的特别视野与疆界，赫丽生对古希腊宗教及艺术详细的神话－仪式分析才成为可能。一方面，赫丽生借鉴了弗雷泽的"季节性仪式是植物神死亡与复活神话的表演"的说法，同意弗雷泽对举行这种仪式目的的看法，即意在通过模仿，巫术性地促使植物的生长与其健康息息相关的神的复活；而国王，无论是仪式中扮演神的角色的王，或者被杀被替代之王，其中重要性并不突出。另一方面，由于赫丽生将社会因素注入到神话－仪式的理解中，因此，她对这种复活仪式的解释与弗雷泽有所不同：在她看来，这种表达身体重生的季节性仪式同时也是一种融入社会或集体的成年仪式；与神一样，仪式中表演社会成员的死亡——象征性地死于幼年——但却作为成年人得到重生。

就仪式表演的目的而言，弗雷泽认为在于巫术性的丰产愿望，是因着食物与后代的考虑；赫丽生并不否认这一点，但她更强调举行仪式所传达的集体情感与社会功能，是集体成员融入社会、增强集体意识、正式成为集体一部分的生命经验表达的成年仪式。她认为，在希腊宗教的源头俄耳浦斯教的密仪中，

---

① J. E. Harrison, *Reminiscences of a Student's Life*, London：Hogarth Press, 1925, pp. 82 – 83.

狄俄尼索斯的祭仪中就隐藏着这种再生仪式或者说是成年仪式，其死亡复活神话就是这种仪式的反映；而作为希腊宗教的早期神祇，狄俄尼索斯的祭仪和神话对希腊宗教和神话的影响是不言而喻的。

赫丽生借用了弗雷泽诸多概念如巫术、图腾、禁忌、植物神等，但她认为弗雷泽的"植物神"一词无法表达既包含植物又能表达整个世界衰落、死亡、再生的意思，同时，"神灵或精灵（spirits）"这样的词含义也过于狭窄，因此她创造了"恩尼奥托斯"（Eniautos，意为"周期"，即盛衰交替的循环）和"半神"（daimon，原为希腊语，含义比 spirit 要宽泛，有"英雄"之意）这样的词语，来表达她所理解的希腊神祇演变顺序：半神→人格神→奥林匹斯众神，而恩尼奥托斯半神（Eniautos-Daimon）就是比较原始单一（数量少）、性质并不固定（可以被想象为植物或动物）但后来却演化出人格神的半神，仪式在半神时期即已出现，而神话则出现于神祇人格化之后。因此，就神话与仪式的关系而言，如果说弗雷泽并不着意框定二者关系的话，赫丽生则明确肯定仪式在先，神话在后，"先有崇拜仪式，然后才有神"①。

正是在弗雷泽人类学视野的启发下，赫丽生能够自信地以她的这种半神概念将古希腊宗教的起源推向了前奥林匹斯时代甚至更古的荒蛮时期，拂去了荷马所赋予的环绕在奥林匹斯众神身上的神秘光环。虽然赫丽生承认神祇的具体演化过程已无从考证，但她肯定这些神祇是经过了动物或植物崇拜（图腾）到英雄崇拜（即半神），再到神秘神灵崇拜，最后才成为高大俊美的奥林匹斯众神这样的演化顺序的。与之相适应的是，赫丽生的希腊宗教发展图式也是沿着这种从非理性到理性、从野蛮到文明的演化顺序的。这当然是一种典型的弗雷泽式的进化论观点，但就希腊宗教和神话的研究来说，至少进行了一定程度上的"祛魅"工作，增进了人们对古希腊人的宗教、神话、艺术、戏剧等方面生活内容进行世俗理解的可能性。

与此同时，赫丽生相信并倚重人类学的效用与方法，但她毕竟不是一位熟练的人类学家，也缺乏比较研究所需的材料，而《金枝》百科全书式的对巫术、宗教、神话、习俗等人类"早期"文化事象的材料囊括，弗雷泽任意自如地对当代"野蛮"社会、欧洲古典时代及现代文明欧洲之间的并置与比较，不仅为

---

① 简·艾伦·赫丽生：《古希腊宗教的社会起源》，谢世坚译，广西师范大学出版社 2004 年版，第26 页。

赫丽生的希腊研究提供了丰富的材料来源，也直接带来了方法论的启发与示例。阅读赫丽生的几部重要作品，其对希腊宗教仪式与"野蛮"人和欧洲某些当代习俗仪式的比较，以对希腊宗教、神话、艺术等的起源与发展进行推测的方法，对弗雷泽的材料特别是阿都尼斯、狄俄尼索斯神话及崇拜习俗材料的借鉴，不时跃入眼前，隐约可见。这种方法论和材料的借鉴与使用对于赫丽生的希腊研究而言，同样有着重要意义。

当然，作为20世纪英国"最有才华的女人"，赫丽生的希腊研究不可能仅仅停留在对弗雷泽神话－仪式理论和人类学视野与方法的吸收、借鉴上，而是在此基础上兼蓄了当时的社会学和心理学成就（而这恰恰是弗雷泽所缺乏的），显示了对弗雷泽的某种超越。才华横溢的她在其希腊神话与仪式的研究中，大胆引入了尼采的酒神精神、涂尔干的社会学说、弗洛伊德的个体欲望外化说、荣格的集体无意识学说、柏格森的生命直觉主义之说等，来对神话进行阐释，在继弗雷泽之后，进一步将神话学从19世纪哲学－逻各斯阐释的泥沼中剥离出来，看到了神话起源的经验层面并进行了一定的探索。但从总体上看，弗雷泽《金枝》的影响不仅最为根本，也至为深刻。

（二）其他剑桥仪式主义者与《金枝》

由于剑桥仪式主义者是一个以赫丽生为中心、合作极为紧密的学术团体，赫丽生本人的希腊研究领域较其他成员而言，相对较为宽泛，而她本人与他们中的每个人又都保持着经常性的讨论与交流。作为一个团体，他们的研究虽各有侧重，但也具有一定的共性，《金枝》的影响亦是如此。因此，此处在前文对"《金枝》之于神话－仪式学派的意义"和"赫丽生与《金枝》"所做的相对较为详细的梳理之基础上，对其他剑桥仪式主义者所受《金枝》之影响进行简要勾勒。

1. 吉尔伯特·默里：希腊悲剧中的仪式

吉尔伯特·默里是牛津大学希腊研究的钦定教授，是剑桥仪式主义者中唯一一位来自剑桥大学以外的成员，早先主要从事希腊古典文本研究，明确反对希腊研究的浪漫化和审美化倾向，1905年前后开始与赫丽生进行合作。相较其他剑桥仪式主义者而言，默里与赫丽生的合作一度最为紧密，二者都认为希腊宗教存在着一种古老原始的前荷马时代形态，但默里更侧重于希腊悲剧研究，曾经为赫丽生的《忒弥斯：希腊宗教的社会起源》"半神与英雄"一章撰写了补论"希腊悲剧中的仪式"。作为一位仪式主义者，默里著有《希腊史诗的兴起》

（*Rise of the Greek Epic*，1907），《希腊宗教的四个阶段》［（1912），后修订为《希腊宗教的五个阶段》，1925］，《欧里庇得斯和他的时代》（*Euripides and His Age*，1913），《诗歌的古典传统》［（*The Classical Tradition in Poetry*，1927），其中收录了《哈姆雷特和俄瑞斯忒斯》（*Hamlet and Orestes*，1914）］。虽然默里对希腊悲剧结构的分析明显受到了弗雷泽的影响，但他对后者对人类非理性行为的揭示有所不满，曾撰文批评《金枝》是"一部危险的书（a dangerous book）"，因为"弗雷泽的证据表明人类行为中几乎没有理性这回事的存在"。① 然而晚年时，他在一篇文章中如此写道："我记得《金枝》在 1890 年出版时在古典学者中所引起的震惊，那是一种钦羡激动又多少有些不知所措的震撼。"②

在默里看来，前荷马时代原始宗教中的神祇，最初并没有名字，更多属于地神而不是天神，可以被巫术性地控制而非仅仅依靠乞怜，此阶段被人格化最充分的神祇就是狄俄尼索斯。而悲剧，就是被认为是植物神的狄俄尼索斯死亡复活神话之仪式性表演的遗迹。但实际上，默里并非将悲剧等同于神话与仪式，他只是将悲剧从神话与仪式中剥离了出来，其依据在于希腊悲剧的情节与狄俄尼索斯经历神话的相似性，在他看来，悲剧英雄就是狄俄尼索斯的象征性替身。③ 不仅如此，默里沿用赫丽生创造的恩尼奥托斯半神概念，并对其神话进行了概括化处理，将其用于对希腊悲剧结构的分析，这种概括化处理直接借用了弗雷泽对阿提斯、狄俄尼索斯等神话的类型分析。④

2. 弗兰西斯·康福德：阿提卡喜剧的起源

弗兰西斯·康福德（1874—1943）是剑桥大学三一学院的古代哲学教授，一生致力于古希腊文化两个方面的研究：宗教与科学的关系、神话与仪式的关系。与默里一样，康福德 1905 年开始与赫丽生进行合作后，转向神话与仪式关系的研究，并将其应用于希腊喜剧的研究，与默里的希腊悲剧研究形成了一种互补之势，并撰写了《忒弥斯：希腊宗教的社会起源》中的"奥林匹克竞技会

---

① Gilbert Murray, "A Dangerous Book," *The New Republic*, Vol. XXXIV, No. 430, (February 28, 1923): 17 – 19.

② Robert Ackerman, *The Myth and Ritual School: J. G. Frazer& the Cambridge Ritualists*, New York &London: Garland Publishing, INC. , 1991, p. 106.

③ Robert A. Segal (ed.), *The Myth and Ritual Theory: An Anthology*, Oxford: Blackwell Publishers, 1998, p. 96.

④ 参见简·艾伦·赫丽生：《古希腊宗教的社会起源》，谢世坚译，广西师范大学出版社 2004 年版，第 333—334 页。

的起源"一章。作为仪式主义者，康福德著有《从宗教到哲学》（*From Religion to Philosophy*，1912），将仪式的起源追溯到基本的哲学理念；《阿提卡喜剧的起源》（*The Origin of Attic Comedy*，1914）主要通过分析阿里斯托芬的喜剧并将喜剧的起源也追溯到了前狄俄尼索斯庆祭；晚年写作了《赫西俄德〈神谱〉的仪式基础》（*A Ritual Basis for Hesiod's Theogony*，1941），后被收入其《未尽哲学文稿及其他》（*Unwritten Philosophy and other Essays*，1950）。

由于注意到了阿里斯托芬喜剧奇特的形式，特别是以合唱队歌舞的形式将剧情一分为二，或者说是使剧情发生变化，如在开场白和冲突之间通常会有激烈的斗争或竞赛，在冲突和最后的皆大欢喜之间通常会有献祭或欢宴的场景等。康福德认为，这些"常见的情节模式中蕴含了比希腊喜剧更为古老、另有起源的仪式或民间戏剧的类型化行为"①。而古老的丰产仪式就蕴含了丰富的母题或主题类型：如送走或者毁灭死亡或不祥；夏季和冬季的季节斗争；年轻的王和他的前任之间的冲突模仿；死亡与复活。而欧洲普遍流行的哑剧、现代希腊颇具狄俄尼索斯祭仪性质的民间戏剧，都可以看作是它们在当代社会的遗留。康福德继而以此为基础，对阿里斯托芬的喜剧结构进行分析，并将阿提卡喜剧的起源也追溯到了古老的狄俄尼索斯祭仪。不难看出，康福德的这种总结几乎就是对弗雷泽《金枝》的直接借鉴和应用。

不仅如此，在神话与仪式问题上，康福德也直接追随弗雷泽。即神圣国王年度性的被杀与被替代，为的是保证植物的复苏与繁盛生长。但康福德明确表示，仪式的出现在前，只有当神能被与只是作为他的替身——王——区别开来时，神话才会出现。此时，植物神的死亡与重生神话成了由王表演神的角色与作用之仪式的脚本。在他看来，希腊神话起源于仪式，只是由于后来的发展而逐渐失去了与仪式之间的紧密联系，而最终沦为一种对世界的阐释。②

3. 亚瑟·库克：希腊天神崇拜的仪式起源

亚瑟·库克（1868—1952）是剑桥大学皇后学院的古典民俗学家和考古学家。由于极为博学，为人又十分谦和，除自己的著述之外，在剑桥仪式主义者中，库克还充当着一位随时乐意提供建议和帮助的助人者角色。库克深受弗雷

---

① 引自 Robert Ackerman, *The Myth and Ritual School*: *J. G. Frazer& the Cambridge Ritualists*, New York &London: Garland Publishing, INC., 1991, pp. 138 – 139。

② F. M. Cornford, "*A Ritual Basis for Hesiod's Theogony*," in Robert A. Segal（ed.）, *The Myth and Ritual Theory*: *An Anthology*, Oxford: Blackwell Publishers, 1998, pp. 118 – 135.

泽的影响，并终生与之维系着良好的友谊关系。十分有趣的是，库克早年曾批评《金枝》对阿里奇亚宗教遗俗的解释站不住脚，但后来为弗雷泽所折服，开始写作其弗雷泽式的仪式解释性著作《宙斯》（*Zeus*，1914）。不仅如此，二人也有颇多相似之处：在当时的剑桥都以博学闻名；如同弗雷泽花去了他半生的时间写作《金枝》一样，库克花去了他半生的时间写作《宙斯》；如果说弗雷泽试图百科全书式地将不同时空文化中的各色关涉巫术宗教问题的现象纳入《金枝》宏大的体系的话，库克则试图将文学、人类学、语文学、铭文学、考古学、宗教崇拜中有关奥林匹斯的统治者——宙斯——的各种材料都纳入其《宙斯》。不同的是，弗雷泽对材料有着令人叹服的归类整理能力，而库克对文学没有什么兴趣，似乎也缺乏足够的耐心对材料进行归置，甚至疏于解释，以致赫丽生曾抱怨《宙斯》有着闪光的思想，然而读来十分吃力，以致她希望默里能说服库克有所改变，因为他惰于"情节"——必要的布局——的设计和安排。①

百科全书式的仪式阐释性著作《宙斯》是库克主要几乎也是一生唯一的作品，共有两部，首部出版于1914年，十年后第二部才得以问世。虽然《宙斯》首版于1914年，但其部分内容早在1903年时便以《宙斯、朱庇特和橡树神》为题陆续发表在当时的《古典评论》上，所采用的方法与赫丽生相似。但库克不赞成赫丽生创造"恩尼奥托斯"和"半神"这样的概念来对前荷马时代原始宗教的发展进行推演，特别是将历史性的神祇狄俄尼索斯概括化为"恩尼奥托斯半神"的类型，何况这种推演是以新近出现的又颇为陌生的心理学和社会学为基础的。库克希望能证明哑剧源出于狄俄尼索斯宗教崇拜是具有一定历史依据的，而不是仅仅依靠哲学和心理学的空泛分析。因此，以博学著称的古典学者库克，在其《宙斯》中罗列了古典典籍、文学、人类学、铭文学、考古学等领域内他所能收集到的几乎所有与希腊天神——宙斯——有关的材料，以图对其崇拜仪式进行历史性的解释。但正如赫丽生所抱怨的，由于缺乏必要的布局安排，对事实和材料又疏于解释，皇皇巨著《宙斯》多少显得有些庞杂和凌乱。阿克曼给出的解释是，库克是剑桥仪式主义者中唯一一位虔诚的基督徒，他不愿像他人那样做深入的探索，无疑是因为他看到了宙斯和狄俄尼索斯崇拜甚至

---

① 参见 Robert Ackerman, *The Myth and Ritual School*：*J. G. Frazer& the Cambridge Ritualists*，New York &London：Garland Publishing，INC.，1991，p. 119。

包括基督崇拜居然是简单地源于一种虚无甚至是莫须有的原始情感。①

四、其他神话－仪式论者与《金枝》

剑桥仪式主义者的希腊研究由于一战的爆发而中止，赫丽生开始学习和教授俄语，战后移居巴黎；默里投身政务并服务于盟军，战后返回牛津后主要从事政务；康福德投身政治，战后回到剑桥回复到他本来的希腊哲学研究；库克进入政府部门，战后返回剑桥后继续《宙斯》的写作。虽然他们都不同程度地在自己的希腊研究领域内有所延续，但他们已无法继续凝聚为一个团体，也不可能再度产生战前那样兴盛而集中的成果。然而，如果说剑桥仪式主义者将神话－仪式理论这一由史密斯提出、弗雷泽开拓和发展的独特领域，应用到了对古代世界特别是古希腊社会的研究，并进行了一定的推进的话，那么，他们的研究实际上为后来者对这一理论应用疆界的扩展和理论改进起到了一定程度上的启示作用：继赫丽生等人的希腊研究之后，S. H. 胡克（S. H. Hooke, 1874—1968）、A. M. 胡卡特（A. M. Hocart, 1883—1939）、E. O. 詹姆斯（E. James, 1888—1972）、M. 伊利亚德（Mircea Elida, 1927—1986）等人将其应用疆界扩展到世界范围；而 J. L. 维斯顿（Jessie L. Weston, 1850—1928 ）、L. 瑞格兰（Lord Raglan, 1885—1964）、N. 弗莱、S. E. 海曼、H. 维森格、勒内·吉拉尔等人则将神话－仪式理论应用到了文学批评范畴；T. H. 盖斯特（Theodor H. Gaster, 1906—1992）、W. 伯克特、C. 克拉克洪（Clyde Kluckhohn, 1905—1960）、列维－斯特劳斯等人则对这一理论进行了一定的修正。这些学者对神话－仪式理论应用疆界和范畴的拓展及理论修正，大多都是在弗雷泽的神话－仪式理论基础之上，此处拟以不同时期不同领域几位具有代表性的学者为主，对他们对弗雷泽的继承、发展、超越、批评进行简要梳理，力图概要性地勾勒和呈现神话－仪式主义理论的发展历史及其与弗雷泽的《金枝》的关系。

1. 神话－仪式理论应用于世界范围

如果说剑桥仪式主义者主要将神话－仪式理论应用于古希腊研究的话，那么，胡克、胡卡特、詹姆斯、伊利亚德等人则将这一理论的应用扩大到了世界范围。其中胡克试图借助弗雷泽的"植物神死亡与复活神话的表演仪式"来建立古代近

---

① Robert Ackerman, *The Myth and Ritual School*：*J. G. Frazer& the Cambridge Ritualists*, New York &London：Garland Publishing, INC. , 1991, p. 166.

东的神话－仪式类型；詹姆斯结合了弗雷泽的"植物神死亡与复活"仪式与"杀王"说来阐释古代近东宗教特别是基督教的神话与仪式；而伊利亚德则完全超越了弗雷泽，在其基础上试图建立更为宏观的神话－仪式图景，将神话和仪式的作用推及世界甚至宇宙起源的本质上。而早期的胡卡特则将神话地位提升到一个前所未有的高度，从而为神话－仪式理论的普遍应用扫清了障碍。

A. 胡卡特是英国开罗（Cairo）大学的社会学教授，也是一位人类学家。在其《王位》（The Kingship，1927）中，胡卡特弗雷泽式地把大量的材料归置为一个基本的王位创立庆典，从而把王位的起源追溯到了仪式而非神话。其著名的《赋予生命之意义的神话》（The Life-giving Myth）发表于1935年，后收入《赋予生命之意义的神话及其他》（The Life-giving Myth and other Essays，1937）一书。胡卡特还著有《人的进步》（The Progress of Man，1937）等著作。胡卡特并不着意于对仪式后来的发展进行论述，也没有采用弗雷泽的植物神和国王的概念，但在神话与仪式关系及其功能问题上，他直接追随弗雷泽：神话为仪式提供了脚本，仪式是神话的表演；神话的功能在于提供食物和其他生命所需的必需品；仪式通过其巫术性发生作用。①

相对赫丽生等仪式主义者来说，胡卡特和詹姆斯等人对神话－仪式理论的应用不像前者那样严格和偏狭，而是较为宽泛和灵活，将其用于宗教现象的阐明，也就是说，神话和仪式并非神秘而不可测，与现实生活有着密不可分的关系，"神话与生命紧密相连……它就在我们身边"②。可以说，胡卡特这种对神话和仪式所进行的一定程度上的"祛魅"，对神话－仪式理论在世界范围内的普遍使用，起到了极大的推进作用。

2. 神话－仪式理论应用于文学

应该说，弗雷泽和赫丽生等人的兴趣本身不在文学领域，或者说，文学从来都不是他们的主要兴趣所在，他们更多的是探寻宗教特别是古代宗教起源与发展的历史学家。如果说他们的研究在文学领域内产生了重要影响的话，那么，这种结果于他们的主要兴趣而言，似乎更应该被看成是一种"副产品"③。但这

---

① Robert A. Segal（ed.），The Myth and Ritual Theory：An Anthology，Oxford：Blackwell Publishers，1998，p. 143.

② A. Hocart，"The Life-giving Myth，"in Robert A. Segal（ed.），The Myth and Ritual Theory：An Anthology，Oxford：Blackwell Publishers，1998，p. 155.

③ Robert Ackerman，The Myth and Ritual School：J. G. Frazer& the Cambridge Ritualists，New York &London：Garland Publishing，INC.，1991，p. 194.

种"副产品"似乎毫不逊色于他们在自己的研究兴趣领域内所取得的成就。实际上，早在 1914 年，默里的《哈姆雷特和俄瑞斯忒斯》就开了将仪式理论用于希腊研究之外并且用在文学范畴的先河。几年后，J. 维斯顿开始探讨仪式对文学形式的影响；L. 瑞格兰将弗雷泽以国王为中心的神话 - 仪式理论用于其英雄神话的研究；而美国文学评论家斯坦利·海曼更关心的是作为文学源头的神话而非神话本身，因此他对神话与仪式之间联系的看法较为松散，并不像弗雷泽那样着意于王位与神圣性的关系；同为美国文学评论家的 H. 维森格则将神话 - 仪式方法用于其对莎士比亚悲剧的研究，认为悲剧主角的命运类似于弗雷泽杀王仪式中的王；而勒内·吉拉尔的暴力迫害理论——替罪羊机制——就是弗雷泽"国王替罪羊"仪式的直接借用，只不过对吉拉尔来说，替罪羊的目的是恢复和平而非弗雷泽所主张的丰产。至于弗莱的原型批评与弗雷泽《金枝》的关系，将另辟专节论述。此处主要对 J. 维斯顿将神话 - 仪式理论扩展到文学领域内所做的贡献稍作详论。

杰西·维斯顿早期主要研究中世纪文学的重要类型——亚瑟王传奇，接触弗雷泽的神话 - 仪式理论后，余生致力于将其用于圣杯传奇文学研究，著有《从仪式到传奇》（*From Ritual to Romance*，1920）。根据阿克曼所述，维斯顿首次阅读《金枝》第二版时便深深为之吸引，震撼于圣杯故事与弗雷泽涉及的自然崇拜仪式之间存在的诸多相似之处，开始思考圣杯传奇中可能蕴含的古老神秘仪式问题。《从仪式到传奇》的理论概要实际上早在 1909 年即已成型，后来又吸收了赫丽生和默里的主要观点，因此，它实际上是融合了《金枝》《忒弥斯：希腊宗教的社会起源》及《保存在希腊悲剧中的仪式形式》的视角，主要探讨神祇的演化及神秘宗教中相对固定的仪式形式对文学类型的影响。

由于有了神话 - 仪式视野的底蕴，维斯顿大胆地提出圣杯传奇的起源根本不是惯常所认为的凯尔特宗教或者基督教，而是原始宗教。追随弗雷泽，维斯顿认为，对远古时代的人和原始人来说，土地的丰产有赖于植物神寄居其身的王的旺盛繁殖力。对弗雷泽来说，仪式的主要关键是献祭日渐衰弱的王，而在维斯顿，寻找圣杯的目的是为了王的复苏。仪式表演的是植物神死亡（或衰弱）又复活的神话，但维斯顿并未深入探讨仪式是如何使王复苏的，而是为圣杯的寻找加入了同样也是从弗雷泽那里继承来的某种通灵的、超自然因素。寻找圣杯的目的最终成为融神和因神而来的食物为一体的神秘同一。值得特别注意的是，作为文学家，维斯顿并未将圣杯传奇拘囿或降格为原始神话和仪式，而仅仅是把传奇这一文学类型的源头追溯到了原始神话与仪式。也就是说,传奇本身是文学,而不是神话。①维斯顿的成就及这种高明之处不仅对弗雷泽的神话－仪式理论在文学领域内的应用起到了助推剂般的作用,也直接启发了 T. S. 艾略特《荒原》(*The Waste Land*)的创作。

3. 对神话－仪式理论的修正

至 20 世纪 40 年代之后,神话－仪式理论从史密斯的提出、弗雷泽的拓展、赫丽生等人希腊研究的应用,到扩展至世界范围及至文学领域内的应用,已有半个多世纪的历史。尽管众多研究者几乎都一定程度地在弗雷泽的基础上对这一理论提出了自己的阐释,也或多或少进行了一定的调适,但一方面由于任何理论都不可能永远保持效度,另一方面则由于随着弗雷泽的去世,他的一些原本就颇受质疑的作品、理论甚至包括他本人,受到了激烈的批评和冷落。一些学者开始对神话－仪式理论进行修正。如美国人类学家克劳德·克拉克洪不再持守先前神话－仪式学者倾向于强调二者紧密联系的观点,而是认为二者并非一定是相互依存的关系,既可独立亦可共同产生,主要是缓解焦虑——源于自然、社会、自我——的作用;法国人类学家列维－斯特劳斯长期致力于将神话应用于其所开创的结构主义人类学,他不像其他仪式主义者那样试图寻求神话和仪式如何互相观照,而是试图揭示二者如何彼此互为相反。而德尔多·H. 盖斯特则煞费苦心地不仅对弗雷泽的神话－仪式理论进行了改造,甚至也对《金枝》进行了"适当的修剪",以期使它符合"时代"的需要。

德尔多·H. 盖斯特是一位出生于英国、执教于美国几所大学的闪米特文化研究者,致力于重构古代近东的神话与仪式。著有《泰斯庇斯》(*Thespis*,1950),重要论文《古代近东的神圣王权问题回顾》(1945)、《闪米特神话》(1950)、《神话与故事》(1954)、《神话,神话学》(1962)、《〈旧约〉中的神话、传奇和习俗》(1969),以及将《金枝》"修剪"为《新金枝》(*The New Golden Bough*,1959)。盖斯特将弗雷泽的两种神话－仪式理论——以王为中心的和以神为中心的——结合在一起,用于其古代近东神话－仪式的重构努力。对于弗雷泽而言,王,无论被认为是神还是代表神,年度性地被杀或象征性地被杀并被继任者所代替,这种被杀和被替代,与植物神的死亡与复活一样,都是

---

① 参见 Robert A. Segal(ed.),*The Myth and Ritual Theory:An Anthology*,Oxford:Blackwell Publishers,1998,p. 209。

通过巫术性的模仿，使神死而复生。但在盖斯特看来，神话不仅仅是解释仪式，仪式本身只能在人类层面发生作用，但神话将其提升到了神的层面。因此，重生的就不仅仅限于物（人的躯体和自然万物）本身，而是上升到一种超自然精神层面。不像弗雷泽和赫丽生等人那样，只是对仪式本身物质层面的意义进行解释，在盖斯特看来，神话赋予仪式以超自然意义。[①]

不仅如此，由于极为推崇《金枝》，但鉴于《金枝》本身缺陷和弗雷泽死后受到的批评和冷落，盖斯特认为，作为一部向西方人呈现了人类宗教历史行为与态度全景的经典，《金枝》不应该被埋没，因此他着手对《金枝》进行了"必要的修剪"，为某些相关主题加上了新标题，对一些文献和评注加上了自己的理解，并将弗雷泽的一些理论置于批判的角度，以期人们对其价值进行重新审视。由于主要强调的是《金枝》的宗教历史价值，盖斯特的修剪主要表现在三个方面：弗雷泽对宗教问题的某些结论；弗雷泽严格的类型学图式；批判弗雷泽将所有"野蛮人"的风俗和信仰置于一种简单而模糊的"原始人"层面的做法。[②] 不难看出，盖斯特的"修剪"实际上是抽去了《金枝》中某些重要问题赖以存在的基础，以致查尔斯·龙讥讽盖斯特的"修剪"实际上是形成了对弗雷泽的"严厉批判"[③]。

严格地说，弗雷泽并不完全是一位真正意义上的神话－仪式主义者，正如本书第三章第二节所讨论的，除了将神话与仪式进行联系以外，弗雷泽同时也是一位神话认知论者和神话历史主义者，但这并不妨碍他对于神话－仪式主义理论所产生的重要贡献，迄今为止，尽管有论者对他的摇摆不定和在神话－仪式关系上的模糊态度提出批评，但没有任何论者能够质疑他在这一理论发展历史中的重要地位与影响，无一例外地承认他是这一领域内最为重要的人物。

此处对弗雷泽的《金枝》与神话－仪式主义理论的发展及其关系进行了简要勾勒，这种对它们之间的历史关系的极为概括性的历时性呈现，并非着意于对弗雷泽及其《金枝》进行有意的突出和拔高，而是意在提供一种影响关系的大体流变脉络，以便人们对它们之间的历史关系进行宏观意义上的整体把握与

① 参见 Robert A. Segal (ed.), *The Myth and Ritual Theory: An Anthology*, Oxford: Blackwell Publishers, 1998, p. 308。

② Theodor H. Gaster, *Foreword of The New Golden Bough*, 参见 *Twentieth-century Literary Criticism*, Paula Kepos, Dennis Poupard (eds.), Vol. 32. (1989): 207 – 209。

③ Charles H. Long, "Religion and Mythology: A Critical Review of Some Recent Discussions," *History of Religions*, Vol. 1, No. 2 (Winter, 1962): 322 – 331.

理解。由于研究主旨所限，上文对神话－仪式理论发展历史上这些论者——在笔者看来，他们的学说典型地代表了不同时期或不同领域这一理论与《金枝》的关系——的理论介绍，极为概括和简练，甚至只能浮光掠影式地简要侧重于它们与弗雷泽的神话－仪式学说的关系，而至于这些学者们理论思想的其他源流、学说独创、对《金枝》的批判与超越，都不可能得到哪怕是极为概略性的呈现，更遑论详述了。因此，这种关系呈现远非令人满意，甚至难免存在有失偏颇之处，笔者寄望于自己今后的研究能够对此缺憾进行一定程度上的弥补。

第三节　亲和与影响：《金枝》与现代主义文学创作

1962 年，美国著名文学评论家斯坦利·埃德加·海曼就敏锐地指出，弗雷泽作品持久的影响力已经从人类学转向了人文学科、古典研究和社会学。[①] 无独有偶，美国评论家赫伯特·维森格此前也认为弗雷泽是一位具有开创性的现代思想家。[②] 朗奈尔·垂林（Lionel Trilling）也发文如此评价《金枝》，"或许从来没有哪一本书对现代文学的影响能与弗雷泽之作品相比"[③]。

海曼和维森格都是文学评论家，倚重的主要是《金枝》的隐喻性和思想性之于 20 世纪现代意识构建的价值，他们的评价实际上从一个侧面揭示了《金枝》的影响不仅限于人类学的原因。作为一部人类学作品，《金枝》的出现对文学创作也产生了重要影响，特别是 20 世纪上半期的一些重要作家，如约瑟夫·康拉德、T. S. 艾略特等人，显然是受到了《金枝》的影响。

继海曼和维森格之后，约翰·B. 维克里（John B. Vickery）出版了《〈金枝〉的文学影响》一书，详细讨论了 W. B. 叶芝、T. S. 艾略特、D. H. 劳伦斯、詹姆斯·乔伊斯等人的主要作品所受《金枝》之影响[④]；《金枝》首版一百年之时，罗伯特·弗雷斯编辑出版了《詹姆斯·弗雷泽爵士与文学想象》（*Sir James Frazer and the Literary Imagination*，1991）一书，收录了十三篇讨论《金

---

① Stanley E. Hyman, *The Tangled Bank*：*Darwin*，*Marx*，*Frazer and Freud as Imaginative Writers*，New York：Atheneum，1962.

② Edmund R. Leach and Herbert Weisinger，"Reputations," *Daedalus*，Vol. 90，No. 2，Ethnic Groups in American Life（Spring，1961）：371 – 399.

③ 转引自 R. Angus Downie，*Frazer and the Golden Bough*，London：Victor Gollancz，1970，p. 63。

④ John B. Vickery，*The Literary Impact of The Golden Bough*，Princeton：Princeton University Press，1973.

枝》的文学性及其影响的文章①；近年还出现了分析托马斯·哈代（Thomas Hardy）所受《金枝》影响的论文②。本节拟在对《金枝》何以能够产生巨大文学影响力及影响概况进行简要分析和概括的基础上，结合维克里和弗雷斯等人的研究成果，重点对康拉德、艾略特、乔伊斯的一些重要作品所受《金枝》之影响进行简单分析，企图达到窥斑见豹，洞悉其文学影响概况的目的。

一、《金枝》的文学亲和性

由于相信人类学是一门"关于人的科学"③，对于终生在书斋里进行人类学研究的弗雷泽来说，毫无疑问，他相信自己从事的是科学研究，无关于文学写作。弗雷泽一生的大部分时间都在阅读古典，从中寻找和整理人种学信息，用于其人类学写作。根据唐尼所述，弗雷泽没有受到任何当代作家或文学思潮的影响，其书架上找不到一本当时十分流行的作家如贝内特、高尔斯华绥、威尔斯④或亨利·詹姆斯（Henry James，1843—1916）等人的作品，甚至从未阅读过他们的任何作品。弗雷泽虽然文笔优美，晚年也写过一些散文和随笔，但他几乎从未专门写过任何文学评论，他的兴趣一直都在人类学。⑤ 然而，《金枝》却以其不可思议的魔力影响了诸多作家的写作，表现出一种特别的文学亲和性。

早在《金枝》首版后的几个月，就出现了一部依据《金枝》主题并模仿其叙事结构写成的小说——格兰特·艾伦（Grant Allen）的《伟大的禁忌》（*The Great Taboo*，1890）。小说讲述两位青年男女因船只失事漂流到一个叫作 Boupari 的岛上，这里土著的宗教习俗几乎就是《金枝》所写习俗的混合体；后来，男孩为了活命，同时也为了保住女孩（他已爱上了她）的性命，通过攀折一棵圣树上的树枝，杀死这里的食人神王，取代了他的位置；二人最终获救后回到英格兰，却不得不面对女孩脾气乖戾、恼怒二人同处岛上长达数月却未结婚因而

---

① Robert Fraser（ed.），*Sir James Frazer and the Literary Imagination: Essays in Affinity and Influence*，New York: St. Martin's Press，Inc.，1990.

② Damon Franke，"Hardy's Ur – Priestess and the Phase of a Novel," *Studies in the Novel*，Volume 39，No. 2（Summer 2007）: 161 – 176.

③ Sir James George Frazer，*Psyche's Task*，London: Macmillan and CO.，Limited，1920，p. 159.

④ 即阿诺德·贝内特（Arnold Bennett，1867—1931）、约翰·高尔斯华绥（John Galsworthy，1867—1933）、H. G. 威尔斯（Herbert G. Wells，1866—1946），三人都是英国当时非常有名的作家，被称为"爱德华三巨头"。

⑤ R. Angus Downie，*Frazer and the Golden Bough*，London: Victor Gollancz，1970，p. 101.

百般阻挠他们的姑妈，后来终于结为夫妻；小说最后以"无论是在英格兰还是在 Boupari，禁忌都是一样的"的感慨结尾。①

《伟大的禁忌》中有两点值得关注：一是小说的结尾暗示了现代文明社会习俗与原始习俗并非界限分明，这几乎就是对《金枝》所喻指的现在与"过去"之联系的阐释；二是对《金枝》探索他者之异域旅行叙事的直接模仿和阐释，如果说弗雷泽设计了一个精巧的旅行结构，引领读者见证不同地域时空中种种文化事象，最终虽安然返回文明社会但却对自我产生了疑虑的话，那么，小说中的青年男女返回英格兰后也对自己的文化产生了一种复杂情绪。②

《伟大的禁忌》虽不是一部杰出的作品，但却初步表明并预示了《金枝》之于文学创作的巨大吸引力，这种吸引力的产生与《金枝》自身的文学亲和性密切相关。这种亲和性主要体现在三个方面：《金枝》对文明与野蛮之差异和联系的揭示；《金枝》本身的文学性；《金枝》对原始文化诸多问题的涉猎及材料汇集之于文学写作的启示意义。

（一）《金枝》对文明与野蛮之差异与联系的揭示

如果说文学是"人学"的话，那么，作为一门"研究人的科学"的人类学本身就与文学具有一定的内在亲和性。人类学作为一门学科在 19 世纪中期的正式诞生，本身就沿袭了人类心灵世界具有可认识性、历史进步观念、欧洲自身与异域差异原因探索等浓厚的启蒙观念与传统。这种传统在与进化论相遇之后，形成了一种对人类整体性情境的追求：由于逐渐摆脱了"神创说"的桎梏，相信欧洲自身与异域他者即文明与野蛮的差异不是出于神意的绝对安排，而是由一定的自然法则造就的不可避免的"自然"结果，是可以解释的，这便造就了一种普遍人类史的观点，从而使人类历史发展步伐的差异研究，成为 19 世纪后半期人类学的核心研究课题。③ 也就是说，此时的人类学家希望通过对差异性特别是文明进程及其差异的解释来印证人类历史的普遍性和整体性，即他们试图研究的是"整个人类"，寻求的是一种对人类整体性的观照。因此，他们主要热衷于构建当代"野蛮"社会与欧洲古典时代及其现代文明欧洲之间的普遍性关

---

① 参见 Mary Beard, "Frazer, Leach, and Virgil: The Popularity (and Unpopularity) of the Golden Bough," *Comparative Studies in Society and History*, Vol. 34, No. 2 (Apr., 1992): 203-224。

② 此处的解读部分程度上参照了玛丽·贝尔德的分析。参见 Mary Beard, "Frazer, Leach, and Virgil: The Popularity (and Unpopularity) of the Golden Bough," *Comparative Studies in Society and History*, Vol. 34, No. 2 (Apr., 1992): 203-224。

③ 王铭铭：《漂泊的洞察》，上海三联书店 2003 年版，第 57 页。

系，企图从中发现造成文明进程差异的自然法则。用华勒斯坦的话来说，此时"人类学家的首要任务是为他们从事的差异性研究提供正当理由，捍卫他者'未能成为欧洲人'的道德合法性"。①

然而，他们的整体性解释，主要是建立在诸多二元对立的观念基础上的，如过去与现在、简单与复杂、低级与高级、野蛮与文明等等。就其主旨而言，他们希望能够在脱离神意的樊篱之下，追求一种普世情怀，其研究的终极目标是理解"现在"和"文明"，对象是"过去"和"野蛮"，途径则是通过现今人类仍存在的"现在的过去"和"文明时的野蛮"进行。正如弗雷泽一再强调的，"文明极其复杂，而蒙昧相对简单。所有的文明无疑由蒙昧逐渐演化而来，要彻底理解文明，首先要理解蒙昧"②。

也就是说，要理解文明，必先研究"野蛮"。然而，《金枝》对人类历史进程中各种"野蛮"文化事象的呈现，不仅让文明（欧洲）人照见了文明的优雅自我，也不安地发现了自己与蒙昧过去无法割除的联系，他们的焦虑最终虽然被成功安抚，但却对文明自我产生了怀疑。在这一点上，简·赫丽生讲过的一个故事颇具代表性地说明了这一点：一位"文化程度颇高的警察"曾对她说，"过去他们说什么我都相信，可是，感谢上帝，自从读了《金枝》，我便成了一个思想自由的人"。③ 也许正是在这个意义上，吉尔伯特·默里才抱怨"弗雷泽的证据表明人类行事中几乎没有理性这回事的存在"，批评《金枝》是一部"危险的书"。④

《金枝》开篇，在描写了内米美奂绝伦的景色之后，弗雷泽的笔锋随之陡转："在古代，这片风景秀丽的林区却是一个反复上演过奇特悲剧的场所。"⑤——以此，弗雷泽带领读者开始了对这里传说中的祭司遗俗之蒙昧动机的历史追溯之旅，开始探查人类思想从早期阶段（他认为的巫术阶段和宗教阶段，特别是二者的结合阶段）的蒙昧性和荒谬性，进化到成熟阶段（他认为的科学阶

---

① 华勒斯坦，儒玛，凯勒等：《开放社会科学：重建社会科学报告书》，刘锋译，生活·读书·新知三联书店1997年版，第24页。

② Sir James George Frazer, *Psyche's Task*, London: Macmillan and CO., Limited, 1920, p. 162.

③ 简·艾伦·赫丽生：《古希腊宗教的社会起源》，谢世坚译，广西师范大学出版社2004年版，前言。

④ Gilbert Murray, "A Dangerous Book," *The New Republic*, Vol. XXXIV, No. 430, (February 28, 1923): 17-19.

⑤ Sir James George Frazer, *The Golden Bough: A Study in Magic and Religion*, Vol. 12, Part I, *The Magic Art* (Vol. 1), New York: The Macmillan Company, 1935, p. 1.

段，然而，也许是意识到了这种科学阶段只是一种乌托邦，他没有对其进行充分论述，仅以一个结论一笔带过便匆匆收笔）的理性状态的过程，从而建立一种具有普遍性的人性历史的抱负。

然而，对人类心智发展进程的追溯，弗雷泽想要见证的是人类思想进步的足迹，但他真正发现的却是文明与蒙昧、理性和非理性、现在与过去无法割舍的联系——其想要发现的和他真正发现的，成为一种悖论。然而，作为生活在维多利亚时代晚期的英国"知识贵族"，弗雷泽似乎表现出一种冷静超然的绅士风度。他一方面极力安抚他的读者：荒诞不经的巫术信仰、蒙昧残忍的"杀神"风俗、野蛮狡黠的替罪羊仪式等等，都是人类心智早期阶段的产物，它们属于"野蛮人"，虽然我们（文明欧洲人）可能也曾如此，但那只是历史，属于过去，即使存在，也只是"遗留物"。但另一方面，他又的确不由自主地流露出一种几乎难以觉察的不安：因为他发现，人类早期心智的荒谬性和蒙昧性以及它们在"文明人"身上残存的"遗迹"如此根深蒂固，如此难以摆脱，迷信（以非理性为基础的信仰和行为）并非是人类可以轻易抛弃的谬论和蠢行。"如果我们认为人们的巫术信仰已经绝迹，那我们只是在自欺欺人，有充分的证据表明，它实际上只是在理性主义的冲击下冬眠了，随时可能重新活跃起来"[1]。他还多次将文明比喻为一座随时都可能会爆发的火山，"我们像是行走在一层薄壳之上，随时都可能被潜藏在其下的休眠力量所毁灭"[2]。而人性深处潜藏着的迷信，会对文明造成威胁，"令人震惊而不可避免的事实是多数人，即使不是文明社会的绝大多数，仍生活在一种蒙昧状态中。实际上，社会平静的表面下早已是千疮百孔"；"文明中残存的愚昧和无知充分证明了文明不过只是一种虚饰而已"；等等。[3] 此类隐忧在整个"旅程"中似乎一直如影随形，挥之不去。读者的猎奇和窃喜变成了惶惑，直至震惊不已。虽然弗雷泽最终煞费苦心地以一种绅士般的冷静，为内米问题提供了一个简单的答案——"金枝"所涉及的可怕的不可思议的一切不过是一个源于古典历史和学术的问题——而成功地安抚了他焦虑的读者，但却不易觉察地使他们对自我产生了疑虑，对文明产生了隐忧。也许正

---

① Sir James George Frazer, *The Golden Bough: A Study in Magic and Religion*, Vol. 12, Part VI, *The Scapegoat*, New York: The Macmillan Company, 1935, p. 276.

② Sir James George Frazer, *The Golden Bough: A Study in Magic and Religion*, Vol. 12, Part I, *The Magic Art* (Vol. 1), New York: The Macmillan Company, 1935, p. 236.

③ Sir James George Frazer, *Psyche's Task*, London: Macmillan and CO., Limited, 1920, pp. 167, 170.

是在这个意义上，《金枝》才产生了巨大的文本影响力和穿透力，并影响了诸多作家的创作。

（二）《金枝》本身的文学性

作为一部人类学作品，《金枝》通常由于"过于文学化"[①]、有悖于现代科学民族志的写作要求而时常受到西方主流人类学界的批评和指责。然而，如果说正是弗雷泽这位典型的"扶手椅上的人类学家"向普通大众和知识阶层阐明了人类学要义，并吸引了诸如马林诺夫斯基等年轻人走上了人类学道路的话，那么，其中一个重要原因就在于《金枝》的文学性对公众和人类学爱好者产生了强烈的吸引力。实际上，作为一部"过于文学化"的人类学著作，《金枝》在叙事结构、文辞风格、修辞手段等方面都堪与优秀文学作品相媲美，也直接启发了一些作家的写作。

《金枝》的叙事结构堪称精巧。从两卷本的首版到十二卷本的第三版，《金枝》的章节虽然从四章扩充到了六十九章，但其章节的基本结构布局和设计并没有太大改变，始终保持着一种为解不解之谜、层层推进的层进式连环结构，即使对于卷帙浩繁的十二卷本来说，亦是如此。弗雷泽首先以内米阿里奇亚丛林狄安娜神庙祭司继任古俗背后隐藏的三个谜牢牢攫住了读者的心：狄安娜神庙的祭司为什么被称为"森林之王"？狄安娜的祭司在就任之前为什么必须杀死他的前任？祭司在杀死前任之前，为什么必须要折取一截被称为"金枝"的树枝？即使从卷帙浩繁的第三卷各主题之题名来看，整部《金枝》就像是一部一环套一环的侦探小说：巫术→禁忌→将死之神→阿都尼斯、阿提斯、奥锡利斯→谷精和荒野之神→替罪羊→巴尔德尔，全书紧紧围绕这三个问题的解释而展开，主题之间存在着一定的逻辑推理关系，直到"金枝"之谜的最终被完全解开。弗雷泽的推论和结论并不一定完全站得住脚，但他却引领读者见证了不同地域时空奇特的人们及他们奇特古怪的文化事象，如巫术、禁忌、神圣国王、植物神、将死之神、神婚、杀神、替罪羊、灵魂信仰、图腾崇拜、神话传说、习俗仪式的表演等等，并以一种令人叹服的归类和整理能力，将有关这些事象的广博庞杂、包罗万象的各色材料进行了分类汇集，镶嵌进了其精心构筑的框架之中，最终为内米问题提供了解释。从纯粹科学研究的角度来看，《金枝》的

---

① Marilyn Strathern, M. R. Crick, Richard Fardon, Elvin Hatch, I. C. Jarvie, RixPinxten, Paul Rabinow, Elizabeth Tonkin, Stephen A. Tyler, George E. Marcus, "Out of Context: The Persuasive Fictions of Anthropology [and Comments and Reply]," *Current Anthropology*, Vol. 28, No. 3 (Jun., 1987): 251–281.

精巧布局和结构也许本来就不免显得有些虚饰和本末倒置，何况弗雷泽通常是将各色材料从产生它们的文化语境中剥离出来再进行分类、比较和汇集，在此基础上进行论证和推理并得出结论，作为一部人类学作品，这无疑加剧了其受到诟病和批评的一面。但从文学写作的角度来看，《金枝》的结构和情节几乎堪称典范。正如罗伯特·弗雷斯的评价："从一定角度来看，《金枝》是迄今为止最了不起的侦探小说之一，从对风景秀丽的丛林中一场殊死搏斗的描写开始，逐层揭开了获胜者的面目。它有主题有故事，随着故事的落幕，结论随之而来。谜底自然出现。《金枝》是一部智力小说，悬念是其实质。"① T. S. 艾略特则赞赏弗雷泽为"一位非常了不起的艺术大师"。②

《金枝》文辞优美，风格隽永，显示出极高的文学成就。弗雷泽几乎就是一位自觉的文体学家，他通常将权威性的叙述以不易觉察的方式精巧地镶嵌在稍显华丽的辞藻当中，避免争论和做出结论，显示出一种谨慎的机巧和雄辩。其措辞遵循的却是拉丁英文的传统，庄重平实，用典贴切自如，似乎带有某种19世纪特有的保守的叙述方式。然而，这种平实却不失机巧的文风背后却隐藏着一种巨大的文本力量：对外在现象的细致考量与描述，大量类比和类推的自如运用，对各类古代文本的驾轻就熟，不同文化时空材料的自由穿梭等等，都成为其强大文本力量的源泉。在这一点上，斯蒂芬·A. 泰勒和乔治·E. 马尔库斯进行了精辟的总结："弗雷泽以讽喻和阐释性的风格'用不同的方式讲述一个故事'，其文本通常将令人难以理解的异域因素以希腊怀疑论传统和西方传统的修辞方法，归置成一种话语，调和了基督教与异教、野蛮与文明、希腊与希伯来、东方与西方、自我与他者之间的不同，反过来又在西方的传统下反对它自身——以诸如进化论之类的观念对西方自身进行讽喻，投射的是一种元叙事和宏大叙事的集权情节，其平实风格形成了一种特别的文本权威，从而吸引了他那个时代的众多读者。"③

而约翰·维克里则认为弗雷泽"有意避免了对所选事件的纯逻辑的系统性

① Robert Fraser, *The Making of The Golden Bough*: *The Origins and Growth of an Argument*, Basingstoke and London: The Macmillan Press LTD, 1990, p. 54.

② 引自 John B. Vickery, *The Literary Impact of The Golden Bough*, Princeton: Princeton University Press, 1973, p. 107。

③ Marilyn Strathern, M. R. Crick, Richard Fardon, Elvin Hatch, I. C. Jarvie, RixPinxten, Paul Rabinow, Elizabeth Tonkin, Stephen A. Tyler, George E. Marcus, "Out of Context: The Persuasive Fictions of Anthropology [and Comments and Reply]," *Current Anthropology*, Vol. 28, No. 3 (Jun., 1987): 251 – 281.

安排，代之以'一种更加艺术化的方式'，以此来'吸引读者'"。《金枝》开篇内米祭司继任仪式"为行为和信仰提供了一种简单明快的直观形象，这种神秘信仰随着更加重要和复杂的将死之神的出现以及对他们的作用的揭示而逐渐变得清晰起来"。这种形式对艾略特的《四个四重奏》、乔伊斯的《芬尼根的守灵夜》（*Finnegans Wake*）等人的作品都产生了影响。①

《金枝》在一定程度上蕴含了对文明、宗教、理性等问题的自我指涉和反讽，但这种自我指涉与反讽是通过宏大的比较图式在一部人类学作品中以一种不易觉察的方式呈现出来的，对于现代作家而言，更具震撼力和吸引力。早期人类学的研究客体和对象几乎无一例外都是异文化及生活于其中的人们，这种研究实际上隐含着人类学诞生之初的主要意图与使命：由于普遍持进化论观点，那些显然"落后"于欧洲的异域他者（即"野蛮人"）无疑处于进化链的早期阶段，他们被假定为可以说明"文明人"（主要是欧洲人）早期形态的活化石，研究他们即是研究自身的"过去"，发现普遍有效的进化规律与自然法则，继而推断自身文明的历史和进程，即通过研究异域他者反观欧洲自我本身的文明及其进程问题。也就是说，他们意欲观照的主要是人类（欧洲人）如何从蒙昧的野蛮时代进步到精美的19世纪欧洲文明这一问题的。乔治·斯托金对英国人类学意图的直白总结更能说明这一点：此时的人类学家们"看似研究的是野蛮人文化的各个方面，实际上却是为了阐明他们自己如何从猩猩变成英国绅士这一进程的"。②

毫无疑问，弗雷泽在一定程度上具有那个时期普遍的欧洲中心主义色彩，对"野蛮人"的研究更多地也是希望寻求一种自我确认和印证。但相较于那一时期的其他人类学作品来说，《金枝》的以下几个特征使其呈现出一种不易觉察的反讽：采用多声部的多维表达方式，弗雷泽不厌其烦地罗列原始人的习俗与仪式，希望读者能够形成对现代欧洲文明的自我感知，但这种自我感知的建立是以一定程度上的自我疏离为代价的，因为他们从中看到了"现在"与"过去"不可分割的联系；尽管弗雷泽只是在《金枝》第二版对宗教问题做出了最勇敢的游离，隐晦地将耶稣之死与"杀神"习俗进行了联系，但从总体上来看，《金枝》对基督教若隐若现的指涉始终存在；弗雷泽的人类学研究无疑体现了一种

---

① John B. Vickery, *The Literary Impact of The Golden Bough*, Princeton：Princeton University Press, 1973, p. 110.

② G. W. Stocking, *Victorian Anthropology*, New York：Free Press, 1987, p. 185.

理性主义者的思想和诉求①，即乐观地相信人的理性，无论从体质还是智力上来说，人都是向着更高层面进化的，然而他同时又悲观地发现了人的非理性一面，人类历史充满迷信、暴力和无知，而人类思想的未来一端，还"锁在浓云密雾之中"② ——弗雷泽想要发现的和真正发现的，呈现出一种悖论；等等。

反讽作为一种修辞手段在文学作品中的应用十分常见，但《金枝》的特别之处在于，作为一部旨在探求人类整体性和普遍性情境的人类学"科学"著作，弗雷泽俯视人类及其历史的宏大比较图式中，照见的不是具体的某个时段、某个人或社会，而是一种人类整体性的文化逻辑，文明与野蛮、自我与他者、理性与非理性、西方与非西方，界限分明却似乎又存在某种有意无意的并置与混合，超然冷静的文风背后隐藏着一种若隐若现的张力与讥讽，形成了一种极具杀伤力的文本力量。对于维多利亚晚期的读者来说，弗雷泽这位"探索人性的科学家，意在反讽却将其讽刺深藏不露以至几乎难以觉察的争论者"③ 既是为他的时代，更是为生活在那个时代的公众而写作的人类学家，其对文明、理性、宗教等问题的自我指涉与反讽，自然容易引起现代主义作家的共鸣与青睐，从而对他们的创作产生影响。

（三）《金枝》对原始文化诸多问题的涉猎及材料汇集之于文学写作的启示意义

作为一部人类学著作，《金枝》对原始文化诸多问题的涉猎及材料汇集对于现代作家的写作实践来说，具有极大的参照价值和启发意义。由于拥有收集当代原始社会人种学材料的各种渠道和便利，又极为熟悉西方各类古代典籍文献文本，弗雷泽在《金枝》中对原始心智、巫术、宗教、习俗、献祭、神话、仪式等诸方面的问题进行了百科全书式的广泛涉猎和论述，并对与这些问题相关的材料进行了系统的类型化整理，整理出诸如"死亡—再生""丰产与生殖""神婚""弑老""神王""替罪羊"等母题性仪式。与这些母题性仪式相关的种种不可思议的文化事象原本就不仅仅只是现代"原始"人的专利，也根深蒂固地存在于西方人的历史、宗教、神话、经典文本、传统观念甚至是历史生活之

---

① 很多论者都注意到了弗雷泽思想和作品中流露出一种强烈的18世纪理性主义者思想色彩，如罗伯特·弗雷斯、斯坦利·海曼，包括弗雷泽的传记作者安格斯·唐尼、罗伯特·阿克曼等人。

② Sir James George Frazer, *The Golden Bough*: A Study in Magic and Religion, Vol. 12, Part VII, *Balder the Beautiful* (Vol. 2), New York: The Macmillan Company, 1935, p. 308.

③ Robert Fraser, *The Making of The Golden Bough*: The Origins and Growth of an Argument, Basingstoke and London: The Macmillan Press LTD, 1990, p. 15.

中，而弗雷泽的类型化整理则使这些"潜文本"得到清晰化和明确化，从而成为现代一些作家作品之主题和意象的源泉。

与此同时，《金枝》浩瀚繁芜的人种学材料汇集对于现代文学写作而言，具有重要的参照价值。除当代"原始"社会的人种学材料和信息以外，西方各类古代文本和典籍是《金枝》重要的材料来源，弗雷泽的主要做法是对这些经典文本进行去中心化，甚至包括《圣经》文本。《〈旧约〉中的民俗》就是他对《旧约》进行去圣化和去中心化的一个典型：整部《旧约》在弗雷泽看来几乎完全就是古代希伯来人的风俗、习惯、传说汇集，通过比较方法可以发现，某些风俗和习惯与其他民族古代甚至是现代"野蛮"习俗相似，甚至"遗存"在现代欧洲的某些风俗信仰中。对经典文本的这种去中心化并辅之以比较方法进行的人类学"科学"研究，缺陷无须赘言，但对晦涩高深的古代文献文本的理解来说，却颇富启发意义。而《金枝》对古代典籍文献的利用正是建立在这种文本去中心化基础之上的，从各类文本中抽绎出的历史记载、宗教实践、习俗仪式、风俗习惯、神话传说、典故渊源等形形色色的人种学材料和信息，汇集于《金枝》之中，形成了一种百科全书式的材料汇编特质，对某些现代作家的创作而言，具有重要的参考价值。

就《金枝》的文学亲和性而言，此处从三个方面所进行的粗略概括和归纳远非全面或详尽，仅是出于论述的需要和方便。作为一部人类学作品，《金枝》本身之于现代文学写作的启示与意义当然不仅止于上述概括，其具体的研究应该结合具体作家的作品分析来进行，限于本书主旨，此处只能浅尝辄止，期望能起到抛砖引玉之效。

二、《金枝》之文学影响例举

如同前文所述，《金枝》首版问世不久，即有根据其主题和喻指而创作的小说《伟大的禁忌》出现，自此开始了其文学影响的历程。从时间上看，《金枝》的文学影响一直延绵至今，但从总体上来说，自其诞生起至20世纪30年代，其影响最为活跃，此后逐渐减弱，或者说是以更为潜在和深刻的方式影响了众多作家的作品主题与写作。

根据约翰·维克里的《〈金枝〉的文学影响》、罗伯特·弗雷斯编著的《詹姆斯·弗雷泽爵士与文学想象》和达蒙·弗兰克（Damon Franke）等人的研究，除艾略特、乔伊斯、劳伦斯、哈代、叶芝、康拉德等著名作家的一些广为人知的作品明显受到《金枝》的影响外，诸多欧美现代作家如约翰·辛格①、乔治·莫尔②、康拉德·艾肯③、理查德·奥丁顿④、威廉·福克纳⑤、罗宾逊·杰弗斯⑥、F. L. 卢卡斯⑦、卡洛琳·高顿⑧、罗伯特·格雷夫斯⑨、乔治·巴克⑩、威廉·戈尔丁⑪、诺米·密钦逊⑫等众多作家的一些作品或多或少受到了《金枝》的影响。限于研究主旨和篇幅，此处主要列举康拉德、艾略特、乔伊斯的主要作品，对它们所受《金枝》之影响进行分析，以此管窥《金枝》的文学影响力。⑬

（一）康拉德的《黑暗的心》与《金枝》

约瑟夫·康拉德少年时代便十分喜好阅读地理志和异域人种志作品，随后二十多年的水手生涯更使他对异域文化产生了浓郁的兴趣，其第一部小说《阿尔迈耶的愚蠢》（Almayer's Folly，1895）就有着非常明显的异国情调和对东西方

① 即 J. M. Synge（1871—1909），爱尔兰诗人、散文家、民间故事搜集者。著有剧作《西方世界的花花公子》（The Playboy of the Western World）、《骑马下海的人》（Riders to the Sea）和小说《艾兰岛》（The Aren Islands，1907）。迪尔德认为辛格的《艾兰岛》受到了弗雷泽的影响。

② 即 G. S. Moore（1852—1933），爱尔兰小说家和诗人，作品较多。维克里认为莫尔的诗集《葡萄园丁及其他》（Vinedresser and other Poems）受《金枝》影响。

③ 即 Conrad Aiken（1889—1973），美国小说家和诗人。维克里认为其《蓝色航程》（Blue Voyage，1927）受到了《金枝》的影响。

④ 即 Richard Aldington（1892—1962），英国作家及诗人。维克里认为其《上尉的女儿》（The Colonel's Daughter，1931）、《所有人都是敌人》（All Men Are Enemies，1933）、《天堂》（Very Heaven，1937）一定程度上受到了《金枝》的影响。

⑤ 即 William Faulkner（1897—1962），美国著名作家，被誉为美国20世纪的"天才小说家"。维克里认为其《八月之光》（Light in August，1932）、《押沙龙，押沙龙》（Abasalom，Abasalom，1936）在一定程度上受到了《金枝》的影响。

⑥ 即 Robinson Jeffers（1887—1962），美国诗人。维克里认为其诗集《至日及其他》（Solstice and other Poems，1935）明显受到了《金枝》的影响。

⑦ 即 F. L. Lucas（1894—1967），英国古典学者、诗人、小说家、剧作家。维克里认为其《自多次多地》（From Many Times and Lands，1953）受到《金枝》的影响。

⑧ 即 Caroline Gordon（1895—1981），美国著名小说家和评论家，作品较多。其《阿多尼斯的花园》（The Garden of Adonis，1937）受到了《金枝》的影响。

⑨ 即 Robert Graves（1895—1985），英国诗人、小说家、古典学者和翻译家，著作颇丰。其《白色女神》（The White Goddess，1948）明显受到了《金枝》的影响。

⑩ 即 George Barker（1913—1991），英国作家和诗人，维克里认为其《一个夏夜之梦》（Dreams of a Summer Night，1966）受到《金枝》影响。

⑪ 即 William Golding（1911—1993），英国著名小说家、诗人、剧作家。维克里认为其戈尔丁的《继承者》（Inheritors，1955）受到了《金枝》的影响。

⑫ 即 Naomi Mitchison（1897—1999），苏格兰女小说家和诗人。维克里认为其《谷王与春后》（The Corn King and the Spring Queen，1931）受到了《金枝》的影响。

⑬ 此文对这几位作家作品所受《金枝》的影响分析主要是在维克里和弗雷斯的研究基础上进行的。

文化矛盾与冲突的表现。依据题材来看，康拉德的作品大致可以分为航海小说、丛林小说和社会政治小说三大类①，但他的大多数小说如《白水仙号上的黑家伙》《吉姆爷》《黑暗的心》等通常都涉及对原始文化及其思维的探寻与呈现，以及对西方文明与原始文化之间冲突的描写和反思，这当然主要与其早年航海生涯时期在一些原始部落地区探险的旅行经验有关，同时也与弗雷泽的《金枝》有一定关系，这种影响在其《黑暗的心》中表现得最为突出。

根据罗伯特·汉普森的研究②，约瑟夫·康拉德 1900 年前后通过阅读弗雷泽发表在《双周评论》上"为其《金枝》第二版做铺垫"的文章《萨图纳里亚及其类似节日》而对《金枝》的一些"主要观念"有所了解，并在此启发下开始写作《福尔克》（*Falk*，1903）。《福尔克》虽不属康拉德名作之列，但作为一部探索"原始激情真相"的小说，却具备了康拉德作品背景和冲突——陆地—海洋相冲突、原始—文明相对立——的基本要素。《福尔克》所讲述的故事不仅发生在"远古时代的一个夜晚"，而且还设置了"海洋英雄主义"与"原始时代英雄主义"的冲突、海船"狄安娜"号和狄安娜女神的冲突，冲突最终被"狩猎女神狄安娜的仙女"——类似于弗雷泽在《金枝》开篇提到的内米狄安娜神庙的清泉女神伊吉利娅（Egeria）——所调和；不仅如此，故事的主人公通过决斗保住了自己的性命，而决斗场面的最后定格几乎就是《金枝》中手持利刃的内米祭司形象的翻版。而两年后出版的《黑暗的心》则几乎是弗雷泽所言的"社会表层之下潜伏着顽固的愚昧与野蛮阶层"的精确解读，只不过康拉德是通过其反殖民角度和立场来透视文明与原始的对立和冲突的。

在其水手生涯中，康拉德曾经到过《金枝》所提到的一些地方，并对弗雷泽所描写的某些地方的"原始"文化有所了解，特别是非洲和马来群岛地区。《黑暗的心》的背景就设置在非洲，故事叙述者马洛是一家贸易公司的代理人，怀着美好的愿望到非洲中部旅行，同时希望能见到传说中的代表了西方文明道德理想、有别于一般白人殖民者而对土著有着兄弟般情谊的神秘人物库尔兹。马洛的愿望最后被他所见到的现实击得粉碎：卑鄙的库尔兹利用西方的文明和土著的迷信与愚昧在非洲中部这个远离文明的地方建立了一个黑暗的王国，他恣意奴役、剥削土著但却被他们当作神来崇拜，也许正是出于对文明人黑暗之

---

① 蒋承勇：《英国小说发展史》，浙江大学出版社 2006 年版，第 280 页。

② 参见 Robert Fraser （ed.），*Sir James Frazer and the Literary Imagination：Essays in Affinity and Influence*，New York：St. Martin's Press，Inc.，1990，pp. 172 – 191。

内心和土著愚昧心智的认识，库尔兹临死前发出"恐怖啊，恐怖"的呼喊。对"文明人"与"原始人"的界限质疑实际上是《黑暗的心》之主旨的一个重要方面。这不仅表现在怀抱白人文明使命感前往非洲、最终却经历了"被遗忘的残酷本能之复苏"的库尔兹身上，也表现在坦率承认其与"原始"人的远古亲属关系、意识到非洲人的鼓声与"基督教国家教堂的钟声一样意味深长"的马洛身上。在马洛看来，"愚昧和野蛮阶层"实际上是欧洲社会所极力隐瞒和否认的"真相"，"我们已经看惯了被人制服的怪物戴着镣铐的形象，但是在那儿——那儿你看见的却是一个自由的怪物"[1]；小说的叙事结构实际上也镶嵌着这样的视角：泰晤士河与刚果河的流向看似相反，但最终流入的地方都一样——流入黑暗之地，前者的入海口，用马洛的话来说，"也是地球上最黑暗的地方之一"，而在小说的结尾，刚果河"似乎流入那无边无际的黑暗的心中"。[2]

汉普森认为，在康拉德笔下，非洲的现实有两点与弗雷泽的人类学观念有一定联系：万物有灵论和人－神观念。万灵论虽然是泰勒在《原始文化》一书提出的观点，但弗雷泽在《金枝》中实际上对这一观念进行了阐释和发展。在康拉德笔下，非洲土著相信万物有灵，如船上的锅炉工一直忙个不停，因为他相信如果缺水，锅炉里面的邪恶精灵就会因干渴而发怒，并会进行可怕的报复，他甚至还在胳膊上绑着临时用破布做成的符咒，下唇嵌上一块骨头，来取悦锅炉里的邪恶精灵；而当库尔兹的崇拜者不甘心马洛等人带走奄奄一息的库尔兹时，他们是通过"跺脚、点头、摇摆猩红的身体"，"挥动黑色的羽毛和一张拖着尾巴的獭狗皮"，间歇性地一齐发出"令人迷惑不解的话语"等动作，希望对汽船这只"溅起浪花、突突作响""用可怕的尾巴击打着水面向空中吐着黑烟"[3]的水中怪物有所作用，这显然是土著们企图通过巫术行为来诱哄和控制在他们看来具有超自然神秘力量的怪物——汽船——的努力。与此同时，在土著眼里，甚至在马洛听到的种种有关库尔兹的传说中，库尔兹显然已远非常人，不仅作为一个"特殊人物"受到土著甚至是白人的崇拜，似乎还有着呼风唤雨的能力，主持一些午夜举行的舞会，舞会结束后还有据说是献给他的无法形容的仪式；他在土著们面前通常是带着雷电出现的，引起他们的惊慌和敬畏，显然，库尔兹已经被土著们神化，成为他们的人－神，受到他们的臣服和膜拜。

---

① 朱炯强：《康拉德精选集》，山东文艺出版社 1999 年版，第 74 页。

② 朱炯强：《康拉德精选集》，山东文艺出版社 1999 年版，第 130 页。

③ 朱炯强：《康拉德精选集》，山东文艺出版社 1999 年版，第 116 页。

《黑暗的心》与《金枝》还有诸多契合之处，如同为寻求主题，康拉德在一定程度上也使用了比较方法，等等。以致后来弗朗西斯·福特·科波拉（Francis Ford Coppola）在将小说《黑暗的心》改编成电影《现代启示录》（*Apocalypse Now*, 1979）时，干脆在主人公库尔兹的书架上放置了一本《金枝》，暗示神王（priest-king）库尔兹就是一名《金枝》的阅读者！

（二）艾略特的《荒原》与《金枝》

论及《金枝》的文学影响，T. S. 艾略特的《荒原》应该是人所共知的一个著名例证了。这当然主要是由于艾略特本人在这首晦涩难懂的现代主义诗歌的题头所做的特别说明：

"这首诗不仅题目，甚至它的规划和有时采用的象征手法也绝大部分受魏士登女士（Miss Jessie L. Weston）有关圣杯传说一书的启发。该书即《从祭仪到神话》（*From Ritual to Romance*，剑桥版）。确实我从中得益甚深。它比我的注释更能解答这首诗中的难点。谁认为这首诗还值得一解的话，我就向他推荐这本书（何况它本身也是饶有兴趣的）。大体说来，我还得益于另一本人类学著作，这本书曾深刻影响了我们这一代人；我说的就是《金枝》（*Golden Bough*）。我特别利用了阿帖士、阿东尼士、欧西利士（Attis，Adonis，Osiris）这两卷。熟悉这些著作的人会立刻在这首诗里看出有些地方还涉及了有关繁殖的礼节。"①

一般论者通常会更多地将注意力聚焦在这段注释的后半部分来讨论《金枝》之于《荒原》的影响问题，很少注意到在此注释的前半部分，艾略特所倚重的维斯顿的《从仪式到传奇》实际上也与弗雷泽的《金枝》有着内在的紧密联系。如同前文"《金枝》与神话－仪式理论"一节所讨论的，杰西·维斯顿是受到《金枝》的影响，才从其早先的圣杯传奇文学研究转向圣杯传奇中可能蕴含的古老神秘仪式研究，后来又结合赫丽生和默里的观点，写成了《从仪式到传奇》，主要讨论神秘的原始宗教神话与仪式及其文学类型的影响问题。《从仪式到传奇》可以说是一部文学批评著作，但艾略特更多青睐的则是其中的圣杯传奇故事和古老神秘仪式；而《金枝》，特别是"阿都尼斯、阿提斯、奥锡利斯"两卷更是详细地论及了各地有关这些神祇崇拜的种种神话传说、纪念仪式、民间习俗等问题。也许正是在这个意义上，诗人受这两部作品的"启发"而写成的

---

① T. S. 艾略特：《艾略特诗选》，赵萝蕤等译，山东大学出版社1999年版，第83页。此处引文中"魏士登"与书中所叙"维斯顿"为同一人，《从祭仪到神话》与书中所叙《从仪式到传奇》为同一书，特此说明。

《荒原》才会如此晦涩难懂。因此，如果仅就艾略特本人的这段注释来讨论其《荒原》之影响渊源的话，《金枝》的影响显然更为根本。

根据维克里的研究，《金枝》对艾略特的影响不仅仅限于《荒原》，其此前和后来的一些诗歌甚至是文学评论也或多或少地受到了弗雷泽人类学视角、方法的启发和影响。只是在发表于1922年的《荒原》中，艾略特公开承认其受惠于《金枝》，但这种影响实际上早已产生：艾略特可能早在1911年底或1912年初至1915年期间就已经阅读过弗雷泽及受到弗雷泽影响的作品，因为他1912年发表的《阿波利纳克斯先生》（Mr Apollinax）中，就显示了他对弗雷泽的人类学视角研究古典世界的做法有着浓厚的兴趣；而1916年夏天发表的一篇评论也表明，他熟悉剑桥学派、弗雷泽、涂尔干以及弗洛伊德式的神话分析方法。此处主要结合维克里的研究，对《金枝》之于《荒原》的影响进行简要概述。①

在维克里看来，《金枝》之于《荒原》的意义不仅在于诗歌本身，而且还在于它对艾略特本人的宗教信念产生了影响。如果说弗雷泽认为他自己的人类学研究是准备好武器（如同其在《金枝》第二版前言中所说的那样）来对抗顽固的宗教迷信的话，那么，艾略特恰恰从中看到了宗教的另一面。对艾略特来说，《金枝》"使灵魂的模糊性得以明朗化"，弗雷泽"前所未有地触及了人类心灵的黑暗之处及其最初的蒙昧状态"②，基督与阿都尼斯以及其他将死之神的相似之处，恰好揭示了基督教本身的久远性与普遍性。维克里甚至还认为，艾略特在经历长期的困惑与挣扎之后，最终皈依英国国教，接受正统基督教信仰，都与阅读弗雷泽的《金枝》有一定关系，而《荒原》的写就，正是和诗人宗教意识的苏醒与探寻有密切关系。

在维克里看来，《金枝》对《荒原》的影响既体现在写作技巧（艾略特借用了弗雷泽式的人类学比较方法和并置做法）上，也体现在诗的主题、结构、人物、意象的布局和使用上。

首先是《荒原》的主题。根据维克里的解读，由于艾略特意识到了基督教的普遍性和久远性，《荒原》传达的是诗人意欲在人类历史长河中探寻宗教意识

---

① 下文有关《金枝》之于《荒原》影响分析，主要是在维克里的研究基础上进行总结的。请参见 John B. Vickery, *The Literary Impact of The Golden Bough*, Princeton：Princeton University Press, 1973, pp. 233－279。

② 见艾略特的 *Vanity Fair*，转引自 John B. Vickery, *The Literary Impact of The Golden Bough*, Princeton：Princeton University Press, 1973, p. 244。

的建立与复苏诉求，因此，寻求（quest）是贯穿《荒原》始终的主题。维克里认为，从本质上看，《荒原》体现出三重寻求主题：①寻找圣杯。这一寻求模式从根本上来说是一个仪式行为，而且是一种公开行为。荒原上的主人公圣杯骑士的历险及受到的诱惑都是对他关于圣杯知识的考验，这些诱惑和考验有些是《萨忒瑞科恩》（Satyricon，是公元前后一位拉丁作家的作品）中人物经历的片段拼接。②寻求宗教意识的演化进程。在材料的使用上，《荒原》中自然神话、丰产仪式、神秘宗教和圣杯传说都被看作是人类宗教意识逐渐演化和推进之进程的各个阶段，而相关的仪式从总体上看是从模仿的方式进化到知识的方式的。③如果说前两种寻求的主人公是居于荒原上的圣杯骑士和受伤的祭司王（Priest-King）重述其漫长一生的故事，第三种寻求则采用的是一种回溯性的视角，主人公变成了试图寻求人类的起源与本质的现代人。维克里认为，《金枝》在《荒原》之寻求主题中的作用很难说具体局限于对哪一种寻求模式的影响，这些寻求主题的观念和材料同时也来自于《从仪式到传奇》，因此，只能说，二者一起构成了《荒原》寻求主题的来源与基础。但从总体上来说，《金枝》还为诗歌的寻求主题提供了主人公原型，无论他是圣杯骑士、祭司王还是现代寻求者，其职能都类似于弗雷泽在《金枝》中论及的"一种文化或社会的英雄通常被看成其民族的代表，有时甚至被等同于这一国家或部族本身"，因此，他们的寻求不仅是行动上的，更是精神上和心理上的。

其次，维克里认为，《荒原》的结构和中心人物从根本上来说，都源自《金枝》，但却主要是通过场景、典故、意象及它们之间的关联来实现的。首先是《荒原》开篇的隽语与诗歌形成了一种总体关系，虽然艾略特开篇有关西比尔的隽语来自《萨忒瑞科恩》，但弗雷泽在《金枝》中提到的西比尔故事来自佩特罗尼乌斯（公元 1 世纪罗马诗人），而且弗雷泽还将西比尔的传说与民间传说中伦敦一个女孩期望长生不死的愿望得到实现的故事进行了类比。① 艾略特通过对现代伦敦的西比尔——一位名叫丽儿（Lil）的堕落女性和一位陷入无尽痛苦、绝望、无聊之中的无名女打字员（Typist）——的描写，将库米亚（Cumae，古希腊城市名，据说是西比尔的故乡）与伦敦、过去与现在联系了起来。丽儿和打字女如同先知西比尔，但却是沉默的，她们象征了社会秩序的幻灭，不仅是肉

---

① Sir James George Frazer, *The Golden Bough: A Study in Magic and Religion*, Vol. 12, Part Ⅶ, *Balder the Beautiful* (Vol. 1), New York: The Macmillan Company, 1935, p. 99.

体的幻灭和消解，更是没有尽头的生命之内在精神的幻灭。在维克里看来，西比尔对死亡的思考被诗人艾略特精心地镶嵌在"死者葬仪"一节，统领全诗，这实际上是对植物死亡与生机相互关系的一种表达：

> 四月是最残忍的一个月，荒地上
> 长着丁香，把回忆和欲望
> 参合在一起，又让春雨
> 催促那些迟钝的根芽。
> 冬天使我们温暖，大地
> 给助人遗忘的雪覆盖着，又叫
> 枯干的球根提供少许生命。①

　　从真正意义上来看，这几句诗穿梭于生死两极之间，但实际上却包含了一种期望。众所周知，关于四月作为"最残忍的一个月"的悖论性在弗雷泽的《金枝》中有着明确的表述，"从四月中到六月中，埃及的大地都是半死不活的，等待着新的尼罗河水的到来"。② 这样一个时节对于土地和栖息于其上的万物来说，的确并非欣喜之季。何况，四月虽属埃及的收获之季，但古埃及人只能"暗暗高兴"，用"深感悲伤的样子将高兴的情绪掩藏起来"，因为他们是"用镰刀割断谷神的躯体"，在打谷场上"让牲口的蹄踩踏它"。③ 由此可以看出，通过作者对植物祭仪的联系，《荒原》开篇就根据古老的传统构筑了一个清晰的仪式行为。

　　尽管如此，"四月是最残忍的一个月"的诗句可能依旧令现代人迷惑不解。实际上，说得直白一点，四月对植物来说，可能意味着生机，但对人来说，却象征着死亡，因为正是在这万物复苏之时，人－神耶稣被钉死于十字架。因此，人充满了困惑与不确定性，因为他必须面对其世界的复杂性。这种四月具有危险性的说法实际上也在《金枝》中被讨论——有几处论及了为保护人们免受邪

　　① T. S. 艾略特：《艾略特诗选》，赵萝蕤等译，山东大学出版社 1999 年版，第 63 页。

　　② Sir James George Frazer, *The Golden Bough*: *A Study in Magic and Religion*, Vol. 12, Part Ⅳ, *Adonis*, *Attis*, *Osiris* (Vol. 1), New York: The Macmillan Company, 1935, p. 31.

　　③ Sir James George Frazer, *The Golden Bough*: *A Study in Magic and Religion*, Vol. 12, Part Ⅳ, *Adonis*, *Attis*, *Osiris* (Vol. 1), New York: The Macmillan Company, 1935, p. 45.

恶威胁和世界免于毁灭而举行四月仪式。① 因此，诗人将四月与葬仪联系了起来。如此一来，"死者葬仪"一节提醒我们，基督死于春季四月，而在《金枝》中，阿都尼斯的哀悼祭仪也通常在春季进行。② 通过这些对四月之残忍性的暗示，艾略特将基督与阿都尼斯进行了联系，试图阐明他们的死亡是为了保护人们免于邪恶力量侵害之祭仪的组成部分。由于阿都尼斯是植物神，由于他的离去，"荒地"上自然仅剩下"迟钝的根芽"和"枯干的球根"。

随即，四月试图唤醒人们，唤醒自然，唤醒死亡并被埋葬了的神。丁香不仅象征生命的奇迹，也象征了对曾经繁盛的土地的回忆；而"迟钝的根芽"则被类比为人类的历史和神话——通过它们，可以追溯人类"最初的蒙昧状态"——这正是艾略特发现《金枝》所阐明的。

在维克里看来，《荒原》中的一些人物意象也来自于《金枝》。首先是"带着三根杖的人（the man with three staves）"，虽然艾略特说他是维斯顿书中的渔王，但实际上远非如此简单，而且逻辑上也显得牵强。实际上，他应该是来自弗雷泽对奥锡利斯葬仪的描述，仪式"分三个方面来表现奥锡利斯：死亡、肢解，最后将他四散的肢体拼合起来"③，"带着三根杖的人"，如同死亡又复活的神一样，象征的是献祭、死亡、苏醒的仪式类型。其次是"被绞死的人"，艾略特本人解释他出自《金枝》。根据弗雷泽所述，人类历史上曾广泛存在着一种通过将人吊死或钉于十字架的献祭形式，促使庄稼生长、动物繁殖、女性丰产习俗。④ 弗雷泽认为，这实际上是阿提斯之死神话的仪式模仿，死者代表的就是被认为既是神祇也是树神的阿提斯。艾略特将"被绞死的人"与最后一节"在你身旁走""悄悄地行进，裹着棕黄色大衣，罩着头"的人进行联系，实际上是他试图暗示基督远古时是一位死亡后又复活神祇的努力的一部分。此外，在"火诫"和"水里的死亡"两节中，主人公所经历的两种净化仪式显然来自《金枝》，可以说，《金枝》有诸多地方较为详细地讨论了通过火和水来进行的净

① Sir James George Frazer, *The Golden Bough*: *A Study in Magic and Religion*, Vol. 12, Part II, *Taboo and the Perils of the Soul*, New York: The Macmillan Company, 1935, pp. 330, 335.

② Sir James George Frazer, *The Golden Bough*: *A Study in Magic and Religion*, Vol. 12, Part Ⅳ, *Adonis, Attis, Osiris* (Vol. 2), New York: The Macmillan Company, 1935, pp. 225 – 226, 231.

③ Sir James George Frazer, *The Golden Bough*: *A Study in Magic and Religion*, Vol. 12, Part Ⅳ, *Adonis, Attis, Osiris* (Vol. 2), New York: The Macmillan Company, 1935, p. 87.

④ Sir James George Frazer, *The Golden Bough*: *A Study in Magic and Religion*, Vol. 12, Part Ⅳ, *Adonis, Attis, Osiris* (Vol. 1), New York: The Macmillan Company, 1935, pp. 288 – 297.

化仪式，为的是彻底的重生。如在"处死树神"一节，弗雷泽如此写道，神的死亡"不过是使他在更好的形体中苏醒或复活的必须做法。这绝不是神灵的消灭，而是其更纯洁更强壮的体现的开端"①。而在《荒原》的"雷霆的话"一节，继阿都尼斯、阿提斯、奥锡利斯们之后，具有"更强壮体现"神性的基督出现——基督徒们死亡又复活了的人－神。

维克里对《金枝》之于《荒原》影响的分析远比以上概括更为系统和详细，他的分析当然与他对这首以晦涩难懂著称的现代主义诗歌的解读密切相关。俗话说，"一千个读者就有一千个哈姆雷特"，不同的研究者或读者自然会对这首诗歌有着自己的不同理解，因而对它与《金枝》的关系也可能会有不同的看法和理解。维克里对二者关系的理解与他对这首诗的理解息息相关，此处仅做简略概括，有兴趣的读者可以进一步深入阅读维克里的研究，或是对《金枝》与《荒原》的关系进行自己的解读和研究。

（三）乔伊斯的《尤利西斯》与《金枝》

詹姆斯·乔伊斯的作品无论是就思想内容还是创作技巧来说都堪称英国现代主义小说发展的丰碑，意识流小说在他那里被发挥到了极致。根据维克里的研究②，尽管乔伊斯本人从来没有提到过或发表过任何有关弗雷泽或者其《金枝》的言论，但这并不代表他不了解弗雷泽或者并未受到他的影响，何况乔伊斯是一位通常很少提到他所受之影响的作家。维克里认为，《金枝》在20世纪早期产生广泛影响力之时，恰是乔伊斯离开故乡爱尔兰，于颠沛流离之中磨砺其写作技巧之际，他不可能不受到弗雷泽的影响，很显然，其被艾略特称为"神话方法（mythic method）"③ 的创作手法就是受到了弗雷泽的启发和影响。维克里还认为，乔伊斯的作品特别是《尤利西斯》（*Ulysses*，1922）和《芬尼根的守灵夜》（1939）与弗雷泽的观念、人物、叙事模式上有着奇特地一致，其解读必须将它们与乔伊斯早期的自传性小说《一个青年艺术家的画像》（*A Portrait of the Artist as a Young Man*，1916）（以下简称《画像》）及其对故乡——爱尔兰首府都柏林——的缱绻和怀念联系起来才可能得以进行。在维克里看来，尽管

---

① Sir James George Frazer, *The Golden Bough*: *A Study in Magic and Religion*, Vol. 12, Part Ⅲ, *The Dying God*, New York: The Macmillan Company, 1935, p. 212.

② 下文有关乔伊斯作品与《金枝》关系解读的概括和总结，请参见 John B. Vickery, *The Literary Impact of The Golden Bough*, Princeton: Princeton University Press, 1973, pp. 326－423。

③ 见于《艾略特诗学文集》之《尤利西斯：秩序与神话》一文。参见王恩衷编译：《艾略特诗学文集》，国际文化出版公司1989年版，第282—285页。

《画像》似乎可以被看作是一部主要讨论单调乏味、生活琐碎事件具体细节的散文作品，但其中实际上蕴含了一种逐渐将神话一般化和象征化的强大而持续的内驱力。

在维克里看来，乔伊斯之所以对《金枝》特别亲和的原因主要在于以下两点：首先是乔伊斯本人对宗教史的兴趣，特别是基督教历史包括对耶稣生平事迹的兴趣。在乔伊斯辗转英国和欧洲大陆时写给亲友的信件中几次提到他正在阅读有关基督教历史的书籍，包括《耶稣生平》。考虑到乔伊斯少年时起就对宗教产生了怀疑态度的事实，而成年后"自愿流亡"的乔伊斯对故乡独立运动受挫、社会分裂和道德瘫痪、宗教势力恶性蔓延给人民带来的痛苦极为愤慨和担忧，他的这种对宗教史的兴趣显然并非随意和偶然。而作为一部"巫术与宗教研究"的著作，作者又对宗教和文明现实持一种有意无意的反讽态度，《金枝》自然容易引起青年乔伊斯的共鸣。其次是乔伊斯对戏剧的兴趣。乔伊斯早年曾写过评论为易卜生的新戏剧形式进行辩护，将易卜生的现实主义戏剧与旧的原型式的戏剧形式进行了比较。但同时他也认为，戏剧通常可以是对神话的表达，但民族神话如果被赋予了宗教色彩就失去了戏剧价值，社会是建立在不可改变的法则基础之上的，而戏剧从本质上讲是以想象的形式来表现这些法则的。弗雷泽在《金枝》中虽然没有完备地表达过此类观点，但他至少讨论过其中一些，如在讨论奥锡利斯和狄俄尼索斯神话时，他认为他们的神话形成了在诸多节日如"安特斯节（Anthesteria）"上表演的仪式性戏剧的内容。[①] 维克里认为，从这一点上来看，乔伊斯对神话、戏剧和自然力的联系是和弗雷泽一脉相承的。而在《尤利西斯》中，我们的确可以看到，乔伊斯将《奥德赛》与他所珍爱的但却脏乱不堪的故乡都柏林、人类个体良知与"沃普吉斯纳齐（Walpurgisnacht）"[②] 戏剧、整个人类历史与反复发生的宏观层面上的起落及死亡与复活联系在一起。

维克里认为，《金枝》之于乔伊斯的影响实际上在他早年出版的诗集《室内乐》（Chamber Music，1907）中便有体现，其中不仅有对比较宗教学方法的使用，也有对阿都尼斯神话的借鉴；而在《画像》中，主人公斯蒂芬不仅抵制和憎恶天主教，认为耶稣既是人也是宗教仪式的中心，同时还相信遥远的过去与

---

① Sir James George Frazer, *The Golden Bough*: *A Study in Magic and Religion*, Vol. 12, PartV. *Spirits of the Corn and of the Wild* (Vol. 1), New York: The Macmillan Company, 1935, p. 32.

② 中北欧地区每年四月三十日或五月一日举行的一种传统节日，节日上通常会举行跳舞和篝火活动。

他自己及他的时代具有相关性；而乔伊斯的后期小说《芬尼根的守灵夜》则表明他对《金枝》已极为熟悉，从"oaks of ald"到"icy and missilethroes"等意象，再从"our bright bull babe"到"the herblord"等词语，小说中挤满了从弗雷泽那里借用来的意象、人物、母题及词语等等，足见乔伊斯对《金枝》的借用已经达到了一种登峰造极的地步。总之，在维克里看来，《金枝》对乔伊斯文学创作的影响极为深刻，此处重点对维克里有关《金枝》与《尤利西斯》的影响关系的研究，进行简要概括。

维克里认为，乔伊斯颠沛流离期间正是他磨砺和实验其新锐多变的写作技巧之时，随着其创作手法的愈来愈多变和复杂，他对神话与仪式的运用也愈来愈娴熟，当他的这些手法在《尤利西斯》中得到综合运用时，他对《金枝》中的观念、取向和策略的有意借鉴也达到了一个高峰。乔伊斯的做法是以一种颇为夸张的方式对《金枝》进行重写：从某种意义上来说，通过《金枝》之主旨与方法的启示，乔伊斯建立了自己的关于神话、民俗及文化历史的百科全书。

在维克里的解读中，《尤利西斯》与《画像》有着内在的密切联系，前者的解读必须以后者为基础，前者有关民间传说、人物原型、隐喻的三种模式实际上在后者中已经出现。这不仅说明《金枝》之于乔伊斯影响的连贯性，更表明了乔伊斯意欲追溯人的最初状态、自身、民族之状况的努力。首先，《尤利西斯》看似描写的是现实日常生活的琐碎与无聊，但实际上却是试图通过现实的诸多特质透视爱尔兰久到难以追忆的历史进程、信仰、价值及事件，因此，民间传说成为小说与真实生活之相关性得以建立的关键。

其次，《尤利西斯》借用《金枝》对文化的呈现从具体的个体人物中析离出了人物原型。小说继续了《画像》中隐晦地对神话本质进行探索的努力，其中之不同在于看待神话的角度和对待神话的态度：《画像》中处于成长期的斯蒂芬持神话历史主义观点，而《尤利西斯》似乎呈现的是一种更为概念性和功能性的神话观，这种神话观实际上在《金枝》中是居于主要地位的。《尤利西斯》中的人物，无论主次，最后实际上都成了原型式的人物，如乔伊斯精心塑造的三个主要人物，很显然分别具备了替罪羊（斯蒂芬）、丰产女神（莫莉）、祭司王（布鲁姆）的特征。

最后，维克里认为，如果说《画像》已体现出乔伊斯对弗雷泽比较方法和归纳性视角的借鉴的话，那么，到了《尤利西斯》中，这种借鉴已经发展到一种炉火纯青的地步。表现为作者不仅将小说中的三个主要人物原型化，而且这些原型被赋予了独特的文化隐喻功能。三个喻体相互依存和说明，体现了乔伊斯本人成熟的社会历史观。无论是乔伊斯本人的书信（称《尤利西斯》是"一部两个民族的史诗"①）还是小说本身都表明，《尤利西斯》蕴含了几个清晰而独特的文化阶段：一个是荷马和《奥德赛》古典时代，可以被视为异教或前基督教文化时期；一个是布鲁姆的世界——犹太人的生活、信仰和习俗世界；最后是以罗马天主教为基础的爱尔兰凯尔特世界——自恃杰出的基督象征和仪式世界。在乔伊斯笔下，通过意识流手法对莫莉、布鲁姆、斯蒂芬各自内心世界的呈现，他们分别成为三种文化的典型，并隐喻了自身所代表文化的困境。弗雷泽当然通过他的材料对这几种文化都有所涉猎，甚至是重点处置，但《金枝》之于《尤利西斯》的意义更重要的还在于它的方法。例如，弗雷泽区分了巴尔德尔、阿提斯、阿都尼斯、狄俄尼索斯、奥锡利斯神话和祭仪，但却不仅仅是分别描述关于他们各自的传说、仪式和习俗，而是在一种比较视野下结合具体文化分析他们的独特之处：相对于阿提斯祭仪上的自阉流血（因为传说阿提斯在一棵松树下自行阉割流血而死）仪式所体现出的清教倾向，阿都尼斯祭仪则体现出一种欢乐祥和的特征；而狄俄尼索斯和奥锡利斯祭祀仪式上的肢解表演则表现出一种放纵与死亡相互交织的狂乱气息。弗雷泽的这种比较方法，启发了乔伊斯不仅揭示其人物如布鲁姆和斯蒂芬不同的个性特点和价值观，同时也隐晦地呈现了他们所根植于其中的独特文化传统和民族气质，同样的事件、人物、念头，他们的反应大相径庭，因为他们一个是逆来顺受的犹太人，另一个则是精神空虚的天主教徒。也就是说，他们对自己的角色所代表的文化传统的体现，既是通过不同的神性意象，也是通过他们自身模糊含混然而似乎又清晰无比的凡人的形象来体现的。

值得特别注意的是，维克里还进一步详细地分析了乔伊斯如何借鉴《金枝》，将斯蒂芬和布鲁姆析离为两个重要的原型性人物——前者具有内米祭司亦即将死之神的性质，后者布鲁姆则具有人牲替罪羊（human scapegoat）的性质，从而在一定程度上加强了小说的现实指涉意图和民族史诗寓意。

第四节　启示与借鉴：《金枝》与 20 世纪文学批评

作为一部人类学作品，《金枝》对 20 世纪的文学批评也产生了深刻影响。

---

① 乔伊斯：《尤利西斯》，金隄译，人民文学出版社 1994 年版，译者前言第 1 页。

原型批评的集大成者诺斯罗普·弗莱曾如此形容他早年不经意间发现《金枝》时的震撼："思想迅速地扩张成型，快得连自己都很害怕，我有时甚至害怕别人在我之前说出这个发现，或者我活不了那么长的时间来完成这项发现"。① ——《金枝》作为被韦勒克誉为与马克思主义批评、精神分析批评鼎足而三的原型批评理论源泉之一，其重要性由此可见一斑。

也许正是由于弗莱的这种极高赞誉，在论及《金枝》之于 20 世纪文学批评之影响时，大多论者仅将其重要性追溯到弗莱那里，认为弗雷泽的人类学与斯宾格勒的历史学、荣格的分析心理学、卡西尔的象征形式哲学一起构成了原型批评的理论基础。实际上，作为一种文学研究的途径或文学批评的方法，原型批评（archetypal criticism）由弗莱 1957 年在《批评的解剖》一书中的系统阐发而正式被确立并得称，而此前的"神话批评"（myth criticism）——从早期的宗教现象（包括仪式、神话、图腾崇拜等）入手探索和解释文学起源、发展的批评和研究倾向——则可视为其前身。② 确切地说，文学作品中的"原型"（当此词最初被用于文学作品分析时主要是指相对固定的"形式"或"模式"）分析在 20 世纪 30 年代即已出现，其理论基础主要就是文化人类学与荣格的分析心理学，典型的如 M. 鲍特金在 1934 年就出版了的《诗歌中的原型模式：想象的心理学研究》（*Archetypal Patterns in Poetry：Psychological Studies of Imagination*）一书，主要运用荣格的集体无意识理论和原型说，并结合人类学和宗教学的研究成果，研究分析文学作品。因此，原型批评的两大理论渊源——人类学和心理学在文学研究领域的结合，在 20 世纪 30 年代时即已露端倪。而后，原型批评理论的集大成者弗莱在阐述其理论基础时，则明确指出了弗雷泽的人类学与荣格的心理学之于其本人的思想基底及批评理论的重要性。因此，就《金枝》之于原型批评的影响来说，具有双重性，即不仅对早前神话批评产生了重要影响，又构成弗莱本人思想体系和文学批评理论基础极为重要的一极。

因此，对《金枝》之于 20 世纪文学批评影响的考察，不应仅着眼于弗莱的原型批评，也应将此前的"神话批评"囊括在内。而神话批评的肇始可以追溯到 20 世纪早期英国剑桥仪式学派的希腊研究，如杰西·维斯顿的仪式与文学类型研究、L. 拉格伦的神话英雄故事、F. 弗格森的悲剧行动旋律说等等，这些

---

① John Ayre, *Northrop Frye：A Biography*, Toronto：Random House, 1989, p. 105.
② 叶舒宪：《神话－原型批评》，陕西师范大学出版社总有限公司 2011 年版，导读第 2 页。

研究实际上可以看作是原型批评的前期阶段。显而易见的是，诸类神话研究在不同程度上本身就与《金枝》都有着或多或少的联系。为论述方便起见，本书以"神话批评"指称弗莱系统阐发之前的相关研究，以"原型批评"指称弗莱及其之后的研究。鉴于前文"《金枝》与神话－仪式理论"一节已经对剑桥仪式学派的希腊戏剧研究、维斯顿的文学类型研究与《金枝》的渊源有所论述，此处拟在简要概括 20 世纪上半期神话批评发展路径的基础上，重点分析弗莱的原型批评与《金枝》的契合之处，以及由此引发的对文学批评乃至文化研究的深远影响问题。

一、《金枝》与 20 世纪上半期的神话批评

首先应该明确的是，此处我们所说的"神话批评"之所指仅为文学研究或者文学批评的途径与方法，并不涉及其他学科如宗教研究、历史研究的神话方法。因此，即使是就前节所讨论过的"神话－仪式理论"来说，于此节而言，我们所倚重的仅是神话－仪式理论之于文学批评的意义。具体而言，如剑桥学派希腊研究的神话－仪式方法，此处我们仅着眼于其希腊戏剧的仪式基础研究以及他们的希腊研究的"副产品"——在文学领域内所取得的成就，如默里的《哈姆雷特和俄瑞斯忒斯》。其次应该指出的是，神话－仪式理论主要是一种将神话的理解与仪式联系在一起进行的神话研究方法，从本质上来讲，它是一种神话研究的人类学方法，主要得益于对罗伯逊·史密斯首次提出的仪式与神话关系进行了极大发展的弗雷泽的启示；而文学研究的神话批评方法，首先也是一种人类学的视角和方法，从本源上看，也是受到了弗雷泽的影响；因此，神话批评与神话－仪式理论有一定的重合之处，但也存在一定的区别与差异。

总的看来，20 世纪上半期文学研究的神话批评方法大致发展路径如下：剑桥学派主要研究希腊戏剧的仪式起源问题，但默里已经将研究范围扩展到了希腊戏剧之外，如其著名的《哈姆雷特和俄瑞斯忒斯》；维斯顿以神话－仪式理论探讨文学类型问题；L. 瑞格兰的英雄神话研究；F. 弗格森的悲剧行动旋律研究；直至弗莱系统提出原型批评理论。需要特别说明的是，此处的这种线索式勾勒主要侧重于不同时期相对而言受弗雷泽影响较深的以神话批评方法进行文学研究的学者，没有也不可能将所有秉持神话批评方法的研究者囊括在内；与此同时，此处论及的一些代表人物如默里和瑞格兰等人，在前文"《金枝》与神话－仪式理论"一节已有简要论述或提及，但如果说前节重点论及的是他们的

神话－仪式理论的话，此处更为关注的主要是他们的文学研究之神话批评方法与《金枝》的关系，以及具体研究中所体现出的原型批评倾向等问题。

从总体上来说，由于剑桥学派对仪式功能问题的特别关注，他们在希腊宗教、历史、神话、艺术、戏剧等方面的研究更多地关注的是仪式的功能和作用问题。就文学研究而言，他们的贡献主要是将希腊戏剧的起源追溯到了古老的宗教崇拜仪式，特别是默里，他认为，希腊悲剧中保存着古老的宗教仪式形式，并借用弗雷泽对阿提斯、狄俄尼索斯的神话类型分析对希腊悲剧的结构进行分析。在其《哈姆雷特和俄瑞斯忒斯》一文中，默里比较了这两个不同时代和国度的悲剧人物，认为他们之间的共同之处不是由于影响关系，而是出于构成悲剧基础的原始宗教仪式的共同性。两个剧中人的原型都出自《金枝》所揭示的普遍存在的习俗仪式：部落首领或者国王为了社会和集体的利益作为替罪羊被杀死或被放逐。由于莎士比亚和埃斯库罗斯自然地表现了潜藏在原始仪式中的戏剧因素，才分别写出了震撼人心的悲剧。①

杰西·维斯顿的《从仪式到传奇》（1920）可以看作是首部将神话的仪式理论用于戏剧之外、非希腊文本研究的作品。通过借鉴弗雷泽对自然崇拜仪式的类型化处理、赫丽生对希腊神祇演化过程的推演、默里的希腊悲剧中存留的仪式形式的论述，维斯顿试图证明的是，圣杯传奇起源于，或者说，实际上就是从前基督教时代一直流传到欧洲基督教时期的丰产仪式的叙述。也就是说，中世纪圣杯传奇这一文学类型源自古老的神秘宗教仪式。

L. 瑞格兰是一位民俗学家，也是典型的神话－仪式论者，他将弗雷泽以王为中心的神话－仪式理论用于其英雄神话的研究。虽然瑞格兰在《英雄》（The Hero, 1936）一书中的观点不免有些极端，但在一定程度上已显露出某种原型批评倾向的端倪。在他看来，神话起源于仪式，别无他出，而且所有仪式的源头都可追溯到新石器时代晚期近东地区一种定期举行的以国王献祭的仪式，这一中心仪式后来发散到了世界各地，神话英雄故事就起源于这种仪式。不仅如此，如果说弗雷泽仪式理论中的王愿为集体利益而死可能是一种英雄行为的话，瑞格兰则直接为王贴上了英雄的标签。弗雷泽呈现的是相对较为简单的植物神死而复生的神话模式，瑞格兰呈现的则是英雄神话模式的详细分析——通过对希腊、北欧、中东等地区诸多传统英雄故事的分析，瑞格兰发现，这些故事几乎

---

① 叶舒宪：《神话－原型批评》，陕西师范大学出版总社有限公司 2011 年版，导读第 16 页。

无一例外都存在着以下二十二种情形：①其母为王室女子；②其父为国王；③且通常为其母一族的近亲；④但他的命运非同寻常；⑤他被认为是神之子；⑥出生时就有人试图杀死他，这人通常是其父亲；⑦他总能避过这一劫；⑧为遥远国度的养父母养育成人；⑨其童年经历不为人所知；⑩成年后返回或来到他即将为王的国度；⑪死后并未被埋葬；⑫但却有一个或更多关于他的圣墓。瑞格兰逐一对俄狄浦斯、赫拉克勒斯、狄俄尼索斯、阿波罗、宙斯、摩西、亚瑟王等十八位英雄神祇一生的经历进行了分析，发现他们的故事大多都包含了全部这些情形，即使是吻合程度最低的英雄故事都包含了其中的十一种情形。①

美国考古学家 R. 卡朋特（R. Carpenter）以神话批评的方法研究荷马史诗的由来问题，于 1946 年出版《荷马史诗中的民间故事、虚构和英雄传说》（*Folk Tale, Fiction and Saga in the Homeric Epics*）一书。卡朋特认为，荷马史诗所讲述的故事本身起源于前奥林匹斯神祇时代的献祭仪式，如《奥德修纪》故事的核心起源于图腾仪式——熊祭，奥德修斯本人就是熊图腾的后裔。卡朋特的研究从本质上来说，虽然仍属于文学发生学的神话仪式起源研究，但实际上已显露出神话批评路径之于文学原型考古的独特魅力。

如果说维斯顿、瑞格兰和卡朋特等人主要以神话 - 仪式的方法来探寻文学起源问题的话，到 40 年代后期，实际上已有研究者开始以神话批评的方法展开对文学文本的研究，F. 弗格森（F. Fergusson）即是著名的一位。弗格森是著名的文学批评家和戏剧理论家，其《剧场观念》（*The Idea of Theater*，1949）一书十分有名，其中《〈俄狄浦斯王〉——悲剧的行动旋律》一文更是被西方文学批评界视为典范。弗格森将弗雷泽的神王说以及经赫丽生、默里发展了的神话 - 仪式理论用于戏剧本质研究。在他看来，悲剧人物的苦难和救赎故事源自弗雷泽式的杀王神话，如在《俄狄浦斯王》中，作为忒拜城国王的俄狄浦斯，为了赎罪，他必须献祭的是他的王位而非性命，因为只有他退位，瘟疫才会停止肆虐。对弗格森来说，忒拜人所寻求的复苏或者说是新生（renewal）最重要的是精神上的而非肉体上的，俄狄浦斯以自残和自我放逐的方式而进行的赎罪所寻求的，就是一种精神上的复苏，不仅为他自己，也为了他的臣民。② 弗格森按照神话 - 仪

① Robert A. Segal（ed.），*The Myth and Ritual Theory：An Anthology*，Oxford：Blackwell Publishers，1998，pp. 193 – 208.

② Robert A. Segal（ed.），*The Myth and Ritual Theory：An Anthology*，Oxford：Blackwell Publishers，1998，p. 245.

式－文学的思路，把《俄狄浦斯王》这部著名悲剧与为了维持自然运行和社会生活的正常秩序，以国王或神作为替罪羊杀死或放逐的古老仪式联系起来进行考察，概括出仪式中所固有的所谓"悲剧行动的旋律"（the tragic rhythm of action），即"意图－情感－认知"的心理过程，从而为理解悲剧的原型特征提出了独到的见解。①

从以上对20世纪上半期神话批评发展路径的简单梳理不难看出，其大体上遵循的是从文学发生学探源逐渐到文本分析研究的路向，弗雷泽的神话－仪式说一直若隐若现地观照其中，与剑桥学派的希腊戏剧研究一起，构成了这一时期神话批评的理论基底。而随后，原型批评理论的集大成者弗莱在系统阐述其思想的理论渊源时，则明确给予了弗雷泽本人及其《金枝》在文学批评领域内前所未有的高度评价。

二、《金枝》与原型批评

诺斯罗普·弗莱的学术思想颇具海纳百川之气势，由于视界开阔、高瞻远瞩而形成了一种大文化视野和整体文学观念。在《批评的解剖》（*Anatomy of Criticism*，1957）一书中，弗莱提及的文学作品就有几百部，诸多古今大家如亚里士多德、维柯、马克思、弗洛伊德、哈贝马斯等不计其数的思想家和学者，都在他的视野之内，并坦言对他有过一定影响。但从弗莱的思想体系来看，弗雷泽的仪式学说和恢宏的文化比较视野与斯宾格勒的整体文化观和历史循环观、荣格的心理学、卡西尔的象征形式哲学共同构成了其思想和理论的主要根基。值得注意的一点是，斯宾格勒的思想实际上是受到了弗雷泽的一定影响的②，因此，我们不妨可以说，在弗莱的思想谱系中，弗雷泽的影响构成了其中极为重要的一极。

（一）原型批评之"原型"含义辨析及弗莱谈《金枝》

欲探讨《金枝》之于原型批评的影响，首先需要对这一批评理论的集大成者弗莱所使用的"原型"一词的内涵进行辨析，因此，只有在此基础上，才可能充分理解弗莱为何极其重视弗雷泽的人类学特别是《金枝》中的神话仪式说之于原型批评的意义问题。

① 叶舒宪：《神话－原型批评》，陕西师范大学出版总社有限公司2011年版，第260—261页。
② Paula Kepos and Dennis Poupard（eds.），*Twentieth－century Literary Criticism*，Vol. 32，Detroit：Gale Research Inc，1989，p. 201.

1. 原型批评之"原型"含义辨析

尽管 20 世纪上半期的神话批评可以被视为是原型批评的前身，但原型批评作为一种文学批评理论的真正得称和正式确立的标志，则主要是由于弗莱 1957 年出版的《批评的解剖》。与此同时，由于荣格的分析心理学之于文学研究特别是神话研究的重要启迪使其成为弗莱的原型批评的理论基础之一，加之荣格是较早使用和阐释"原型"一词的 20 世纪学者，而他本人在将其分析心理学成就用于艺术研究领域方面时也颇有造诣，而且在弗莱之前已有学者受其分析心理学的一些观念及艺术研究的启发，展开对文学作品中的原型的研究，因此，当弗莱提出原型批评后，在很长一段时间内，甚至被贴上了荣格心理学的标签。也许正是由于这种亲缘性，少有论者对荣格和弗莱"原型"概念进行甄别，对于原型批评作为一种文学批评理论在弗莱明确阐释之前的历史也不甚关注，甚至直接将其追溯至荣格提出"原型"概念之时，如果再考虑到"神话批评"的发展路径和历史的话，问题就变得更加复杂（这也是本节分别以"神话批评"和"原型批评"来指代原型批评不同发展阶段的主要原因）。

实际上，与对弗雷泽、斯宾格勒、卡西尔的借鉴一样，弗莱汲取了荣格的分析心理学成果如"集体无意识"概念、"原始意象"说和"原型"观念，使荣格的心理学成为原型批评理论基础的重要组成部分，但就"原型"概念来说，虽有一定借鉴关系，但二人的理解和界定还是有一定区别的。因此，要讨论弗莱的原型批评理论，首先应该甄别他所使用的"原型"一词的内涵，并注意与其他理论家所阐释的"原型"概念进行区别，特别是与弗莱文学批评理论有着一定理论渊源的荣格的相关阐释。

原型（archetype）一词出自希腊文"archetypos"，"arche"原是"最初的""原始的"之意，"typos"意为"形式"。柏拉图使用此词来指事物的理念本源。① 而在两千多年之后，瑞士分析心理学家荣格在阐释分析心理学与诗的关系时（1922）使用了这一概念，后来（1936）在其题为《集体无意识的概念》的学术报告中进行了较为详尽的阐述：

"它（原型）指出了精神中各种确定形式的存在，这些形式无论在何时何地都普遍地存在着。在神话研究中它们被称为'母题'；在原始人类心理学中，它

---

① 叶舒宪：《神话－原型批评》，陕西师范大学出版社有限公司 2011 年版，导读第 9 页。

们与列维 – 布留尔的'集体表现'概念相契合……"①

荣格此后又多次对"原型"概念进行了阐释和补充。综合起来看，荣格的"原型"概念包含以下几个层面的含义：①原型是集体无意识；②原型是本能的表现；③原型是经验的集结；④原型是"形式""模式"或"形象"；⑤原型具有特殊的活力。② 实际上，M. 鲍特金的《诗歌中的原型模式：想象的心理学研究》一书就已经将荣格的集体无意识观念和原型说运用到了文学作品的分析之中。

但对于意在消除文学批评中的混乱状况（门户之见、视角狭隘方法单一、依附性地位导致的认识局限③）的弗莱来说，其原型批评的理论建构意识是明确而系统的，在有关"原型"这一概念的意义上，他对荣格有所借鉴，但更为重要的是，弗莱主要是从文学批评的角度进行阐释和应用的。早在1951年的《文学的原型》（*The Archetypes of Literature*）一文中，弗莱就初步对"原型"进行了界定：

"神话是主要的激励力量，它赋予仪式以原型意义，又赋予神谕以叙事的原型。因此，神话'就是'原型。不过为了方便起见，当涉及叙事时我们叫它神话，而在谈及含义时便称为原型。"④

后来，弗莱不仅在原型批评的标志性著作——《批评的解剖》一书中较为详尽地对"原型"一词的意义进行阐释，也在《同一的寓言》和《伟大的代码》等著作中继续进行补充。综合起来看，弗莱的"原型"概念包含以下几个层面的含义：①神话就是原型（如上所述）；②原型是一种象征，是"可供人们交流的象征"，"通常是一种典型的或反复出现的形象，可用以把我们的文学经验统一并整合起来"；③原型是已知的联想物，"原型是一些联想群……在既定的语境中，它们常常有大量特别的已知联想物，这些联想物是可以交际的，因为特定文化中的大多数人都很熟悉它们"；④原型是结构单位，"关于文学，我首先注意到的东西之一是其结构单位的稳定性，如在喜剧中，某些主题、情境和人物类型从阿里斯托芬时代直到今天都几乎没有多大变化地保持下来。我曾用

---

① 荣格：《荣格文集》，冯川译，改革出版社1997年版，第83页。

② 王先霈、王又平：《文学理论批评术语汇释》，高等教育出版社2006年版，第561—562页。

③ 诺思罗普·弗莱：《批评的解剖》，陈慧、袁宪军、吴伟仁译，百花文艺出版社2006年版，第3—41，505—524页。

④ Northrop Frye，"The Archetypes of Literature," in *The Myth and Ritual Theory：An Anthology*，Robert A. Segal（ed.），Oxford：Blackwell Publishers，1998，p. 226.

'原型'这一术语来表现这些结构单位"。①

至于原型之于文学研究和批评的作用与意义，弗莱明确表示，"一个原型，应当不仅在文学批评中构成一个概括的范畴，而且其本身就是整体（文学）形式的一个组成部分；它直接把我们引向这样一个问题：批评在文学中能找到什么样的整体形式?"②

通过对文学史的研究，弗莱发现，文学是一个由呈现于原始文化中的较为局限和简单的程式系统逐步演变而成的复杂体系。"如果这样的话，那么探求各种原型便构成了一种文学上的人类学，它涉及诸如仪式、神话、民间传说等前文学形态如何渗透到后来的文学中来的问题。"③

弗莱进而指出，如果我们在进行文学批评和作品分析时，采用观赏一幅画作时的做法——只有不断地往后站才能对其构图和布局看得更清楚④，我们便会发现寓意深邃的经典作品似乎存在着一种总的趋势，即要回归到原始形态去，并能把我们吸引到一种境界，从中我们会发现大量含义丰富的原型汇集成一体。这些原型总是在文学作品中反复出现，如仪式、神话等，它们的共同特点就是与自然循环息息相关且具有叙事功能。⑤ 因此，对于弗莱来说，无论在文学的哪个层次上探讨原型，都必然要追溯到远古的宗教仪式、神话和民间传说中去。这就是弗莱所说的，理解一部文学作品，除需要修辞学家、语文学家、文学心理学家、社会历史学家、文学哲学家、思想史学者的帮助外，更需要"文学人类学家"（literary anthropology）之帮助（对于探求原型来说尤其如此)⑥ 的重要原因。而对于弗莱来说，其"文学人类学家"的具体所指，自然非弗雷泽莫属。而弗莱本人多次反复提及自己受益于弗雷泽，特别是其关于《金枝》的言论也无疑明确地说明了这一点。

---

① 王先霈、王又平：《文学理论批评术语汇释》，高等教育出版社 2006 年版，第 562 页。

② Northrop Frye, "The Archetypes of Literature," in *The Myth and Ritual Theory*: *An Anthology*, Robert A. Segal (ed.) Oxford: Blackwell Publishers, 1998, p. 223.

③ Northrop Frye, "The Archetypes of Literature," in *The Myth and Ritual Theory*: *An Anthology*, Robert A. Segal (ed.), Oxford: Blackwell Publishers, 1998, p. 223.

④ 此即弗莱在文学批评中所主张的"向后站"理论。参见诺思罗普·弗莱：《批评的解剖》，陈慧、袁宪军、吴伟仁译，百花文艺出版社 2006 年版，第 198 页；吴持哲编：《诺思洛普·弗莱文论选集》，中国社会科学出版社 1997 年版，第 85—86 页；等等。

⑤ Northrop Frye, "The Archetypes of Literature," in *The Myth and Ritual Theory*: *An Anthology*, Robert A. Segal (ed.), Oxford: Blackwell Publishers, 1998, p. 223.

⑥ Northrop Frye, "The Archetypes of Literature," in *The Myth and Ritual Theory*: *An Anthology*, Robert A. Segal (ed.), Oxford: Blackwell Publishers, 1998, p. 224.

2. 弗莱谈《金枝》

青年时期的弗莱在大学毕业后专修过几年神学，甚至还被授予了牧师资格并曾有过近半年的传教实习经历，但这种经验并没有对他的思想形成任何约束，反而为他日后的《圣经》文学研究与批评奠定了坚实的基础。神学院毕业后的很长一段时间之内，弗莱一直在大学里从事《圣经》课程的教学工作，但他更多的是从文学的视角看待和研究《圣经》的，在这一点上，虽然缺乏证据表明他受到了弗雷泽这位或许是首位将《圣经》作为文学文本处理的人①的影响，但至少可以说明，他在对待《圣经》这一西方最重要宗教经典的态度和视角上是与弗雷泽十分契合的。在弗莱独特的视域之下，《圣经》既是宗教经典也是文学巨著，其研究自然就不可能仅仅局限在纯粹的文学疆界，而必然涉及宗教学、民俗学、神话学、社会学、人类学、心理学等诸多领域，这在极大程度上影响了弗莱的文学批评取向，也是他后来作为一位文学批评家能高屋建瓴地将文学置于更为广阔的文化与跨学科语境之中进行观照的重要原因。

弗莱后来（1973）在一篇自传性的文章中曾如此说道："我很怀疑自己是否适合参加关于人文学科研究的讨论，因为我已偏离一切传统上所说的研究，即是说，我阅读的东西是别人未曾读过或为其他目的才读的"②。对于使自己的"思想迅速扩张成型、快得连自己都很害怕"③的《金枝》，弗莱更倾向于将它看成是一部文学批评著作，"《金枝》一书旨在写成一部人类学专著，可是它对文学批评所产生的影响超越了作者声称的自己的目的，而且事实上，它也可能成为一部文学批评的著作"④。

弗莱多次坦率地承认自己的思想体系受惠于弗雷泽等人，"从我学生时代起，他俩（斯宾格勒和弗雷泽）便是我仰慕的文化界杰出人物。他们提出的观点，在我所研究的一切课题都有所涉及，并使我深受启发……他们并不意识到自己都是文学（文化）批评家，而当我明白这一点后，我对于'批评'一词所涵盖的真正范围的认识便大大扩展了"⑤。

---

① Robert Ackerman, *J. G. Frazer: His Life and Work*, Cambridge: Cambridge University Press, 1987, p. 119.

② 吴持哲编：《诺思洛普·弗莱文论选集》，中国社会科学出版社1997年版，第39页。

③ John Ayre, *Northrop Frye: A Biography*, Toronto: Random House, 1989, p. 105.

④ 诺思罗普·弗莱：《批评的解剖》，陈慧、袁宪军、吴伟仁译，百花文艺出版社2006年版，第156页。

⑤ 吴持哲编：《诺思洛普·弗莱文论选集》，中国社会科学出版社1997年版，第158页。

在弗莱看来，"文学批评作为一门科学，显然属社会科学，然而社会科学之获得发展仅是晚近的事，还来不及界限分明地区分开来。例如，弗雷泽的初衷是将《金枝》写成一部人类学著作，可实际上它又是一部论文学批评的书，其对文学所产生的影响远超过对它固有的领域。个中的理由也许在于，人类学家的主要兴趣在文化模式，因此当弗雷泽从形态繁多的文化中援引某种仪式时，他实际上做了人类学家所办不到的事（我对这门学科所知甚少，故我所谈容或有误），可是恰恰又做到了对仪式的模式感兴趣的文学批评家希望办到的事"①。

弗莱对《金枝》的这种高度倚重，不仅在于弗雷泽的人类学特别是有关神话－仪式理论不仅构成弗莱文学批评理论基础的重要一极，也是其原型理论探讨成为可能的重要条件。

（二）《金枝》之于原型批评的意义

通常情况下，在论及弗莱的思想渊源和原型批评的理论基底时，论者往往更多关注的是《金枝》作为一部人类学著作所讨论的仪式问题之于弗莱的启示，而少有《金枝》之于弗莱的文学发生学及其与自然的联系、整体文学观、文学历史观等方面意义的探讨。实际上，《金枝》于原型批评的意义可以说具有一种元影响的特质，同时又时常与荣格、斯宾格勒、卡西尔特别是前者的影响纠结在一起，而弗莱本人的思想又十分深邃、著述极丰，《金枝》之影响梳理并非易事，此处尝试主要从以下几个方面进行分析和概括。

1. 《金枝》的仪式说之于弗莱的启示

如果从宏观的文学批评发展的历时性角度来看，神话批评或者说原型批评，相对于 19 世纪的文学研究而言，不再像先前的理性主义批评家那样注重作者意图、生平或时代道德氛围等因素可能对作品产生的影响问题，而是采用一种超历史的视角，将触角伸向了先前的文学研究不可能触及的人类心理的无意识层面，关注人类非理性行为特别是集体行为现象如宗教仪式对文学的发生与发展的影响问题。如果从哲学角度来看的话，这涉及的实际上是一种象征问题。也许正是在这个意义上，弗莱才将原型视为一种象征。

尽管弗雷泽声称《金枝》是一部研究"巫术与宗教"的著作，但他的写作主旨却是试图揭示宗教本质和心理基础的荒谬性和蒙昧性，而且，这种主旨和意图的实现是通过一种曲折和隐晦的方式实现的，主要的途径就是通过将内米

① 吴持哲编：《诺思洛普·弗莱文论选集》，中国社会科学出版社 1997 年版，第 103—104 页。

习俗与世界各地的神话传说和宗教崇拜习俗仪式进行联系，并做出对比和分析，指出它们在本质上的类似之处，即非理性、荒谬性和蒙昧性。但是，无论弗雷泽写作《金枝》的意图和主旨何在，通过对主要流行于地中海、西亚、北欧地区在他看来均属于"植物神"崇拜的神话及其相应崇拜习俗仪式的归类和整理，弗雷泽认为他们大体上可以归为阿都尼斯、阿提斯、奥锡利斯、狄俄尼索斯等几位神祇的神话传说和纪念仪式的类型。而且，相关神话传说和纪念仪式本身的特点表明，这些神祇显然属于植物神，因为，种种有关他们一生的神话和传说都表明他们在植物失去生机或变得萧条的寒冷季节死去，然后在亲人及其崇拜者的悲伤哀悼或纪念活动中复活，而植物也随着他的复活而开始显露生机。弗雷泽甚至还将基督教的核心信念——基督死而复活的教义追溯到西亚远古社会盛行的此类植物神崇拜神话与仪式。这些神祇死而复生的生命故事与自然万物的生死枯荣循环密切相关，换句话说，自然万物的繁盛枯萎与神（确切地说是神性）的康健息息相关。这类神话传说实际上体现了早期人类由于基本生存需求而对自然的极度依赖和寄望。由于巫术心理作祟，原始人相信，通过种种仪式来表演和模仿神死而复生的故事，可以促使自然万物由枯萎转向生机勃勃的状态，内米祭司继任习俗正是这类巫术性丰产习俗仪式的遗迹。因此，种种有关植物神死而复生的神话及其纪念崇拜仪式如"死亡－再生""丰产""杀王弑老""替罪羊"等等，成了《金枝》内容的主要部分。

对弗莱而言，《金枝》所讨论的无论在何种宗教和社会都居于中心位置的神话和仪式特别是仪式，就是一种象征，它与同样被弗莱认为是象征的荣格的"梦幻"① 说一起构成了弗莱原型批评理论基础的基底：

"弗雷泽在其巨著《金枝》中以朴质戏剧的仪式为基础所开展的研究工作，和荣格及荣格学派根据朴质戏剧的传奇作品对梦幻进行的研究，对原型批评家来说具有紧密相关的价值。"②

在弗莱看来，仪式和梦幻分别构成了文学的叙事内容和意义内容：要对一部作品进行原型分析，就可以按照与仪式相似的归类、复现或定型程式（如婚

---

① 这是荣格集体无意识理论中的一个重要概念。荣格认为文学创作与梦幻特别是特定文化传统下形成的集体梦幻有关。弗莱所用"梦幻"一词的意义是广义上的，既指梦境中的离奇幻想，也指形成思想过程中，欲望与厌弃彼此渗透的整个活动。

② 诺思罗普·弗莱：《批评的解剖》，陈慧、袁宪军、吴伟仁等译，百花文艺出版社 2006 年版，第 155 页。

礼、死亡等）和其情绪基调的类型、复现或传统的形式（如悲剧、讽刺等）进行。"仪式和梦幻在一种语言交流的形式中合为一体，这便是神话。"①　而文学则是"移位的神话"：神话原本表达的是原始人的欲望和幻想，神无所不能的超人性只是人类欲望的隐喻性表达；但随着科学的出现，原始人的欲望和幻想受到了压抑，神话也因此趋于消亡，但它却"移位"（displacement）为文学的形式而继续存在，而原本神话中的神则相应地变成了文学中的各种人物。②

确切地说，"文学是移位的神话"的说法表明弗莱秉持的实际上也是文学起源于神话的观点，只不过弗莱更为倚重的是英雄神话。"文学就其叙事部分而言，构成其中心的神话便是英雄探险的神话。"③　不仅如此，弗莱还将英雄的生命循环与神、植物和太阳的循环联系在一起。——很显然，其英雄与神、与植物的联系来自于弗雷泽的启示：

"在人类生活中，仪式似乎是一种出于意愿的努力（因而包含着巫术成分），目的是要恢复业已丧失的与自然循环之间的和谐关系……在仪式中，我们可以发现叙述的起源，仪式是潜藏着有意识的含义与意义的一系列短暂动作：旁观者能觉察到这一点，但仪式参与者基本上对此一无所知。仪式的力量是一种纯叙述，如果确有这样的叙述的话，它必定是自发的且是无意识重复的。我们还应注意到，仪式通常具有成为包罗万象知识象征的趋向。自然中的所有重要的反复现象，昼夜更替、月亮盈亏、四季更迭、冬去春来、由生至死的各种危机，都有相应的仪式附着其后；大多数发达的宗教都具备一整套明确的仪式，这些仪式向我们暗示了（如果可以这样说的话）整个人类生活范围中具有重大潜在意义的行为。"④

更为重要的是，不像维斯顿或剑桥学派那样认为某部文学作品或某种文学类型（如悲剧）起源于神话，在弗莱看来，几乎所有的文学类型即喜剧、传奇、悲剧、讽刺等四种主要类型（实际上也是四种重要的文学原型）都起源于英雄

①　诺思罗普·弗莱：《批评的解剖》，陈慧、袁宪军、吴伟仁等译，百花文艺出版社 2006 年版，第152 页。

②　诺思罗普·弗莱：《批评的解剖》，陈慧、袁宪军、吴伟仁等译，百花文艺出版社 2006 年版，第192—195 页。

③　Northrop Frye, "The Archetypes of Literature," in *The Myth and Ritual Theory*: *An Anthology*, Robert A. Segal（ed.）, Oxford: Blackwell Publishers, 1998, p. 228.

④　Northrop Frye, "The Archetypes of Literature," in *The Myth and Ritual Theory*: *An Anthology*, Robert A. Segal（ed.）, Oxford: Blackwell Publishers, 1998, p. 224.

神话①，每一种类型分别与英雄神话的不同阶段即降生、凯旋、死亡、覆灭四个阶段一一对应，而这四个阶段又与自然的春、夏、秋、冬四个季节的兴衰循环密切相关。《金枝》之于原型批评的重要意义由此可见一斑。仪式叙事成为弗雷泽的文化研究与弗莱的文学研究的交汇之处，如果说弗雷泽对仪式的文化研究遵循的是"神话类型－仪式类型－行为或叙事类型－文化类型"的话，那么，弗莱的文学研究遵循的是"情节－仪式模式－叙事结构－文学模式"。② 通过对弗雷泽人类学视域中的神话仪式说进行文学情境的再整合，弗莱不仅对文学发生学及其历史演化做出了自己的解释，从整体上对文学类型进行了划分，并将文学的发生发展与自然循环联系在一起，由此铺就了其文学批评的理论基底和根本核要。

2.《金枝》之于弗莱整体文学观的意义

《金枝》对弗莱原型批评的意义还在于，弗雷泽的大文化视野下的神话类型整理对弗莱整体文学观产生了一定影响。应该说，世界各地不同民族的神话和民间传说，从一定程度上看，时常都包含了诸多相似的成分和因素，如神与邪恶势力之间的抗衡、神的死而再生、大洪水神话等等，但在弗雷泽之前，未曾有过任何一位神话学家或人类学家以他那样俯视全球的眼光将世界各地不同民族和文化的神话与习俗纳入自己的考察范围之内，并进行归类处理。他所归类的阿都尼斯、阿提斯、奥锡利斯、狄俄尼索斯等类型神话在他看来都属于同一类属的神话，即植物神死而再生的生命故事和神话传说，并衍生出了种种看似大相径庭实际上却性质相似的纪念习俗和仪式。弗雷泽的这种归类的主要缺陷在于，由于相信人类心智的同一性，他更多的是看到了不同民族文化类似文化事象如某些宗教崇拜习俗仪式的相似性，而忽略了其中的差异性。因此，他的人类学归类整理在人类学界引起了诸多非议。

但对于意在消除文学批评中的混乱状况的弗莱而言，文学批评理论的主要出发点是构建一种具有整体性的文学情境，也就是说，他希望建立的是一种既能识别文学多样性特征又能反映文学同一性结构的文学理论。因此，他倡导文

---

① 实际上，神话本身也是最重要的类型。因此，弗莱对整个文学系统所进行的划分实际上有五种类型或者说是模式，即神话、传奇（包括民间故事、传说、童话）、悲剧（包括史诗，弗莱称它们为"高级形式的模仿"）、喜剧（包括现实主义小说，弗莱称它们为"低级形式的模仿"）、讽刺。在这五种模式中，神话是最基本的模式，是四种模式的原型，换言之，其他四种模式都是神话的各种变体。正是在这个意义上，弗莱称"文学是移位的神话"。

② 参见代云红：《中国文学人类学基本问题研究》，云南大学出版社 2012 年版，第 68 页。

学批评家不仅在研究一部作品时应学会"向后站"（stand back），而且在面对文学史、文学传统、文学作品时，也要尽量"向后站"，以利于文学整体性的观照。弗莱的这种"向后站"的文学审视视角，实际上与弗雷泽审视不同文化传统中的神话及其习俗仪式的视角是一脉相承的，正是因为能以一种俯视全球的大文化视野将世界各地的神话仪式纳入自己的考察范围，或者说是采用一种远距离的审视视角，弗雷泽才可能高屋建瓴地对神话进行清楚（尽管不免武断）的类型学整理和分析。正如弗莱所言：

"弗雷泽在《金枝》一书中所研究的假设的仪式虽在各种人类学语境中很易引起非议，但作为一种神话结构，它扎实得如同金字塔。"① "他（弗雷泽）对文化关注的中心同我关注的接近，而且因为他像一个文学批评家那样把神话看成是一系列连锁的故事模式，而不是根据它们在各自不同文化中的作用来看待它们。"②

恰如弗雷泽能以超越各种具体文化情境的大文化视野对世界各地的神话和习俗进行类型化的整理和分析一样，弗莱以不断"向后站"的审视视角，将文学作品、文学类别、文学史、文学地域等情境的个别与一般、局部和整体进行联系，以原型为中介，构建了一种具有整体性的文学观念。

3.《金枝》的"将死之神""再生"说之于弗莱文学历史观的影响

与此同时，弗莱构建的文学历史图景既有循环往复再生性，也具整体进化性，这一思想实际上是弗莱汲取了弗雷泽神死而复生神话说、文化进化论思想和斯宾格勒的历史循环论基础上的奇特糅合。与弗雷泽相反，斯宾格勒不相信人类历史的进步性，认为人类文明和各类文化形态基本上遵循着发生、成长、衰退、死亡的有机生命原则，斯宾格勒的这种历史有机循环论实际上与弗雷泽的神死而复生说特别是"将死之神"之再生说有着某种不谋而合之处（斯宾格勒的思想本身就在一定程度上受到了弗雷泽的影响）；进化论在 20 世纪中期的西方思想界，几乎没有了立足之地，但我们还是可以在弗莱构建的文学历史图景中发现进化思想的影子，这在很大程度上与他对《金枝》的高度推崇有着密切关系。弗莱杂糅了弗雷泽的文化进化论思想、死而复生神话说及斯宾格勒的历史循环观，认为文学起源于神话（即"移位"为文学），经历了从神话到传奇，再到高模仿、低模仿、讽刺，最后回归神话的文学发展模式，即经过整体

① 诺思洛普·弗莱：《神力的语言》，吴持哲译，社会科学文献出版社 2004 年版，第 284 页。
② 诺思洛普·弗莱：《伟大的代码》，赫振益、樊振帼、何成洲译，北京大学出版社 1998 年版，第 58 页。

进化演进发展再回归的往复循环模式。这种文学整体进化又往复循环的历史观，正是弗莱能将文学置于其自身结构和历史过程中进行考量、又能将其放入组成文学社会环境的其他文化现象中进行观照的结果，即建立一种"恰如其分"的文学历史感，寻找文学批评两个方面——文学结构（内部）和构成文学社会环境的其他文化现象（外部）——的恰当平衡，批评中可能会包含的更大社会问题的理解就会变得相对容易：

"批评必须在文学内部培育一种历史感，以补充那种把文学同其非文学的历史背景相联系的历史批评……批评家不是使文学适应事先制定好的历史结构，而是应该视文学为一个连贯的结构，它被历史的限定但却形成自己的历史。它以自己的形式对外部历史做出反应但又不为其所决定。这个文学整体可以通过它的更大的结构规则，即如前所述的常规、文类、反复出现的意象群或原型来加以研究。"①

所谓的"常规、文类、反复出现的意象群"就是"原型"，而"原型"正是弗莱所需要的用来研究文学的历史方法，这种方法不仅利于单个文学作品本身的研究，也利于将其与其他文学作品以及与文学外部环境如文化现象关系的认识，从而有利于更清楚地看出它在文明中的地位。② 原型之于弗莱文学批评的意义，如同神话之于弗雷泽人类学习俗仪式研究的意义一样。对于弗雷泽来说，不同地域、文明、文化、宗教中的仪式行为在细节上可能千差万别，但它们所表演的神话在性质上却是相似的，其追索可以通过仪式本身并应超越地域宗教文化类属局限进行——不难发现，这些仪式从性质上来说都是"将死之神"之"再生"神话的表演，虽有差异，但本质上不过是这类神话的巫术性模仿，试图维持或修复人与自然之间的和谐关系，实现丰产的愿望和目的。于弗莱的整体文学观的文学历史而言，无论在文学处于发生、进化与循环的哪一个阶段或属于何种类型，原型总是常规、文类和反复出现的意象或意象群，其追索可以通过文学内部结构和外部其他文化现象进行——文学的整体性演变轮廓和规律不外乎是在三大原型意象群（神启的意象、魔幻的意象、类比的意象）③ 之间演化

①诺思洛普·弗莱:《批评之路》，王逢振、秦明利译，北京大学出版社1998年版，第9页。
②诺思洛普·弗莱:《批评之路》，王逢振、秦明利译，北京大学出版社1998年版，第8—10页。
③弗莱认为原型意象由神启的意象、类比的意象和魔幻的意象等三大主要原型意象群组成。神启的意象世界是直接源于未经移位的神话（如《圣经·启示录》）；魔幻的意象则是一个痛苦、愚昧、废墟、堕落的世界，适用于讽刺文类（如萨特的《死无葬身之地》）；而介于二者之间的类比的意象又分为天真类比的意象（即传奇类型）、自然和理性类比的意象（即悲剧类型）和经验类比的意象（即喜剧类型）。弗莱还认为现代文学已发展到魔幻意象即主要是讽刺文类的阶段，而且正在朝向神话意象世界回归。

和循环，文学作品虽包含作家个人的创造性，但最主要的还是通过对神话原型的发现和模仿，揭示神话原型中潜藏的人类深层愿望。

弗雷泽的"将死之神"再生说、文化进化思想和斯宾格勒的历史循环论在弗莱文学批评历史方法构建中，起到了至关重要的作用。正是在二人的人类学和历史学思想的启示之下，弗莱既主张文学批评应根据自身的对象来建立一种真正的文学史，同时也倡导将文学自身的历史置入构成文学社会环境的其他文化现象中进行观照，在打破了文学批评自足性和封闭性的同时，也坚持了文学中心论的立场，建立了一种既整体进化又循环往复再生具有整体性和立体性的文学历史图景，不仅成为其原型批评理论的重要组成部分，也成为其文学理论的主要方法论。

总之，《金枝》之于弗莱原型批评的重要性，正如弗莱本人所言，在他"所研究的一切课题中都有所涉及"[1]，加之弗莱本人的著述极丰，文学批评理论和文化研究思想体大虑周，要完全爬梳清楚《金枝》的影响，并非容易之事。本书此处所做梳理，也只是笔者的一孔之见，具体影响的深入研究，还有待日后的进一步展开。

---

① 吴持哲编：《诺思洛普·弗莱文论选集》，中国社会科学出版社 1997 年版，第 158 页。

第五章 《金枝》在西方的批判与研究

西方对《金枝》的批判与研究在其首版问世之时即已开始。《金枝》在1890年6月首版后，当年就收到了至少二十五篇评论，英国主要的报纸和杂志都给予了一定的关注，大多持好评意见。① 一些严肃的学术杂志甚至还发表了长篇评论性文章进行支持，如著名的《爱丁堡评论》和《美国民俗期刊》等。如果考虑到其作为一部严肃的"科学研究"著作、其作者在当时的学术界还名不见经传等因素的话，《金枝》首版可以说是相当成功了。从总体上来说，自首版至第二版出现前的十年期间，英美学界基本对其持肯定态度。1900年，《金枝》第二版的问世真正奠定了弗雷泽的学者地位，其影响开始扩大至英美以外的国家和地区，如法国、波兰等地，吸引了众多的崇拜者，但同时也出现了主要来自于英国国内同行的批评和质疑，最典型的如安德鲁·兰激烈批评和弗雷泽的好友亚瑟·库克等人的温和质疑，但弗雷泽似乎根本不为所动，继续埋头于书斋对《金枝》进行扩充。《金枝》第三版陆续出版期间，弗雷泽被封为爵士（1914）。此后的十多年期间，直至20世纪30年代初，弗雷泽不仅在国内收获了一般人类学家不可能获得的诸多荣誉，法国、德国、丹麦等国的各种组织和团体也争相授予他各种荣誉，如果说他是西方人类学史上获得荣誉最多的人类学家，也许并不为过。毫无疑问，这些荣誉的获得，说明了弗雷泽本人和《金枝》非同寻常的影响力。也许正因为如此，弗雷泽生前的二三十年间，西方学界对待弗雷泽本人和《金枝》的态度上，呈现出一种悖论：《金枝》在普通公众中极为"流行"，其阅读成为有教养人士的"标志"②；在人类学界，弗雷泽是泰勒之后人类学界的主流人物，其同龄人大多也都是书斋里的人类学家，即使对《金枝》有些许微词，或出于尊重或忌惮弗雷泽的声誉等原因而鲜有表露；

---

① Robert Ackerman, *J. G. Frazer: His Life and Work*, Cambridge: Cambridge University Press, 1987, p. 98.

② 多年后，英国人类学家利奇还为《金枝》曾经的流行时感到愤愤不平，以致发出"每个有教养的人都假装读过它"的感慨。参见 Edmund Leach, I. C. Jarvie, Edwin Ardener, J. H. M. Beattie, Ernest Gellner, K. S. Mathur, "Frazer and Malinowski: A CA Discussion [and Comments and Reply]," *Current Anthropology*, Vol. 7, No. 5 (Dec., 1966): 560–576。

对于年轻的人类学家有如马林诺夫斯基等人来说，《金枝》曾是他们的人类学启蒙圣书，当他们后来以他们革命性的人类学著作代替了《金枝》之后，即使他们已经完全摒弃了它，他们也不可能对其进行公开的批评，或者说是不屑于进行批判。因此，第三版之后至弗雷泽去世的 1941 年，《金枝》在西方人类学界的地位颇为复杂微妙。

1941 年，弗雷泽去世。弗雷泽似乎很快被"遗忘"，在近二十年的时间里，西方人类学界的《金枝》研究处于一种"冷冻"状态，很少有研究者论及弗雷泽本人及其作品。

也许是沉寂太久的缘故，1959 年，T．H．盖斯特将《金枝》"修剪"为《新金枝》出版，试图重新发现这部"经典"的价值。盖斯特的举动似乎一下子打破了弗雷泽长期被"冷冻"的状态，一时之间突然出现了大量有关弗雷泽及其《金枝》的研究性著作和文章，如赫伯特·维森格的《枝繁叶茂的大树枝》（1961）、斯坦利·海曼的"The Tangled Bank"（1962）、卡迪纳和普瑞勃的《他们研究了人》（1963）等等，其中最重要的当属加拿大人类学家 I．C．贾维的《人类学的革命》（1964）一书。这些试图给予弗雷泽及其《金枝》以正面评价的努力引起了其反对者的激烈批评和嘲讽，如利奇的《金枝还是镀金的小树枝》（1961）、《奠基之父》（1966）等系列文章和乔纳森·史密斯的《当树枝折断之时》（1973）等等。80 年代早期，随着西方人类学写作反思思潮的初露端倪，弗雷泽的人类学作品特别是《金枝》逐渐开始被重新审视和讨论，研究专著也随着这股反思思潮的深入逐渐出现，并随着《金枝》出版百年纪念而达到高潮，如罗伯特·阿克曼的《J．G．弗雷泽：其人其作》（1987）和《神话 – 仪式学派：弗雷泽与剑桥仪式主义者》（1991）、罗伯特·弗雷斯的《〈金枝〉的炮制》（1990）、《詹姆斯·弗雷泽爵士与文学想象》（1990）等，这一阶段西方人类学界关于弗雷泽及其《金枝》的研究呈现出多元化和理性化的趋向。

与此同时，由于《金枝》在文学和文学批评、宗教学、心理学、哲学、文化研究等领域都产生了一定的影响，而这些领域的一些著作有时也涉及对《金枝》的评价甚至是专门性的研究著作，如弗莱的《批评的解剖》和约翰·维克里的《〈金枝〉的文学影响》等，虽然有些研究观点在前文讨论《金枝》影响的章节中已经有所论及，但在本章意欲进行的"西方对《金枝》的被批判与研究"梳理中，可能会由于审视角度的不同而需要再度论及。

因此，本章拟在横向上打破学科界限，以西方人类学界的《金枝》批判与研究为主，兼顾其他学科领域的相关研究，纵向上参照但并不受限于上文《金枝》研究的历史阶段划分，力图贯通西方《金枝》批判史，结合人类学发展历史，从弗雷泽的人类学范式、写作、影响、论争等层面对《金枝》在西方的批判与研究进行历时性的梳理，力争全面呈现其批判历史概貌。

第一节　《金枝》："扶手椅上的人类学家"之写作

"扶手椅上的人类学家"一词，是后世对19世纪中期人类学兴起后到20世纪二三十年代期间那些自己不进行田野观察、没有田野经历和经验，主要依靠他人提供的材料和信息在舒适的书斋里进行研究的人类学家的讥讽性称号，因此有时也以"书斋里的人类学家"（anthropologist in library）代之，典型的如泰勒、麦克伦南、弗雷泽等人。这一讥讽性的称号最早具体由何人使用或现于何处似乎很难考证，也许可能与马林诺夫斯基在1923年的一次演讲中，号召人类学家"走出扶手椅（relinquish his comfortable position in the long chair）"，进行"户外人类学（open-air anthropology）"[①] 的呼吁有一定关系。但无论怎样，弗雷泽无疑是最容易被贴上这一标签的人类学家，而《金枝》则由于通常被视为是"扶手椅上的人类学家"作品之典型而饱受批评。然而，即使是现代人类学田野范式甚嚣尘上之时，仍有论者冒天下之大不韪为弗雷泽的书斋研究及其写作进行申辩，如 I. C. 贾维。因此，《金枝》作为"扶手椅上的人类学家"之写作问题通常是其批评中的一个重要焦点问题。

一、兰的质疑与库克的批评

从西方人类学历时性发展线索来看，哈登等人所进行的托雷斯海峡探险考察活动（1898），可以说是已经揭开了西方人类学田野实地考察研究方法的序幕，但现代意义上的人类学田野方法作为一种全新方法论范式的真正确立是在20世纪20年代，确切地说，是在1922年，以马林诺夫斯基的《西太平洋上的航海者》和拉德克里夫－布朗的《安达曼岛人》的出版为标志。因此，人类学的田野方法在此前的二十多年间虽处于发展阶段，人们也逐渐意识到田野实地考察法的优势和重要性，但还并未对书斋里的研究方法构成明显的挑战和威胁，

---

① 引自 G. W. Stocking, *After Tylor*, London：The Athlone Press, 1996, p. 234。

也没有形成对书斋传统进行反思和批评的意识。1922年之后，田野方法迅速取代了传统的书斋研究，但马林诺夫斯基和布朗更多地是以他们的著述和教学形成了对传统方法的颠覆，很少专门对已成"过往"的书斋传统进行批评。弗雷泽去世后随即被"遗忘"和"冷冻"，其方法和写作鲜有论者专门论及或提及。因此，有关《金枝》作为"扶手椅上的人类学家"之写作问题的批判在西方弗雷泽研究的毁誉参半期和"冷冻"期并不多见，但尽管如此，仍可对相关零星论述进行系统整理和概括。

实际上，1890年《金枝》首版之后，在10月《爱丁堡评论》所发表的长篇评论在盛赞弗雷泽的比较方法的同时，也指出弗雷泽对阿里奇亚宗教遗俗的解释结论不免有些牵强①；《美国民俗期刊》认为，《金枝》的价值主要在于弗雷泽对材料的收集和整理而非其所做的结论②。安德鲁·兰是《金枝》首版几年后至1912年（兰在这一年去世）期间、实际上也可能是弗雷泽在世时最严厉的公开批评者，但由于兰也是一位致力于神话学研究的典型的"扶手椅上的人类学家"，兰对弗雷泽的批评更多的是指责弗雷泽对宗教的隐晦攻击而非他处理材料的方式，其《宗教的发展》（*The Making of Religion*，1898）就是为反驳弗雷泽而作；《金枝》第二版出版后，兰在连续几年内发表了四篇评论对弗雷泽进行尖锐的质疑和批评，弗雷泽对"好斗的（formidable）"③ 兰的批评基本不做正面回应，但多少使他对宗教问题有了一些重新的思考。

值得特别注意的是，《金枝》第二版后，已经有论者指出弗雷泽对人类学材料的处理方式欠妥，这就是他的好友亚瑟·库克。1902年，库克在其撰写的长篇评论《〈金枝〉与内米之王》一文中指出，虽然弗雷泽对巫术与早期宗教的论述基本上是正确的，但他的阿里奇亚假设显然缺乏根据，站不住脚；库克认为弗雷泽的解释方式并不牢靠，"为解释一个令人迷惑不解的习俗，他不得不讨论

---

① Paula Kepos, Dennis Poupard（eds.），*Twentieth-century Literary Criticism*, Vol. 32, Detroit: Gale Research Inc., 1989, pp. 193 – 198.

② Paula Kepos, Dennis Poupard（eds.），*Twentieth-century Literary Criticism*, Vol. 32, Detroit: Gale Research Inc., 1989, pp. 198 – 199.

③ 罗伯特·阿克曼认为，安德鲁·兰喜欢与人辩论，甚至可以说是有些"好斗"，与人辩论似乎能使他保持良好的写作状态，甚至可以说，他之所以著作等身与此有一定关系。兰与麦克斯·缪勒"太阳神话说"的激烈争论一直持续到后者1900年去世为止，之后他将矛头转向了弗雷泽，以致无论后者任何作品问世，他都要进行激烈的批评。阿克曼认为兰对弗雷泽的激烈批评一方面是其个性使然，另一方面主要是由于兰是一位虔诚的基督徒，他不满于弗雷泽对基督教的隐晦攻击，而在当时的知识环境中，他又不可能对此进行直接批评或者是为基督教进行辩护，因此选择对《金枝》进行严厉批评的方式表达对弗雷泽的不满。

庞杂的问题，巫术与宗教、人神、树神崇拜、动物崇拜、禁忌、原始人灵魂观念等等，这些讨论占去了《金枝》超过百分之九十九的篇幅，最后得出的实际上是一个他预先设计好了的答案。其方法无疑是有问题的"①；库克还批评《金枝》材料堆砌太多，以致产生了比例失衡的问题，弗雷泽应该将其材料重新"回炉"以避免比例失调的美学错误问题；值得特别注意的是，库克已经注意到了弗雷泽人类学写作的特点，即他写作的是科学著作，应用的却是艺术手法：弗雷泽的"思想是科学的，遣词造句却是美学的"，《金枝》因此"既不乏科学思想又有着艺术的修辞和语言"。②

然而，有趣的是，由于库克一直与弗雷泽维持着良好的友谊，经常一起进行讨论交流，后来库克居然为弗雷泽的大量证据所折服，开始写作其弗雷泽式的仪式解释性著作《宙斯》，试图将文学、人类学、语文学、铭文学、考古学、宗教崇拜材料都纳入其中，并且几乎也是花去了他半生的时间写作这部可以说是他一生唯一的著作。库克的批评多少改变了弗雷泽对宗教之作用以及人类从蒙昧到理性单线进化说的看法，但对他而言，宗教仍是一种迷信，只不过具有一定的实际作用而已。

从总体上看，传统的书斋研究和逐渐发展的人类学田野范式在20世纪前二十年期间基本上是并行不悖的方法，甚至是书斋研究仍然占据着主流地位，因此，有关《金枝》书斋研究的性质批评在此间并不多见，反而是那些已经走向田野的弗雷泽的崇拜者如哈登、斯宾塞、罗斯科、马林诺夫斯基等人不时地向他提供来自田野的材料，以供其进行书斋研究。但田野范式的发展及其优越性已经越来越凸显。正如马林诺夫斯基后来在《西太平洋上的航海者》导言部分所开宗明义指出的那样：

"由受过专业训练的人开展的土著民族之研究，毋庸置疑地证明，科学而有组织的调查甚至比最优秀的业余爱好者的研究会有更丰富而且品质更佳的结果。尽管不是全部，但绝大多数现代科学报告，向我们展开了相当新鲜而又令人意想不到的土著生活面貌。他们以一种清晰的轮廓，给我们提供了野蛮人社会制度的图景，其巨大、复杂的程度常常令人咂舌；这些报告还将土著人在其宗教、巫术信仰及实践中原本如此的景象带到我们面前。这就使我们比以前任何时候

① Arthur B. Cook, "The Golden Bough and the Rex Nemorensis," *The Classical Review*, Vol. 16, No. 7 (Oct., 1902): 365－380.

② Arthur B. Cook, "The Golden Bough and the Rex Nemorensis," *The Classical Review*, Vol. 16, No. 7 (Oct., 1902): 365－380.

都能深入洞察土著人的心灵世界。"①

随着马林诺夫斯基和布朗所开创的结构功能主义人类学在 1922 年的成功确立，他们所倡导的这种"在现场"的田野观察和"科学"民族志的写作范式，使《金枝》书斋式的人类学研究和写作范式完全被抛弃，成为一种陈腐的过往。对马林诺夫斯基和布朗，特别是前者来说，《金枝》曾是他们的人类学启蒙圣书，但最后却成了他们教育门徒时所使用的人类学写作反面教材②，对他们随后的几代人类学家来说，结果自然是——《金枝》根本不具可读性③。因此，弗雷泽及其《金枝》的被"遗忘"和"冷冻"自然不足为怪了。

二、盖斯特的"修剪"与贾维的维护

虽然从后来《金枝》在西方的批判与研究发展线索来看，T. H. 盖斯特 1959 年的"贸然之举"——将《金枝》"修剪"为"《新金枝》"，似乎与随后几年发生的有关《金枝》的论争没有太多的直接关系，但盖斯特的"修剪"的确可以看作是一种试图重新发现被"遗忘"的《金枝》之价值的努力，而且，此后的确不约而同地出现了一股试图重新评价《金枝》的思潮。可以想见的是，这股思潮很快引起了一些学者的抵制，甚至引发了一场持久的论争，而《金枝》作为"扶手椅上的人类学家"之写作的人类学价值问题是双方论争的焦点问题之一。

（一）盖斯特的"修剪"

由于不甘心《金枝》作为经典的价值由于其自身缺陷而被湮没，美国比较宗教学家和民俗学家 T. H. 盖斯特于 1959 年对《金枝》进行了"时代的修剪"（periodic pruning），并以《新金枝》为名出版。盖斯特在出版前言中对他"修剪"《金枝》的理由和"修剪"重点进行了较为详细的说明，除在七个方面做了重点"修剪"外，弗雷泽书斋里得来的某些被后来者的田野实地考察证实并非实情的二手材料，也在盖斯特的"修剪"范围之内，如澳大利亚阿兰达人的因提丘马仪式被弗雷泽用来证明其属于原始土著人的巫术性习俗仪式，被后来

① 布罗尼斯拉夫·马林诺夫斯基：《西太平洋上的航海者》，张云江译，中国社会科学出版社 2009 年版，作者导言第 1 页。

② 参见 Robert Ackerman, *J. G. Frazer: His Life and Work*, Cambridge: Cambridge University Press, 1987, p. 269。

③ 如玛丽琳恩·斯特拉斯恩就直接承认，她那一代人的确是在"弗雷泽不具可读性"这样的教育中长大的："a generation of social anthropologists like myself brought up to regard Frazer as unreadable"。

田野观察者证实为它代表的实际上是一种较高级的外来文化等这样的材料，都被盖斯特进行了"修剪"。尽管如此，盖斯特还是为弗雷泽使用材料的方式进行了辩护，认为尽管他不是他自己所使用的"事实"（facts）的发现者，但他以一种前无古人后无来者的宽广视野、详细分类和整理、不免武断的调适方式对材料进行处理，希图在此基础上建构一副图景——有关原始人（总体意义上的）如何思维、如何行事以及原始心智如何能够延续到其较高级发展阶段之图景。正是出于这种努力，他对材料的诠释是普遍意义上的，而不是"在现场的"孤立个案式分析，这正是《金枝》的独特之处，它也因此赢得了经典地位。而经典，经过适当的精心"改变"（changes），仍能发挥其独特的作用——这正是盖斯特"修剪"《金枝》的初衷所在。[①]

尽管盖斯特的举动在招来了弗雷泽反对者的讥讽的同时，也引起了弗雷泽潜在支持者的批评，但这一"贸然之举"对于长期被"冷冻"的《金枝》来说，却显露出了一种即将"解冻"的前兆。——试图重新评价《金枝》的文章和著作相继出现，如赫伯特·维森格、斯坦利·海曼、卡迪纳和普瑞博等人的著述，并引起了一场关于人类学研究范式问题的持久论争。由于维森格和海曼等人更多关注的是《金枝》的思想性，他们的相关研究将留待后面的其他章节进行专门的讨论，此处主要对此时围绕《金枝》的写作范式问题引发的论争进行简单的梳理。

（二）"人类学的'弑父'革命"

如果说盖斯特的"冒然之举"引起了一些学者包括弗雷泽的支持者的批评的话，那么，加拿大人类学家 I. C. 贾维将弗雷泽在西方人类学史上地位的衰落归因于马林诺夫斯基的"弑父"革命，可谓是惊人之语。

I. C. 贾维可以说是弗雷泽最坚定的维护者，其《人类学的革命》本来就是为不满于当时的人类学在他看来一味地痴迷于追求所谓的"方法论"（too much methodology）现状而作。贾维认为，造成这种现状的主要原因就在于马林诺夫斯基等人二三十年代的"革命"，这场"革命"将原先弗雷泽等人在书斋里从哲学意义上对人所进行形而上层面的人类学研究，转向了田野所谓的实证个案（case-study）"科学"人类学研究，而这种研究在带来了一系列问题［典型的如船货崇拜（Cargo Cults）问题］的同时，也并未彻底解决最初吸引人类学家

---

① Sir James George Frazer, *The New Golden Bough*, Theodor H. Gaster（ed.）, Criterion Books, 1959, pp. ⅹⅴ – ⅹⅹ.

进行研究的有关人、人与社会以及社会变迁的解释问题。在贾维看来，"布罗尼斯拉夫·马林诺夫斯基谋划和指导了这场发生在社会人类学界的革命。它是一场目的在于颠覆弗雷泽和泰勒以及他们的理念基础的真正革命；但它主要颠覆的目标是弗雷泽。弗雷泽犯了一系列的罪行，包括莫须有的罪行（thought-crimes），如同造成了轰动效应的后革命写作（post-revolutionary literature）所揭示的那样"①。

贾维认为，在马林诺夫斯基等人那里，弗雷泽的罪行有三：持进化论观点并构建了具有缺陷的人类心智三阶段，这一罪行因"他拒绝在土著人中生活，甚至不愿看到他们②，以及他对扶手椅的喜爱"而被加强；"弗雷泽在人类学界之外拥有巨大声誉"；"弗雷泽是受过古典学训练的业余人类学家，又固执地坚持自己的方法，他依靠不可靠的材料进行的研究既不成体系又不科学"。③ 正是由于这些罪行，马林诺夫斯基宣布，弗雷泽式的人类学必须被推翻。贾维如此写道："人们不应该被马林诺夫斯基与弗雷泽之间看似良好的私人关系所误导，弗雷泽的确为马林诺夫斯基的《西太平洋上的航海者》写了满是饱誉之词的序言，而马林诺夫斯基在弗雷泽死后也写了一篇缅怀性的文章，但这掩盖不住马林诺夫斯基发起了一场夺权战争并全面获胜的事实。"④

在贾维看来，无论是就弗雷泽对英国社会人类学的贡献而言，还是就弗雷泽与马林诺夫斯基的私人关系而言，这场革命都颇具"弑父"意味。革命的目标有三：杀死大祭司和他的同伙（即以对当代社会的研究取代以弗雷泽为代表的古典人类学家对原始文化的关注）；走出舒适的扶手椅（即以田野经验取代扶手椅上的人类学）；研究仪式而非信仰［即用对社会活动（仪式）的研究取代弗雷泽对信仰的关注］。马林诺夫斯基的意图是将研究人的科学变成一种真正的科学，这是他必须颠覆弗雷泽及其影响的主要原因，这场革命将人类学导向了精密的、完全的田野研究，但所谓的田野这一科学方法实际上并没有完全解决最初吸引人类学家进行研究的有关人以及人与社会的问题，却将人的科学扭曲为一种归纳论者和相对论者的科学，而类似弗雷泽书斋里的人类学研究方法自有其价值和优点，对研究人的社会科学——人类学来说——是必要的。贾维因此

① I. C. Jarvie, *The Revolutionary in Anthropology*, Routledge, 2002, p. 173.
② 贾维此处应该是指威廉·詹姆士所讲述的不一定真实、但却在人类学界广为流传的一则有关弗雷泽对待土著人看法的轶闻。见本书前文"弗雷泽的人类学观念与方法"一节的相关注释。
③ I. C. Jarvie, *The Revolutionary in Anthropology*, Routledge, 2002, p. 174.
④ I. C. Jarvie, *The Revolutionary in Anthropology*, Routledge, 2002, p. 174.

提出了人类学研究应该"回向弗雷泽"（back to Frazer）的口号。

三、尤里的"怀旧"与维勒斯拉夫的倡导

1992 年，伯纳德·麦克肯纳撰文《詹姆斯·弗雷泽爵士〈金枝〉中的疏离以及想象的优越感》，认为以往论者一般往往只关注弗雷泽犯了两个方面的错误，一是弗雷泽缺乏田野经验，其材料来源都是二手途径得来的；二是弗雷泽对他的二手材料的解释是站不住脚的——由于将神话和仪式的材料从它们的来源地进行了剥离，他看不到它们在原来文化中的价值和作用。很少有论者注意到《金枝》作为书斋里的人类学作品所蕴含的想象的优越感以及这种优越感所带来的疏离感对西方现代思想的影响。虽然从未将双脚伸向过田野，但弗雷泽却在书斋里进行遨游，从非洲土著部落、欧洲原始森林、古埃及的田野到古希腊罗马的庙宇……将这些地区的材料分类、归置到他的论述框架之中，为的是解释内米祭司继任习俗，并希望以此类推对人类社会行为的原始基础与动机进行解释。这种分类具有当时欧洲人普遍的优越感，但同时也使弗雷泽的文本产生了一种疏离感："这种分类导致了弗雷泽的疏离感，他站在进化论金字塔的顶端，脚下是世界历史，头顶是深渊般的不确定的未来，四周是大英帝国无处不在的帝国自信。"但文明欧洲似乎与黑暗的非洲和落后的澳大利亚有着不可分割的联系，现实的证据似乎表明文明暗含了挥之不去的蒙昧……麦克肯纳认为，正是在这个意义上，作为书斋里的人类学家的写作，《金枝》不仅对现代主义文学产生了深远影响，也塑造了一种现代意识。[1]

1993 年，曾经在英国皇家人类学协会图书馆长期工作，对考古学和人类学极感兴趣，又有便利条件整理和阅读一般人没有机会接触到的大量人类学历史材料，后来专门研究和讲授人类学历史的英国学者詹姆斯·尤里，出版了《社会人类学之前：英国人类学历史论文集》一书。尤里毫不遮掩自己对西方人类学 20 年代之前几十年间之历史的怀旧感，在他看来，虽然缺陷重重，但那时的人类学家特别是英国人类学家曾试图从更广泛的意义上"研究整个人类"的各个方面——文化、体制历史和语言等，寻求的是一种对人类整体性观照。[2] 在此部著作中，有几篇论文涉及了对弗雷泽书斋里的人类学研究方法和观念的论述，

---

① Bernard Mckenna, "The Isolation and the Sense of Assumed Superiority Sir James Frazer's *The Golden Bough*," *Nineteenth Century Prose*, Vol. 19, (Summer 1992, No. 2): 49 - 59.

② James Urry, *Before Social Anthropology*: *Essays on the History of British Anthropology*, Switzerland: Harwood Academic Publisher, 1993.

在其中一篇专论英国人类学历史上曾经起过非常重要作用的"人类学调查问卷"的论文中，尤里对弗雷泽的"人类学调查问题手册"进行了较为详细的论述，认为同那时大多数人类学家使用的通常是通用或自己编纂的问卷一样，弗雷泽的手册在二十多年间确实很少有大的改进，但却反映了弗雷泽对自己所感兴趣的人类学主题的持续关注，并对马林诺夫斯基等人也形成了一定的影响。尤里认为，不能以现代标准来衡量"扶手椅上的人类学家"的材料来源途径和方式，包括弗雷泽的调查手册在内的各种版本的"人类学调查问卷"在现代人类学田野范式发展进程中起过重要作用，反映了人类学历史上曾经极为宽泛的研究兴趣和观点变化等问题，其内容和问题的类型、目标和观念等均揭示了问卷制作者的人类学研究的诉求，也清楚地表明了这一阶段帝国政府对于异域的政治态度和政治观念。对人类学自身历史来说，它们也是极为重要的一部分，不能仅仅因为它们是"扶手椅上的人类学家"的方法而唯恐弃置不及。①

2011 年，挪威奥斯陆大学的瑞尼·维勒斯拉夫受邀在马林诺夫斯基纪念讲座上发表演讲。他认为自己的演讲多少有些不合时宜，因为他要利用这样一个机会对马林诺夫斯基的民族志传统进行质疑，其演讲题目是《来自弗雷泽扶手椅上的反击：万灵论灵魂观念新论》。在此文中，维勒斯拉夫批评道，自马林诺夫斯基以来，现代人类学对于田野过于依赖，将田野视为万灵药，任何在田野中找不到实际证据证实或支持的观念，通常更倾向于被认为这种观念是不存在的，或者说是错误的，如万灵论中的灵魂观念。灵魂观念原本就是弗雷泽这位扶手椅上的人类学家根据他的前辈泰勒的万灵论发展出来的一个具有一定想象性的问题，是他对世界各地的材料进行跨文化综合分析后得出的一个具有推测性的观念，如果以对某一种文化的田野观察证据对此观念进行所谓的真实性判断的话，显然是不合适的，何况它本来就是一个试图对人类原始心智进行研究的颇具推测性的抽象观念，如果希图对某一种或几种文化进行田野具象观察就得出结论的话，显然是有失偏颇的。维勒斯拉夫认为，类似弗雷泽灵魂观念这样的早期扶手椅上的人类学家们的研究，显示出民族志材料（即使是二手的）因扶手椅上的人类学家的抽象性思考和研究而获得力量与意义的人类学研究过程。这种研究方法本来就是人类学有关人类生活思考的起点，也就是说，人类学的最初起点就是始自人类学家们在书斋扶手椅上对人类生活所做的形而上的

---

① James Urry, *Before Social Anthropology*：*Essays on the History of British Anthropology*，Switzerland：Harwood Academic Publisher, 1993, pp. 17 – 40.

思考和推测性想象，而不是始自田野实地观察。对弗雷泽等扶手椅上的人类学家来说，他们以进化论为圭臬为人类文化现象所进行的排序显然是有问题的，但并不能因此就否认他们对跨文化现象相似性的并置所带来的对人类学这门关于人的研究之科学的贡献，实际上，他们的自信并置是令人深思的，勇于开拓的，为事实的接近真相提供了新的视角，《金枝》就属这种人类学跨文化研究的范本。就人类学的诸多观念来说，弗雷泽这位"旧式'扶手椅学派'的最后残存者（the last survivor of the old 'armchair school'）"的贡献，实际上是应该被正视的一个不可回避的问题。维勒斯拉夫甚至倡导，人类学研究应该部分程度上地恢复（recover）弗雷泽式的研究——摒弃其进化论式的排序做法，但其跨文化比较方法却是值得欣赏的。①

乔治·斯托金曾如此说道："对弗雷泽之后的那一代人类学家来说，必须承认是弗雷泽——一位十足的'扶手椅上的人类学家'典型——向普通大众和知识阶层阐明了人类学的要义，这对这一学科来说，简直是一种羞耻"②。羞耻也罢，愤慨也罢，都不可能使事实发生改变，唯有面对事实，方是良策。半个多世纪前，弗雷泽在西方最受冷遇的时期，福特斯（Fortes）曾断言"然而，任何一位严肃的人类学家迟早都会回向令人敬佩的弗雷泽的材料汇集"③。回向与否也许并不重要，重要的是，《金枝》作为弗雷泽这位典型的"扶手椅上的人类学家"的最主要作品，似乎一直镶嵌在西方人类学历史和结构当中，已经成为其自身历史的一部分，不可遗忘，其意义也不可被低估。

第二节 《金枝》：人类学"语境之外"之虚构

"语境之外"（out of context），是英国当代著名人类学家玛丽琳恩·斯特拉斯恩在80年代中期之时，应邀对当时人类学语境发展变化中所出现的重读弗雷泽现象发表看法时所撰之文的用词，该文的完整标题是"语境之外——人类学的说服性虚构"④。所谓的"人类学语境变化"是指70年代后期逐渐开始出现的

---

① Rane Willerslev, "Frazer strikes back from the armchair: a new search for the animist soul," *Journal of the Royal Anthropological Institute* (N. S.) 17, (2011): 504–526.

② G. W. Stocking, *After Tylor*, London: The Athlone Press, 1996, p. 148.

③ M. Fortes, *Oedipus and Job in West African religion*, Cambridge: University Press, 1959.

④ Fiction 一词意为"虚构之事、捏造故事"，也有"小说"之意，两种意思的理解实际上是相通的。从意义上看，斯特拉斯恩所使用的"fiction"一词实际上也可以理解为"小说"，但综合斯特拉斯恩此文及西方学界关于弗雷泽作品性质的讨论来看，本书将"fiction"翻译为"虚构"，也包含了"小说"之意。

对马林诺夫斯基以来的民族志写作进行反思、在80年代中期形成高潮的反思思潮。这些反思者们（通常被称为后现代主义人类学家）主要质疑的是自马林诺夫斯基以来，基于"在现场"的田野观察基础上的现代主义民族志的科学性、客观性等问题。在此语境下，马林诺夫斯基之前的一些人类学家的作品，被重新阅读，弗雷泽就是其中重要的一位，此即斯特拉斯恩撰文《语境之外——人类学的说服性虚构》的背景。此节借用斯特拉斯恩所使用的"语境之外"一词，对《金枝》作为人类学写作的文本性质、特征、力量和影响等方面在西方的批判和研究进行回顾和总结。

一、《语境之外——人类学的说服性虚构》

斯特拉斯恩的《语境之外——人类学的说服性虚构》原本是她受邀为1986年由利物浦大学举办的"弗雷泽讲坛"（Frazer Lecture）而作。由于是应"有人认为随着人类学发展语境的变化，弗雷泽应该被重新对待"而作，此文在对弗雷泽的作品进行批评的同时，实际上也对后现代主义人类学民族志写作反思思潮进行了不乏火药味的嘲讽。

通过对弗雷泽人类学写作如《〈旧约〉中的民俗》和《金枝》进行分析，斯特拉斯恩认为，弗雷泽的写作的确不在现代主义人类学写作的语境之内，但同时也并不在后现代主义人类学所"操弄"的语境之内，其作品实际上是这两种语境之外的一种"混成品"（pastiche）——通过并置、拼凑、堆砌、想象、修辞等手段而获得了一种与其说是令人信服的、还不如说是一种具有说服性虚构性质的文本才可能产生的文本力量。①

斯特拉斯恩承认，任何写作都会考虑到其可能的效果问题，科学人类学作品也不例外。但问题是，如何看待为了达到一定的效果而对显而易见的事实进行改变甚至是某种程度上的歪曲这样的情景？毫无疑问，弗雷泽是应该受到这一指控的，他没有努力地使用一种"朴素的描述"（plain account），因此，他不仅使用的是一种不乏浪漫特质的异域野蛮情调，并且不免武断地对他的材料进行任意处理。他似乎根本不在意他写作的是科学研究作品还是文学作品，而且他似乎也不在意其文本中的自相矛盾之处；他毫不犹疑地将许多人种志材料剥

---

① Marilyn Strathern, M. R. Crick, Richard Fardon, Elvin Hatch, I. C. Jarvie, RixPinxten, Paul Rabinow, Elizabeth Tonkin, Stephen A. Tyler, George E. Marcus, "Out of Context: The Persuasive Fictions of Anthropology [and Comments and Reply]," *Current Anthropology*, Vol. 28, No. 3 (Jun., 1987): 251 –281.

离出它们原先所在的文化语境，例如他可以安然地解释内米宗教崇拜习俗，也可以自信地理解犹太人可能会如何行事；他不厌其烦地对各色材料进行整理和归类，并置和堆砌，《金枝》和《〈旧约〉中的民俗》这样的作品显示出一种混成品的特征，但却似乎表明这不失为取得理想效果的有效手段；弗雷泽毫不在意他与研究客体之间的距离，但却十分注意拉近他和读者之间的距离，显示了和他们分享同一个文本的熟练技巧；等等。凡此种种，都使弗雷泽的人类学文本产生了一种特别的文本力量，不仅赢得了他那个时代的读者，甚至在如今人类学领域也仍占有一席之地，后现代主义人类学对《金枝》等作品的重读即显示了弗雷泽"幽灵"般影响的力量。

因此，斯特拉斯恩指责弗雷泽的作品特别是《金枝》过于文学化，属于人类学的一种说服性虚构。在她看来，弗雷泽的人类学写作因以下几个方面的原因而过于文学化：弗雷泽是有意识地为公众写作的；其对语言和主题的处理追求的是熟悉化而非新颖化；通过与读者分享文本而拉近了与读者的距离。因此其作品产生了只有虚构文学或者说是小说才可能具有的说服力（正是在此意义上，斯特拉斯恩称弗雷泽的作品是"人类学的说服性虚构"）。而现代主义人类学民族志写作由于其对科学性和客观性的追求，首先极力意欲摆脱的就是过于文学化的民族志写作方式（尽管马林诺夫斯基的写作在一定程度上是对弗雷泽的一种刻意模仿）。当他们建构了基于田野的、精密的、具体的、共时的人类学研究方式、写作追求，包括新的作者、读者和客体之间的关系之后，弗雷泽的人类学写作在这种语境中就显得古怪而过时了，因此，在现代主义人类学家那里，弗雷泽"语境之外"的人类学虚构根本不具可读性。

二、"《金枝》的'炮制'"

1990 年，为纪念《金枝》问世百年，罗伯特·弗雷斯出版了《〈金枝〉的炮制：一个论据的起点与生发》一书，主要探查弗雷泽写作《金枝》的缘起问题。根据罗伯特·弗雷斯的研究，《金枝》可以说是弗雷泽不自觉地进行炮制（making）的结果，炮制的深层动机实际上根植于弗雷泽这位深受苏格兰启蒙运动思想影响的苏格兰知识分子，由于内心深处的宗教困境，而意欲寻求对人类信仰中的错误与虚幻成分以及以它们为基础的社会行为进行解释的一种不自觉的不懈努力。

从一定角度来看，通过弗雷斯对《金枝》炮制过程的揭示，无论是写作缘起，还是主题观念的设置，《金枝》似乎都有"虚构"之嫌——尽管不适于将其直接完全等同于斯特拉斯恩所说的人类学意义上的"虚构"，但如果将"虚构"同时理解为"小说"的话，二者仍是有一定的共通之处的。不同的是，在人类学家斯特拉斯恩那里，弗雷泽过于文学化的人类学"虚构"虽颇具"说服性"，却不能算作是真正科学的人类学写作，其影响不时地会给人类学的发展带来了一定的困扰；而在文学评论家弗雷斯那里，《金枝》不乏虚构性的炮制过程可能有些牵强，但却是一位古典人类学家试图解释人性的努力，产生了颇具喻指性和启发性的影响。

实际上，在《金枝》第二版之后不久，安德鲁·兰就严厉批评弗雷泽的臆想性，其《巫术与宗教》既为阐述其一神论观点同时也是为就此质疑和瓦解《金枝》的基础而作。兰几乎否定了弗雷泽的所有论据——从内米祭司制度到巫术先于宗教的说法，再到异教节日分析以及早期基督教节日，兰认为这都是弗雷泽一连串缺乏证据支撑的臆想、自相矛盾的论述、混乱而天真的想法。不仅如此，为支撑他的观点，对大量不符合其观点的证据和材料，弗雷泽有意进行了摒弃和隐瞒。① 由于个性和个人偏好原因，兰对弗雷泽的这些指责多少有些过于苛刻，同时由于人类学当时还主要处于"扶手椅上的人类学家"的时代，因此兰的批评更多的只是引起了弗雷泽个人的不快，而且多少也促使他调整了其对宗教实际作用的看法，并没有在当时的学界引起太多的反响和回应。而多年后弗雷斯的《〈金枝〉的炮制》的主旨和意图虽与兰大相径庭，但就对《金枝》论据的质疑上，倒是颇有一定的相似之处。

弗雷斯认为，弗雷泽一生的研究方法，往往都是从一个胚胎型的观念开始，以材料对其进行佐证，随着证据材料的不断增长，最终累积成大部头的著作，《金枝》即是如此。根据弗雷斯的考证研究，《金枝》的写作主要缘起于古典学者弗雷泽看到了《雅典娜周报》1885 年关于内米的在当时来说并不起眼的考古报道。② 弗雷泽将这次考古发掘与各类古典文献中有关内米狄安娜宗教崇拜传说和习俗的记录结合了起来，开始对内米也许并未真正发生过的狄安娜祭司继任习俗进行解释，并辅以各种材料进行佐证，给读者一种似乎它们就是事实的感觉。不仅如此，弗雷泽也使用了一定的文学手段为《金枝》增色：特纳的画为弗雷泽的《金枝》增色不少，特纳的确造访过内米，而且在这里画过一副题为《金枝》的画，但画中的湖并非内米湖，而是他在内米关于另一处湖泊的想象；

---

① 参见 Robert Ackerman, *J. G. Frazer: His Life and Work*, Cambridge: Cambridge University Press, 1987, p. 172。

② 详见前文"弗雷泽的古典学旨趣与《金枝》写作缘起"一节。

至于"金枝",弗雷泽在《金枝》开篇中介绍它是特纳的,但他带领读者所寻找的"金枝"槲寄生似乎又是维吉尔的,他给友人的信也表明它是维吉尔史诗中的英雄埃涅阿斯为前往冥界所攀折的树枝,这一树枝被后来的注释者解释为"金枝";无论对于古人还是今人来说,内米血腥的祭司继任习俗与这里丰饶的土地和繁盛的狄安娜宗教崇拜显得太不和谐了,但弗雷泽感兴趣的正是这种不和谐,而且他可以以一种令人信服的方式解释这种不和谐并安抚他的读者,此即人类学的文化"遗留"观念。

在弗雷斯看来,无论是出土证据还是古典记载,都不足以形成对传说中的内米祭司继任习俗曾经真实发生过或者进行有效解释的有力支撑,但弗雷泽却为之深深吸引。这主要源于弗雷泽作为一位 19 世纪后半期欧洲的知识阶层、典型的传统苏格兰知识分子,在 19 世纪后半期欧洲知识环境特别是英国的宗教环境中,遭遇宗教困境而寻求精神突破的一种反应,他们的这种反应实际上为欧洲现代性的进程铺垫了理论基础。19 世纪中期苏格兰的宗教改革带来的宗教与世俗权力的纷争,为随后半个多世纪苏格兰人的自我认同问题带来了极大的困惑。生长于不信奉国教的自由长老会教家庭,又深受苏格兰启蒙运动思想及知识传统的濡染,以及罗伯逊·史密斯宗教去圣化研究的影响,弗雷泽对宗教的态度十分矛盾:他不是反宗教论者,却因抛弃了宗教的樊篱而陷入了宗教迷失的困境。《金枝》要进行的似乎是古代社会的探索,实际上却是弗雷泽自己或者说是 19 世纪后半期欧洲知识阶层特别是苏格兰知识分子宗教困境的隐晦表达。很显然,从《金枝》的写作缘起到最后成书,种种断裂、漏洞、悖论与作者对基督教难以调和的模糊态度始终纠结在一起,因为只有在这种情形下,弗雷泽才可能讨论那些在当时的情形下对他而言不便明确言说的"任何"(实际上是基督教)宗教的信条与信念问题。弗雷斯如此写道:

"弗雷泽是他那个时代的产物,他生活于那种环境中尽管也超越了这种环境,但还是对他形成了奇特的影响。他是苏格兰人,也是一个博学的人;他好奇心强却又被种种守旧的思想所压制;他既爱冒险也很保守;既大胆又谨慎;既机智又鲁莽。他是一位生活在 19 世纪但主要文体和风格都属于前一个世纪的人;一位渴望信念的不可知论者;一位探索人性的科学家,一位意在反讽却将其讽刺深藏以致几乎难以觉察的争论者。"[1]

① Robert Fraser, *The Making of The Golden Bough*: *The Origins and Growth of an Argument*, Basingstoke and London: The Macmillan Press LTD, 1990, p. 15.

在弗雷斯看来，弗雷泽通过《金枝》谨慎然而又痴迷不已地探索神圣和禁忌的关系、人牲作为圣餐和巫术的联系与区别、心智的进步、替罪羊、习俗与仪式、仪式作为神话之表演的功能等问题，实际上是他一直在试图调和这种宗教困境，寻求一种科学的证据来证明宗教的真相以抚慰伤口的努力。他终其一生都在寻找这种证据，《金枝》的写作也因此伴其一生，然而，他最终并未发现真相或找到证据，即使发现或找到——如果真有的话，弗雷泽也未必能够信服。

从一定角度来看，弗雷斯的研究实际上是对《金枝》作为一部人类学著作的性质进行了不无同情然而又不免残酷的解构。基于其炮制的性质，弗雷斯认为，《金枝》也许算不上是一部科学的人类学作品，弗雷泽也不能说是一位合格的科学家，但"《金枝》因其瑕疵斑斑而成为一部杰作。如果它是一部令人信服的科学著作的话，那么它肯定早就被别的作品取而代之了。但总之，弗雷泽是一位糟糕的科学家：他缺乏训练甚至是意愿。如果他能驾驭他的事实的话，他会是一位科学家，但他显然不能。其逻辑中的破绽被宗教乘虚而入"①。然而，弗雷斯最终承认，《金枝》的主要瑕疵在于弗雷泽的方法而不在于其意图。如果说人类学是一门关于人的研究的科学的话，弗雷泽终其一生都在孜孜不倦地探求宗教的意义、理性的局限、过去与现在的关系，其所探究的正是形而上意义上的人，也许他最终并未走出困境，但他却通过这种努力构建了自己的慰藉神话，并成就了一部人类学史诗，产生了喻指性的影响。②

如果说罗伯特·弗雷斯在其《〈金枝〉的炮制》一书中对《金枝》进行了近乎是无情的解构的话，那么，其在同年编辑出版的《詹姆斯·弗雷泽爵士与文学想象》一书则试图从文学性上对《金枝》的价值和影响进行重构。此书收集了十三位文学研究者共十四篇主要讨论《金枝》的思想主旨、文学特质和文学影响的论文，涉及弗雷泽思想中的现代意识、《金枝》作为人类学作品的特质之于文学的意义、对诸多现代作家的影响等问题的讨论，叶芝、辛格、康拉德、艾略特、劳伦斯等人的一些作品都在讨论之列。③ 弗雷斯在此书开篇《文本之下的真相》（*The Face beneath of the Text*）一文中认为，弗雷泽的作品应该置入其

---

① Robert Fraser, *The Making of The Golden Bough: The Origins and Growth of an Argument*, Basingstoke and London: The Macmillan Press LTD, 1990, pp. 210 – 211.

② Robert Fraser, *The Making of The Golden Bough: The Origins and Growth of an Argument*, Basingstoke and London: The Macmillan Press LTD, 1990, p. 212.

③ 详见前文"《金枝》与现代主义文学创作一节"。

生活的时代进行理解。维多利亚时代的学术氛围与我们当今的学术话语环境不可同日而语，他们的阐述看似颇有说服力，文风也很优雅，但他们文本深处的焦虑及其焦虑的真正来源恐怕是连他们自己都不愿轻易承认的。因此，维多利亚时代的学术话语实际上是被不自觉地置换了，要对彼时的文本进行分析，必须谨记这一点。弗雷斯认为，如果说弗雷泽死后，其声誉的确很快一落千丈的话，那主要是因为经过两次世界大战以后，不知不觉地，我们已经不再可能以维多利亚时代的读者的心境和话语阅读《金枝》了。实际上，作为一位维多利亚时代的人类学家，弗雷泽的《金枝》和《〈旧约〉中的民俗》等的写作，可以说都是为了缓解其内心深处由于对宗教的怀疑而带来的焦虑，其优雅的文风下潜藏着他的宗教困惑和迷失，他以其最擅长的武器——反讽和置换——对它们进行了近乎是天衣无缝的隐匿和保护，但他无法隐匿的是其文本不易觉察的张力。对弗雷斯来说，这正是《金枝》作为一部颇具文学想象力的人类学作品的意义和价值所在，特别是就其文学影响来说，更是如此。①

从以上分析可以看出，弗雷斯在《金枝》问世百年之时所出版的两部作品，可以说是在对《金枝》作为人类学作品的特质进行了解构的同时，又对其从文学价值与影响层面进行了一定程度的重构。在弗雷斯看来，如果说弗雷泽试图以一位科学家的身份对人进行研究的话，那么，其最主要的缺陷在于他是一位博学古典学者，不能以科学的方法驾驭其材料，又心无旁骛地专注于自身的或者说是彼时人的宗教困境问题，他最终未能找到走出这种困境的良方，或者说，他注定无法成功——即使他是一位合格的科学家的话，因为他欲求探索的形而上问题并非科学形而下之途径可以解决。因此，相对于后来人类学越来越精密的科学化研究而言，弗雷泽的确是一位糟糕的科学家，因为那是"一个容不下鹰的麻雀的时代"②。而从另外一个层面来看，弗雷泽以巧妙的文学手段对《金枝》文本之下的迷失和焦虑进行了精心隐匿，但文本不经意间所传递的张力所具有的吸引力使他那个时代的读者为之深深着迷。在弗雷斯看来，弗雷泽如同受困于毗斯迦山的摩西，试图透过薄雾，寻找安抚维多利亚时代人心灵的良方，《金枝》因此而成为一部颇具影响力的人类学史诗。

---

① Robert Fraser （ed.）, *Sir James Frazer and the Literary Imagination：Essays in Affinity and Influence*, New York：St. Martin's Press, Inc., 1990, pp. 1 – 17.

② Robert Fraser, *The Making of The Golden Bough：The Origins and Growth of an Argument*, Basingstoke and London：The Macmillan Press LTD, 1990, p. 204.

三、"非小说经典"

与斯特拉斯恩对《金枝》"语境之外"的"人类学说服性虚构"性质的指责、弗雷斯对弗雷泽炮制而成的《金枝》进行解构不同的是，戴维·凯利（David Kelly）将《金枝》归为"非小说经典"一类，认为现代读者特别是学生应该阅读这部对他们来说不免显得有些"稀有而陈旧的书"（a rare old book）[①]。

在凯利看来，自其问世开始，《金枝》的影响就开始渗透至专业学者的领域之外，它也许是为普通公众所痴迷的少数学术著作之一，仅就这一点而言，弗雷泽的名字值得后世永远铭记。也许有人对弗雷泽的材料处理方式耿耿于怀，但如果从文学层面对《金枝》进行阐释的话，这一问题就迎刃而解了，因为文学阐释不需要考虑弗雷泽所用材料的真实性如何、来源是否可靠、对它们之间的关系解释是否正确等问题。也许有人认为，弗雷泽华丽而多少显得有些刻意的学究式的写作风格，对现在的普通读者来说，未免显得有些晦涩了。而且，《金枝》浩瀚繁缛的材料、对文化实践百科全书式的分类、年复一年清苦的书斋研究，在当时也许是颇有成就的材料收集，对如今的互联网时代而言，也许已经过时了。《金枝》因此是否可以说已经失去了价值？

凯利为此对《金枝》进行了辩护。凯利认为，《金枝》从一开始就是既被当作科学研究著作也被看成文学杰作而接受的，弗雷泽的博学使其能够对不同地域时空的多样性文化事象材料进行游刃有余的处理，从而建构了一个连贯的有关人类自身过去的故事。《金枝》最了不起的成就不仅在于它对世界不同地区的诸多观念进行了解释，并赋予它们关联意义，弗雷泽的叙事起点不免有些武断，但他却提供了一种读者可以与之分享的文本语境。《金枝》另一重要之处还在于，它向读者表明了进行文化比较时应有的态度：从宽泛意义上来看，它传递了文化多样性的观念，尽管读者可能感知到的是其文化信念同一性观点，但这种同一性实际上是通过一个个各具特点的多样性材料汇集而成的。凡此种种，都足以使《金枝》成为20世纪最有影响的著作之一，但这样一部伟大的著作却因其作者的方法受到质疑而逐渐被冷落，主要原因就在于弗雷泽收集资料的方法不符合后来一个专业化的时代里所盛行的更为严谨的方法，他的研究是在书

---

① David Kelly, "Critical Essay on '*The Golden Bough*'," *Nonfiction Classics for Students: Presenting Analysis, Context, and Criticism on Nonfiction Works*, Vol. 5, David M., Galens, Jennifer Smith, and Elizabeth Thomason (eds.), Detroit: Gale, 2003.

斋而不是田野里进行的，等等。实际上，我们不能以当今专业化时代的科学研究标准去衡量一部维多利亚时代的科学著作，而且，如果我们注重其文学阐释意义的话，我们就不必对其材料的处理方式吹毛求疵。

在凯利看来，《金枝》的成就就在于其浩瀚的材料、宏大的文化视野和机敏的风格。对维多利亚时代的读者来说其极具有吸引力，而对现今读者来说，它实际上已成经典，几乎每一个人文社会科学领域都有其影响的痕迹。因此，凯利建议，作为一部"稀有而陈旧的书"，或者说一部"非小说经典"，《金枝》应成为当今学生的必读经典。①

有关《金枝》文本性质问题的讨论与西方人类学的发展变化具有一定的关联性。随着马林诺夫斯基和布朗所开创的人类学田野观察研究方法的确立，人类学的写作范式也发生了变化，如布恩、斯特拉斯恩所承认的那样，弗雷泽式的人类学首先是被一种新的写作方式所代替。结构功能主义人类学的科学民族志范式雄霸了西方人类学写作半个多世纪，直到20世纪70年代末期民族志写作反思思潮的出现，弗雷泽式的人类学写作性质问题才开始为后现代主义者重新审视。或者说，他们"发现"了弗雷泽，并对他的文本产生了一种"亲和"感，甚至有人提出是否要回向弗雷泽的问题。斯特拉斯恩对弗雷泽"混成品"的批评和对后现代主义者的嘲讽显然不仅仅是基于她本人对弗雷泽《金枝》等作品"虚构"性质的抵制，而是对科学民族志写作受到质疑甚或是人类学自身发展情境的一种担忧。然而，弗雷斯对炮制而成的《金枝》的解构实际上也并没有引起人类学界的太多反应。也许的确如凯利所言，它已经成为经典。"虚构"也罢，炮制也罢，也许人类学不可能向其回归，但至少可以重读和检视。

第三节　《金枝》：人类学"魔杖"之魔力

"人类学的魔杖"（the magic wand of anthropology）是为庆祝"弗雷泽讲坛"正式成立（1921），弗雷泽的好友 A. E. 豪斯曼②在致辞中赞誉《金枝》时所用之词。豪斯曼以此词比喻《金枝》本身就如同通往冥界的埃涅阿斯所持的"金枝"：埃涅阿斯能以"金枝"为凭，在冥界找到父亲，询问到了自己未来的

---

① David Kelly, "Critical Essay on '*The Golden Bough*'," *Nonfiction Classics for Students: Presenting Analysis, Context, and Criticism on Nonfiction Works*, David M. Galens, Jennifer Smith, and Elizabeth Thomason (eds.), Vol. 5, Detroit: Gale, 2003.

② A. E. 豪斯曼（1859—1936），英国杰出的古典学者，也是一位诗人。

命运；而对于尚待探索的神秘原始心灵之研究来说，《金枝》如同埃涅阿斯所持的具有魔力的"金枝"一般，以其为鉴，即可得到极大的启示。因此，豪斯曼实际上是以"人类学的魔杖"来称颂弗雷泽的人类学研究为当时的宗教和文化历史研究带来的启示意义。[①] 若以现今的眼光来看，豪斯曼未免有些过誉，但就当时英国人类学的情形而言，也许并不为过。而且，就西方学界后来不时出现的肯定《金枝》思想价值的"不协调"声音来看，此词的使用倒有一定程度上的贴切之处。借用"人类学的魔杖"一词，此节主要对西方学界所出现的肯定《金枝》思想性的批判与研究进行梳理和简要概括。

一、来自书写世界的隐喻

由于弗雷泽式的人类学在弗雷泽生前即已式微，或者说已经成为新一代人类学家唯恐避之不及的"过往"，因此，弗雷泽死后，其作品连同其本人很快即被人类学界"遗忘"和"冷冻"，在长达近二十年的时间内几乎无人提及。直至20世纪50年代末期才初露"解冻"迹象，随之出现了关于《金枝》思想价值及其影响的讨论，最典型的莫过于美国文学评论家斯坦利·埃德加·海曼于1962年所著的 The Tangled Bank: Darwin, Marx, Frazer and Freud as Imaginative Writer 一书。在海曼看来，弗雷泽与达尔文、马克思、弗洛伊德一样，都是颇具想象力的作家，他们的作品作为科学著作在其自身领域内的价值和影响可能各有千秋，但这些作品本身也是颇富思想性与启发性的隐喻性文学文本，成为孕育现代思想的"Tangled Bank"。[②]

在海曼看来，虽然一生都生活在一个书籍和书写的世界里，但这并不意味着弗雷泽所有的知识来源仅仅在于书写文字，相反，他实际上坐拥信息交流的中心，为他提供信息材料的人很多，而且常常不仅限于人类学研究材料。作为一位人类学家，弗雷泽的研究使用的是当时盛行的进化论、推测法、比较方法。《金枝》的确包含了文化进化论的观点，但弗雷泽显然不属于典型的进化论者，更确切地说，其思想中更多的是一种复杂的新进化论（a sophisticated neo-evolutionism）思想，甚至时常表现出一种幻灭感（annihilation）。弗雷泽孜孜不倦

① 参见 Robert Ackerman, *J. G. Frazer: His Life and Work*, Cambridge: Cambridge University Press, 1987, p. 288; R. Angus Downie, *James George Frazer: The Portrait of a Scholar*, London: Watt & Co., 1940, p. 19。

② 海曼借用达尔文《物种起源》最后一段中的首句"It is interesting to contemplate an entangled bank, clothed with many plants of many kinds……（凝视树木交错的河岸，许多种类的植物覆盖其上……）"中的"entangled bank"来表达他对这几位"作家"的写作之于20世纪现代思想意义的理解。

地对人的社会行为的原始基础进行探究、对各种神话进行分析归类以建构神话立论、从古典研究完全转移到科学研究等等，都无不表现出他对文明现状的隐忧和人类进步性的疑虑。

海曼认为，"从根本上来说，《金枝》不是一部人类学作品，或许曾经是，而是一部富于想象力的人类状况（human condition）图景表达。弗雷泽对于五月柱欢乐祥和图景背后的暴力与恐怖或者伦敦桥要塌了之类的游戏有着一种真实的感知，就像达尔文对自然繁盛兴旺的表象下所遮掩的生死竞争的感知一样，如同马克思对资本的每个毛孔都浸染着血泪、散发着肮脏的恶臭的启示录式的揭示一样，亦如弗洛伊德对人类意识中潜藏的暴力和乱伦欲望的感知一样。《金枝》的主要形象就是——手刃被刃者而自己最终也必定被刃的——王，这与我们生活中认识到的普遍规则一致"①。

因此，对于海曼来说，《金枝》是一部颇具隐喻性的作品，弗雷泽真正感知到了人类文明社会表象下所隐匿的血腥和暴力，他与马克思、达尔文、弗洛伊德一样，都是颇富想象力的作家，他们的作品深刻地影响了 20 世纪的现代思想。海曼还敏锐地指出，弗雷泽作品特别是《金枝》的持久影响力已经从人类学转向了人文学科、古典研究和社会学，并列出了一长串受到弗雷泽影响的 20 世纪重要思想家名单，弗洛伊德、柏格森、斯宾格勒、汤因比、法郎士等都在这一名单之列。

无独有偶，此前一年，赫伯特·维森格也将弗雷泽与达尔文、马克思、弗洛伊德、爱因斯坦进行并置，认为弗雷泽的《金枝》和他们的著作一起构建了 20 世纪的现代意识：通过揭示隐藏在人类过去与现在中的蒙昧因素，《金枝》迫使人类面对文明与野蛮、理性与非理性的互渗关系，追问文明进程中的不齿因素，并对文明的未来表现出一种不确定性。因此，弗雷泽是一位具有开创性的现代思想家。②

海曼（The Tangled Bank）一书，实际上是在承认《金枝》人类学性质的基础上，同时将弗雷泽视为一位善于洞悉人类社会的思想家和颇富想象力的作家，他将其对人类过去的省察、现实的隐忧、未来的疑虑镶嵌在一部看似缺陷重重的人类学科学著作当中，成就了一部颇具隐喻性本质的文学文本。这就是弗雷

---

① Stanley E. Hyman, *The Tangled Bank: Darwin, Marx, Frazer and Freud as Imaginative Writers*, New York: Atheneum, 1962, p. 446.

② Edmund R. Leach and Herbert Weisinger, "Reputations," *Daedalus*, Vol. 90, No. 2, Ethnic Groups in American Life (Spring, 1961): 371 – 399.

泽的人类学方法可以过时，结论可以被超越，但《金枝》的文本影响并没有随着时间的流逝而减弱的原因——尽管从表象上看，其地位似乎今不如昔，实际上其影响已经深刻至深，以至难以察觉罢了。如果说海曼和维森格在一个弗雷泽刚刚被"解冻"的时代，对其文本隐喻性本质及其影响的推崇或许会有矫枉过正之嫌的话，那么，1989 年，马克·曼加纳罗（Marc Manganaro）对海曼视域下的《金枝》重读则又一次对其隐喻性本质进行了肯定。

曼加纳罗之文《重温（The Tangled Bank）：弗雷泽之〈金枝〉中的人类学权威》，主要采用当时盛行的人类学文本分析方法来理解《金枝》背后的修辞力量。曼加纳罗认为，对《金枝》的文本策略分析，不应该仅仅拘泥于弗雷泽的人类学研究，而应注重其人类学修辞和观念背后所蕴含的意义，为何能在作家艾略特、批评家海曼等人那里得到充分表现？或者说，一部并不完美的人类学作品如何能产生深远的影响力，以至海曼会将其作者与达尔文、马克思、弗洛伊德进行并置？曼加纳罗给出的答案是——《金枝》中所蕴含的人类学权威。

曼加纳罗是一位典型的后现代主义人类学家（主编有《现代主义人类学：从田野到文本》一书[1]），注重民族志的写作及修辞情境研究。通过对《金枝》进行后现代主义人类学式的文本深入分析，曼加纳罗认为，弗雷泽的人类学文本因其"开放性"（他似乎并不抑制"土著"和材料提供者的声音，实际上他们的声音并非可以随意进入）和多声部（自我和他者并置）而产生了一种互文性特质与效果，因而获得了一种人类学（有别于"民族志"的）的权威。"弗雷泽的人类学权威表明，多声部（plurality）是一种策略：弗雷泽式的文本以其自身似是而非的开放性，看似客观的、非解释性的、"多样性竞技场"式的多声部等特点而赢得了那些适当的、具有主导性的文化主体和读者的青睐。"[2]

在曼加纳罗看来，弗雷泽在《金枝》各个版本或卷本的前言中通常都会使用一种看似自我贬低的自谦之词，如他曾在《金枝》第三版某一卷的前言中如此说道："此卷收集的材料以及本人其他作品中的相关材料或许可以供将来的比较伦理科学研究使用。它们犹如粗糙的砾石，有待建筑大师的雕琢；仅是模糊

---

① Marc Manganaro（ed.），*Modernist Anthropology：From Fieldwork to Text*，Princeton：Princeton University Press，1990.

② Marc Manganaro，"*The Tangled Bank* Revisited：Anthropological Authority in Frazer's *The Golden Bough*，" *Nonfiction Classics for Students：Presenting Analysis, Context, and Criticism on Nonfiction Works.* David M. Galens, Jennifer Smith, and Elizabeth Thomason（eds），Vol. 5. Detroit：Gale，2003.

的草图，等待后来者更为灵巧的双手将其绘制"①。这种不免有些夸张的谦逊之词和口吻不仅在《金枝》各个版本的前言中极为常见，文本之中也不时出现。这可以说是弗雷泽无意识地使用了一种自我防卫的手段——通过将其作品的价值与其材料的可靠性与实用性紧密联系在一起的手段，为自己的能力和倾向性建立了一种"权威"。实际上，弗雷泽希望的是两全其美：理论家的身份、掌控全局者、作者，然而同时也是一位没什么大不了的事实收集者。事实上，他成功了：其理论可能有缺陷，但那原本只是连接事实的暂时的桥梁；他一直隐退在文本背后却无时无刻不掌控着他的文本；隐喻性的人类学文本实际上是一部多面体的文学作品；材料的重重叠加增强了它们就是事实的说服力；等等。因此，在曼加纳罗看来，《金枝》因弗雷泽人类学写作的权威而产生了一种特别的修辞力量，得以成为一个颇富隐喻性和影响力的写作文本——一个在其自身之外也产生了深远影响的人类学文本。

尽管曼加纳罗主要是从人类学角度探讨《金枝》因其修辞力量而产生的影响问题，而多年前的海曼则是从文学角度对弗雷泽作品的隐喻性本质及其影响进行探查，但显而易见的是，虽然两人不同语境下的研究相差了二十多年，于《金枝》而言，实际上是形成了一种互补之势。海曼写作（*The Tangled Bank*）之时，可以说正值西方人类学界对弗雷泽讳莫如深的年代，任何试图从人类学层面对弗雷泽进行正面评价的努力都可能会招来严厉的批评和嘲讽，贾维与利奇之间的激烈争论即是一例。因此，此时出现的肯定《金枝》的评论大多来自文学批评家，且聚焦的主要是其文学性或思想性层面，何况海曼本身就是一位文学评论家，他注重的是《金枝》的文学性和隐喻性之本质的价值与影响问题。曼加纳罗的研究出现在20世纪80年代后期，正值后现代主义人类学民族志写作反思思潮发展的高潮期，对马林诺夫斯基之前的人类学作品的重读正处于方兴未艾之时，而弗雷泽的人类学文本是重要的重读对象，其文本性质和修辞力量成为后现代主义人类学家十分青睐的讨论话题，因此，作为人类学家的曼加纳罗对《金枝》修辞力量的讨论，聚焦于其人类学价值及意义层面，于《金枝》而言，不妨可以说是一种回归。

二、人类双重性的呈现

文学批评家海曼注重的是《金枝》隐喻性文本的价值和影响分析，后现代

① Sir James George Frazer, *The Golden Bough*: *A Study in Magic and Religion*, Vol. 12, Part II, *Taboo and the Perils of the Soul*, New York: The Macmillan Company, 1935, p. viii.

主义人类学家曼加纳罗倚重的是弗雷泽的人类学权威策略赋予《金枝》的文本力量之人类学意义分析，而美国评论家特莫西·豪·布瑞恩（Timothy Hall Breen）则认为，弗雷泽在《金枝》中呈现了他关于人类双重性的看法：尽管弗雷泽赞同人类由宗教迷信到理性向上进化的启蒙观念，但他的研究不断提供的是人类非理性的证据。因此，《金枝》实际上呈现了弗雷泽有关人类形象的两种看法——理性的和非理性的——弗雷泽在《金枝》中表达了其有关人类双重性问题的思考。

与海曼的研究一样，布瑞恩的评论出现在弗雷泽的人类学饱受质疑的 20 世纪 60 年代，因此，布瑞恩更多的是试图从思想性上给予《金枝》正面评价，以寻求对《金枝》价值认识的突破："如今，《金枝》已失去了很多人类学意义，但这一巨著对善于思考的历史学家来说，仍是有价值的记录。《金枝》作品充分地揭示了世纪之交的欧洲文化思潮。弗雷泽在其中呈现了两种对立的人的形象：一方面认为人是理性的，在体质和智力上不断向着更高层面进化，另一方面却又相当悲观，认为人是非理性的，是容易冲动的生物。《金枝》对于人类双重性的呈现，清楚地表明了弗雷泽自身对于人性的困惑或不确定性，而更为重要的是，它也反映了第一次世界大战前二十年间欧洲思想界的紧张状况。"[1] 结合欧洲的社会现实、弗雷泽生平生活及其人类学研究主旨，布瑞恩对弗雷泽如何在《金枝》中呈现出了人类的双重形象进行了探查。

首先是弗雷泽所呈现的乐观的理性的人的形象。布瑞恩认为，弗雷泽关于理性的人的形象当然首先与 19 世纪末期盛行进化论观念有关。与那时大多数知识阶层一样，弗雷泽相信社会进步的稳定性，而且他更多强调的是人类智力的进步，并对人类的未来表现出一种乐观态度，而且，他对人类进步性的人类学发现建立在"比较的方法"之上，对这一当时盛行的人类学研究方法的固执坚持本身就是弗雷泽坚信人类进步和理性的表现。弗雷泽使用比较方法追踪人类智力和道德的演进，因此他对文化的考察不仅仅是追踪人类从野蛮到文明这种趋向更高一级发展之艰辛历程的方法，还是暴露现代社会建立基础的弱点的方法。换句话说，在弗雷泽看来，文明的比较研究本身就是理性智力赖以改进社会的手段，因为从对过去之错误的分析中，人类可以构建一个更美好的未来，他甚至还构建了一个人类心智发展三阶段的进化图景，他对科学——这一在他

---

① Timothy Hall Breen，"The conflict in The Golden Bough：Frazer's Two Imagine of Man," *South Atlantic Quarterly*，Vol. LXVI, No. 2,（Spring, 1967）：179 – 194.

看来属于人类理性心智的产物——有着朴素甚至是天真的信念。在他关于人类乐观的人的形象中，似乎不存在暴力冲动或动物本能，理性的自我克制成为人类进化的特征，无论是野蛮人还是文明人，都需要理性地对待他们自身所在的世界。因此，弗雷泽十分相信并强调人的理性之于人类进步的重要性，并因此得以以18世纪哲学家的气概攻击对高级灵性存在体的信仰。对他而言，宗教可能曾在遥远的过去慰藉了人类的痛苦和恐惧，但它在文明社会中变成了对来世的自私的关注，以致人们不仅忽视自己的公民义务，也酿成许多令人发指的迫害行为。宗教有悖于人的理性和常识，人类如欲取得科学上的辉煌，就必须抛弃旧的宗教迷信习惯。

在布瑞恩看来，弗雷泽关于人的第二种形象——悲观的形象——深深地震惊了许多读者。欧洲的知识阶层已经习惯了进化论者描述的令人目眩的人类前景，他们不能接受人是冲动的、非理性的生物的观点。而《金枝》提醒文明的欧洲人，他们也许还完全没意识到每个人心灵深处的黑暗，甚至仍有不少人还不自觉地遵从着野蛮的风俗习惯，或者说，文明之下掩藏着顽固的野蛮与蒙昧。一些弗雷泽的崇拜者很快就意识到《金枝》与弗洛伊德和荣格等人之著作的相似之处，弗雷泽对人类心智的研究似乎关乎的是人类行为的无意识和潜意识的心理分析法。弗雷泽人类学作品中的人的形象完全不同于泰勒，泰勒把野蛮人描述为"原始哲学家"，而《金枝》中的人完全成了赤裸裸的非理性主义者。在布瑞恩看来，弗雷泽似乎触及了人类很少意识到的一个更深更原始的心理层面，因此，其人类学研究所关注的人类原始心智问题在一定程度上成为后来所说的现代意识的源泉，《金枝》也由此而对艾略特、乔伊斯等人产生了深刻影响。

不仅如此，布瑞恩认为，文明如火山的形象是《金枝》中反复出现的形象之一，表明了弗雷泽对文明的现状充满隐忧和悲观情绪。显然，弗雷泽是以火山的形象否定了进化能使人类社会逐步变好的观点，其所否定的正是他的乐观的人的形象的基础。而令弗雷泽悲观的是，无论他转向哪里，他都能发现顽固且拒绝改变、拒绝攀登人类发展三阶段阶梯到达人间乐园的人们，而且，这一难以解释的无知的力量不仅存在于"野蛮人"中间，也存在于"我们目前的欧洲"。迷信、暴力、非理性、无知在文明社会盘踞不去，他无法掩饰他对未来的疑虑和悲观。

在布瑞恩看来，《金枝》最令人灰心的发现不是人拒绝进步，而是他们在非理性、原始行为中获得真正的快乐。例如，弗雷泽发现，前基督时代血腥野蛮的狄俄尼索斯崇拜习俗如何在欧洲风靡，尽管他解释这些习俗仪式完全是外来的，但却无法否认这类崇拜能迅速地在号称拥有理性与逻辑的古代城堡中确立起来的事实，如果连高贵的希腊人都不能抵制这种非理性行为带来的快乐，什么样的现代民族才会具有所需的免疫力呢？因此，在弗雷泽悲观的人的形象中，人的理性的作用微不足道，不仅是欧洲文化，任何文化，任何时期，弗雷泽都能找到盲目的狂热愚昧战胜清醒的理性支配的证据。可以说，于弗雷泽而言，其巨著是人类之恶例证的汇集巨制。

布瑞恩发现，尽管弗雷泽实际上呈现了两种对立的人的形象，他也似乎一直在试图模糊二者的界限，调和它们的冲突和对立，但却从未正式地着手对这一问题进行解决。布瑞恩认为，原因就在于弗雷泽对第一次世界大战前欧洲社会现实的深刻洞察，使他意识到两种对立的人的形象的不可调和性。结合其生平与所处的文化社会环境，布瑞恩对弗雷泽的这种"不作为"进行了分析：19世纪最后十年和20世纪最初十年间，表面上看，这是一个乐观、自信、理性、科学的时代，进化理论和社会现实似乎已经使人们确信进步是自发而且自然而然的事，特别是英国人，他们相信维多利亚文明代表的就是人类文明的最高峰；然而，一些思想家们却开始经历一种"心理上的不安（psychological malaise）——一种逼仄的宿命感——旧有的惯例与制度和社会现实不再相符"①，进步观念实际上已经受到了质疑，如爱因斯坦用"或然率"和"相对论"来反击旧的绝对不变的物理定律观念；弗雷泽虽身居书斋，但他不可能不受到这种已经开始撕裂西方文化的知识力量的影响，《金枝》中的各种冲突——理性与非理性，进步与停滞，自信与疑虑——就是宽泛的文化冲突表现出来的症候，它是那些年中诸多反映冲突伦理的哲学著作中的一部，其他典型的如弗洛伊德的著作也反映了这种类似的双重性。因此，弗雷泽在《金枝》中对人类双重性的呈现绝非偶然。

布瑞恩如此总结，"弗雷泽的乐观主义倾向是显而易见的，他对理性和进步做出了他19世纪式的假设，但他却为其原始社会研究中发现的大量非理性行为的证据所震惊，以致他无法忽略或视而不见，他从未完全为进化论折服，但也不可能完全抛弃他对进化论的信念，因此，他在《金枝》中呈现出了他关于人的两种看法——他想要发现的和他真正发现的"②。

---

① Timothy Hall Breen, "The conflict in The Golden Bough: Frazer's Two Imagine of Man," *South Atlantic Quarterly*, Vol. LXVI, No. 2, (Spring, 1967): 179 – 194.

② Timothy Hall Breen, "The conflict in The Golden Bough: Frazer's Two Imagine of Man," *South Atlantic Quarterly*, Vol. LXVI, No. 2, (Spring, 1967): 179 – 194.

三、疏离感的感知与传递

维克里的《〈金枝〉的文学影响》一书，主要讨论《金枝》对诸多20世纪现代作家之写作的影响，在考察《金枝》作为何以能对现代主义文学创作产生巨大影响的原因时，通过对《金枝》与19世纪后半期欧洲知识环境之关系的分析，维克里认为，弗雷泽是一位理性主义者，信奉社会进步观念，但他同时也为一种"强烈的疏离感"（amazing capacity for detachment）所困，并通过《金枝》这一人类学文本予以传达，为知识阶层所感知，因此形成了一种"智力影响"（intellectual influence）——不仅仅影响了诸多现代主义作家，也对20世纪现代意识的形成产生了深刻影响。因此，维克里对《金枝》的解读，与海曼、布瑞恩的理解有一定的相通之处，即倚重《金枝》作为一部人类学著作的思想性以及由此在人类学之外的价值与影响分析。

在维克里看来，影响弗雷泽的知识传统主要有两种：面向未来与审视过去两种看似背道而驰的哲学思潮，这实际上也是当时主要的两种知识倾向。前者在科学上相信进步，政治上信奉激进，哲学上推行实证方法；后者在政治上趋于保守，恪守宗教传统，持怀旧历史观。这两种传统看似对立，但在19世纪特别是后半期实际上是并行不悖的。尽管从总体上来说，弗雷泽属于温和的科学主义者，但他的人类学研究实际上是对人类的过去进行审视，因此，《金枝》为这两种趋向都提供了大量的例证。作为19世纪后半期的知识分子，弗雷泽抓住了这一时代的思想与情感，在《金枝》中镶嵌了19世纪的理性主义、历史主义、进化伦理和神话想象等问题，但却是以一种松散的文本方式进行表达的，他的读者（无论是最初的还是后来的）因而极易在他的观念和感知中找到与他们自己的现实问题和经验的共鸣之处。通过这种方式，弗雷泽看似无意然而却强有力地传递了一种从19世纪延续到20世纪的困境和情怀。与此同时，弗雷泽也将当时的种种知识情境松散地贯穿在一起并传达了出来，他向读者展示了人类理性的、进化的、历史的、科学的情怀与想象的、精神的、非理性的、神话创造的冲动如何交织在一起。实际上，从当时的语境来看，这些因素在当时的社会环境中本来就纠结交织在一起，形成了一股合力，有冲破教条主义的禁锢、启悟人们心灵的趋势。然而，生活于其中的人们似乎并没有感受到这种合力。因此，在他们看来，理性的作用在于去除虚无，历史的作用在于摒弃神话，科学的作用在于替代宗教。然而实际的情形却并非抛弃或者说替代那么简单，对于这一时代的知识分子来说，他们实际上陷入了一种精神困境之中，弗雷泽也不例外。弗雷泽的成就在于，他通过《金枝》呈现和表达了这种精神困境，传递了一种疏离感。

维克里认为，正是由于根植于19世纪欧洲知识环境的主要问题之中，弗雷泽一方面相信社会的进步性，一方面却又不自觉地寻求现在与过去之关系的明证，《金枝》才得以成为古典人类学传统的最高峰，对20世纪现代文学产生了深远影响。维克里甚至如此说道："一位艺术家，如果不了解弗雷泽的观念，意识不到他是那个时代了不起的思想家之一的话，无论他主要的兴趣何在，都难有什么建树。"①

在维克里看来，《金枝》的影响当然首先在于其对现实思想环境中知识阶层精神困境和疏离感的感知与传递，引起了极大程度上的共鸣，但有几个因素加强了其影响的深度和广度。首先是《金枝》出现的时间：《金枝》代表了自18世纪以来相关主题和方法方面的最高峰，弗雷泽所关注的自然与宗教、神话、崇拜、仪式之间的关系及其人类学研究方法，实际上在前人那里以不同的方式讨论过或使用过，而《金枝》代表的是人类学一个学派的繁盛期而非发轫期；其次是《金枝》问世时的知识环境：《金枝》中镶嵌了诸多时人关切的观念与问题，如理性、丰产、非理性、贫瘠，以及性、迷信、遗留等，这些问题并不是弗洛伊德或荣格的专利，弗雷泽实际上也以其人类学的方式进行了指涉，并在人类学领域产生了影响（如对韦斯特马克、哈特兰、马林诺夫斯基等人的相应研究产生了影响）；最后是《金枝》对野蛮与文明之关系的指涉：《金枝》向读者表明，原始野蛮人的特征仍根深蒂固地存在于现代文明人身上，并对文明本身构成了极大的威胁，这种对人类生活中非理性特点的揭示，敦促人们反省自身关于文化、社会、个体的观念。

维克里认为，《金枝》是20世纪最有影响的伟大著作之一，在他看来，弗雷泽对20世纪现代思想的贡献与影响完全可以与达尔文和弗洛伊德并肩。其《金枝》通过对19世纪后半期和20世纪初期欧洲思想环境中知识阶层的精神困境以及疏离感的传递和表达，而产生的"智力影响"，对20世纪的现代思想形成了重要影响。

海曼将弗雷泽视为一位颇富想象力的作家，认为弗雷泽感知到了人类社会文明表象下的血腥与暴力，并通过其不无隐喻意味的人类学写作予以表达，《金枝》的价值即在于其文本隐喻性特质的启示意义；曼加纳罗从弗雷泽人类

---

① John B. Vickery, *The Literary Impact of The Golden Bough*, Princeton: Princeton University Press, 1973, p. 69.

学写作策略即如何获得其"人类学权威"分析入手，肯定《金枝》作为人类学作品的修辞力量以及由此而来的文本影响力；布瑞恩认为《金枝》揭示了人类双重性问题，传达了人类学家弗雷泽对文明的隐忧和对未来的疑虑；维克里结合 19 世纪后半期欧洲知识氛围对弗雷泽思想的影响和《金枝》的写作进行了分析，认为弗雷泽思想深处实际上是感知到了一种也许连他自己都没有意识到的"强烈的疏离感"，并在《金枝》中通过一种不易觉察的方式予以传递，但却为知识阶层所感知，由此产生了一种"智力影响"——因此其影响深刻而广泛。不难看出，海曼等人对《金枝》的肯定，主要是基于作为人类学家的弗雷泽特别的研究视野和关怀之于其他领域的启示意义，以及《金枝》作为一部人类学作品的思想性和价值在人类学自身之外的意义与影响之层面的分析。总的来说，对《金枝》作为人类学著作所具有的"魔杖"般的魔力的由衷赞赏，是他们对《金枝》的思想性及其价值和影响做出肯定的共同前提和基础。

第四节　《金枝》："知识百科全书"之象征

"知识百科全书的象征"（symbol of encyclopaedic knowledge），是英国当代学者玛丽·贝尔德（Mary Beard）在考察《金枝》何以能产生巨大而持久影响时为《金枝》而下的论断。与弗雷斯的《〈金枝〉的炮制》一样，贝尔德此文也是为纪念《金枝》问世百年而作，但迥异的是，于贝尔德而言，《金枝》由于弗雷泽对诸多问题的指涉而影响深远，其意义还远没有被完全揭示出来，也许它并不完美，但这并不能否认它已经成为"知识百科全书的象征"和"人类知识确实性象征"的事实。

贝尔德任教于剑桥大学纽纳姆学院，在这篇题为《弗雷泽、利奇和维吉尔：〈金枝〉的流行（与不流行）》的文中，她以利奇 1985 年的《内米之旅反思》为引子，对《金枝》的影响力和弗雷泽人类学研究的价值和意义进行了讨论。特别值得说明的是，此文最初是贝尔德应法国一家学术机构举办的纪念《金枝》问世百年学术研讨会的邀请而作；后经扩充发表于英国学术期刊《社会与历史的比较研究》1992 年第 2 期①；2006 年被辑入《比较的模式：理论与实践》（*Modes of Comparison: Theory and Practice*）一书，辑入时贝尔德以加上"后记"

---

① Mary Beard, "Frazer, Leach, and Virgil: The Popularity (and Unpopularity) of *the Golden Bough*," *Comparative Studies in Society and History*, Vol. 34, No. 2 (Apr., 1992): 203 - 224.

的形式继续进行补充和论述①。可以说，贝尔德此文属于一篇另辟蹊径而别开生面的关涉《金枝》研究的重要论文。此节借用贝尔德"知识百科全书的象征"的论断，并以贝尔德所撰之文为主，对西方相关研究中关涉《金枝》"知识百科全书"性质的批判和研究进行梳理和总结。

一、成就"知识百科全书"的秘密

根据贝尔德的说法，她撰写此文的最初动因是源于对利奇不遗余力攻击弗雷泽的惊讶，但她的惊讶随着研究的深入，逐渐转变为对 19 世纪晚期到 20 世纪早期英国文化历史的核心问题——古典过去（文学、考古、宗教史）研究与帝国现实的呈现、再呈现及调和之间的相互关系；不乏想象的他者研究与社会科学、人类学学科发展的联系——的关注。在贝尔德看来，弗雷泽在《金枝》中对这些问题实际上都有不同程度的呈现和指涉，这便是《金枝》一度极为"流行"，以至在弗雷泽生前曾出现了一段长达二三十年的"弗雷泽热"（the craze for Frazer）现象，并终成"知识百科全书"之象征的秘密。

在贝尔德看来，《金枝》的成功首先与弗雷泽对内米问题的设置和"金枝"的阐释关系密切。贝尔德认为，弗雷泽以一个看似属于古典学术的问题巧妙地掩盖了他对现实问题的指涉。《金枝》从首版的两卷到第三版的十二卷，每卷都从对内米神圣小树林的描写开篇和结束，尽管可能细节有些微差异，描写也随着《金枝》本身的扩充而变得更细微更具体，但从总体上说，些许变化完全没有改变内米在每个版本中的主导位置。其开篇对内米树林所做的文辞优美的描写和祭司不测命运的描述脍炙入手，而在行将"告别内米"之前，弗雷泽得出两个结论：根据塞尔维乌斯的注释，他已经证明内米祭司所折的树枝，就是维吉尔的《埃涅阿德纪》（The Aenied）中埃涅阿斯去往冥界前在西比尔指示下所折之树枝；根据维吉尔本人的诗篇，他已经证明那树枝就是槲寄生，它就生长在内米圣树林中的某棵橡树上。弗雷泽还采取了种种方式来加强其解释的可信度，如特纳的画、《金枝》绿色封面上专门设计的金色树枝等等，但如若仔细推敲，很容易就会发现严重的不一致、阐释漏洞和错误，如特纳画中的湖并不是内米湖，缺乏证据表明内米的树枝即是维吉尔所指的树枝，等等。在贝尔德看来，这些缺陷并不是现今才发现的，而是从《金枝》问世起就一直为评论家们

---

① Aram A. Yengoyan（ed.），*Modes of Comparison: Theory and Practice*，Ann Arbor: The University of Michigan Press，2006.

所质疑，弗雷泽不可能意识不到这些缺陷，问题是，他为什么还要继续强调内米圣树林？贝尔德相信，无疑是因为弗雷泽看到了这类场所及其崇拜的独特重要性，而且，《金枝》成功的主要原因之一正是由于弗雷泽对内米及其宗教崇拜问题的处理。由于弗雷泽在《金枝》中实际上是以将异域野蛮人的习俗与危险英帝国国内某些熟悉的乡村习俗进行比较的方式，指涉了诸多帝国现实的问题，如传统与变革、宗教与科学、进步与停滞、性、暴力等问题，这种指涉对于当时英帝国的现实来说，是极为敏感甚至是危险的一种自我喻指，不仅读者难以接受，即使是弗雷泽本人恐怕都会觉得不安。因此，弗雷泽以内米问题这样一个原本就属于古典历史和学术的问题，为他所指涉的帝国现实问题披上了合法的外衣。这就是《金枝》能够风靡一时、得到普通读者追捧的重要原因之一。

在贝尔德的探讨中，《金枝》得以成功的另外一个原因在于其与帝国主义之间的关系，也就是说《金枝》与英帝国主义殖民事业之间有着显而易见的紧密关系。英帝国殖民地为弗雷泽提供了大量当代野蛮人的习俗材料，使其讨论成为可能。在当时，许多读者是将《金枝》作为实用的帝国殖民地土著的习俗汇集来使用的，但是《金枝》与帝国和帝国主义的关系远不止仅限于此。通过将帝国不同地区的各种各样的习俗归类和整理，然后放入一个框架之内，弗雷泽为他的读者提供了一副英帝国事业的图景：弗雷泽以一种可操控的方式对帝国的臣服者与他们的统治者之间的关系进行了重现。也就是说，《金枝》将帝国与其附属国之间的统治关系变成了合法的学术研究的主体与客体关系，即将政治统治变成了得体的学术研究。

然而，在贝尔德看来，《金枝》的大受追捧不单单是由于对英帝国主义事业的确认，更主要的还在于英帝国的殖民事业成为弗雷泽宏大自信的比较图景得以建立的基础，并使在这种基础上进行的自我指涉成为可能：《金枝》以令人炫目的材料对帝国人种志、古典世界和英国乡村民俗所做的并置几乎随处可见，野蛮人不仅存在于殖民地，也存在于一个更大框架内的古代世界和当代不列颠，任何读者都会为震撼于《金枝》这种极为宏大自信的比较方法和视野。比较方法在当时虽然大行其道，但却没有人以弗雷泽这种极为自信的方式和开阔的视野来建立比较图式，更少有人将不列颠和欧洲都纳入比较范围之内。弗雷泽的成就在于，他毫不犹豫地将这些不同地域的习俗纳入一个体系之内，他不像泰勒那样对比较方法进行某种遮掩，他的比较意图显而易见而且似乎也不可能有任何不妥，这就是弗雷泽作品的特色。贝尔德认为，在这一点上，弗雷泽的比较方法的意义还远没有被揭示出来。在她看来，通过这种比较方式，弗雷泽试图对英帝国的问题进行调适，也就是说，通过将不同地域的问题放置在一起，弗雷泽揭示了维多利亚晚期英国文化的中心问题：工业化进程中不列颠传统的变化，古典过去的作用与重要性。通过《金枝》，帝国臣民和乡村英格兰的关系，乡村与都市、异域、国内、过去的本质等，都成了不列颠帝国主要问题的隐含表达，《金枝》的魅力就在于通过对这些问题进行结合——将维多利亚晚期、20 世纪早期不列颠的诸多核心问题镶嵌交织在一起——而产生了一种强烈的吸引力。

　　贝尔德还认为，探索主题也是《金枝》得以攫获公众热情的一个重要因素。在她看来，《金枝》不仅是一部比较人类学的研究著作，还是一部旅行与探险故事，而且还是一部其作者在书斋里讲述然而并非一般意义上的旅行故事：它展示给读者的是一段前往未知的、野蛮的、他者的颇具隐喻意味的旅程。对于一个前往地中海地区旅行已成风尚、旅行文学已逐渐为直接的旅行经验所替代的时代来说，《金枝》却吸引了众多读者的目光。为什么？贝尔德认为，首先在于弗雷泽的语言和布局。弗雷泽倾向于以语言反复向读者强化其文本的旅行探险意味，如第一章在对内米习俗进行了介绍之后，弗雷泽用这样的描述开始了他的研究：“它（考察内米习俗）将是漫长而艰苦、然而航程中却有着令人着迷和产生兴趣的东西。我们将访问许多有着奇特人们和奇异风俗的异国。现在，风已吹来，让我们扬起白帆开始启程，暂时告别意大利海岸吧。”① 即使在卷帙浩繁的十二卷本中，他最终仍回到了卷首时设置的航程：“我们漫长的探索航程已经结束，我们所乘的一叶扁舟终于进入港口，收起了满载征尘的风帆。”② 在这样一个起航于内米、返航回内米的航程中，读者看似安然返回，收获的却不仅仅是异域经验，也有在比较视域下对自身的审视。其次在于弗雷泽关于“金枝”的巧妙设置。将内米的树枝与维吉尔的金枝联系在一起，对于弗雷泽的探险主题来说极为关键，“金枝”在弗雷泽探险旅行中的作用就如同其在史诗《埃涅阿德纪》叙事中的作用一样，金枝能让埃涅阿斯进入冥界又回归现世。通过强调内米的树枝就是维吉尔史诗中的树枝，也通过辅以其作品以“金枝”的题名，弗雷泽似乎喻指了树枝相同的作用。就像维吉尔的树枝一样，弗雷泽的“金枝”能带领读者进入他者世界然后又在其指引下安然返回，何况，它还是一个与古

---

　　① Sir James George Frazer, *The Golden Bough*: *A Study in Magic and Religion*, Vol. 12, Part I, *The Magic Art* (Vol. 1), New York: The Macmillan Company, 1935, p. 43.

　　② 511 Sir James George Frazer, *The Golden Bough*: *A Study in Magic and Religion*, Vol. 12, Part VII, *Balder the Beautiful* (Vol. 2), New York: The Macmillan Company, 1935, p. 308.

典学——一门颇受时人尊重的传统学科——有着千丝万缕之联系的问题，因此，维吉尔的金枝在弗雷泽的文本中起着非常重要的作用。以至贝尔德如此说道："对任何读者而言，《金枝》最大的吸引力就在于它是'金枝'"①。

弗雷泽的地位虽然今不如昔，《金枝》的销量却仍然不小，一部问世已逾百年且缺陷重重的人类学作品，为何如今还能如此畅销？贝尔德认为，《金枝》的成功固然有源于弗雷泽所建构的某些理论的因素，但如果仅仅把其畅销归结为与其理论和论证相关的话，显然是过于简单了。在她看来，《金枝》如今仍有一定的市场，原因已经不在于它说了什么，而在于它是什么——知识百科全书的象征。

贝尔德如此总结道："如今，即使是最热忱的读者都很难对弗雷泽过时的人种志材料产生兴趣，普通读者则可能会在其对陌生世界执着而宏伟的比较图式前望而却步。《金枝》的成功在于它很少被阅读这样不可否认的事实。② 它被购买；作为奖品颁发；被摆放在图书馆的书架上，即便不为面子，也为图安心；被那些看起来有文学文化品味的人收藏；被并入最伟大的现代文学作品之列。但很少有人承认他们真正读过几页。其重要性不再是它说了什么，而在于它是什么：知识百科全书的宏伟象征（a vast symbol of encyclopaedic knowledge）。即使是在节本背后，也蕴含着十二卷本的鸿篇巨制和威严——与其说是学术纪念碑，不如说是事实纪念碑；收集和归类这些事实、并确信它们可以被解释的纪念碑。悖论的是，一部以危险重重的探索他者之旅开始的著作，最后终于成为人类知识确实性的象征。"③

二、"知识百科全书"式的材料汇集

英国人类学黄金时期的主流人类学家福特斯曾断言"或迟或早，每一位严肃的人类学家都会回到宏大的弗雷泽式的资料汇著"④。《金枝》的写作历时二

---

① Mary Beard, "Frazer, Leach, and Virgil: The Popularity (and Unpopularity) of *the Golden Bough*," *Modes of Comparison*: *Theory and Practice*, Aram A. Yengoyan (ed.), Ann Arbor: The University of Michigan Press, 2006, p. 178.

② 贝尔德承认自己的结论依据并非是精确的调查数据，而是通过对剑桥和牛津大学人文学科的朋友和同事进行的不带倾向性的提问得来的。持同样观点的还有 G. Steiner（在 1990 年的一期广播节目中），认为《金枝》与《资本论》《物种起源》一样，都是伟大的"无人阅读的非小说经典"（the great unread classics of non-fiction）。

③ Mary Beard, "Frazer, Leach, and Virgil: The Popularity (and Unpopularity) of *the Golden Bough*," *Modes of Comparison*: *Theory and Practice*, Aram A. Yengoyan (ed.), Ann Arbor: The University of Michigan Press, 2006, pp. 178 – 179.

④ M. Fortes, *Oedipus and Job in West African religion*, London: Cambridge University Press, 1959.

十多年，如果算上弗雷泽晚年所作的《〈金枝〉补遗》的话，它几乎花费了弗雷泽大半生的精力和心血。虽然在诸多版本中，《金枝》的主题观念基本没有太多变化，弗雷泽更多的是对其进行修葺、扩充，或精简，并不断地补充和累积经他整理和类型化处理了的材料。这些材料的使用也许的确如有些论者所指出的，脱离了它们所在的文化语境的使用不免有些武断，但从另外一个层面来看，《金枝》绝对可以被视为一部"知识百科全书"式的材料汇集。

如果我们把《金枝》视为一部探寻"金枝"意义的探索之旅的话，那么，弗雷泽带领读者自内米起航，开始了一次风光迤逦（见证不同时空中奇特的人们和他们奇特古怪的习俗），却又危险重重（弗雷泽的逻辑推理论证并非毫无瑕疵，甚至破绽百出），然而最终得以安然返回内米（读者的困惑、震惊最终得到了有效安抚）的寻解"金枝"的探险之旅，途中对不同时空文化中的巫术、禁忌、神王、植物神、神婚、杀神、替罪羊、灵魂、图腾、神话与仪式等诸多主题进行了探索和讨论，并将与这些主题相关的广博庞杂、包罗万象的各色材料进行汇集分类，镶嵌进了一个精心构筑的框架。

在这一探险旅程中，弗雷泽以其前人未曾有过的宏大比较图式，极其自信地将"野蛮人"的风俗、古希腊罗马人的生活和欧洲乡村民俗并置在一起①，毫不犹豫地把不同地域时空的习俗纳入到一个体系之内，如澳洲土著定期的巫术求雨仪式与欧洲不同地区不同时节的篝火节不谋而合，尽管其中可能存在差异，但可以用马来人的情况来说明，等等，如此一来，全世界不同时空的人们看起来就像是亲属。弗雷泽这种不免任意的并置和比较当然具有诸多缺陷，但却凸显了他试图根据这些习俗共有的叙事结构，去了解与之相关的一切"事实"的努力，探查人类思想从早期阶段（他认为的巫术阶段和宗教阶段，特别是二者的结合阶段）的蒙昧性和荒谬性，进化到成熟阶段（他认为的科学阶段，然而，也许是意识到了这种科学阶段只是一种乌托邦，他没有对其进行充分论述，仅以一个结论一笔带过便匆匆收笔）的理性状态的过程，从而建立一种具有整体性和普遍性的人类历史的抱负。

任何阅读《金枝》的人都会为弗雷泽的这种材料收集和整理热情所叹服，震惊于其虽不免庞杂但却是知识百科全书式的材料汇集能力。普通读者可以毫

① 如《金枝》第三版"巫术"卷一在论述"交感巫术"时，在第148—149页的十二个注释中，包括了爪哇人、印度人、秘鲁印第安人、墨西哥人、英国北部乡村农民、德国人、斯拉夫人的巫术信仰行为，以及两位当代人（旅行者 Mrs. Gamp 和希腊科学家 Aelian）的见闻录。如此令人目不暇接的并置和比较在《金枝》正文及注释中十分常见。

不费力地从中洞悉和了解世界各地的不同风俗仪式。尽管时常遭到一些人类学家的抵制和质疑，但实际上即使是现代人类学家也不时需要转向它，发现可以供他们参考的信息和材料。《金枝》除了在历史学、宗教学、文学与文学批评、心理学、哲学等领域产生了重要影响的同时，也在一定程度上是这些领域内学者们的工具书。因此，《金枝》不仅是贝尔德所说的"知识百科全书"的象征，实际上也是一部"知识百科全书"式的资料汇集。

第六章 《金枝》在西方的影响流变与论争脉络

《金枝》在西方的影响可以说自其问世后即已开始。如前文所述，《金枝》是作为严肃的科学研究著作问世的，其出版当年就引起了学术界的极大注意，甚至不乏权威学术期刊的关注，其人类学影响也随即发生。如安德鲁·兰开始与弗雷泽进行有关宗教问题的讨论；巴尔德温·斯宾塞和 F. J. 吉伦由于极其欣赏《金枝》而开始为弗雷泽提供信息，并在弗雷泽指导下进行材料收集；哈登和塞林格曼早年走上人类学道路与弗雷泽有着某种千丝万缕的联系，更不用说后来的马林诺夫斯基等人，以及在进入下一个世纪后《金枝》的影响力了。而就其文学影响而言，《金枝》首版几个月后即出现的小说《伟大的禁忌》即是一例，而《金枝》对叶芝、哈代、康拉德等人的影响实际上也是在第二版之前即已开始，更无须说后来的艾略特、劳伦斯等人了。

在西方，《金枝》的文学价值及其对文学创作和文学批评所产生的影响几乎没有引起太多异议，但《金枝》自身的人类学性质及人类学价值和影响问题，却是时常容易引起人类学界讨论甚至是论争的一个重要问题，而且，相关讨论通常与人类学的发展变化有着一定的密切联系。从总体上来看，一百多年来，西方人类学界共发生过两次规模较大且较为激烈的关涉《金枝》的论争，即 20世纪 60 年代有关弗雷泽人类学范式及其《金枝》价值的论争、80 年代关于弗雷泽人类学写作及其《金枝》文本性质和价值影响等问题的论争，从宏观角度上来看，这两次论争均与西方人类学自身历史的发展和变化有着明显的关联性，论争本身不仅形成了对《金枝》的价值与影响问题的清晰观照，也宏观地显示了弗雷泽及其《金枝》在西方人类学历史框架中的地位与境遇问题。

第一节 "金枝"抑或"镀金的小树枝"

《金枝还是镀金的小树枝》，是英国著名人类学家埃蒙德·利奇 1961 年撰写的一篇质疑《金枝》价值与影响的文章。利奇此文对弗雷泽本人和《金枝》进行了无情的嘲弄和讽刺，于他而言，弗雷泽和《金枝》均不配享有巨大的声誉，

《金枝》根本不是所谓的"金枝"，只不过是发育不良的小树枝罢了。但与此同时，美国评论家赫伯特·维森格撰写了《枝繁叶茂的大树枝》一文，高度评价《金枝》的思想性，对他来说，《金枝》就是一枝"枝繁叶茂的大树枝"，当属"金枝"。后来发生的一场关于弗雷泽人类学范式及其《金枝》价值问题的论争，即贾维和利奇之间的论争，其焦点实际上就可以概括为《金枝》到底属于"金枝"还是"镀金的小树枝"这样的问题，亦即是说，《金枝》到底价值巨大还是根本没有价值的问题。此节借用"金枝"还是"镀金的小树枝"的说法，以这场论争为主线，对西方人类学家有关《金枝》价值和影响问题的讨论进行简要概括。

一、利奇和维森格的《金枝》之论

从时间上来看，利奇的《金枝还是镀金的小树枝》和维森格的《枝繁叶茂的大树枝》是西方人类学历史上出现的较早专门讨论《金枝》价值及其意义问题的文章，但1941年弗雷泽去世后，马林诺夫斯基所撰写的一篇纪念性文章中，实际上也涉及了弗雷泽思想和《金枝》的价值问题的评价。在进入利奇和维森格的讨论前，有必要对马林诺夫斯基的评价稍作概括。

从总体上来说，马林诺夫斯基此文在一定程度上肯定了弗雷泽对人类学所做的贡献。他如此评价道："从狭义上来说，弗雷泽算不上是一位导师，他没有发展出清晰而令人信服的理论，也不能在争议中捍卫它们。他的纯理论贡献很少能为人接受。然而，弗雷泽曾经是如今仍是世界上最伟大的老师和大师之一（Yet, Frazer was and is one of the greatest world's teachers and masters）"①。马林诺夫斯基肯定弗雷泽的一些研究主题如禁忌和图腾制、巫术与族外婚、原始宗教的形式、政治机构的发展等对人类学的开拓性影响，以及对其他学科如历史学和心理学的影响；承认弗雷泽对20世纪上半期西方重要思想家如汤因比、斯宾格勒、弗洛伊德等人的影响；以及对重要人类学家如安德鲁·兰、韦斯特马克、涂尔干、莫斯、列维－布留尔、冯特、图恩瓦尔德等人的影响；等等。

但是，在承认弗雷泽大师地位的同时，马林诺夫斯基又如此说道："然而，在这位杰出的苏格兰学者自身及其作品与他的个性、师道、文学成就之间，却呈现出一种悖论。其巨大的影响力即使是他最忠诚的崇拜者有时也不免感到不

---

① Paula Kepos, Dennis Poupard (eds.), *Twentieth-century Literary Criticism*, Vol. 32, Detroit: Gale Research Inc., 1989, p. 201.

可思议，特别是面对《金枝》或其他作品中某种不免有些天真的理论论证时。其说服力的缺乏似乎与其本人的吸引力和激励力呈现出一种悖论。"① 马林诺夫斯基将他在弗雷泽身上的这种发现称为"弗雷泽的悖论"（Frazer's paradox），并通过对弗雷泽人类学方法优缺点的分析对所谓的"弗雷泽的悖论"进行了解释："在我看来，弗雷泽悖论的产生主要在于其本人优势与不足的奇特结合。他不是一个思辨者，甚至可能不是一位善于分析的思考者。然而，他却拥有两种了不起的品质：笔下能够建立起一个属于自己的鲜活世界的艺术家一样的能力；区别何为相关与偶然、何为根本与从属的真正科学家的敏锐辨别力。"② 如同二十年前其在《西太平洋上的航海者》导论中所宣言的那样："（以前人类学对土著的不真实描述）的时代已经结束"③，马林诺夫斯基随即如此论断道："弗雷泽代表着一个时代的人类学，这个时代随着他的离世而结束。"④ 从西方人类学发展的历史来看，马林诺夫斯基此言的确不虚。或许，弗雷泽所代表的人类学时代，早在二十年前就应该如其所宣言的那样已经结束，即使没有结束的话，也已在"革命"的咄咄逼人气势下迅速衰落，仅维持着表面上的兴盛状态罢了。及至弗雷泽去世，一个时代的确已经结束，随后近二十年间弗雷泽的被"遗忘"和"冷冻"即是明证。

利奇的《金枝还是镀金的小树枝》与维森格的《枝繁叶茂的大树枝》被美国人文科学杂志《代达洛斯》（Daedalus）1961 年同期刊登在其《名誉》栏目中，这一栏目的宗旨是"回顾经得住时间考验的作品"，两篇见解迥异的长文同期刊出，本身就是对《金枝》是否具有价值的一种讨论。

正如玛丽·贝尔德所坦言的，她写作《弗雷泽、利奇和维吉尔：〈金枝〉的流行（和不流行)》一文的最初动因，就是出于对利奇在多年间不遗余力地不时对弗雷泽进行攻击的不解。的确，利奇可以说是西方学界公认的弗雷泽最严厉的批评者。《金枝还是镀金的小树枝》一文是他一系列批评弗雷泽文章中最早的一篇，主要攻击弗雷泽本人的人类学方法和质疑《金枝》的价值及其影响问题。

利奇惊讶于弗雷泽生前种种数不胜数的荣誉，虽然在他看来，弗雷泽自

---

① Paula Kepos, Dennis Poupard（eds.）, *Twentieth-century Literary Criticism*, Vol. 32, Detroit: Gale Research Inc., 1989, p. 201.

② Paula Kepos, Dennis Poupard（eds.）, *Twentieth-century Literary Criticism*, Vol. 32, Detroit: Gale Research Inc., 1989, p. 201.

③ Bronislaw Malinowski, *Argonauts of the Western Pacific*, London: Routledge, 2002, p. 8.

④ Paula Kepos, Dennis Poupard（eds.）, *Twentieth-century Literary Criticism*, Vol. 32, Detroit: Gale Research Inc., 1989, p. 202.

1928 年起基本不再能收获到什么特别重要荣誉了，但他已凭借这些荣誉赢得了公众的尊重，成为公众心目中在世的最了不起的人类学家。利奇接着如此说道："然而，到 1941 年（弗雷泽离世之时），这些诱人的光环开始褪色；《自然》和英国其他一些学术杂志上刊登的讣告几乎都是令人尴尬的负面评价；《美国人类学家》甚至都懒得记录他的死讯。"

"然而，在狭窄的专业范围之外，弗雷泽的影响还在继续扩散。即使是在如今，仍然很容易就能发现，在有学养的英国人中，他被认为是最了不起的人类学家，是其所在领域的最高权威。再版的《金枝》节本平装本，售价十先令，意味着除玛格丽特·米德以外，没有哪位人类学家作品的销量可以与之相比。"因此，利奇声称，他撰写此文的目的主要是为了探究两个问题："弗雷泽获得曾经巨大声誉的基础是什么？弗雷泽之后的人类学家对他的冷落和忽视是否应该？"[①]

经过分析，利奇认为，弗雷泽之所以能获得巨大的声誉，首先是弗雷泽占尽了"天时"和"地利"：他是一位苏格兰人，又在剑桥大学最富有的三一学院接受了最受时人尊重的古典学教育；《金枝》问世之时又恰逢人类学在剑桥牛津成为风尚之时；古典学者都遵从上帝，虽然弗雷泽的很多作品似乎有那么一点异端的意味，但他一直谨慎避免不去触犯禁忌；弗雷泽一生都以这种姿态待在那里，"弗雷泽也许已经是世界上最伟大的人类学家了，但他同时也没有让他的同事忘记，他还是一位杰出的古典学家"[②]。利奇强调弗雷泽苏格兰人的身份，主要是由于他认为是同为苏格兰人的史密斯使年轻的弗雷泽崭露头角；提到三一学院的富有，应该是指弗雷泽不用执教，亦可仅凭借自己的书斋写作获得丰厚的薪金。

其次，利奇认为，弗雷泽具备了"人和"的条件，即两位女人的"鼓吹"——弗雷泽的太太丽莉·弗雷泽和简·赫丽生。在利奇看来，前者极具社交手腕，给不善言辞生性木讷的弗雷泽安排了种种活动，使他出了名；古怪的后者对弗雷泽进行了不遗余力的推崇和鼓吹。当然最主要的还是前者，利奇甚至讥讽说，19 世纪末期剑桥三一学院的声誉因此完全可以来自于一位女人的支撑。因为在利奇看来，仅就弗雷泽本人的人类学研究来说，他根本不可能获得

① Edmund R. Leach and Herbert Weisinger, "Reputations," *Daedalus*, Vol. 90, No. 2, Ethnic Groups in American Life (Spring, 1961): 371 – 399.

② Edmund R. Leach and Herbert Weisinger, "Reputations," *Daedalus*, Vol. 90, No. 2, Ethnic Groups in American Life (Spring, 1961): 371 – 399.

如此巨大的声誉。他认为，弗雷泽的作品内容近乎百分之九十五都是从他人作品中抽取的材料，然后进行整理、分类和汇集，而弗雷泽却声称他对这些材料进行了"改进（improvement）"，并认为自己是忠实于其来源的，但这种"改进"实际上是灾难性的，他也许认为自己写作的是文学作品而非历史或科学著作，因为他通常看到的仅仅是他希望看到的。因此，"我对我第一个问题的回答是：从学术角度看，没有什么可以支撑弗雷泽巨大的学术声誉。他是一位勤奋的民族志材料阅读者和分类者，但他不是一位严谨的学者或具有创造性的思想家"①。

至于弗雷泽之后的人类学家对他的忽略，利奇认为，首要原因在于弗雷泽的诸多思想观念没有什么价值，尽管它们可能曾经激发了一些人的思考。他自称是社会人类学家，实际上他更感兴趣的是心理学而非社会学，然而他又一味地强调人类的基本心理可以从相似的习俗行为中反映出来，或者说相似的习俗往往具有相似的象征含义，根本不考虑它们所在的语境；尽管有时他认为文明人中不乏野蛮人，但总的来说，他认为现代白人与其原始人邻居在智力上存在着鸿沟；他是进化论者，但却很少关心人类的进步而是强调原始的迷信；他的材料不仅繁缛庞杂，不尽符合事实，而且不乏剽窃（plagiarism）与歪曲（distortion）之嫌；等等。利奇如此总结道："从专业的学术角度看，弗雷泽的任何一部人类学作品如今都已没有了直接的可读性，既无消遣价值也无启迪意义——它们仅仅只是些材料书籍而已——但并不是说，弗雷泽完全不配拥有巨大声誉。弗洛伊德、涂尔干、简·赫丽生、T. S. 艾略特、马林诺夫斯基以及一些其他领域的学者在一定的时期内从弗雷泽的作品中得到了启示，仅就这一点，他在英国学术史上仍可获得一席之地。"②

在《枝繁叶茂的大树枝》一文的开篇，赫伯特·维森格坦言，在当时的语境下，探讨《金枝》价值最需要的是勇气："如今，任何意欲维护《金枝》的人，只有放低姿态，才有可能得到认可"。③ 也就是说，必须承认弗雷泽的种种不足，如他从未将其双脚伸向过田野，坚持人类学材料的收集应该与研究分开

① Edmund R. Leach and Herbert Weisinger, "Reputations," *Daedalus*, Vol. 90, No. 2, Ethnic Groups in American Life (Spring, 1961): 371 - 399.

② Edmund R. Leach and Herbert Weisinger, "Reputations," *Daedalus*, Vol. 90, No. 2, Ethnic Groups in American Life (Spring, 1961): 371 - 399.

③ Edmund R. Leach and Herbert Weisinger, "Reputations," *Daedalus*, Vol. 90, No. 2, Ethnic Groups in American Life (Spring, 1961): 371 - 399.

进行，甚至是其神话类型学的缺陷，等等。"然而，所有这一切并不能否认这样的事实：与达尔文、马克思、弗洛伊德、爱因斯坦一样，弗雷泽也是现代思想的主要塑造者（Frazer remains a major shaper of the modern mind）"①。在维森格看来，弗雷泽的《金枝》与其他几位的著作一样，激起的不仅仅是知识阶层，也包括普通大众的想象力，极大地改变了他们的思想和观念，这种改变并非仅仅是通过理性的说教或者说只是态度上某种转变来实现的，而是以一种不易觉察的潜移默化方式实现的。

维森格认为，弗雷泽可以与达尔文、马克思、弗洛伊德和爱因斯坦并肩的理由主要在于，弗雷泽对神话与仪式问题的阐释之于现代人的启示。在维森格看来，弗雷泽是第一个赋予神话和仪式以坚实历史根基，并追本溯源，使其成形和连贯的人。《金枝》不仅仅只是神话的汇集，或者不相关的材料、故事或虚构的混成品，而是一部精心构筑的鸿篇巨制，容纳了广博庞杂、包罗万象的材料，以论述巫术、宗教、科学关系的方式，表达了对人类未来的不确定性。如同人们不能简单地将马克思、达尔文视为进化论者一样，弗雷泽对人类思想的所谓进化性实际上是充满疑虑的。

"弗雷泽并不是被人所讥讽的那样，是个书呆子或是天真的进化论者，对其终生所研究的人的态度也并不像理性主义者那般漠然或者蔑视。弗雷泽不仅看到了奥锡利斯、塔姆兹、阿提斯、阿都尼斯神话之间的区别……他还看到了人试图在宇宙中突破困境、寻求自我的努力；他同情这种百挠不懈、通常注定无果而终的努力；于其而言，这不过是一场悲剧，因为他洞悉到了这幕悲剧本来就始于虚幻、困于方向，而且几乎完全是人与人之间的角力与较量的性质；他预见到人的努力终将失败，不仅是由于人在面对问题（现实的不可知性）时所能使用的方法无效，也因为目标本身注定无果而终（宇宙本身是漠然的）；弗雷泽还从另一个层面洞悉了这场悲剧，即除了发现人自身的无谓挣扎之外，他还发现了人可能由此知晓自身会变得如何（尽管与弗洛伊德一样，他怀疑人不会真的如此）。"②

维森格声称，自己对弗雷泽的兴趣不在于其人类学家的身份，而在于他对时代想象力成功的感知能力、捕获能力和传递能力，这种能力赋予弗雷泽神话

① Edmund R. Leach and Herbert Weisinger, "Reputations," *Daedalus*, Vol. 90, No. 2, Ethnic Groups in American Life (Spring, 1961): 371–399.

② Edmund R. Leach and Herbert Weisinger, "Reputations," *Daedalus*, Vol. 90, No. 2, Ethnic Groups in American Life (Spring, 1961): 371–399.

制造者（myth-maker）的地位。维森格甚至认为，自叶芝起，几乎每位作家或评论家都或多或少、或直接或间接地受到了弗雷泽对时代与文化的深刻领悟力和独特的现代意识之影响。

在维森格看来，与达尔文、马克思、弗洛伊德的作品和爱因斯坦的理论一样，《金枝》迫使人类面对一个既非他自己也非其所崇拜的神所造就的广袤、漠然、险恶的世界。但是，如果说他们将人置于惶惑与恐惧之中的话，他们也给予了人应对这种惶惑与恐惧的手段：他们赋予其自然和历史进程中人的观念，是其中不可或缺的一部分，属于它们，既不优越或也不低劣、更不相异于它们——就在自然和历史之中。如果说达尔文突然将人置于了遥远的地质的过去，马克思将人置于历史的进程之中，弗洛伊德将人置于无尽的心理深渊之中，爱因斯坦使人在新的空间和时间观念中产生了敬畏感，弗雷泽则揭示了隐藏在人类过去与现在中的蒙昧。"就像达尔文将人与其生物性的过去进行了联系一样，马克思将人与其历史性的过去联系在一起，弗洛伊德将人与其心理的过去联系在一起，弗雷泽将人与其文化的过去联系在一起。通过这些联系，表明了自然、历史、与人曾经破裂又重铸的同一性关系……只要翻上《金枝》几页，它一丝不苟的文辞结构、汉德尔①式的生动措辞就能激起我们的恐惧与希望，引起我们的怜悯，激起我们的愤慨、恼怒、兴奋、不齿、高尚等情感，出现的实际上是一幕人为生存而挣扎的戏剧。就像人自己创造的死而复生的神一样，人陷入了与黑暗、死亡、邪恶力量的冲突，被打败，备受痛苦，遭受死亡，然而又获得重生，并以一种新的姿态庆贺其重生。随即这种循环又在一种更高层面上的成就中进行。弗雷泽由此创造了一种神话的神话（the myth of the myth）。"②

二、贾维与利奇的《金枝》之争

前文相关章节已经对贾维和利奇之间关于《金枝》写作性质的观点分歧有所涉及，此处主要论述二人有关《金枝》价值问题的论争。

由于 I. C. 贾维认为当时（20 世纪 60 年代）的人类学陷入"方法论"的泥沼，主要是马林诺夫斯基等人在二三十年代所发起的人类学"革命"所造成，这场"革命"不仅推翻了此前弗雷泽等人在书斋里进行的具有一定形而上意义

---

① 汉德尔（Handel），英籍德国作曲家。

② Edmund R. Leach and Herbert Weisinger, "Reputations," *Daedalus*, Vol. 90, No. 2, Ethnic Groups in American Life (Spring, 1961): 371 – 399.

的人类学研究，而且完全将人类学导向了所谓精密的田野实证"科学"研究——一种并非完全有效、实际上也没有彻底解决最初吸引人类学家进行有关人的研究的诸多问题，反而带来了一系列的问题，醉心于追求方法论即是一种。

贾维认为，马林诺夫斯基所倡导的田野方法不失为一种有效的方法，但它似乎已经失控。也就是说，马林诺夫斯基最初希望进行一种方法上的革命，期望能在人的研究问题上有所突破，并明确地提出了革命的目标：以对当代社会的研究取代先前人类学家对原始文化的研究，以精密科学的田野实证研究代替书斋式的推测研究，以对社会活动的研究取代弗雷泽式的信仰研究。然而，革命的结果却远远超出了预料：如同他们的作品所呈现的那样，马林诺夫斯基与弗雷泽的区别不仅仅体现在方法论层面，更重要的是，马林诺夫斯基将研究人的科学——人类学——导向了一种与哲学意义上的形而上研究无甚关系的精密实证科学研究。

"人的科学在马林诺夫斯基那里被扭曲成一种归纳论者和相对论者的科学，根本与人类同一性这样基本的形而上问题没有了明显的联系……在我看来，社会人类学之所以成为一门学科主要在于它对人及其社会的兴趣。但在他们（功能主义者）的观念中，这种兴趣却可以为科学的权威所驾驭。在探寻如何"科学化"他们的兴趣的过程中，他们实际上已经忘记了他们最初的兴趣到底是什么。他们为一种潜意识的自信所迷惑，然而又时常为自己科学方法的学习过程中是否有所遗漏而迷惑不解。人呢？他们问。'田野'便是他们得到的回答。"[1]

对于贾维来说，现代人类学所倡导的田野方法，并没有完全解决最初吸引人类学家进行的有关人的研究的相关问题。相反，弗雷泽式的人类学，在一定程度上承袭了自柏拉图和亚里士多德以来一直延续到启蒙时期关于人的形而上层面的思考，虽然其解释效度可能有限，但却显示了一种对人类历史整体性和普遍性情境进行解释的努力，这种意图和努力对人类学不可或缺的形而上意义上的人的研究来说，具有不可低估的意义和价值。因此，贾维明确倡导，社会人类学的研究应该进行一场"回向弗雷泽"的运动。

贾维这种试图对弗雷泽做出正面评价的努力激起了利奇的讥讽。1965 年，利奇撰文《论"奠基之父"》，对弗雷泽进行了更为严厉的指责，认为弗雷泽完全不考虑社会语境，将这里那里的习俗材料收集在一起，在《金枝》中堆砌了一堆翻捡来的材料，这不过是一只"贪婪的图书馆鼹鼠"（a voracious library mole）的作为罢了。贾维应该为他对弗雷泽的比较方法、书斋里的研究方式，

---

① I. C. Jarvie, *The Revolution in Anthropology*, London: Routledge, 2002, pp. 174 – 175.

甚至是《金枝》写作风格的欣赏感到脸红。利奇还认为，弗雷泽作为人类学家的地位在 1910 年《金枝》第三版开始出版时就已结束，其理论贡献根本不值一提。其在公众中的声誉并不意味着职业圈内的尊重。"在一个狭小的专业人类学范围内，弗雷泽是杰出的、也是令人钦佩的，但他的理论贡献却不值得一提。他言辞木讷，没有教职，也没有学生，其名声所依靠的不过是他出版的作品而已。"① 而贾维在 1966 年又撰文《学术制造与谋杀祖父：保卫弗雷泽》，回应利奇对弗雷泽的诋毁，认为利奇实际上是在号召人们加入他诽谤弗雷泽的行列，弗雷泽也许已经成为英国社会人类学"学术制造"（academic fashion）的牺牲品。② 利奇又在同年 5 月回应了贾维对弗雷泽的捍卫。双方的这场论争引起了英国、美国、印度等国的人类学家如埃德温·阿德纳、J. H. M. 贝蒂、厄内斯特·吉纳尔、K. S. 马修、康斯坦丁·西蒙斯·苏蒙诺勒维茨③等人类学家的讨论（甚至在苏蒙诺勒维茨和利奇之间又发生了论争），各方就弗雷泽的贡献、《金枝》的价值和影响问题以及由此涉及的人类学诸方面问题，乃至弗雷泽与马林诺夫斯基微妙的私人关系问题各执一词，赞同利奇的，支持贾维的，号召争论双方保持冷静的，不一而足，形成了一场被利奇称为是英国学术界的"学术混战"（academic in-fighting）。④

然而，这场争论的余波甚至一直延续到了 20 世纪 80 年代中期，作为弗雷泽的一贯维护者，贾维随后的一些文章中不时为弗雷泽的书斋研究进行辩解，如 1984 年的一篇会议论文中，他又一次表达了对弗雷泽书斋方式之于人的研究所具有的特有优势和价值的欣赏。⑤ 而利奇 1985 年从在剑桥大学人类学职位退休后，首次参观了位于罗马东南十五英里处的内米狄安娜神庙后，他写了一篇《内

① Edmund Leach, I. C. Jarvie, Edwin Ardener, J. H. M. Beattie, Ernest Gellner, K. S. Mathur, "Frazer and Malinowski: A CA Discussion [and Comments and Reply]," *Current Anthropology*, Vol. 7, No. 5 (Dec., 1966): 560 – 576.

② Edmund Leach, I. C. Jarvie, Edwin Ardener, J. H. M. Beattie, Ernest Gellner, K. S. Mathur, "Frazer and Malinowski: A CA Discussion [and Comments and Reply]," *Current Anthropology*, Vol. 7, No. 5 (Dec., 1966): 560 – 576.

③ Konstantin Symmons Symonolewicz and Edmund Leach, "On Malinowski, Frazer, and Evolutionism," *Current Anthropology*, Vol. 9, No. 1 (Feb., 1968): 66 – 68.

④ Edmund Leach, I. C. Jarvie, Edwin Ardener, J. H. M. Beattie, Ernest Gellner, K. S. Mathur, "Frazer and Malinowski: A CA Discussion [and Comments and Reply]," *Current Anthropology*, Vol. 7, No. 5 (Dec., 1966): 560 – 576.

⑤ I. C. Jarvie, "Anthropology as Science and the Anthropology of Science and of Anthropology or Understanding and Explanation in the Social Sciences, Part II," *PSA: Proceedings of the Biennial Meeting of the Philosophy of Science Association*, Vol. 1984, Volume 2: Symposia and Invited Papers (1984): 745 – 763.

米之旅反思：弗雷泽错了吗?》的短文，刊登在《当代人类学》上。① 利奇将他的这次旅行称为朝圣（pilgrimage）之旅，因为内米狄安娜神庙及其传说中奇特的祭司继位制度是弗雷泽社会人类学著作《金枝》的起点，也被认为是西方人类学的圣地。但利奇用"朝圣"一词显然是带着嘲讽口吻的，因为他认为，弗雷泽的《金枝》对这里的祭司制度的解释由于忽略了人类动机行为中的经济因素而完全是错误的。在他看来，如果以经济因素来解释这里的祭司制度的话，也就是说，祭司冒着随时可能失去生命的危险守护这里的目的是为了这里巨大的财富的话，那么，弗雷泽故事中的大多数神秘之事就完全站不住脚了。不难看出，利奇的"反思"是他多年后又一次试图从根本上瓦解《金枝》主旨的努力。

三、本次论争与人类学发展的关联性

贾维对弗雷泽的维护可以说是西方人类学界自弗雷泽去世以后，第一次有人试图从人类学领域对其人类学研究方法及其作品进行正面的评价，但从这种努力所招致的激烈批评和攻击即可看出，西方主流人类学界在 1922 年之后特别是 1941 年之后对弗雷泽的质疑和抵制之强烈。马林诺夫斯基和布朗等人经过 20 年代的人类学"革命"后，结构功能主义人类学逐步替代了弗雷泽式的书斋人类学范式，到 1945 年前后完全确立（1922—1945）并进入了一个黄金时期（1945—1970），因此，贾维和利奇之间发生的有关弗雷泽人类学研究及其作品《金枝》的价值论争问题，正是结构功能主义人类学大行其道之时。贾维将弗雷泽在人类学历史上地位的衰落归结为马林诺夫斯基等人的"弑父"革命，这种说法不免有些极端，但从另一个方面反映出西方人类学在黄金时期对弗雷泽的"遗忘"和"冷冻"程度之深。利奇是英国人类学黄金时期著名的主流人类学家，早年在剑桥大学接受工程学和数学教育，曾经与马林诺夫斯基有过直接的接触，对于他来说，英国人类学曾经为弗雷泽式的扶手椅上的人类学家所控制，完全可以说是"英国社会人类学不堪回首的往事"②。正如斯特拉斯恩所承认的那样，她那一代人完全是在弗雷泽根本不具可读性的教育中成长的③，对于利奇

---

① Edmund Leach, "Reflections on a Visit to Nemi: Did Frazer Get It Wrong?" *Anthropology Today*, Vol. 1, No. 2 (Apr., 1985): 2 – 3.

② Edmund R. Leach, "Glimpses of the Unmentionable in the History of British Social Anthropology," *Annual Review of Anthropology*, Vol. 13, (1984): 1 – 23.

③ Strathern, Marilyn., M. R. Crick, Richard Fardon, Elvin Hatch, I. C. Jarvie, RixPinxten, Paul Rabinow, Elizabeth Tonkin, Stephen A. Tyler, George E. Marcus, "Out of Context: The Persuasive Fictions of Anthropology [and Comments and Reply]," *Current Anthropology*, Vol. 28, No. 3 (Jun., 1987), pp. 251 – 281.

来说，弗雷泽的人类学仅具有限的资料意义，《金枝》不仅不具可读性，而且没有任何价值，"图书馆贪婪的鼹鼠""镀金的小树枝"这样轻蔑的讥讽似乎是再也正常不过了。即使是有贾维这样弗雷泽的坚定维护者，但在英国人类学黄金时期，或者说西方人类学为结构功能主义人类学的科学范式的笼罩之下，任何试图正面评价弗雷泽及其《金枝》的努力自然难免都会遇到来自各个方面的压力和抵制了。而一个可以讨论弗雷泽及其《金枝》价值相对较为宽松的环境的出现，要等到人类学"表述危机"出现、后现代主义人类学家对马林诺夫斯基之后的民族志写作进行检讨和反思之后了。

第二节　人类学"说服性虚构"抑或"写文化"人类学文本

"人类学说服性虚构"（The persuasive fictions of anthropology）是玛丽琳恩·斯特拉斯恩在其所撰之文《语境之外》中对弗雷泽人类学文本性质的评价。在她看来，弗雷泽不考虑语境地对人类学材料进行并置和堆砌，其人类学作品虽然近乎是一种"混成品"的特征，但由于其一味地叠加、重复、并置材料，并在一定程度上使用了反讽的修辞手法，因此其作品具备了一种"说服性虚构"或者说是"小说"才可能产生的文本力量，虽然在他那个时代风靡一时，但最终不免为后来的现代主义科学民族志所替代。斯特拉斯恩视弗雷泽人类学作品为"说服性虚构"，乃是针对20世纪80年代出现的民族志写作反思思潮中出现的重读弗雷泽现象而论的。这些反思者们认为，人类学写作或者说是民族志的生产，本身即是一种写作过程，不可避免地与人类学家本身的主体性密切相关。在他们看来，弗雷泽的人类学作品特别是《金枝》本身就是一部典型的"写文化"人类学文本。斯特拉斯恩和后现代主义人类学家之间围绕《金枝》文本性质发生了一场论争。此节借用斯特拉斯恩的"人类学说服性虚构"和后现代主义者"写文化"的说法，并以他们的论争为主线，对西方人类学有关《金枝》文本性质的讨论进行简单概括。

一、"重读弗雷泽"现象

斯特拉斯恩的《语境之外》一文是针对始于20世纪70年代末期到80年代中期达到高潮的人类学写作反思思潮而作的。在这种反思思潮之下，马林诺夫斯基之前的一些并非建立在直接田野观察经验基础上的"扶手椅上的人类学家"的人类学著作被重新检视，现代主义人类学对这些作家作品的忽视冷落乃至敌意的攻击，为这些后现代主义人类学学者所摒弃，他们开始重读这些著作，反思现代主义人类学的过激做法。其中，弗雷泽的人类学著作及其修辞引起的讨论和争议甚为激烈。

首先是美国康奈尔大学人类学教授 J. A. 布恩 1982 年对弗雷泽的重读。布恩认为，马林诺夫斯基对"科学"人类学作品写作的要求使弗雷泽的风格成为一种陈腐的过往，弗雷泽式的人类学首先是被一种新的写作所替代。弗雷泽的作品具有马林诺夫斯基之后的功能主义人类学所没有的反讽特征，他的文本虽缺乏逻辑，但却通过材料文献的罗列和汇集使难以置信的仪式变得可信，获得了一种特别的文本力量。① 布恩随后在《同为功能主义的写作：弗雷泽/马林诺夫斯基作品的符号学意义》一文中，直接表明他写作此文的目的就在于撼动马林诺夫斯基和弗雷泽作品之间的界限。他认为，无论功能主义田野者经历的是异域的何种文化实践，他们必须通过写作对其进行解释，而所有的写作都是通过"表述"进行意义解释的符号转换系统。基于"在现场"的田野观察也不例外。因此，田野不仅是一种做的方式，也是一种写的策略、一种文本组织方式、一种由民族志话语所构建的想象。从这个意义上来说，田野也是一种"虚构"。同为文化阐释文本，弗雷泽式人类学作品如《金枝》固然有其缺陷，但马林诺夫斯基式就一定完美无缺吗？布恩如此追问：人类学写作难道一定要在弗雷泽式或马林诺夫斯基式之间做出选择吗？它为什么不可以是一个多元的复数体系？②

而以研究英国人类学史见长的乔治·斯托金也在 1984 年指出，虽然弗雷泽是典型的"扶手椅上的人类学家"，但他却通过将文化遗存镶嵌进理性的实用主义之中，赋予人类非理性的信仰和习俗以理性意义。③ G. 费利-哈尼克（1985）则认为《金枝》是一部隐喻性作品，通过讲述以杀戮维持繁盛的故事，弗雷泽将祭司/国王的牺牲作为理解维多利亚时代在基督教表面繁盛掩盖下的非理性和暴力的比喻。④

① J. A. Boon, *Other Tribes, Other Scribes: Symbolic Anthropology in the Comparative Study of Cultures, Histories, Religions, and Texts*, Cambridge: Cambridge University Press, 1982.

② Boon, J. A. Functionalists write, too: Frazer/Malinowski and the Semiotics of the Monograph, *Semiotica*, 46: 131 – 149, 1983.

③ G. W. Stocking (ed.), *Functionalism Historicized: Essays on British Social Anthropology*, Madison: University of Wisconsin Press, 1984, p183.

④ G. Feeley-Harnik, "Issues in Divine Kingship," *Annual Review of Anthropology*, Vol. 14 (1985): 273 – 313.

南非开普敦大学人类学教授罗伯特·J. 桑顿（1985）则认为，马林诺夫斯基的《西太平洋上的航海者》在主题、结构、修辞方面对弗雷泽的《金枝》和康拉德的《黑暗的心》刻意借鉴和模仿，马林诺夫斯基看到了弗雷泽和康拉德作品中的文学想象是真实民族志修辞的关键，并意识到为了作品的被理解，作者必须激起和引导读者的想象。他实际上是刻意地进行了这些诸多方面的处置，即通过一系列比喻的应用、生动的描写、冒险的叙事、意外的叙述、场景的唤起等，成功地激起了读者的想象，也因此获得了成功。① 桑顿实际上是以此说明民族志的写作离不开文学修辞与想象，修辞和想象是民族志获得完整性的手段，也是读者理解客体文化"整体"的关键，即使是曾经以"革命"推翻了弗雷泽式的人类学范式与写作的马林诺夫斯基也不例外。

J. A. 布恩、G. 费利－哈尼克、罗伯特·J. 桑顿等人就弗雷泽的作品特别是《金枝》的修辞风格和隐喻性本质作为民族志的文本力量的讨论，大多都刊登在西方权威人类学杂志上，如《人类学年鉴》《现代人类学》等，融入愈来愈烈的反思思潮当中，对当时的传统人类学构成了一种挑战。

显然，玛丽琳恩·斯特拉斯恩在其《语境之外——人类学的说服性虚构》一文中所说的，"有人认为随着人类学发展语境的变化，弗雷泽应该被重新对待"而要求她发表对弗雷泽人类学写作的看法，即指这股反思思潮中出现的上述重读弗雷泽现象。这股反思思潮自20世纪70年代后期开始出现，主要对马林诺夫斯基之后的人类学写作进行检讨，到20世纪80年代中期达到高潮，以詹姆斯·克利福德和乔治·E. 马库斯编著的《写文化——民族志的诗学与政治学》②，以及后者和米开尔·M. J. 费彻尔合著的《作为文化批评的人类学——一个人文学科的实验时代》③ 在1986年的同年出版为标志。对于这股"不知力量从何而来，目标究竟何在，来势汹汹却意图不明"④ 的反思思潮，西方人类学

① Robert J. Thornton, "'Imagine Yourself Set Down…'": Mach, Frazer, Conrad, Malinowski and the Role of Imagination in Ethnography," *Anthropology Today*, Vol. 1, No. 5（Oct., 1985）: 7 – 14.

② J. Clifford and G. E. Marcus（eds）, *Writing culture*, Berkeley and Los Angeles: University of California Press, 1986.

③ George E. Marcus and Michael M. J. Fisher, *Anthropology as Cultural Critique*, Illinois: Chicago University Press, 1986.

④ Richard Fardon, in Marilyn Strathern, M. R. Crick, Richard Fardon, Elvin Hatch, I. C. Jarvie, Rix-Pinxten, Paul Rabinow, Elizabeth Tonkin, Stephen A. Tyler, George E. Marcus', "Out of Context: The Persuasive Fictions of Anthropology [and Comments and Reply]," *Current Anthropology*, Vol. 28, No. 3（Jun., 1987）: 251 – 281.

界"有人提倡（或者说仅限于讨论），有人恼怒，有人困惑"①。因此，斯特拉斯恩的《语境之外》可以说是对这股反思思潮进行的回应，她既对弗雷泽作品作为人类学文本不具"科学性"进行了一种温和的批评，同时也是对后现代主义人类学写作和反思的一种嘲讽。

二、人类学"说服性虚构"与"写文化"文本

斯特拉斯恩的这种批评和嘲讽引起了诸多西方人类学家的关注和回应。这可以说是一场吸引了西方人类学主要学术目光的大讨论，参加者包括美国、加拿大、英国、澳大利亚、比利时等国的多位人类学家，包括《写文化——民族志的诗学与政治学》中几篇论文的作者如保罗·拉比诺、斯蒂芬·A. 泰勒和乔治·E. 马库斯，以及先前与利奇曾发生过激烈论争的 I. C. 贾维等人，就弗雷泽人类学写作的修辞特点、与现代主义人类学"科学"著作的区别以及与后现代主义人类学写作的修辞情境的异同展开讨论。

斯特拉斯恩承认，英国社会人类学的历史表明，弗雷泽和马林诺夫斯基之间的确存在一条巨大的鸿沟，现代英国人类学清楚地知道它自己不仅是非弗雷泽式的而且应该是激烈反对弗雷泽式的，社会人类学已经习惯于嘲笑弗雷泽，他的研究早已过时，他在一定程度上成为笑柄，她这一代人类学家的确是在"弗雷泽根本不具可读性"的教导下成长的。而当下的弗雷泽问题实际上在一定程度上反映了人们关于人类学写作问题的一种思考，现代主义人类学家将弗雷泽的观念和方法置于他们自己的社会语境之中，认为弗雷泽未能成功地阐明和解释这些概念，而民族志写作反思背景下的后现代主义者受他们自身语境的启发，恢复了过去人类学家作品中的各种反讽，包括弗雷泽。如果说现代主义人类学对弗雷泽的冷落和嘲笑是脱离了弗雷泽的语境的话，那么后现代主义人类学则是操弄了一种民族志写作的语境，在这种语境下他们对弗雷泽产生了一种亲和感。但如果以他作品中的文学技巧来分析的话，弗雷泽实际上在这两种语境之外，要彻底理解弗雷泽，必须将其置于其语境之中：弗雷泽以他那个时代的人类学处理材料的自信方法使他的人类学材料脱离特有的社会语境，从而建立了一种特别的作者、读者和客体关系，获得了某种文本权威，他的人类学作

---

① M. R. Crick, in Marilyn Strathern, M. R. Crick, Richard Fardon, Elvin Hatch, I. C. Jarvie, Rix-Pinxten, Paul Rabinow, Elizabeth Tonkin, Stephen A. Tyler, George E. Marcus', "Out of Context: The Persuasive Fictions of Anthropology [and Comments and Reply]," *Current Anthropology*, Vol. 28, No. 3 (Jun., 1987): 251 - 281.

品因此成为一种"具有说服性的人类学虚构"。然而，尽管对很多非人类学家来说，没有人，甚至是马林诺夫斯基都不能取代他的地位，弗雷泽的作品的确具有令人类学家惊讶不已的影响力，但更令他们惊讶的是，弗雷泽这么多年以来——或者说从未——在这一学科史上获得令人尊重的地位。那么，问题是，现代人类学家是如何明确地将弗雷泽建构为一个不属于他们时代的人？这么多人都读《金枝》，现代人类学家却认为他不具可读性？

斯特拉斯恩认为，贾维把弗雷泽式的人类学地位的衰落归咎于马林诺夫斯基等人的人类学革命显然是有失公允的。从人类学后来的发展来看，人类学在20世纪二三十年代的发展的确显示出一种与弗雷泽式的人类学进行竞争的态势，特别是在田野问题上。田野观察意味着研究客体的实践可以被立即记录下来，马林诺夫斯基和布朗等人认为，一种文化中的某种习俗一定与这种文化中别的习俗相关。也就是说，为解释某种习俗，他们不是转向其他文化的此类习俗而是这种文化的其他方面，社会可以被看作是一个系统和结构，他们的比较是独立系统之间的比较。而弗雷泽式的比较是将不同文化中的习俗收集在一起，经过分析比较证明人类思维方式是相同的。因此，弗雷泽的比较方法首先受到了现代主义人类学的抵制。

现代主义人类学家也抵制弗雷泽的叙事结构，其作品被指责为过于文学化。他不考虑内在完整性地对民族志材料进行任意肢解，将事件、行为、信仰、仪式从产生它们的语境中剥离，这是其《金枝》最受争议的一点，也是令现代人类学家恼火的风格，他的"比较社会学"只有在世界文化的语境中才有意义。而马林诺夫斯基等人的人类学则聚焦具体文化中的具体实践，进行的是精细化的科学观察和科学写作，他们摒弃了弗雷泽过于文学化的叙事结构和写作风格。

至于后现代主义人类学，在斯特拉斯恩看来，通过对现代主义人类学家"掌控"田野和解释材料之"权威"的指责，将民族志该如何书写变成了人类学的关键，他们"操弄"（play with）了一种语境。在他们那里，从其他文化回来的田野观察者通常所用的那种为研究客体代言的口吻来写作的方式显然是令人不快的，作者缺席但却刻意隐藏在文本背后，其文本看似展现的是特定的人们及其他们的文化，但其中却潜藏着作者无处不在的"民族志权威"。不管现代主义人类学家们实际上是不是这样做的，后现代主义人类学家却声称，他们这样的做法令人反感。

斯特拉斯恩承认，现代人类学在过去的一二十年间确实遭遇到了某种困境，其中之一就是在共时性框架中对差异进行描述，不可避免地导致了一种二分法，即在我们/他们之间出现了一种界限，这种界限或者说是差异成了人类学家自身与其所描述对象之间关系的主导语境，难以消弭。后现代主义者主要是抓住了这一点，向民族志的权威发起了挑战。理想的风格不是表述，而是"表述的表述"（representation of representations）。① 在对人类学历史的审视中，他们发现，在马林诺夫斯基之前，实际上就存在这样的人类学表述方式，比如说，弗雷泽的《金枝》等作品。由于后现代主义者实际上是在操弄一种语境，据说是要使界限模糊，摧毁二分法的结构框架，并置多种声音，以使作品和作者都变得具有可信性，以便读者借助言说者的地位和语境来选择自己的理解方式。也就是说，后现代主义者希望在作者、读者和客体之间建立一种新的相互关系，希望读者能在客体文化语境中与之互动。在斯特拉斯恩看来，无论后现代主义者对语境的操弄是否具有意义，弗雷泽的作品性质实际上并不在他们所操弄的语境之内。他的作品过于文学化，他像一位挑选材料的美学家一样，不仅将材料从它们的语境中剥离，而且任意地进行并置、堆砌、想象、比较，具有一定的文本力量，显示出一种混成品的特征。因此，他至多只是一位后现代主义允许人们赞同和支持的人。②

斯特拉斯恩承认弗雷泽对英国社会人类学的贡献和推进以及启发性影响，但她认为，后现代主义人类学对民族志文本的反思只能使弗雷泽成为一个人们可能会赞同和支持的人，而不是一个人们真正希望回归的人。她如此总结道："对于人类学的发展来说，弗雷泽既值得尊敬又是个幽灵"。斯特拉斯恩不无担忧地写道，如果说马林诺夫斯基真是以一场革命取代了弗雷泽的话，那么后现代主义人类学正在做的正是类似于六十年前马林诺夫斯基之所为。斯特拉斯恩此文在提醒人类学界不能将弗雷泽的文本性质放入一种非此即彼的二元对立之中来评判的同时，也是对弗雷泽的作品作为人类学文本不具"科学性"的一种温和批评，同时也是对后现代主义人类学写作和反思的一种嘲讽。

斯特拉斯恩所撰之文不仅是对当时出现的重读弗雷泽现象的一种回应，更是对后现代主义人类学"操弄"语境、"制造"焦虑的一种不满和讽刺。对于民族志写作修辞争论甚为激烈的 1987 年来说，斯特拉斯恩这种充满火药味的讥讽无疑是一石激起千层浪，相对于二十年前那场针锋相对、你来我往的激烈争论

---

① 参见詹姆斯·克利福德、乔治·E. 马库斯编：《写文化——民族志的诗学与政治学》，高丙中、吴晓黎、李霞等译，商务印书馆 2006 年版，第 285—314 页。

② Marilyn Strathern, M. R. Crick, Richard Fardon, Elvin Hatch, I. C. Jarvie, RixPinxten, Paul Rabinow, Elizabeth Tonkin, Stephen A. Tyler, George E. Marcus, "Out of Context: The Persuasive Fictions of Anthropology [and Comments and Reply]," *Current Anthropology*, Vol. 28, No. 3 (Jun., 1987): 251 – 281.

来说，这次论争虽然比较温和理性，但也充满了一种显而易见的张力，争论的焦点已经从弗雷泽作品的修辞及其价值问题，扩大到对现代功能主义人类学的检讨和重估，以及一种新的人类学修辞情境究竟是否应该出现等问题的讨论。

比利时人类学家瑞克·皮克斯顿（Rik Pinxten）认为，虽然后现代主义人类学家和弗雷泽之间的确有一种斯特拉斯恩所说的"亲和"感，但后现代主义人类学对马林诺夫斯基以来的人类学话语所进行的反思并不是意味着要回向弗雷泽，毕竟，后现代主义人类学所使用的观念要远比弗雷泽时代复杂得多。加利福尼亚大学人类学系的埃尔文·赫奇认为弗雷泽和后现代主义者的共同之处在于：作者不再是读者和客体之间的中介。但弗雷泽是通过作者的权威拉近了作者和读者之间的距离，疏远了作者和人类学客体之间的距离，后现代主义者希望的则是隐藏或削减作者权威，让读者参与作者和客体间的对话，或者与客体直接互动。弗雷泽式的人类学修辞不可能自我批评，而后现代主义民族志修辞情境最大的优势在于自我批评和反思。① 澳大利亚迪肯大学的 M. R. 科瑞克（M. R. Crick）认为，无论人类学写作会不会回向弗雷泽式的人类学修辞，人类学必须反思目前这种反思思潮得以产生的学术环境。②

斯蒂芬 A. 泰勒（Stephen A. Tyler）和乔治·E. 马库斯（George E. Marcus）则认为，尽管马林诺夫斯基有意借鉴弗雷泽的修辞，但他们代表的是完全不同的文本类型：弗雷泽以讽喻和阐释性的风格"用不同的方式讲述一个故事"，其文本通常将令人难以理解的异域因素以希腊怀疑论传统和西方传统的修辞方法，归置成一种话语，调和了基督教与异教、野蛮与文明、希腊与希伯来、东方与西方、自我与他者之间的不同；反过来又在西方的传统下反对它自身——以诸如进化论之类的观念对西方自身进行讽喻，投射的是一种元叙事和宏大叙事的集权情节，其平实风格形成了一种特别的文本权威，从而吸引了他那个时代的众多读者。马林诺夫斯基则以象征和辩证性的风格用"同一种方式来讲述许多不同的故事"，刻意以一种模仿异域文化的科学话语写作，由于担心文

① Pinxten, Rik. in Marilyn Strathern, M. R. Crick, Richard Fardon, Elvin Hatch, I. C. Jarvie, Rix-Pinxten, Paul Rabinow, Elizabeth Tonkin, Stephen A. Tyler, George E. Marcus, "Out of Context: The Persuasive Fictions of Anthropology [and Comments and Reply]," *Current Anthropology*, Vol. 28, No. 3 (Jun., 1987): 251 –281.

② Crick, M. R. in Marilyn Strathern, M. R. Crick, Richard Fardon, Elvin Hatch, I. C. Jarvie, Rix-Pinxten, Paul Rabinow, Elizabeth Tonkin, Stephen A. Tyler, George E. Marcus, "Out of Context: The Persuasive Fictions of Anthropology [and Comments and Reply]," *Current Anthropology*, Vol. 28, No. 3 (Jun., 1987): 251 –281.

本的可理解性而时常刻意隐藏其文本化策略，因而缺乏传统阐释性文本的互文性，其文本只是特罗布里恩德群岛的投射，就像它没有文本伴随似的，它对弗雷泽式的传统人类学话语是蔑视的，而且极具破坏性，从而走向了一种曲意迎奉、夸夸其谈的科学话语。然而，无论是讽喻和阐释还是象征和逻辑，都没有取得一种绝对的主导地位，他们的文本实践也证明二者之间的鸿沟并非不可逾越。斯蒂芬·A. 泰勒和乔治·E. 马库斯进而指出，后现代主义正在进行的人类学写作反思并非企图以一场马林诺夫斯基替代弗雷泽式的革命来代替现代主义人类学，或者是恢复弗雷泽式的反讽，而是期望民族志能回归诗的语境和功能，成为一种多声部的互文性文本：不是弗雷泽式的对确实性的肯定或者马林诺夫斯基式的对互文性的抵制，也不是以"一种方式讲述多种故事"或"多种方式讲述同一个故事"，而是一种以"多种方式讲述多个故事"的自由声音。①

由此可见，即使是后现代主义人类学真的如斯特拉斯恩所说，是操弄了一种语境，而且是在这种语境中，他们对弗雷泽的作品特别是《金枝》产生了一种"亲和"感的话，那么，这种"亲和"是一种重读和发现，而不是重建和回归。然而，斯特拉斯恩对这种"亲和"及其可能会产生的历史导向表现出的担忧和不满，一方面体现了弗雷泽及其《金枝》在西方人类学界的地位和影响的复杂性，另一方面也表明了《金枝》的文本性质的确已经成为西方人类学写作历史语境发展变化中的一个时常无法回避的问题。

三、本次论争与人类学发展语境变化的关联性

从总体上看，20 世纪 80 年代中期，西方人类学界出现的这场有关《金枝》的论争的确与西方人类学自身发展的语境变化密切相关。1922 年《西太平洋上的航海者》的出版，标志着以马林诺夫斯基为代表的结构功能主义人类学开始确立，其从确立期（1922—1945）发展到黄金期（1945—1970），完全雄霸了西方人类学界半个多世纪。结构功能主义人类学倡导"在现场"的田野观察和"科学"民族志的写作范式，弗雷泽式的书斋里的人类学完全被抛弃，成为一种陈腐的过往。弗雷泽本人及其作品在人类学界完全被冷落，即使偶有指涉，也是被作为英国社会人类学的反面教材，正如斯特拉斯恩所说的那样，包括她在

---

① Stephen A. Tyler and George E. Marcus, in Marilyn Strathern, M. R. Crick, Richard Fardon, Elvin Hatch, I. C. Jarvie, RixPinxten, Paul Rabinow, Elizabeth Tonkin, Stephen A. Tyler, George E. Marcus, "Out of Context: The Persuasive Fictions of Anthropology [and Comments and Reply]," *Current Anthropology*, Vol. 28, No. 3 (Jun., 1987): 251–281.

内的那一代人类学家，都是在"弗雷泽根本不具可读性的教育下成长的"。

然而，讽刺的是，马林诺夫斯基长期秘而不宣、用波兰语写作的特罗布里恩德岛田野日记的最终出版①，让西方人类学界既震惊又尴尬。而结构功能主义人类学发展的实践也表明，田野并不是万灵药，"在现场"的田野观察的"科学性"以及民族志写作的"客观性"并非毫无瑕疵，马林诺夫斯基式的"透明"②民族志也可能只是一种虚幻。人类学必须面对自身特别是民族志范式出现的"表述危机"③（crisis of representation），田野叙述的独断和"透明"民族志的虚幻逐渐被打破。到 20 世纪 70 年代后期，西方人类学界开始出现了一系列田野工作反思作品，如保罗·拉比诺的《摩洛哥田野作业反思》（1977）和让-保罗·杜蒙特的《头人与我》（1978）等，公开对现代主义民族志研究过程和写作范式进行激烈批评。《写文化——民族志的诗学与政治学》和《作为文化批评的人类学——一个人文学科的实验时代》在 20 世纪 80 年代中期的同时出版则可以看作是西方人类学又一次转向的标志。如果说马林诺夫斯基颠覆了以弗雷泽为代表的"扶手椅上的人类学家"的书斋里的研究的话，号召人类学家走出扶手椅，迈向田野，那么，克利福德、马库斯、费彻尔等人则试图打破后马林诺夫斯基式"科学"田野的独断和虚幻，聚焦于田野之后人类学文本的生产和制造，讨论现代主义人类学竭力抵制和回避的民族志的修辞性、虚构性、主观性和寓言性，迫使人类学家正视和面对民族志的诗学和政治学性质。自此，西方人类学自弗雷泽以来所倚重的中心变化轨迹清晰可见：书斋→田野→文本。由此可见，后现代主义人类学对民族志文本性质的讨论在一定程度上是对结构功能主义田野独断的一种检讨和反驳，在这种语境下，他们重拾了弗雷泽。显然，这种"亲和"是一种重读和发现，而不是重建和回归。然而，斯特拉斯恩对这种"亲和"及其可能会产生的历史导向表现出的担忧和不满：一方面体现了弗雷泽在西方人类学界的地位和影响的复杂性；另一方面也说明了西方人类学在自身发展过程中必须自我反思，做出必要的自我批评和自我调适，才有可能正视无论来自何处——不可避免的张力和挑战。

---

① Bronislaw Malinowski, *A Diary in the Strict Sense of the Term*, New York：Harcourt, Brace, & World, 1967.

② Marc Manganaro, "'*The Tangled Bank*' Revisited：Anthropological Authority in Frazer's *The Golden Bough*," *Yale Journal of Criticism* 39. 17（Fall 1989）：107 - 126.

③ 乔·E. 马库斯. 米开尔·M. J. 费彻尔，《作为文化批评的人类学——一个人文学科的实验时代》，王铭铭、蓝达居译，生活·读书·新知三联书店 1998 年版，第 25 页。

结　语

一百多年来，西方学界关于《金枝》及其影响的"魔杖"与"阴影"之类迥异的批判一直如影随形，毁誉参半，难成定论。然而，无论是历经"革命""遗忘"还是"冷冻"，《金枝》似乎就像弗雷泽在其中所描写的季节神那样，不会一直被湮没或潜入地下而失去生命力，总能重新露出勃勃生机，也许这正是《金枝》作为经典能够历久弥新的魅力所在。

如果真如利奇所说，《金枝》只是"镀金的小树枝"，或者是如阿克曼所言，《金枝》在 1911 年之后"越来越像一条搁浅的鲸鱼"，影响力开始逐渐减弱，那么，及至今日《金枝》应该早就已经被完全湮没，或者已经被完全抛弃。事实上却恰恰相反，一百多年后的今天，它依然绽放着金色的光芒，虽然光芒或许已经不再那么耀眼，却因经过时间的沉淀多了一份氤氲之感。也许玛丽·贝尔德所言不虚，"其重要性不再是它说了什么，而在于它是什么"[①]。因此，"魔杖"也好，"阴影"也罢，我们需要对西方学界有关《金枝》及其影响批评的主要问题域和限度进行反思，以利相关问题的深入理解与认识。

一、"魔杖"和"阴影"

从总体上看，《金枝》在西方的影响具有多领域性和多学科性，其影响和价值在人类学自身之外得到了极大程度上的肯定，但在人类学领域，《金枝》的境遇较为复杂，这种境遇变化主要与人类学语境的发展变化密切相关。就其影响范围和领域而言，如同本书或详或略所呈现的，《金枝》在古典学、宗教学、文学、社会学、心理学、政治学、哲学等领域，都产生了不同程度上的影响。这种影响可以看作是其代表人类学对其他社会科学所做出的较早的贡献。毫无疑问，泰勒是人类学的鼻祖和泰斗，但其《原始文化》的影响主要是在人类学领

[①] Mary Beard, "Frazer, Leach, and Virgil: The Popularity (and Unpopularity) of the Golden Bough," *Modes of Comparison: Theory and Practice*, Aram A. Yengoyan (ed.), Ann Arbor: The University of Michigan Press, 2006, pp. 178 – 179.

域，其在自身领域之外的影响并不十分直接，或者说，得以凸显的时间较晚；而博厄斯的人类学学统对其他领域的影响，主要则是后来通过其弟子本尼迪克特、玛格丽特·米德等人来实现的。因此，正如本书导论所言，就人类学成就向其他学科领域"入侵"和渗透的时间、范围、深度、历史等维度而言，弗雷泽的《金枝》无疑做出了重要贡献。令人欣慰的是，正如本书所呈现的那样，《金枝》在古典学、宗教学、社会学、文学、哲学等领域的影响，基本得到了客观的承认和评价，特别是在文学实践和批评方面。

然而，在受其影响既深且远的人类学界，关于《金枝》批判的情况十分微妙复杂。作为弗雷泽一生最为重要的人类学著作，《金枝》的命运首先当然与其作者的地位变化相关，而弗雷泽的地位变化则与人类学范式的发展密切相关。因此，人类学界对《金枝》的认识和批判主要与人类学自身语境的发展变化有着极为紧密的关系。

20世纪20年代以前，进化论仍是人类学的主要理论基石，作为一位进化论者——尽管并不能被看作是一位绝对乐观的进化论者，弗雷泽并没有因为其进化论主张而受到太多质疑。同样，由于人类学的书斋研究方式仍是主要的研究途径，人类学家亲往田野进行实地观察以获取研究资料的田野方法还没有成为主流，弗雷泽百科全书式的书斋研究既代表了一种传统，也象征着一种权威，其地位如同马林诺夫斯基所言，是人类学领域"任何一位人类学家都仰慕不已的领导者"[1]。至于其比较方法，由于相对于后来的功能主义人类学而言，古典人类学出于研究人类普遍性和整体性情境的宏大抱负，他们更多关注的是一般文化，或者说是总体文化研究，其通常的做法是尽可能地将各种文化纳入自己的视域之内，因此，弗雷泽在其宏大自信的比较图式中试图解释人类社会进程差异性的努力，其驾驭材料的能力足以令当时任何一位人类学家叹服。《金枝》《图腾制与族外婚》《〈旧约〉中的民俗》等都是将这种比较方法应用到了极致的作品，弗雷泽因此获得了当时人类学界中流砥柱的地位。因此，在20年代以前，无论于普通公众而言，还是就其在人类学界的地位和影响来说，《金枝》的确堪称人类学的"魔杖"。

I. C. 贾维将马林诺夫斯基和布朗等人所开拓的人类学田野范式称为是英国社会人类学的一场"革命"，而且颇具"弑父"意味，正如本书对西方人类学

---

① 参见 Robert Ackerman, *J. G. Frazer: His Life and Work*, Cambridge: Cambridge University Press, 1987, pp. 266–267。

此间的系列变化以及马林诺夫斯基本人与弗雷泽之间微妙的私人关系所做的分析那样，无论这场"革命"是否具有"弑父"性质，弗雷泽为后来者所超越可以说是一种不可避免之势。弗雷泽在 1922 年之后，虽然仍能获得人类学界的尊重和维持着一种被尊崇的地位，但从实际情形来看，他实际上已经成为人类学的摆设，特别是在 30 年代之后。尽管仍受到公众的热情追捧，但在人类学界，随着马林诺夫斯基和布朗等人地位的确立和稳固，《金枝》已经开始逐渐褪去其金色的光芒，并随着弗雷泽的离世而被"冷冻"和"遗忘"。此间，人类学领域任何试图正面评价弗雷泽及其《金枝》的努力都会招来激烈的指责和批评，"镀金的小树枝"也许仅代表了利奇本人极端的说法，但至少如斯特拉斯恩所言，她那一代人"完全是在弗雷泽根本不具可读性的教育中成长的"①。因此，对于此时的主流人类学界来说，如果真要承认《金枝》之影响的话，那么，它就是一种"阴影"，甚至也可以包括其在人类学自身之外的影响。

进入 20 世纪 70 年代以后，随着解释人类学的兴起，人类学从先前关于"人的科学"研究逐渐转向为"文化阐释学"。也就是说，如果说马林诺夫斯基和布朗等人所创的现代主义人类学关注的主要是人类学家"在现场"的田野活动的话，他们基于田野的民族志即意味着一种权威，那么，解释人类学兴起后，人们更为关注的是，人类学家从田野回来以后如何写作即如何解释其田野所见的问题，民族志的写作因此成为人类学文化阐释的关键环节。在此背景下，后现代主义人类学开始对马林诺夫斯基以来的科学民族志进行反思，马林诺夫斯基之前被遮蔽的人类学作品受到了重新检视，弗雷泽的《金枝》便是其中重要的一部。值得注意的是，这种重读现象更多的是一种重新审视，绝对不是一种回归。正如瑞克·皮克斯顿所言，后现代主义人类学与弗雷泽之间的"亲和"感并不意味着他们意欲回归弗雷泽，毕竟，后现代主义人类学时期的观念要远比弗雷泽时代复杂得多。② 的确，如今的人类学观念已远非弗雷泽时代可比，无论如何，它已经不可能回归于过去。但至少对于《金枝》这样在西方人类学历史上留下了浓墨重彩之笔的经典大作，人类学可以并且应该怀旧——不是出于

---

① Marilyn Strathern, M. R. Crick, Richard Fardon, Elvin Hatch, I. C. Jarvie, RixPinxten, Paul Rabinow, Elizabeth Tonkin, Stephen A. Tyler, George E. Marcus, "Out of Context: The Persuasive Fictions of Anthropology [and Comments and Reply]," *Current Anthropology*, Vol. 28, No. 3 (Jun., 1987): 251 - 281.

② Marilyn Strathern, M. R. Crick, Richard Fardon, Elvin Hatch, I. C. Jarvie, RixPinxten, Paul Rabinow, Elizabeth Tonkin, Stephen A. Tyler, George E. Marcus, "Out of Context: The Persuasive Fictions of Anthropology [and Comments and Reply]," *Current Anthropology*, Vol. 28, No. 3 (Jun., 1987): 251 - 281.

多愁善感的缅怀，而是一种认真的重读和检视，发现它之于自身学科的意义和启示。从这个意义上来说，后现代主义人类学对过去的重读，也可以看作是对人类学曾经之偏激做法某种程度上的反拨和修正。

二、"魔杖"耶？"阴影"乎？

西方学界，尤其是人类学界，某些关于《金枝》及其影响的批评有陷入非此即彼二元对立逻辑思维之窠臼的嫌疑。毫无疑问，《金枝》的影响广泛而复杂，有积极的一面，当然也有消极的一面。但从总体上来看，其在人类学领域之外的批判相对来说较为理性。典型的如在神话 - 仪式理论问题上，弗雷泽的贡献毫无疑问在于其披荆斩棘的拓荒式研究，即使是剑桥仪式主义者中，对弗雷泽的理论也不乏有一定程度上的超越，后来的詹姆斯、伊利亚德等人虽然仍以弗雷泽的神话仪式说为理论基底，但他们的研究实际上已经完全超越了弗雷泽，他们在超越和批判《金枝》的同时，也保留了对这部人类学大作的基本尊崇。这种在批判的同时也承认对其有所继承的情境在其他学科领域并不鲜见。再如，弗雷泽《金枝》中的巫术理论、图腾理论以及宗教起源和性质论等，对西方宗教学产生了一定的或积极或消极的复杂影响，宗教学领域虽不乏对弗雷泽之理论学说的批评，其中有些批评颇为中肯，同时并不忌讳肯定弗雷泽的贡献，或者承认他们对《金枝》的借鉴与吸纳，如埃里克·J. 夏普和包尔丹等。

然而，在人类学界，弗雷泽生前几乎被捧上了神龛，即使是在马林诺夫斯基等人声名鹊起之后，弗雷泽仍能受到圈内的尊重，也许仅仅只是一种表象，但至少也是其声名隆盛的明证，特别是在其生前最后几年。弗雷泽死后，他本人及其作品，似乎突然成了西方人类学界的一个禁忌。仅从斯托金的"弗雷泽之后的那一代人类学家耻于承认是弗雷泽向普通大众和知识阶层阐明了人类学要义"[1] 这一见解中，足可见出弗雷泽一度在人类学史上的地位和境遇如何。以至于盖斯特要试图通过对《金枝》进行"修剪"，以期使它能够符合"时代"的需要，这种"修剪"是否合适姑且不论，折射的却是《金枝》拥趸者的无奈与尴尬。即使是到了 20 世纪 80 年代中期，以斯特拉斯恩等人为代表的传统人类学家对人类学反思思潮中出现的重读弗雷泽现象仍表现出的警惕，甚至对弗雷泽"幽灵"般影响的不满，足见弗雷泽在西方人类学历史中的境遇之复杂和微妙。

---

① G. W. Stocking, *After Tylor*, London: The Athlone Press, 1996, p. 148.

从一定层面来看，西方人类学界关于《金枝》的某些批评有陷入二元对立逻辑思维怪圈的嫌疑。自其成为一门科学以来，人类学的旨归、观念、方法已经发生了很多变化，我们不可能要求一种理论或一部作品永远保持效用，也不可能在它变得可能"不合时宜"时完全否定它、弃掷它。以利奇和贾维之间的争论为例：利奇由于弗雷泽的人类学方法过时、材料处理方式欠妥，甚至是在他看来弗雷泽的贡献和声誉之间的不相称，而几乎完全否定了《金枝》的价值，讥讽其为"镀金的小树枝"，这种评价当然过于苛刻和极端；贾维将弗雷泽在人类学历史上地位的衰落归结为马林诺夫斯基等人的弑父"革命"，即使是考虑到二人之间微妙的私人关系的话，贾维的说法也多少有些极端。应该说，在科学研究中，没有任何一种方法可以证明永远有效，也很少有哪位科学家或思想家绝对不会受到质疑或者被替代，何况《金枝》本身也的确不无缺陷，受到冷遇、质疑、批评甚至在一个时期内的被忽略也是极为正常之事。问题的关键在于，对待《金枝》这样的人类学经典之作，应该避免将其放入一种非此即彼的二元对立的逻辑思维中进行考量。也许贾维对弗雷泽的维护是出于其被长期"冷冻"以及对结构功能主义人类学矫枉过正之后果的强烈不满，而利奇对贾维的激烈回应和对《金枝》不遗余力的诋毁和嘲讽实际上也不乏门户之见的嫌疑。而从一定层面上来看，贾维和利奇等人均陷入了二元对立的逻辑怪圈。

如果对西方人类学一百多年的历史发展进行审视的话，不难发现，西方人类学具有令人惊讶的自我反思、自我否定的传统，甚或可以说具有一种"弑父"传统。如果说马林诺夫斯基等人真的是以一场"弑父"革命将弗雷泽拉下了神龛并取而代之的话，解释人类学的兴起可以说已经对马林诺夫斯基的学统产生了一种威胁，而后现代主义人类学则以咄咄逼人之势对马林诺夫斯基进行公开质疑和检讨，其情形正如斯特拉斯恩所说——如果马林诺夫斯基真是以一场革命取代了弗雷泽的话，那么后现代主义人类学在做的正是类似于六十年前马林诺夫斯基之所为。然而，就在后现代主义人类学方兴未艾之际，已经有人向其发难，追问"写文化"之后人类学何去何从的问题。进入21世纪之后，美国人类学学会期刊甚至连篇累牍就人类学究竟是不是科学的问题展开讨论，这种自我怀疑、自我批判的精神，在人文社会科学领域实属罕见。这当然可以看作是人类学的一种优良传统，部分程度上也是其开放性及较强"入侵""渗透"力得以产生的基石。然而，自我省思中如何避免陷入非此即彼二元对立的逻辑泥沼应该是一个值得警惕的问题。

或许正是出于对二元对立逻辑怪圈的无奈，布恩才发出"人类学写作必须要在弗雷泽式或马林诺夫斯基式之间做出选择么？难道它不可以是一个多元的复数体系？"套用布恩的感慨，我们完全可以追问：对于《金枝》这部不无缺陷但却产生了不可否认的既深且远之复杂影响的人类学大作，难道我们一定要将其放入一种非此即彼二元对立的逻辑怪圈中进行考量，做出或"魔杖"或"阴影"的判断吗？难道我们能够仅仅由于它的并不完美而可以对其深刻影响视而不见么？或者如同弗雷泽之后的那一代人类学家一样，羞耻于承认弗雷泽对人类学所做的贡献？如果我们采用弗莱"向后站"的理论来对西方人类学的历史进行审视的话，一切便豁然开朗：完全可以毫不夸张地说，没有《金枝》的人类学历史（不仅限于西方）是不可想象的；在一定程度上，或许也可以这样说，没有《金枝》的20世纪人文社会科学，多少会有些许缺憾。如果以此为前提来观照《金枝》的影响和地位的话，或许可以避免非此即彼的选择惯性，辩证地审视《金枝》本身及其影响问题。

三、多元化趋势

一百多年来，西方学界关于《金枝》的批判可谓是毁誉参半，褒贬不一。它曾被誉为"魔杖"而奉上神龛受到膜拜，熠熠生辉，也曾被视为"阴影"而遭受"冷冻"和遗忘，黯然失色。类似"枝繁叶茂的大树枝""镀金的小树枝""知识百科全书的象征""魔杖""阴影""幽灵"这样迥异的评价体现的不仅是其影响的复杂性，也显示了学界态度的分歧和矛盾，既有"魔杖"和"阴影"的兼蓄，也有"魔杖"抑或"阴影"的对立与选择。然而，历经沉浮，我们欣喜地看到，从研究内容和历时性的发展路径及趋势来看，西方学界近年有关《金枝》及其影响的批判逐渐呈现出一种理性化、多元化、多视角化的趋势。

首先是近年《金枝》批判发展的理性化趋势，这在近年来出现的一些研究成果中已经有所反映。如阿克曼的弗雷泽传记，虽然可能如有学者批评的那样，由于阿克曼本人不是人类学家，没有真正意识到弗雷泽对人类学的深远影响，但至少，阿克曼在一定程度上还原了一个曾经不为人所了解甚至是被误解的弗雷泽形象；阿克曼所编选的《弗雷泽通信选》（2005），为学界客观认识和辩证研究弗雷泽及其作品提供了极为有利的条件。而乔治·斯托金的《泰勒之后》（1996），将弗雷泽置于英国人类学阶段性的历史中进行考察，给出了中肯的评价。

与此同时，近年的西方《金枝》批判，相对来说，不再拘囿于早前非此即彼二元对立的价值判断泥沼中，而是出现了具有一定包容性的多元化趋势。如罗伯特·西格尔，将《金枝》中的神话仪式说置于这一理论发展的历史脉络中进行考察，批评弗雷泽在神话仪式问题上的摇摆态度，但也肯定弗雷泽对神话－仪式理论所做出的重要贡献；玛丽·贝尔德指出《金枝》的缺陷和漏洞，但却提醒人们重视弗雷泽人类学研究中宏大的比较图式与大英帝国殖民政治之间的内在联系问题研究；等等。

此外，近年来，西方学界的《金枝》及其影响研究也呈现出多视角化的趋势。达蒙·弗兰克（2007）分析了弗雷泽及其《金枝》对哈代小说创作的影响；安东尼·奥萨－理查逊（Anthony Ossa-Richardson，2008）从维吉尔的《埃涅阿德纪》开始，对"金枝"两千多年来在西方文献典籍中的各种阐释和寓意进行了追溯，指出弗雷泽在"金枝"这一意象使用上的机巧和成功之处，并且使"金枝"的寓意达到了顶峰；萨拜因·麦克考麦克（Sabine MacCormack，2010）则通过对弗雷泽所阐释的波萨尼阿斯的《希腊纪行》的分析，肯定弗雷泽的古典学成就；拉尼·维尔斯莱夫（Rane Willerslev，2011）讨论了弗雷泽《金枝》中灵魂观念之于人类学意义；辛西娅·埃勒（Cynthia Eller，2012）阐释了《金枝》之于亚瑟·伊文思米诺宗教构建的影响；等等。

的确，诚如道格拉斯所言，"时代在变，我们的耳朵也应有所改变"，弗雷泽的作品是"有瑕疵的珍宝，或者是美玉，或者是绊脚石"。[①] 美玉也好，绊脚石也罢，《金枝》都是西方人类学自身历史的一部分，也早已成为西方人类学组织和结构中的一部分；"魔杖"也好，"阴影"也罢，唯有正视，方是良策。

就在西方人类学界对弗雷泽最讳莫如深、《金枝》几乎被完全"遗忘"和"冷冻"的岁月，当时英国主流人类学家迈耶·福特斯曾如此断言——"任何一位严肃的人类学家迟早都会回向令人敬佩的弗雷泽的材料汇集"[②]，福特斯所说的"回向"无疑是意指人类学家迟早会从弗雷泽的作品中得到启示。福特斯的这一断言出现于《金枝》在西方学界最受冷遇的年代，除了表达他对弗雷泽的敬意之外，其中多少也应该包含了福特斯对《金枝》命运的唏嘘。实际上，就其对 20 世纪社会科学的诸多学科领域的影响来看，"魔杖"也好，"阴影"也罢，其或显或隐的影响一直都存在。即使在如今，学界依然需要不时地回向它，或审视，或反思，或汲取。

---

① Mary Douglas, "Judgments on James Frazer," *Daedalus*, Vol. 107, No. 4, *Generations* (Fall, 1978): 151 – 164.

② M. Fortes, *Oedipus and Job in West African religion*, Cambridge: Cambridge University Press, 1959, p. 8.

如同本书导论部分所言，就《金枝》跨领域、跨学科影响的时间、范围、深度、历史等维度而言，完全可以说《金枝》代表人类学为 20 世纪社会科学的交叉、跨越和整合研究做出了重要的贡献，而本书的《金枝》本体研究和西方影响爬梳无疑也对此进行了较为清晰的脉络呈现。弗雷泽在《金枝》中所开拓的诸多主题观念和研究领域如禁忌、图腾、替罪羊、神圣国王、神话仪式等，不仅成为后来人类学的重要研究内容，而且也为宗教学、心理学、哲学、政治学、文学等学科领域所关注，为这些学科在 20 世纪特别是这一世纪上半期的发展做出了重要贡献。与此同时，无论是就人类学的理论、视野甚至是方法向其他学科"入侵"和渗透而言，还是其他学科对人类学的反向吸纳和借鉴来说，《金枝》都在其中起到了十分重要的作用，也就是说，《金枝》在 20 世纪人文社会科学领域的人类学转向思潮中具有重要地位。这是认识《金枝》这部人类学经典著作的前提和基础。

由于本书主要关注的是《金枝》本体及其在西方的影响研究，主旨在于对弗雷泽的思想与学术旨趣、人类学观念与方法、《金枝》本身进行研究，在此基础上考察其在西方的影响问题，为本人今后对相关问题的深入研究打下基础，同时也意在为国内学界呈现弗雷泽、《金枝》及其在西方的影响、境遇、研究、争论等问题的概况和流变脉络。因此，本书在相关问题的梳理上，虽在一定程度上以《金枝》对人类学和文学的影响为爬梳重点，但限于主旨，并未对《金枝》之于文学人类学历史的意义着以笔墨，而且，文学人类学的历史需要结合中国相关学科对《金枝》的接受进行阐释和分析，而这，显然并非一本书可以全部囊括在内的。期望在本书的基础上，文学人类学和比较文学的学科学理等问题会在今后得到专门的阐释和研究。

附　　录

弗雷泽简传

詹姆斯·弗雷泽，1854 年 1 月 1 日出生于苏格兰的格拉斯哥一个虔诚富裕的长老会教家庭，是四个孩子中的长子。父亲丹尼尔·弗雷泽是一位药剂师，个性较为内敛沉默，是当时格拉斯哥镇最大药店 Frazer & Green 的合伙人之一，空闲时间喜欢读书写作，有不少私人藏书，曾出版过三本小册子。母亲凯瑟琳·弗雷泽和善慈爱，喜爱音乐且热衷于谱系学。弗雷泽幼年时，为逃避格拉斯哥日益发展的工业化带来的喧嚣，丹尼尔全家迁往风景优美的格拉斯哥小镇海伦斯堡，过着富裕安静的乡间生活。出生并成长于这样一个书香门第家庭的弗雷泽幼年起即相当内向拘谨，喜欢阅读，特别是古典作品。由于丹尼尔夫妇都是虔诚的长老会教教徒，认为宗教是极其神圣而内省的事务而从不在家庭特别是和孩子谈论任何与宗教相关的问题，年幼的弗雷泽对神秘的宗教问题充满了好奇和不解却又不可能从父母那里得到任何解释，只能期望通过书籍的阅读来寻找答案。这无疑使弗雷泽本来就沉默内向喜欢沉溺于阅读和思考的性格习惯得到了加强，他成年后的书斋生活以及对宗教问题的探索在一定程度上与此关系密切。

弗雷泽先是在海伦斯堡的斯普林菲尔德学院（Springfield Academy）学习，后来进入拉什菲尔德学院，跟随校长亚历山大·麦肯齐先生学习拉丁语和希腊语，后者启蒙和培养了弗雷泽研习古典的爱好。1869 年 11 月，弗雷泽进入格拉斯哥大学。苏格兰是 18 世纪下半期到 19 世纪欧洲启蒙运动的中心之一，理性启蒙思想极为活跃，产生了大卫·休谟、亚当·斯密、亚当·弗格森等重要思想家，苏格兰的一些大学就是当时理性启蒙思想的重镇。苏格兰历来有重视教育的传统，而当时的格拉斯哥大学，即便以当今的标准来衡量，其提供的教育都堪称优良。[①]

在格拉斯哥大学，弗雷泽主要学习古典学、哲学、逻辑学和自然哲学

---

① Robert Ackerman, *J. G. Frazer: His Life and Work*, Cambridge：Cambridge University Press, 1987, p. 12.

（即现在的物理学），三位老师对他产生了重要影响：教授拉丁语的人文学者 G. G. 拉姆齐不仅指导和加强了他的古典爱好和研习，也对他日后的比较方法和民俗研究产生了潜移默化的影响（弗雷泽后来将他编纂评论的六卷本《希腊纪行》献给了拉姆齐）；哲学史学者兼文学评论家约翰·维奇的实践哲学思想影响了弗雷泽后来对人类心智的关注，而且对弗雷泽的修辞和文风也产生了重要影响；著名的自然哲学家劳德·凯尔文思想使弗雷泽形成了"现实世界是由不变的可以以精准的数学公式或法则来控制"① 的观念，弗雷泽的诸多理论如人类心智进化三阶段理论就是建立在这一观念之上的。1873 年，弗雷泽以优异的成绩从格拉斯哥大学毕业。1874 年 10 月，弗雷泽进入剑桥大学的三一学院，继续接受古典学教育和训练。自此之后，弗雷泽终生几乎都生活在剑桥大学。

当时剑桥的课程设置实际上比较狭窄②，但弗雷泽的阅读极为广泛，除古典作品外，主要涉猎范围包括哲学、心理学及文学作品。三一学院至今保存的仅弗雷泽入学第二年时的阅读书单，范围之广就足以让当时任何博学者瞠目：不仅包括传统的主流古典文本如荷马、柏拉图、品达、希罗多德等，也对那些传统上被认为是非主流的文本感兴趣，甚至包括波萨尼阿斯、奥维德等。③ 弗雷泽一向喜欢并擅长的修辞在剑桥得到进一步加强，文风颇似弥尔顿（17 世纪英国诗人）、艾迪森（18 世纪英国诗人、剧作家和随笔作家）、吉本（18 世纪英国历史学家），翻译的希腊语和拉丁文文笔优美。剑桥的这种百科全书式的阅读不仅使弗雷泽成为一个极为博学的人，也奠定了他日后书斋里的古典人类学研究的基础。1878 年从剑桥大学毕业时，严肃而沉默的弗雷泽被称为是三一学院"十五年来最优秀的学生"。④

弗雷泽在剑桥学习期间，正是赫伯特·斯宾塞的社会进化论和查尔斯·达尔文的生物进化论学说弥漫欧洲之时，同时也有恪守基督教信仰的反自然主义论者对进化论的抵制，牛津、剑桥这样传统的大学自然成了论争对垒的中心。年轻的弗雷泽浸淫其中，从他后来的研究和思想发展来看，尽管不无疑虑和悲观，但他无疑是深受进化论的深刻影响的。

---

① 引自 R. Angus Downie, *Frazer and the Golden Bough*, London：Victor Gollancz, 1970, p. 15。

② Robert Ackerman, *J. G. Frazer：His Life and Work*, Cambridge：Cambridge University Press, 1987, p. 32.

③ Robert Ackerman, *J. G. Frazer：His Life and Work*, Cambridge：Cambridge University Press, 1987, p. 20.

④ Robert Ackerman, *J. G. Frazer：His Life and Work*, Cambridge：Cambridge University Press, 1987, p. 30.

1879 年，弗雷泽以题为《柏拉图理念论的形成》（后于 1930 年出版）的论文获得三一学院研究员职位和薪金。在该论文中，弗雷泽提出，应该用科学心理学的方法代替柏拉图的认识论，这说明此时他开始关注人类心智问题。那时剑桥大学的研究员制度只是对申请者能力的一种认可，并没有对拿薪金的研究员有任何研究内容包括结果的要求和限制。因此，弗雷泽并没有有意寻找明确的研究目标，而在古典研习之余，继续博览群书。此间，应其父要求，弗雷泽还研修了法律，获得了律师资格，尽管弗雷泽志不在此，从未实践过，但这无疑增强了他后来对人类学研究材料的归类处理和逻辑推理能力。

对弗雷泽来说，1884 年是极为重要的一年。首先是弗雷泽接触到了爱德华·泰勒的《原始文化》一书，使他原本对人类学的了解和兴趣得到极大强化并初步开始了人类学研究；其次是这年中期，弗雷泽受出版商邀请（由于极其勤奋和博学，此时弗雷泽在英国古典学界已小有名气），准备翻译和编纂他本来就极感兴趣的波萨尼阿斯的《希腊纪行》；而最重要的是，这年年底，弗雷泽认识了威廉·罗伯逊·史密斯，后者极为赏识弗雷泽的勤奋和才华，而对弗雷泽来说，史密斯不仅是同事和好友，也是一位导师，直接将他引向了人类学。史密斯是当时《大英百科全书》的编者，他让弗雷泽编纂 "Taboo" 和 "Totemism" 两个词条。在这两个词条的撰写过程中，大量人种志材料的收集和阅读使弗雷泽对人类学原本就有的浓厚兴趣变得一发不可收拾，也使他看到了以人种志材料来解释《希腊纪行》中的某些神话和习俗的可能性。弗雷泽的古典学训练背景使他养成了对任何主题都辅以材料佐证的耐心和习惯，这也是他毕生主要著作通常都是动辄几千页的皇皇巨著的主要原因。

弗雷泽花了七个月的时间来写作 "Totem" 词条，最终出现在《大英百科全书》上的是缩略本。而完整的 "Totemism" 在 1887 年成为弗雷泽的第一本出版书籍，资料之丰富使其立刻成为当时这一主题的最好著作，弗雷泽也成为这一领域的权威。但他并不满意，最终这一主题在 1910 年扩充成四大卷的《图腾制与族外婚》。《图腾制与族外婚》直接启发弗洛伊德写成了《图腾与禁忌》，从而对 20 世纪的心理分析学产生了重要影响。更为重要的是，在 "Taboo" 一词的人种志材料的收集阅读和思考中，弗雷泽看到了以人种志材料对《希腊纪行》

中某些问题进行"比较神话学"研究的可能性和必要性——他暂时放下了《希腊纪行》,开始了《金枝》的写作。1890 年,两卷本的《金枝》问世,受到好评。《希腊纪行》的编纂和评论则于 1898 年完成。尽管出版商最初的愿望是便于旅行者携带和考古学者参阅,但待弗雷泽翻译、编纂和评论后,《希腊纪行》变成六大卷,三千多页,包括一卷英译本,四卷评注本,一卷地图、游览建议和索引,于 1900 年以《波萨尼阿斯和其他希腊概要》(*Pausanias and Other Greek Sketches*)为题出版,销售良好;1913 年重印;1917 年又以《希腊风景、传说和历史》(*Greek Scenery*, *Legend and History*)出版,后分别于 1919 年、1931 年重印。除《希腊纪行》以外,弗雷泽后来还分别于 1918—1921 年及 1926—1930 年期间为"洛布古典丛书"①翻译、编纂和评注了阿波罗多洛斯的《文库》和古罗马诗人奥维德的《年表》。②

　　弗雷泽通常被认为是一位人类学家,很少有人关注他的古典学成就以及其人类学研究与古典研究的关系,特别是国内学界。实际上,弗雷泽早年的古典学教育和阅读将其引向了人类学,而其人类学研究又为他的古典阐释提供了独特的人类学视野。弗雷泽是较早以人类学视角介入古典研究的学者,不仅为当时的古典研究带来了清新气息,也体现出人类学视角初步介入古典研究所带来的独特魅力与启示。弗雷泽的古典研究在赋予这些古典文本以新的生命和活力的同时也成为他一生学术研究的重要组成部分。③其所评注的三个古典文本特别是《希腊纪行》和《年表》,在接下来的半个多世纪中,无人能出其右,即使在如今也仍具有较高的学术参考价值。

---

① "洛布古典丛书"(The Loeb Library)是现代西方规模最大、影响最广泛、使用最多的古典文献资料丛书,采用希腊或拉丁原文与英语译文对照的方式出版,兼顾可读性和学术性。丛书最初由美国银行家詹姆斯·洛布(James Loeb)筹划出资,于 1912 年开始出版。至 2010 年,这套丛书已出版了超过五百种的古典文本,几乎涵盖了公元前 7 世纪到公元 7 世纪全部古希腊文和拉丁文古典著作,对西方古典学的传播和发展起到了极大的促进作用。

② 由于"洛布古典丛书"的宗旨是方便可查,便于携带阅读,而弗雷泽的翻译和编纂使用了大量注释和评论,将《文库》做成了两卷本,而《年表》则达到五卷本,两千多页,规模显然不适合洛布丛书的出版方式,最终出现在"洛布丛书"系列的只是弗雷泽所做的翻译译文,其他部分则由麦克米兰公司出版。

③ 不少研究者认为弗雷泽一生的成就在于古典研究而非人类学。如罗伯特·阿克曼认为《年表》是弗雷泽一生最好的作品(参见 Robert Ackerman, *J. G. Frazer*: *His Life and Work*, Cambridge: Cambridge University Press, 1987);C. 罗伯特·菲利普斯三世认为费雷泽属于一流古典学者(参见 C. Robert Phillips, Ⅲ, "The Classical Scholarship against Its History," *The American Journal of Philology*, Vol. 110, No. 4〔Winter, 1989〕: 636 - 657)。

1896 年 4 月，弗雷泽与法国女子格罗芙夫人（Mrs Grove）① 结婚，即丽莉·弗雷泽。精明世事、勤勉固执的丽莉不仅是性情温和、沉默内敛的弗雷泽一生忠诚体贴的生活伴侣，也是他终生所从事的学术研究中不可或缺的重要助手。

1898 年，完成《希腊纪行》后，弗雷泽即开始了《金枝》第二版的写作，1900 年，三卷本的《金枝》出版；不久之后，随着新材料的增加，弗雷泽感到有必要对《金枝》进行扩充，1907 年至 1915 年间，以主题分册、十二卷本的第三版《金枝》陆续出版完毕；1922 年，弗雷泽亲自删减的《金枝》节本第四版出版；1936 年，在八十二岁高龄时，弗雷泽还写作了《〈金枝〉补遗》。对于弗雷泽来说，他用半生时间写作的《金枝》就宛如天上的北斗星，不时吸引他，无论他的研究转向何处，他似乎都会出自本能似的回向它。

为了能阅读并研究《旧约》原文，1904 年，五十岁的弗雷泽开始学习希伯来语，其勤奋与语言天赋（弗雷泽一生精通希腊语、拉丁语、法语、德语、西班牙语、意大利语和荷兰语）使其很快就能阅读希伯来语原文版《旧约》，且十分投入和着迷。而且，与当时英国社会特别是大学里普遍氛围不同的是，弗雷泽在本质上是亲犹太人的。② 1918 年，弗雷泽的另一部重要作品——三卷本的《〈旧约〉中的民俗》出版。《〈旧约〉中的民俗》写于一战期间，但弗雷泽有关《圣经》的最早作品可以追溯到 1895 年他出版的一部《〈圣经〉美文集》（*Passages of the Bible Chosen for Their Literary Beauty and Interest*）。《圣经》被作为文学文本阅读在如今很常见，但弗雷泽可以说是第一个将其作为文学文本处理的人。《〈旧约〉中的民俗》不仅将读者带进了希伯来人的世界，也使希伯来人的神圣世界与世俗世界得以沟通。

弗雷泽一生笔耕不辍，著述无数。他在青年时就养成的每天工作十几个小

---

① 格罗芙夫人的前任丈夫是一位船长，英国人，但不幸早逝。格罗芙在丈夫死后选择舞蹈史研究（其著作《舞蹈》如今仍被认为是早期舞蹈历史研究的重要作品）养活自己和两个孩子，她在剑桥大学查找有关原始舞蹈资料时间接得到弗雷泽的帮助。格罗芙曾随前夫在原始部落旅行过，对原始部落和文化颇感兴趣且了解较多，也因此能在与弗雷泽结婚后，成为弗雷泽学术生涯的得力助手。从《金枝》第二版起，丽莉·弗雷泽不仅负责《金枝》的法语翻译及出版事务，甚至还亲自将《金枝》节本翻译成法语。不仅如此，她根据《金枝》写成的《金枝上的叶子》（*Leaves from the Golden Bough*，1924）通常被认为是儿童版的《金枝》。丽莉·弗雷泽精明能干，但却在与弗雷泽婚后不久便开始并逐渐完全失聪，这加重了她性格中令人不快的一面，而温和羞怯不喜社交的弗雷泽对其则言听计从，这无疑影响了弗雷泽与同行及外界的接触和关系。如马林诺夫斯基就称丽莉为弗雷泽 "令人生畏的"（redoubtable）伴侣。参见 Robert Ackerman, *J. G. Frazer*：*His Life and Work*, Cambridge：Cambridge University Press, 1987, pp. 124 - 126。

② Robert Ackerman, *J. G. Frazer*：*His Life and Work*, Cambridge：Cambridge University Press, 1987, p. 183.

时的习惯几乎终生未变，即使是在晚年双目失明后还通过秘书的协助继续写作。除上述作品以外，弗雷泽一生出版的作品还包括：《关于王权早期历史的演讲》（1905），后以《王的巫术性起源》（*Magical Origin of Kings*，1920）为题名重印；《社会人类学的疆界》（1908）；《心智的任务：迷信之于社会制度形成的影响》（1909），后修订和扩充为《魔鬼的信条》（*The Devil's Advocate*，1927）；《永生信仰和对死者的崇拜》（三卷）（*The Belief in Immortality and the Worship of the Dead*，1913—1924）；《雅各与风茄①》（*Jacob and the Mandrakes*，1917）；散文《柯弗利及其他》（*Sir Roger de Coverley, and other Literary Pieces* 1920）；《自然崇拜》（1926）；散文《戈耳工②之首及其他》（*The Gorgon's Head, and other Literary Pieces*，1927）；《火的起源神话》（*Myths of the Origin of Fire*，1930）；散论《如烟一束》（*Garnered Sheaves*，1931）；《孔多塞论人类心智之进步》（*Condorcet on the Progress of the Human Mind*，1933）；《原始宗教中对死者的恐惧》（三卷）（1933—1936）；《原始宇宙神的产生与进化及其他》（*Creation and Evolution in Primitive Cosmogenies, and Other Pieces*，1935）；《希腊与罗马》（*Greece and Rome*，1937）；《〈图腾制与族外婚〉补遗》（*Totemica: A Supplement to Totemism and Exogamy*，1937）；《人类学文集》（四卷）（*Anthologia Anthropologica*，1934，1939）。弗雷泽另外一部需要特别提及的作品是他从事人类学研究进行材料收集、以问卷形式写成的调查手册——一本《关于未开化人和半开化人的举止、习俗、宗教和迷信等问题》的小册子，最早写于1887年，1889年修订，用来分发给当时的殖民者、探险者、传教士和旅行者，进行人类学材料收集。1907年扩充为著作，题名为《关于野蛮人习俗、信仰和语言的问题》，1910年重新修订。这本手册不仅是弗雷泽本人收集人种志材料的主要依据，也为当时众多年轻的人类学家所采用。此外，弗雷泽还写过莫里哀、吉本、威廉·考伯（18世纪英国诗人）等作家作品的评论，翻译过一些法语作品。因此，弗雷泽实际上不仅仅是人类学家和古典学者，还是一位历史学家、评论家和随笔作家。

------

① "风茄"的英文为"Mandrake"，中文也译作"催情果"或"曼德拉草"，是中东一带常见的一种野生植物，因其根茎部分形状特别，酷似人形，因此常被用于巫术仪式当中。犹太人传统上相信妇女吃了风茄的根或果有助于受孕，在《圣经·创世纪》第三十章中，雅各经不能再生育的妻子利亚，以风茄为交换，与雅各更年轻的妻子拉结换得与雅各同房的权利，再度怀孕，连续生下两子一女。

② 戈耳工为希腊神话传说中的蛇发女怪三姐妹之一，面貌极其丑陋可怕，任何看见她们的人都会立刻变为石头。

弗雷泽自 1874 年进入剑桥大学三一学院以后，除 1908 年受利物浦大学邀请担任社会人类学教授职位而短暂（不到一年时间）离开外，其终生都生活在剑桥，而且其毕生大部分时间都是在书斋里进行人类学研究和写作，没有从事过现代意义上的人类学田野考察工作，通常被认为是"扶手椅上的人类学家"的典型代表。加之他在剑桥虽拥有教职，但除早期偶有授课①以外，大部分时间都用来研究和写作，与外界的主动往来不多，同时弗雷泽本身的确较为内敛沉默、不喜欢参加公共活动（认为太浪费时间），这使他在后人心目中的形象得以定型，即弗雷泽是一个十足的只会在书斋里进行研究的书呆子，甚至难以与人正常交流。实际上这只是一种误解。弗雷泽青年时期曾去西班牙和德国等地旅行；为编纂《希腊纪行》，他还分别于 1890 年、1895 年两次前往希腊，对波萨尼阿斯提到过的一些地方的考古发现进行考察，甚至亲自测量某些遗址和发掘现场；为考证内米宗教祭仪传说，1900 年前往罗马旅行；1895 年，他甚至打算和哈登②一起到新几内亚旅行考察。"托雷斯海峡"③探险考察活动之后，一些人类学家逐渐开始有意识地前往异域进行人种志材料采集和研究工作，而弗雷泽一方面由于固有的书斋里的研究习惯而未曾有过亲自前往异域的打算，另一方面也应该是由于年龄原因。但作为当时已拥有很高声誉的弗雷泽对那些年轻人类学家的异域考察活动是十分赞赏和支持的，当时不少人类学家都受到过他的鼓励和帮助，甚至是资金资助，典型的如 W. 巴尔德温·斯宾塞和 F. J. 吉伦④、

---

　　① 弗雷泽在剑桥大学很少授课的原因一方面是由于他本人更愿意选择自行进行研究和写作，另一方面也由于剑桥的人类学专业设立较晚，因此弗雷泽实际上也无课可上。很少上课或无课可上对于当时剑桥大学的研究员制度来说十分常见。加上弗雷泽本人十分谦逊内敛，尽管生前拥有不少仰慕者，但他更多地视他们为朋友而非门徒或学生。因此有论者指出，弗雷泽晚年所受到的批评及死后长期被冷落的原因可以部分程度上归因于他没有学术上的真正传承人，而弗朗兹·博厄斯、布罗尼斯拉夫·马林诺夫斯基及拉德克里夫 - 布朗等人都有大量学生继承和发展他们的学说。

　　② 艾尔弗雷德·哈登（Alfred Haddon，1855—1940）是英国人类学史上的重要人物，著有《人类学史》（History of Anthropology，1910）。哈登最初是一位动物学家，1888 年获得探险资助研究珊瑚礁的形成，开始在新几内亚和澳大利亚之间的托雷斯海峡展开探险旅行，逐渐对人类学产生了浓厚兴趣并开始实地考察研究，时常往来于新几内亚与英国之间，后来组织了英国人类学史上著名的托雷斯海峡探险队并进行探险活动。1895 年，弗雷泽曾打算跟随哈登前往新几内亚，但由于史密斯刚刚去世而未能成行。

　　③ 托雷斯海峡探险考察是由哈登带领的几位英国非职业人类学家于 1898—1899 期间在托雷斯海峡展开的探险活动，他们的实地考察活动由于具有现代人类学田野观察方式的雏形而被认为是英国人类学历史上的一个重要转折点。主要成员有后来成为著名人类学家的里弗斯（W. H. R. Rivers，1864—1922）、查尔斯·塞利格曼（Charles Seligman，1873—1940）等人。弗雷泽请哈登等人带去了他的人类学调查手册。

　　④ 巴尔德温是英国裔澳大利亚的生物学家和人类学家，吉伦是澳大利亚人类学家和民族学学者，二人在澳大利亚中部进行人种志材料收集时结识并开始一起对此地区的土著进行人类学研究，二人合著有《澳大利亚中部的土著部落》。弗雷泽不仅与他们保持通信联系鼓励他们，也曾为他们申请研究资金。

约翰·罗斯科①以及马林诺夫斯基②等人。为让哈登能全力以赴进行田野考察而免去养家糊口奔波之忧，弗雷泽甚至利用他的声望为哈登在剑桥大学争取到了教职；1908 年弗雷泽之所以愿意接受利物浦大学的邀请，部分原因就是期望能获得资助基金支持斯宾塞和吉伦等人的实地研究。应该说，弗雷泽对现代人类学民族志田野考察的早期发展有着不可磨灭的贡献和影响。

此外，弗雷泽还对现代人类学作为一门学科的建立和发展做出了努力：1893 年，一向不喜参与学校事务的弗雷泽和他的几个朋友通过努力，使得人类学在剑桥大学成为一门正式的学科；1908 年，利物浦大学邀请弗雷泽担任社会人类学荣誉教授（并无薪水）职位，就是希望利用弗雷泽的声望来发展其刚刚组建的社会人类学系，而弗雷泽也希望能在利物浦大学建立一个人类学中心，同时期望后者雄厚的资金优势能支持人类学家的海外研究。尽管由于种种困难，弗雷泽的计划（特别是后者）未能实现，同时也由于利物浦嘈杂的环境使他无法安心写作而很快返回剑桥，但弗雷泽因此不仅是利物浦大学首位也是世界首位社会人类学教授。

弗雷泽虽然严肃沉默，但也并非离群索居，除罗伯逊·史密斯外，他与亨利·杰克逊（三一学院副院长、哲学家）、詹姆斯·沃德（心理学家）、埃德蒙·高斯（Edmund Gosse，1849—1928，诗人、评论家）等人经常一起散步，讨论各种问题，也与当时众多的学者保持通信往来（弗雷泽一生的私人信件仅存留下来的就有八千多封）。尽管与简·赫丽生、亚瑟·库克、吉尔伯特·默里等人在神话与仪式问题上观点有分歧，他也能与他们互相沟通，保持良好的友谊并慷慨地给予精神上的指引。即使是面对他的激烈批评者和质疑者，弗雷泽也

---

① 罗斯科是英国政府派往非洲的传教士，受弗雷泽人类学调查手册的影响，坚持多年在乌干达收集人种志材料。当他传教任期满后，弗雷泽甚至为他争取了英格兰一个教区的教士职务，并帮助他筹集继续往返乌干达进行研究的资金。后来罗斯科在弗雷泽的鼓励下将他的调查和材料写成了几部较有价值的人类学著作，如《巴干达人》（献给弗雷泽）、《北部班图部落》、《巴克塔诺》等。

② 马林诺夫斯基初到伦敦时就受到过弗雷泽的鼓励和帮助。一战期间，当马林诺夫斯基身份问题而影响其在太平洋群岛的研究工作时，弗雷泽甚至辗转托人请求当地总督确保马林诺夫斯基的调查能够继续。马林诺夫斯基返回伦敦后，尽管弗雷泽已经意识到马林诺夫斯基的研究范式与自己的方法迥然有别，但仍对他极为赏识，并热情地向朋友推荐这位人类学新人。弗雷泽不仅为马林诺夫斯基的《西太平洋上的航海者》写了充满溢美之词的序言，还极力向出版商进行推荐。然而，一方面由于马林诺夫斯基开创的人类学新范式迅速替代了弗雷泽人类学方法，另一方面也的确由于马林诺夫斯基多少有些恃才放旷的性情。他与弗雷泽的关系在后世论者看来，颇为复杂微妙。

能友好宽容地与他们相处，如安德鲁·兰①、R. R. 马雷特②等。

由于弗雷泽人类学研究方法以及其某些理论观念的致命缺陷，他在 20 世纪 20 年代后期开始逐渐为后来的研究者所超越，不仅是他的作品和理论饱受诟病，他本人淡泊内敛、深居简出的性情和习惯也常为人误解，使他在后人心目中的形象得以定型，甚至在一定程度上遮蔽了他对现代人类学所做出的巨大贡献。

尽管弗雷泽生前就受到质疑和批评，但他一生获得的荣誉不计其数：1895 年，他获得剑桥大学终生研究员薪金奖（剑桥很少有人能获此待遇），意味着他一生可以不需要为维持生活而写作；1899 年，牛津大学授予他荣誉博士学位；1902 年被遴选为不列颠研究院（British Academy）奠基成员之一；1914 年 6 月，弗雷泽收到了来自国王的荣誉——被封为爵士；1920 年 6 月，弗雷泽成为英国皇家学会的成员，他是首位获此殊荣的人类学家，其入选意味着人类学作为一门学科获得了世界上最古老最有声望的学会的承认；剑桥大学于同月授予他博士学位；同年，由剑桥大学、牛津大学、利物浦大学、格拉斯哥大学联合成立的"弗雷泽讲坛"正式组建（由这四个大学轮流举办每年一次、以弗雷泽名义进行的人类学讲座，除二战期间一度中断以外，讲坛一直延续至今，演讲者都是世界上一流的人类学家）；1925 年，弗雷泽获得"功绩勋章"（Order of Merit，简称"OM"，一种非同寻常的荣誉，是由英国君主颁发的一种英联邦勋章，常被认为是现今仍存、地位最崇高的勋章）；1931 年，弗雷泽被英国中殿律师学院委任为名誉委员，这也是一种极为少见的荣誉。此外，弗雷泽还收到来自法国的诸多荣誉：1921 年 11 月，弗雷泽被巴黎大学授予荣誉博士；1922 年，被法国斯特拉斯堡大学授予荣誉博士；1927 年则被遴选为法兰西学院的通讯院士。此外，来自德国、丹麦、比利时等国的各种组织、大学、社会团体的种种荣誉更是不胜枚举。淡泊名利、不喜社交、满足于以书斋为伴的弗雷泽对于这些荣誉似乎从未在意过。然而，这些荣誉的获得无疑显示了他在知识精英阶层以及普

---

① 安德鲁·兰是英国民俗学家和评论家，著有《习俗与神话》（*Custom and Myth*，1884）、《巫术与宗教》（*Magic and Religion*，1901）、《图腾的秘密》（*The Secret of the Totem*，1905）、《神话、仪式和宗教》（*Myth，Ritual and Religion*，1887）等，对中国国内相关学科产生了不小的影响，如周作人的《红星佚史》就深受其影响。安德鲁·兰在 1870 年代就开始与太阳神话学学者麦克斯·缪勒展开激烈论争。兰好斗的个性使其在缪勒去世前将矛头转向了弗雷泽，以致无论弗雷泽出版什么都会遭到兰无情的嘲讽和挖苦。即使如此，树敌太多的兰去世后，弗雷泽坦言外界对兰的评论过于苛刻。

② R. R. 马雷特为宗教人类学家，著有《宗教的起源》（*The Threshold of Religion*，1909）、《心理学与民俗学》（*Psychology and Folklore*，1920）。与兰相反，马雷特是弗雷泽的温和批评者，他从 1911 年起就开始对弗雷泽的宗教思想进行批评，并不时撰文对其出版作品做出客观性评论，但这丝毫没有影响到他对弗雷泽的尊重及弗雷泽对他们之间友谊的珍视，他们的友谊一直维持到弗雷泽去世。

通公众之中所具有的深远影响力。

1931 年 5 月 11 日，弗雷泽在英国皇家图书馆（他曾被任命为这一机构的副馆长）年度晚宴上发表演讲时突然完全失明，长期埋头于书堆、已受眼疾困扰三十多年的弗雷泽从此陷入黑暗之中，视力一直未能恢复。而丽莉·弗雷泽此时早已完全失聪。但弗雷泽从未气馁或抱怨过，通过秘书的协助一如既往地继续写作，包括接受邀请发表演讲。

1941 年 5 月 7 日，八十七岁的弗雷泽停止了呼吸。几小时以后，他的太太丽莉·弗雷泽离世。二人合葬于剑桥圣吉尔斯公墓（St Giles' cemetery）。

弗雷泽自己曾经写就的一首小诗，也许最适合用来概括这位对 20 世纪人文社会科学产生了重要影响，然而又饱受争议的人类学大师孜孜不倦、六十年如一日的书斋人生：

> 我仍苦苦吟诵着那些古老的典籍，
>
> 跋涉于无涯的书山之中。
>
> 人生之夏悄然而逝，
>
> 青春韶华转瞬凋落。①

---

① 转引自 R. Angus Downie, *James George Frazer: The Portrait of a Scholar*, London: Watt & Co., 1940, p. 115。

参 考 文 献

中文部分

［1］阿波罗多洛斯. 希腊神话［M］. 周作人, 译. 北京: 中国对外翻译出版公司, 1999.

［2］艾略特. 艾略特诗选［M］. 赵萝蕤, 译. 济南: 山东大学出版社, 1999.

［3］巴纳德. 人类学历史与理论［M］. 王建民, 刘源, 许丹, 译. 北京: 华夏出版社, 2006.

［4］包尔丹. 宗教的七种理论［M］. 陶飞亚, 刘义, 钮圣妮, 译. 上海: 上海古籍出版社, 2005.

［5］波普尔. 科学知识进化论: 波普尔科学哲学论文选集［M］. 纪树立, 译. 北京: 生活·读书·新知三联书店, 1987.

［6］布朗. 安达曼岛人［M］. 梁粤, 译. 桂林: 广西师范大学出版社, 2005.

［7］布朗. 原始社会的结构与功能［M］. 潘蛟, 王贤海, 刘文远, 译. 北京: 中央民族大学出版社, 1999.

［8］达尔文. 人类的由来［M］. 潘光旦, 胡寿文, 译. 北京: 商务印书馆, 1983.

［9］达尔文. 物种起源［M］. 周建人, 叶笃庄, 方宗熙, 译. 北京: 商务印书馆, 2009.

［10］代云红.《金枝》与"人类学转向"［J］. 淮北师范大学学报（哲学社会科学版）, 2011（4）: 10-12.

［11］代云红. 中国文学人类学基本问题研究［M］. 昆明: 云南大学出版社, 2012.

［12］道格拉斯. 洁净与危险［M］. 黄剑波, 卢枕, 柳博赟, 译. 北京: 民族出版社, 2008.

［13］邓迪斯. 西方神话学读本［M］. 朝戈金, 译. 桂林: 广西师范大学

出版社，2006.

［14］费孝通. 从马林诺斯基老师学习文化论的体会［J］. 北京大学学报（哲学社会科学版），1995（6）：53－71.

［15］弗格森. 文明社会史论［M］. 林本椿，王绍祥，译. 沈阳：辽宁教育出版社，1999.

［16］弗莱. 批评的解剖［M］. 陈惠，袁宪军，吴伟仁，译. 天津：百花文艺出版社，2006.

［17］弗莱. 批评之路［M］. 王逢振，秦明利，译. 北京：北京大学出版社，1997.

［18］弗莱. 神力的语言［M］. 吴持哲，译. 北京：社会科学文献出版社，2004.

［19］弗莱. 伟大的代码：圣经与文学［M］. 赫振益，攀振国，何成洲，译. 北京：北京大学出版社，1998.

［20］弗来则. 外魂的传说［J］. 于道元，译. 行健月刊，1934（6）：171－174；1935（1）：222－227；1935（2）：158－162.

［21］弗来则. 外魂：见于民间故事的［J］. 于道源，译. 文讯，1947（1）：17－77.

［22］弗雷泽. 寡妇沉默习俗［J］. 姬增录，译. 世界民族，1986（5）：57－60.

［23］弗雷泽. 火起源的神话［M］. 夏希原，译. 北京：北京大学出版社，2013.

［24］弗雷泽. 火文化的三个时代［J］. 赵捷，译. 云南民族大学学报，1987（2）：32－36.

［25］弗雷泽. 金叶［M］. 汪培基，汪筱兰，译. 上海：上海文艺出版社，1997.

［26］弗雷泽. 金枝［M］. 徐育新，汪培基，张泽石，译. 北京：新世界出版社，2006.

［27］弗雷泽. 金枝［M］. 赵昍，译. 合肥：安徽人民出版社，2012.

［28］弗雷泽. 《旧约》中的民间传说：宗教、神话和律法的比较研究［M］. 叶舒宪，户晓辉，译. 西安：陕西师范大学出版总社有限公司，2012.

［29］弗雷泽.《旧约》中的民俗［M］. 童炜钢，译. 上海：复旦大学出版社，2010.

［30］弗雷泽. 社会人类学界说［J］. 阎云翔，龚小夏，译. 华夏地理，1987（2）：62－65.

［31］弗雷泽. 原始宗教中的灵魂不灭［J］. 吕静，译. 史林，1991（1）：73－78.

［32］弗雷泽. 造人神话［J］. 叶舒宪，译. 杭州师范学院学报（社会科学版），2005（7）：74－78.

［33］顾定国. 中国人类学逸事史：从马林诺夫斯基到莫斯科到毛泽东［M］. 胡鸿保，周燕，译. 北京：社会科学文献出版社，2000.

［34］哈登. 人类学史［M］. 廖泗友，译. 济南：山东人民出版社，1988.

［35］哈里生. 古代艺术与仪式［M］. 刘宗迪，译. 北京：生活·读书·新知三联书店，2008.

［36］赫茨菲尔德. 人类学：文化和社会领域中的理论实践［M］. 刘珩，石毅，李昌银，译. 北京：华夏出版社，2009.

［37］赫丽生. 古希腊宗教的社会起源［M］. 谢世坚，译. 桂林：广西师范大学出版社，2004.

［38］何星亮. 图腾禁忌的类型及其形成与演变［J］. 云南社会科学，1989（3）：84－90.

［39］赫胥黎. 人类在自然界的位置［M］. 《人类在自然界的位置》翻译组，译. 北京：科学出版社，1971.

［40］户晓辉. 关于文学人类学的批评与自我批评［J］. 广西民族学院学报（哲学社会科学版），2003（5）：2－5.

［41］华勒斯坦，儒玛，凯勒，等. 开放社会科学：重建社会科学报告书［M］. 北京：生活·读书·新知三联书店，1997.

［42］健孟. 迷信与魔术［J］. 东方杂志，1922（3）：87－90.

［43］蒋承勇，等. 英国小说发展史［M］. 杭州：浙江大学出版社，2006.

［44］江绍原. 发须爪：关于它们的风俗［M］. 上海：上海文艺出版社，1987.

［45］卡尔迪纳，普里勃. 他们研究了人：十大文化人类学家［M］. 孙恺祥，译. 北京：生活·读书·新知三联书店，1991.

［46］坎南. 亚当·斯密关于法律、警察、岁入及军备的演讲［M］. 陈福生，陈振骅，译. 北京：商务印书馆，1982.

［47］康拉德. 康拉德小说选［M］. 袁家骅，译. 上海：上海译文出版

社，1985.

［48］克利福德，马库斯. 写文化：民族志的诗学与政治学［M］. 高丙中，吴晓黎，李霞，译. 北京：商务印书馆，2006.

［49］李安宅. 巫术与语言［M］. 上海：商务印书馆，1936.

［50］理查兹. 差异的面纱：文学、人类学及艺术中的文化表现［M］. 如一，王焕焕，黄若容，译. 沈阳：辽宁教育出版社，2003.

［51］李晓禺. 中国文学人类学发展轨迹研究［D］. 兰州：兰州大学，2007.

［52］列维 – 斯特劳斯. 图腾制度［M］. 渠东，译. 上海：上海人民出版社，2002.

［53］林惠祥. 文化人类学［M］. 北京：商务印书馆，1991.

［54］刘海丽. 弗莱文学人类学思想研究［D］. 济南：山东师范大学，2008.

［55］鹿忆鹿. 弗雷泽与南岛语族神话研究［J］. 西北民族研究，2010（1）：147 – 155.

［56］罗素. 西方哲学史：上、下［M］. 何兆武，李约瑟，译. 北京：商务印书馆，1981.

［57］骆晓飞.《金枝》与文学人类学：析文学人类学的发展线索［D］. 兰州：兰州大学，2007.

［58］马尔库斯，费彻尔. 作为文化批评的人类学：一个人文学科的实验时代［M］. 王铭铭，蓝达居，译. 北京：生活·读书·新知三联书店，1998.

［59］马林诺夫斯基. 西太平洋上的航海者［M］. 张云江，译. 北京：中国社会科学出版社，2009.

［60］马新国. 西方文论史［M］. 北京：高等教育出版社，2002.

［61］梅列金斯基. 神话的诗学［M］. 魏庆征，译. 北京：商务印书馆，2009.

［62］孟德斯鸠. 论法的精神［M］. 许明龙，译. 北京：商务印书馆，2008.

［63］孟慧英. 神话 – 仪式学派的发生与发展［J］. 中央民族大学学报（哲学社会科学版），2006（5）：103 – 107.

［64］缪勒. 比较神话学［M］. 金泽，译. 上海：上海文艺出版社，1989.

［65］潘能伯格. 人是什么：从神学看当代人类学［M］. 李秋零，田薇，译. 上海：生活·读书·新知上海三联书店，1997.

［66］彭兆荣. 神话叙事中的"历史真实"，人类学神话理论述评［J］. 民族研究，2003（5）：83 - 92.

［67］彭兆荣. 文学·人类学解析［J］. 当代文坛，1993（4）：17 - 20.

［68］彭兆荣. 再寻"金枝"：文学人类学精神考古［J］. 文艺研究，1997（5）：92 - 100.

［69］乔伊斯. 尤利西斯［M］. 金隄，译. 北京：人民文学出版社，1994.

［70］曲风. 图腾：古代神话还是现代神话？［J］. 河池学院学报，2004（3）：7 - 14.

［71］荣格. 荣格文集［M］. 冯川，译. 北京：改革出版社，1997.

［72］沈立岩. 图腾之惑：中国早期宗教研究的理论与方法问题［J］. 东方丛刊，2007（3）：51 - 67.

［73］斯宾格勒. 西方的没落［M］. 吴琼，译. 上海：上海三联书店，2006.

［74］斯宾塞. 社会静力学［M］. 张雄武，译. 北京：商务印书馆，1999.

［75］斯宾塞. 社会学研究［M］. 张宏晖，胡江波，译. 北京：华夏出版社，2001.

［76］泰勒. 原始文化：神话、哲学、宗教、语言、艺术和习俗发展之研究［M］. 连树声，译. 桂林：广西师范大学出版社，2005.

［77］梯利. 西方哲学史［M］. 葛力，译. 北京：商务印书馆，2009.

［78］王大桥. 中国语境中文学研究的人类学视野及其限度［D］. 上海：华东师范大学，2008.

［79］王恩衷. 艾略特诗学文集［M］. 北京：国际文化出版公司，1989.

［80］王铭铭. 漂泊的洞察［M］. 上海：上海三联书店，2003.

［81］王铭铭. 神话学与人类学［J］. 西北民族研究，2010（4）：67 - 82.

［82］王铭铭. 西方人类学名著提要［M］. 南昌：江西人民出版社，2006.

［83］王倩. 20世纪希腊神话研究史略［M］. 西安：陕西师范大学出版总社有限公司，2011.

［84］王文宝，江小蕙. 江绍原民俗学论集［M］. 上海：上海文艺出版社，1998.

［85］王先霈，王又平. 文学理论批评术语汇释［M］. 北京：高等教育出版社，2006.

［86］王以欣. 神话与历史：古希腊英雄故事的历史和文化内涵［M］. 北

京：商务印书馆，2006.

[87] 王祖望. 马林诺夫斯基的生平与学说 [J]. 国外社会科学，1980 (6)：58 – 60.

[88] 维吉尔. 埃涅阿斯纪 [M]. 杨周翰，译. 南京：译林出版社，1999.

[89] 维柯. 新科学 [M]. 朱光潜，译. 北京：人民文学出版社，2008.

[90] 维克雷. 神话与文学 [M]. 潘国庆，杨小洪，方永德，译. 上海：上海文艺出版社，1995.

[91] 维拉莫威兹. 古典学的历史 [M]. 陈恒，译. 北京：生活·读书·新知三联书店，2008.

[92] 吴持哲. 诺思洛普·弗莱文论选集 [M]. 北京：中国社会科学出版社，1997.

[93] 吴文藻. 吴文藻人类学社会学研究文集 [M]. 北京：民族出版社，1990.

[94] 夏建中. 文化人类学理论学派：文化研究的历史 [M]. 北京：中国人民大学出版社，1997.

[95] 夏普. 比较宗教学史 [M]. 吕大吉，何光沪，徐大建，译. 上海：上海人民出版社，1988.

[96] 萧兵. "启代益作后"：原始社会末期的一场冲突：学习恩格斯名著，试解《天河》难句 [J]. 社会科学战线，1978 (3)：275 – 280.

[97] 萧兵. 神妓、女巫和破戒诱引 [J]. 民族艺术，2002：(1) 79 – 96.

[98] 萧兵. 委维或交蛇：圣俗"合法性"的凭证 [J]. 民族艺术，2002：(4)：48 – 58.

[99] 熊彼特. 经济分析史：第一卷 [M]. 朱泱，孙鸿敞，李宏，译. 北京：商务印书馆，1991.

[100] 休谟. 人性论 [M]. 关文运，译. 北京：商务印书馆，1996.

[101] 徐鲁亚. 殊途同归：《黑暗的心灵》与《西太平洋的航海者》之比较 [J]. 中国青年政治学院学报，2005 (5)：118 – 122.

[102] 徐新建. "本文"与"文本"之关系：人类学的研究范式问题 [J]. 黔东南民族师专学报（哲学社会科学版），1998 (4).

[103] 徐新建. 回向整体人类学：以中国情景而论的简纲 [J]. 思想战线，2008 (2)：1 – 5.

[104] 徐新建. 文学人类学的中国历程 [J]. 西南民族大学学报（人文社

会科学版），2012（12）：180 – 185.

［105］徐新建. 文学人类学：中西交流中的兼容与发展［J］. 思想战线，2001（4）：100 – 105.

［106］徐新建. 以开放的眼光看世界：人类学需要的大视野［J］. 思想战线，2011（2）：1 – 8.

［107］徐旭生. 中国古史的传说时代：增订本［M］. 北京：文物出版社，1985.

［108］亚当斯. 人类学的哲学之根［M］. 黄剑波，李文建，译. 桂林：广西师范大学出版社，2006.

［109］阎云翔. 泰勒、兰、弗雷泽神话学理论述评［J］. 云南社会科学，1984（6）：83 – 95.

［110］杨磊. 民族志文体的合法性争夺［J］. 中南民族大学学报（人文社会科学版），2011（1）：18 – 22.

［111］杨玉好. 马林诺夫斯基文化思想简论［J］. 烟台大学学报（哲学社会科学版），1989（3）：75 – 79.

［112］叶舒宪. 从《金枝》到《黑色雅典娜》：二十世纪西方文化寻根［J］. 寻根，2000（6）：102 – 108.

［113］叶舒宪. 从"世界文学"到"文学人类学"：文学观念的当代转型略说［J］. 当代外语研究，2010（7）：14 – 17.

［114］叶舒宪. 弗莱的文学人类学思想［J］. 内蒙古大学学报（人文社会科学版），2001（3）：1 – 7.

［115］叶舒宪. 金枝玉叶：比较神话学的中国视角［M］. 上海：复旦大学出版社，2012.

［116］叶舒宪. 两种旅行的足迹［M］. 上海：上海文艺出版社，2000.

［117］叶舒宪. 千面女神：性别神话的象征史［M］. 上海：上海社会科学院出版社，2004.

［118］叶舒宪. 神话学的兴起及其东渐［J］. 人文杂志，1996（3）：111 – 116.

［119］叶舒宪. 神话意象［M］. 北京：北京大学出版社，2007.

［120］叶舒宪. 神话 – 原型批评［M］. 西安：陕西师范大学出版总社有限公司，2011.

［121］叶舒宪. "世界眼光"与"中国学问"：我的文学人类学研究［J］. 文艺争鸣，1992（5）：96.

［122］叶舒宪.《诗经》的文化阐释：中国诗歌的发生研究［M］. 武汉：湖北人民出版社，1994.

［123］叶舒宪. 探索非理性的世界：原型批评的理论与方法［M］. 成都：四川人民出版社，1988.

［124］叶舒宪. 文化与文本［M］. 北京：中央编译出版社，1998.

［125］叶舒宪. 文学人类学教程［M］. 北京：中国社会科学出版社，2010.

［126］叶舒宪. 文学人类学与比较文学［J］. 百色学院学报，2008（6）：1-5.

［127］叶舒宪. 文学与人类学：知识全球化时代的文学研究［M］. 北京：社会科学文献出版社，2003.

［128］叶舒宪. 文学与治疗［M］. 北京：社会科学文献出版社，1999.

［129］叶舒宪. 英雄与太阳：中国上古史诗的原型重构［M］. 上海：上海社会科学院出版社，1991.

［130］叶舒宪. 再论新神话主义：兼评中国重述神话的学术缺失倾向［J］. 中国比较文学，2007（4）：40-50.

［131］叶舒宪. 中国神话学百年回眸［J］. 学术交流，2005（1）：154-164.

［132］叶舒宪. 中国神话哲学［M］. 北京：中国社会科学出版社，1992.

［133］叶舒宪.《庄子》的文化解析［M］. 武汉：湖北人民出版社，1997.

［134］叶舒宪，彭兆荣，纳日碧力戈. 人类学关键词［M］. 桂林：广西师范大学出版社，2006.

［135］叶舒宪，彭兆荣，徐新建. "人类学写作"的多重含义："三种"转向与四个议题［J］. 重庆文理学院学报（社会科学版），2012（2）：40-41.

［136］叶舒宪，萧兵，郑在书. 山海经的文化寻踪［M］. 武汉：湖北人民出版社，2004.

［137］于海. 西方社会思想史［M］. 上海：复旦大学出版社，2010.

［138］苑利. 二十世纪中国民俗学经典［M］. 北京：社会科学文献出版社，2002.

［139］张亚辉. 骆驼与晨星，读《闪米特人的宗教》［J］. 西北民族研究，2011（3）：145-148.

［140］郑克鲁. 外国文学史：上［M］. 北京：高等教育出版社，1999.

［141］周作人. 知堂书话［M］. 长沙：岳麓书社，1986.

［142］周作人. 周作人文选：自传. 知堂回想录［M］. 北京：群众出版

社，1999.

［143］朱群. 图腾探析［J］. 西南民族学院学报，1987（1）：26－34.

［144］庄孔韶. 人类学通论［M］. 太原：山西教育出版社，2005.

英文部分

［1］ACKERMAN R. Cambridge group and the origins of myth criticism［D］. New York：Columbia University，1969.

［2］ACKERMAN R. Frazer on myth and ritual［J］. Journal of the history of ideas，1975，36（1）：115－134.

［3］ACKERMAN R. J. G. Frazer：his life and work［M］. Cambridge：Cambridge University Press，1987.

［4］ACKERMAN R. J. G. Frazer revisited［J］. The American scholar，1978，47（2）：232－236.

［5］ACKERMAN R. Selected letters of sir J. G. Frazer［M］. Oxford：Oxford University Press，2005.

［6］ACKERMAN R. The myth and ritual school：J. G. Frazer& the Cambridge ritualists［M］. New York &London：Garland Publishing，INC. ，1991.

［7］AYRE J. Northrop Frye：a biography［M］. Toronto：Random House，1989.

［8］BAILEY C. Ovid's fasti［J］. The classical review，1930，44（6）：235－240.

［9］BARTH F，GINGRICH A，PARKIN R，et al. One discipline, four ways：British，German，French，and American anthropology［M］. Chicago：The University of Chicago Press，2005.

［10］BEARD M. Frazer，Leach，and Virgil：the popularity（and unpopularity）of the golden bough［J］. Comparative studies in society and history，1992，34（2）：203－224.

［11］BOON J A. Functionalists write，too：Frazer/Malinowski and the semiotics of the monograph［J］. Semiotica，1983，46（2）：131－149.

［12］BOON J A. Other tribes，other scribes：symbolic anthropology in the comparative study of cultures，histories，religions，and texts［M］. Cambridge：Cambridge University Press，1982.

［13］BREEN T H. The conflict in the golden bough：Frazer's two imagine of man［J］. South Atlantic quarterly，1967，LXVI（2）：179－194.

[14] BREMMER J. Scapegoat rituals in ancient Greece [J]. Harvard studies in classical philology, 1983, 87: 299 – 320.

[15] BROADIE A. The Cambridge companion to the Scottish enlightenment [M]. ed. Cambridge: Cambridge University Press, 2003.

[16] BURROW J. Evolution and society [M]. Cambridge: Cambridge University Press, 1966.

[17] BURTON J. Shadows at twilight: a note on history and the ethnographic present: Proceedings of the American philosophical society [C]. American Philosophical Society, 1988, 132 (4): 420 – 433.

[18] CARLSON R G. Hierarchy and the Haya divine kingship: a structural and symbolic reformulation of Frazer's thesis [J]. American ethnologist. 1993, 20 (2): 312 – 335.

[19] CLACK B R. Wittgenstein, Frazer, and religion [M]. New York: St. Martins Press, 1999.

[20] COOK A B. The golden bough and the rex nemorensis [J]. The classical review, 1902, 16 (7): 365 – 380.

[21] DANIEL A. Shadows of "the golden bough" [J]. Virginia quarterly review, 1973, 49 (3): 461 – 464.

[22] DOUGLAS M. Judgments on James Frazer [J]. Daedalus, 1978, 107 (4): 151 – 164.

[23] DOWNIE R A. Frazer and the golden bough [M]. London: Victor Gollancz, 1970.

[24] DOWNIE R A. James George Frazer: the portrait of a scholar [M]. London: Watt & Co. , 1940.

[25] ELIOT T S. The waste land [M]. Harrisburg: The Pennsylvania State University, 2000.

[26] ELLER C. Two knights and a goddess: sir Arthur Evans, sir James George Frazer, and the invention of minoan religion [J]. Journal of Mediterranean archaeology, 2012, 25 (1): 75 – 98.

[27] EVANS-PRITCHARD E E. The divine kingship of the Nilotic Sudan [M]. Cambridge: Cambridge University Press, 1948.

[28] FEELEY-HARNIK G. Issues in divine kingship [J]. Annual review of

anthropology, 1985, 14: 273 – 313.

[29] FIRTH R. Contemporary British social anthropology [J]. American anthropologist, 1951, 53 (4): 474 – 489.

[30] FORTES M. Oedipus and Job in west African religion [M]. Cambridge: Cambridge University Press, 1959.

[31] FRANKE D. Hardy's ur-priestess and the phase of a novel [J]. Studies in the novel, 2007, 39 (2): 161 – 176.

[32] FRASER R. Sir James Frazer and the literary imagination: essays in affinity and influence [M]. ed. New York: St. Martin's Press, 1990.

[33] FRASER R. The making of the golden bough: the origins and growth of an argument [M]. Basingstoke and London: The Macmillan Press LTD, 1990.

[34] FRAZER J G. Aftermath: a supplement to the golden bough [M]. London: Macmillan and CO. , Limited, 1936.

[35] FRAZER J G. Folk-lore in the Old Testament [M]. London: Macmillan and Co. , Limited, 1918.

[36] FRAZER J G. Myth of the origin of fire: an essay [M]. London: Macmillan and Co. , Limited, 1930.

[37] FRAZER J G. Psyche's task [M]. London: Macmillan and Co. , Limited, 1920.

[38] FRAZER J G. The golden bough: a study in magic and religion [M]. abridged edition. London: Wordsworth Reference, 1993.

[39] FRAZER J G. The golden bough: a study in magic and religion [M]. 12 vols. New York: The Macmillan Company, 1935.

[40] FRAZER J G. The illustrated golden bough [M]. MACCORMACK S. ed. London: Macmillan London limited, 1978.

[41] FRAZER J G. The native races of Asia and Europe [M]. London: Percy Lund Humphries & Co. , 1939.

[42] FRAZER J G. The new golden bough [M]. GASTER T. ed. New York: Mentor, 1959.

[43] FRAZER J G. The scope and method of mental anthropology [J]. Science progress, 1922, 16: 580 – 594.

[44] FRAZER J G. The worship of nature [M]. New York: Macmillan Company, 1926.

［45］ FRAZER J G. Totemism and exogamy ［M］. London: Macmillan and Co. , Ltd. , 1935.

［46］ FRYE N. Anatomy of criticism ［M］. Princeton and Oxford: Princeton University Press, 1957.

［47］ GALENS D M, SMITH J, THOMASON E. Nonfiction classics for students: presenting analysis, context, and criticism on nonfiction works ［J］. Vol. 5. eds. Detroit: Gale, 2003.

［48］ GOODENOUGH W H. Anthropology in the 20th century and beyond ［J］. American anthropologist, 2002, 104 （2）: 423 – 440.

［49］ HARMON W. T. S. Eliot, anthropologist and primitive ［J］. American anthropologist, 1976, 78 （4）: 797 – 811.

［50］ HARRISON J E. Reminiscences of a student's life ［M］. London: Hogarth Press, 1925.

［51］ HEUSCH L. The symbolic mechanisms of sacred kingship: reconsidering Frazer ［J］. QUIGLEY D. trans. The journal of the royal anthropological institute, 1997, 3 （2）: 213 – 232.

［52］ HOEBEL A E. William Robertson: an 18th century anthropologist-historian ［J］. American anthropologist, New series, 1960, 62 （4）: 648 – 655.

［53］ HYMAN S. The ritual view of myth and the mythic ［J］. The journal of American folklore, 1955, 68 （270）: 462 – 472.

［54］ HYMAN S E. The tangled bank: Darwin, Marx, Frazer and Freud as imaginative writers ［M］. New York: Atheneum, 1962.

［55］ JARVIE I C. Anthropology as science and the anthropology of science and of anthropology or understanding and explanation in the social sciences: Proceedings of the Biennial meeting of the philosophy of science association ［C］. 1984, 2 （Symposia and Invited Papers）: 745 – 763.

［56］ JARVIE I C. The revolution in anthropology ［M］. London: Routledge, 2002.

［57］ KARDINER A, PREBLE E. They studied man ［M］. Cleveland: World Publishing Co. , 1961.

［58］ KEPOS P, POUPARD D. Twentieth-century Literary Criticism ［M］. Vol. 32, eds. Detroit: Gale Research Inc. , 1989.

［59］ KUPER A. Alternative histories of British social anthropology ［M］. Social anthropology, 2005, 13 (1): 47 −64.

[60] KUPER A. Anthropology and anthropologists: the modern British school 1922 −1972 [M]. New York: Pica Press, 1974.

[61] LEACH E. Reflections on a visit to Nemi: did Frazer get it wrong [J]. Anthropology today, 1985, 1 (2): 2 −3.

[62] LEACH E, JARVIE I C, ARDENER E, et al. Frazer and Malinowski: a CA discussion (and comments and reply) [J]. Current anthropology, 1966, 7 (5): 560 −576.

[63] LEACH E R. Glimpses of the unmentionable in the history of British social anthropology [J]. Annual review of anthropology, 1984, 13: 1 −23.

[64] LEACH E R, WEISINGER H. Reputations [J]. Daedalus, 1961, 90 (2): 371 −399.

[65] LONG C H. Religion and mythology: a critical review of some recent discussions [J]. History of religions, 1962, 1 (2): 322 −331.

[66] MACCORMACK S. Pausanias and his commentator Sir James George Frazer [J]. Classical receptions journal, 2010, 2 (2): 287 −313.

[67] MALINOWSKI B. A diary in the strict sense of the term [M]. GUTERMAN N. trans. New York: Harcourt, Brace, and World, 1967.

[68] MALINOWSKI B. A scientific theory of culture and other essays [M]. Raleigh: The University of North Carolina Press, 1944.

[69] MALINOWSKI B. Argonauts of the western Pacific [M]. London: Routledge, 2002.

[70] MANGANARO M. Modernist anthropology: from fieldwork to text [M]. ed. Princeton: Princeton University Press, 1990.

[71] MANGANARO M. Myth, rhetoric and the voice of authority: a critique of Frazer, Eliot, Frye, and Campbell [M]. New Haven: Yale University Press, 1992.

[72] MANGANARO M. "The tangled bank" revisited: anthropological authority in Frazer's the golden bough [J]. GALENS D M, SMITH J, THOMASON E. eds. Vol. 5. Detroit: Gale, 2003.

[73] MARET P D. An interview with Luc de Heusch [J]. Current anthropology, 1993, 34 (3): 289 −298.

[74] MARET R R. Anthropology [M]. La Vergne: Lightning Source Incorporated, 2008.

[75] MCKENNA B. The isolation and the sense of assumed superiority sir James Frazer's the golden bough [J]. Nineteenth century prose, 1992, 19 (2): 49 –59.

[76] MCLEAN B. On the revision of scapegoat terminology [J]. Numen, 1990, 37 (Fasc. 2): 168 –173.

[77] MILLAR J. The origin of the distinction of ranks [M]. Indianapolis: Liberty Fund, Inc. , 2006.

[78] OSSA-RICHARDSON A. From Servius to Frazer: the golden bough and its transformations [J]. International journal of the classical tradition, 2008, 15 (3): 339 –368.

[79] OVID. Ovid's fasti [M]. FRAZER J G. trans. London: William Heinemann Ltd. 1930.

[80] PARKIN D. Nemi in the modern world: return of the exotic? [J]. Man. 1993, 28 (1): 79 –99.

[81] PAUSANIAS. Pausanias's description of Greece [M]. FRAZER J G. trans. with a commentary. London: Macmillan and Co. , Limited, 1898.

[82] PERL J M. The tradition of return: the implicit history of modern literature [M]. Princeton: Princeton University Press, 1984.

[83] PRESTON J. Wittgenstein and reason [M]. ed. Malden: Blackwell Publishing Inc. , 2007.

[84] QUIGLEY D. The paradoxes of monarchy [J]. Anthropology today, 1995, 11 (5): 1 –3.

[85] RADCLIFFE-BROWN A R. The Andaman islanders [M]. Cambridge: Cambridge University Press, 1922.

[86] RADCLIFFE-BROWN A R. The religion of the Andaman islanders [J]. Folklore, 1909, 20 (3): 257 –271.

[87] ROBERTSON W. The history of Scotland [M]. New York: Derby & Jackson, 1856.

[88] SEGAL R A. Anthropology, folklore, and myth [M]. ed. New York & London: Garland Publishing, INC. , 1996.

[89] SEGAL R A. The myth and ritual theory: an anthology [M]. ed. Oxford: Blackwell Publishers, 1998.

[90] SILVER C G. Strange and secret people [M]. Oxford: Oxford University Press, 1999.

[91] SMITH J Z. When the bough breaks [J]. History of religions, 1973, 12 (4): 342 – 371.

[92] SMITH R. The religion of the Semites [M]. New York: Meridian Library, 1956.

[93] STOCKING G W. After Tylor [M]. London: The Athlone Press, 1996.

[94] STOCKING G W. Functionalism historicized: essays on British social anthropology [M]. ed. Madison: University of Wisconsin Press, 1984.

[95] STOCKING G W. Victorian anthropology [M]. New York: Free Press, 1987.

[96] STRATHREN M, CRICK M R, FARDON R, et al. Out of context: the persuasive fictions of anthropology (and comments and reply) [J]. Current anthropology, 1987, 28 (3): 251 – 281.

[97] THORNTON R J. If libraries could read themselves: the new biography of Frazer [J]. Anthropology today, 1988, 4 (2): 20 – 22.

[98] TOY C H. Recent discussions of totemism [J]. Journal of the American oriental society, 1904, 25: 146 – 161.

[99] URRY J. Before social anthropology: essays on the history of British anthropology [M]. Switzerland: Harwood Academic Publisher, 1993.

[100] URRY J, FARDON R. Would the real Malinowski please stand up? [J]. Man, New Series, 1992, 27 (1): 179 – 182.

[101] VICKERY J B. The literary impact of the golden bough [M]. Princeton: Princeton University Press, 1973.

[102] WILLERSLEV R. Frazer strikes back from the armchair: a new search for the animist soul [J]. The journal of the royal anthropological institute, 2011 (17): 504 – 526.

[103] YENGOYAN A A. Modes of comparison: theory and practice [M]. ed. Ann Arbor: The University of Michigan Press, 2006.

[104] ZENGOTITA T d. On Wittgenstein's remarks on Frazer's golden bough [J]. Cultural anthropology, 1989, 4 (4): 390 – 398.